Lexifac DROIT

Collection dirigée
par Cédric Tahri

*Enseignant à l'Université Montesquieux-Bordeaux IV*
*Directeur de l'Institut rochelais de formation juridique*



# Droit européen



**Ivan Boev**

*Maître de conférences à l'Université de Strasbourg*
*Responsable de la spécialité Minorités nationales du Master 2 Droits de l'homme à l'Institut des hautes études européennes*

Bréal

Lexifac

## ÉCONOMIE ET GESTION

• Économie

**Microéconomie, tome 1 :** consommateurs et producteurs
**Microéconomie, tome 2 :** les marchés
**Macroéconomie, tome 1 :** concepts
**Macroéconomie, tome 2 :** la monnaie
**Macroéconomie, tome 3 :** équilibres et déséquilibres
**Probabilités pour l'économie**
**Statistiques appliquées à l'économie**
**Système bancaire et financier français**

• Gestion

**Comportement du consommateur et de l'acheteur**
**Comptabilité analytique**
**Comptabilité générale**
**Comptabilité des sociétés**
**Finances publiques**
**Gestion financière**
**Management stratégique**
**Marketing**
**Mathématiques financières**

## DROIT

**Droit administratif**
**Droit administratif des biens**
**Droit civil**
- **La famille**
- **Les biens**
- **Les obligations**
- **Les contrats spéciaux**
- **Les personnes**

**Droit constitutionnel**
**Droit commercial : l'entreprise commerciale**
**Droit commercial : droit des entreprises en difficulté**
**Droit commercial : instruments de paiement et de crédit**
**Droit de la fonction publique**
**Droit de la propriété industrielle et commerciale**
**Droit de la propriété littéraire et artistique**
**Droit des collectivités territoriales**
**Droits des sociétés**
**Droit du travail**
**Droit européen**
**Droit international privé**
**Droit pénal des affaires**
**Droit pénal du travail**
**Droit pénal général**
**Droit pénal spécial**
**Finances publiques**
**Histoire du droit et des institutions**
**Introduction générale au droit**
**Les sûretés**
**Procédure civile**
**Procédure pénale**
**Régimes matrimoniaux**
**Successions et libéralités**


ISBN : 978-2-7495-3199-1

www.editions-breal.fr 27-29, avenue de Saint-Mandé, 75012 Paris

# AVANT-PROPOS

Un ouvrage de cette nature ne saurait être exhaustif, en raison des contraintes, posées en termes à la fois de structuration et de volume global. Seules par conséquent certaines thématiques ont été développées, autour de deux axes majeurs, le droit de l'Union européenne et le droit de la Convention européenne des droits de l'homme. De même, la manière de traiter telle ou autre question n'est pas la seule et universellement valable, d'autres approches restent évidemment possibles. L'objectif de l'ouvrage n'est donc pas d'imposer un canevas obligatoire, mais suggérer la façon possible d'aborder tel ou autre sujet. En même temps, au-delà de la question concrètement traitée, il entend proposer une réflexion juridique ordonnée, nécessaire dans toute activité de juriste et pour tout domaine d'application du droit.

Toujours en raison de la structuration de l'ouvrage, des chevauchements demeurent inévitables. Elles permettent cependant de présenter telle ou autre réflexion sous différents angles. Les répétitions concernent en toute logique les interrogations les plus importantes. De ce fait, elles devraient également contribuer à leur meilleur compréhension et apprentissage.

Cédric Tahri
Directeur de l'ouvrage

# SOMMAIRE

## INTRODUCTION



# PARTIE I
# LA CONSTRUCTION COMMUNAUTAIRE ET LE DROIT DE L'UNION EUROPÉENNE

## *TITRE I. LES GRANDES ÉTAPES DE LA CONSTRUCTION COMMUNAUTAIRE*

### Chapitre 1 - La naissance des Communautés européennes



### Chapitre 2 - Le développement des Communautés et de l'Union européennes : entre approfondissement et élargissement



### Chapitre 3 - La constitutionnalisation de l'Union européenne

## TITRE 2 : LE DROIT DE L'UNION EUROPÉENNE

### CHAPITRE 1- LE SYSTÈME INSTITUTIONNEL DE L'UNION EUROPÉENNE

#### Section 1 : La nature juridique de l'Union européenne



#### Section 2 : Les institutions de l'Union européenne



### CHAPITRE 2 - LE SYSTÈME JURIDIQUE DE L'UNION EUROPÉENNE



# PARTIE II
# LA PROTECTION DES DROITS DE L'HOMME

## TITRE I : APERÇU GÉNÉRAL

## *TITRE II : LA CONVENTION EUROPÉENNE DE SAUVEGARDE DES DROITS DE L'HOMME ET LIBERTÉS FONDAMENTALES*

### CHAPITRE 1 - LE MÉCANISME DE GARANTIE



### CHAPITRE 2 - L'INTERPRÉTATION DE LA CONVENTION



### CHAPITRE 3 - LES DROITS ET LIBERTÉS GARANTIS

# Fiche 1 Le droit européen

Conformément à l'adage romain, *ubi societas, ibi jus*, chaque société secrète son propre droit, **un ensemble de règles juridiquement contraignantes, destiné à organiser la vie en commun**. L'existence d'une société européenne suppose que sa vie en commun soit régie par le droit européen.

Formellement d'abord, ce dernier reste du droit international, applicable dans un contexte régional particulier, celui de l'Europe. Plutôt qu'un espace géographique délimité, celle-ci se définit comme **un espace politico-culturel et socio-économique unifié, fondé sur des valeurs fondamentales communes**.

Sur le plan substantiel ensuite, le droit européen apparaît comme un **ensemble normatif original, autonome et homogène**. Il reflète des solidarités et des intérêts communs dans les domaines politique, économique, social et culturel. Ces solidarités et intérêts seront saisis par les systèmes juridiques étatiques à la fois similaires et interdépendants. Sur cette base, le droit européen s'affirme et évolue en tant que droit issu d'une explosion normative (I -) et fondé sur une institutionnalisation consubstantielle (II-).

## I - DROIT ISSU D'UNE EXPLOSION NORMATIVE

Le droit européen ne devient commun aux deux moitiés de l'Europe qu'après **la chute du mur de Berlin**. Jusqu'alors séparées par le rideau de fer, elles avaient chacune son propre droit, traduisant les principes de la démocratie libérale pour l'Europe de l'Ouest et du communisme totalitaire pour l'Europe de l'Est. Une première tentative d'établir des bases communes aura lieu dans les années 1970, avec **la Conférence pour la sécurité et la coopération en Europe**. Cette dernière consacre les principes de cohabitation pacifique, inscrits dans un Décalogue adopté en 1975, dans le cadre de l'Acte final de la Conférence. Elle devient organisation en 1993.

Après la chute du mur, le droit européen « occidental » s'étend rapidement à l'ancien bloc socialiste et devient **véritablement paneuropéen**. Cette extension touche à la fois son contenu normatif (A) et ses principes fondamentaux (B).

## A - Le contenu normatif du droit européen

Il recouvre désormais tous les aspects de la vie en société (1.) et s'adresse, au-delà des États, également aux particuliers (2.).

### 1. Des normes étendues à l'ensemble des aspects de la vie en société

L'Europe de l'après Deuxième Guerre mondiale connaît de nombreuses tentatives de développement à travers le droit, dans le domaine politique, militaire et économique. Certaines des réalisations, notamment dans le domaine militaire avec **l'OTAN**, créée en réponse à la menace soviétique, ou économique avec **l'OECE**, dont le but est de gérer l'aide économique au rétablissement de l'Europe après la Deuxième Guerre mondiale, marquent surtout la **présence des États-Unis sur le continent européen**. D'autres échoueront, telles la **Communauté européenne de défense** ou la **Communauté politique européenne**, ou bien resteront longtemps inactives, telle **l'Union de l'Europe occidentale**.

Deux projets auront le plus de succès. Le premier aboutit à la création du **Conseil de l'Europe**, désormais à 47 États membres. Il vise la coopération intergouvernementale, mais comprend aussi un certain nombre d'achèvements supranationaux. L'organisation reçoit pour mission, aux termes de l'article 1$^{er}$ de son statut, d'examiner toute question d'intérêt commun, de mener des actions communes et de conclure des accords dans tout domaine à l'exclusion de la défense. À ce titre, elle accorde une priorité incontestable à la sauvegarde et à la promotion des droits de l'homme. À l'heure actuelle, plus de 200 conventions sont élaborées dans le cadre du Conseil de l'Europe. Tournées prioritairement vers l'individu, elles couvrent néanmoins un très large éventail de la vie en société, de la protection des droits civils et politiques à la préservation du patrimoine culturel et à la lutte contre la criminalité et le terrorisme.

Le second projet est celui des **Communautés européennes** et de **l'Union européenne**, actuellement à 27 et en 2013 à 28 États membres. Il poursuit à l'origine l'intégration économique par la réalisation du marché commun, sectoriel d'une part (CECA, CEEA/Euratom), étendu à l'ensemble de l'économie d'autre part (CEE). Après la chute du mur de Berlin, l'activité normative communautaire connaît un élargissement sans précédent, bien au-delà de la seule économie. Sans perdre sa vocation économique prioritaire, elle finit par englober effectivement tous les aspects de la vie en société, sur le plan politique, militaire et culturel.

À ne pas sous-estimer aussi l'apport de l'OSCE. Avec 56 États membres de l'Europe, Asie centrale et Amérique du Nord, elle est actuellement la plus large organisation de sécurité régionale à travers le monde.

À l'heure actuelle, le droit européen intervient même dans des domaines qui relèvent traditionnellement des pouvoirs étatiques régaliens, tels que la monnaie ou encore la défense et la politique étrangère dans le cadre de l'Union européenne.

### 2. Des normes qui s'adressent également aux particuliers

Assez largement, **le droit européen déroge aux règles classiques du droit international**, lequel s'adresse traditionnellement aux seuls États et à leurs émanations, les organisations internationales. Certaines normes ou catégories de normes sont d'applicabilité directe. Elles établissent des droits et obligations directement au chef des particuliers, personnes physiques ou morales. Elles bénéficient également, en corolaire, de l'invocabilité devant les autorités nationales et plus particulièrement devant le juge interne. Ce dernier se transforme en juge ordinaire du droit européen.

Le droit de l'Union européenne va le plus loin, en complétant **l'applicabilité directe** d'un nombre élevé de ses normes, par son **intégration immédiate** en droit national et par sa **primauté** sur toute norme interne contraire. Les trois principes régissent l'intégration du droit de l'Union en droit national.

## B - Les principes fondamentaux du droit européen

Bénéficiant d'une consécration commune, constante et certaine à l'échelle européenne (1.), ils expriment l'idée d'une hiérarchisation normative (2.).

### 1. Une consécration commune, à la fois constante et certaine

Elle se fait au niveau **des textes fondateurs des trois principales organisations européennes**, l'Union européenne, le Conseil de l'Europe et l'OSCE. Malgré la différence de formulation, due aux contextes différents dans lesquels chacun de ses textes est adopté, leur convergence est indiscutable.

Le plus récent, le traité de Lisbonne, adopté le 13 décembre 2007, affirme dans son article 2 **le respect de la dignité humaine, de la liberté, de la démocratie, de l'égalité, de l'État de droit, ainsi que le respect des droits de l'homme, y compris des droits des personnes appartenant à des minorités** en tant que valeurs fondamentales de l'Union. Cette formulation succède à celle des principes fondamentaux, inscrits encore dans le traité de Maastricht de 1992.

Le plus ancien, le statut du Conseil de l'Europe, adopté le 5 mai 1949, reconnaît pour sa part à l'article 3, les seuls **principes de la prééminence du droit et du respect des droits de l'homme**.

Enfin, peu après la chute du mur de Berlin, la Charte de Paris pour une nouvelle Europe est adoptée en novembre 1990 en réponse à la nouvelle donnée de la géopolitique européenne et propose une définition du **respect des droits de l'homme, de la démocratie et de l'État de droit**, en tant que principes politiques du processus. La Charte, tout comme par la suite le Document final du second sommet d'Helsinki de juillet 1992, réaffirment se fonder sur les principes de coexistence pacifique entre les deux blocs, tels qu'établis au titre du Décalogue d'Helsinki de 1975. Mais de fait, certains des principes, destinés à la guerre froide, ne sont plus adaptés au contexte du processus de la construction européenne.

La consécration de ces principes européens se fait traditionnellement par référence aux **principes constitutionnels communs aux États membres**. De même, les trois organisations établissent en la matière des références réciproques.

## 2. L'expression d'une certaine hiérarchisation normative

C'est évidemment le **droit primaire de chacune des trois principales organisations européennes** qui consacre les principes fondamentaux susvisés, constitutifs du patrimoine constitutionnel commun des États européens. Placés au sommet de la hiérarchie normative de l'OSCE, du Conseil de l'Europe et de l'Union européenne, ces principes priment sur leur droit interne. Et, l'ensemble des activités des trois principales organisations européennes devrait être orienté à en garantir le respect et à les promouvoir.

L'Union va même jusqu'à **exporter ses valeurs fondamentales** au-delà des limites de l'Europe. Elle imposera systématiquement l'insertion des clauses relatives à la démocratie, à l'État de droit et au respect des droits de l'homme dans des accords conclus avec des États ou groupes d'États tiers. Ces clauses en constitueront des éléments essentiels. Leur violation permet à l'Union de recourir, conformément à la Convention de Vienne sur le droit des traités de 1969, à des sanctions à l'encontre de l'État ou groupe d'États tiers concernés. De telles sanctions seront fréquemment mises en place dans le cadre de la Convention de Cotonou du 23 juin 2000, conclue entre l'Union et ses États membres d'une part et, d'autre part les pays Afrique, Caraïbes, Pacifique en voie de développement.

Encore, le Conseil de l'Europe et l'Union européenne établissent-ils **des mécanismes de garantie politique desdits principes**. Ainsi, aux termes de l'article 7 TUE, en cas de violation grave et persistante des valeurs fondamentales de l'Union par un État membre, ce dernier peut se voir retirer certains droits découlant de l'application des traités, y compris des droits de vote au sein du Conseil UE. De manière plus radicale, l'article 8 du statut du Conseil de l'Europe permet la suspension du droit de représentation, voire l'exclusion de l'État ayant enfreint gravement les principes fondamentaux de l'organisation. Si le TUE ne prévoit pas explicitement l'exclusion, la violation grave et persistante des valeurs fondamentales de l'organisation devrait y conduire nécessairement.

Les principes fondamentaux ainsi établis, acquièrent une **portée *erga omnes* à l'échelle européenne**. Sans prétendre à une valeur impérative, ils participent à la notion d'ordre public européen. L'existence de ce dernier en rapport avec le respect des droits de l'homme sera explicitement affirmée dans l'un des grands arrêts de la Cour EDH, Loizidou c/Turquie du 23 mars 1995 (exceptions préliminaires).

# II - DROIT FONDÉ SUR UNE INSTITUTIONNALISATION CONSUBSTANTIELLE

Le droit européen est à la fois le fruit et l'outil de **la construction européenne**. Au cœur de celle-ci, **la construction communautaire** est le processus d'intégration développé par les Communautés et désormais la seule Union européennes. Elle fait partie intégrante de la construction européenne, laquelle englobe aussi des réalisations extracommunautaires. Ces dernières relèvent globalement de la coopération intergouvernementale classique, à l'instar de l'OSCE, mais comportent également des éléments supranationaux. Le meilleur exemple à cet égard apporte le Conseil de l'Europe avec la Convention EDH.

Dans le cadre de ce processus, le droit européen connaît **le passage d'un droit de coordination et de juxtaposition de souverainetés, à un droit de coopération/coordination avec la consécration d'éléments supranationaux**. Son affirmation et son évolution sont liées d'abord à la constitution même des trois organisations européennes (A), puis à leur action normative (B). L'interdépendance entre ces dernières y apporte une contribution essentielle.

## A - La constitution des organisations européennes

Selon les règles traditionnelles du droit international général, il s'agit avant tout de *res inter alios acta* (1.). Mais les textes en question représentent en même temps des actes constitutifs des organisations concernées (2.).

## 1. *Res inter alios acta*

Les trois principales organisations européennes sont ainsi **issues de la volonté des États membres pour réaliser leurs intérêts communs**. Le Conseil de l'Europe et l'Union européenne sont constitués sur la base des traités internationaux qui engagent les hautes parties contractantes. L'OSCE pour sa part procède d'une conférence intergouvernementale. Devenue ensuite organisation internationale *sui generis*, elle n'est toujours pas fondée sur un traité formel et n'a donc pas d'acte constitutif. Les principaux textes du processus, l'Acte final d'Helsinki de 1975, la Charte de Paris de 1990, le Document final du second sommet d'Helsinki de 1992, ou encore la Charte de sécurité européenne adoptée lors du sommet d'Istanbul de 1999, seront qualifiés de *Soft Law*.

Dans les trois cas, **le pouvoir constituant appartient aux États membres**. Ces derniers peuvent réviser le statut du Conseil de l'Europe, les traités de l'Union européenne et revenir sur les textes fondateurs de l'OSCE. Les États préservent aussi leur liberté décisionnelle, expression majeure de la souveraineté, pour adhérer (sous réserve d'acceptation de leur candidature) ou quitter l'organisation donnée. En ce qui concerne l'Union, organisation d'intégration, constituée pour une durée indéterminée et dont les attributions sont issues de transferts de compétences souveraines, jugés définitifs par la Cour de justice, cette dernière possibilité avait fait l'objet de longs débats doctrinaux. Désormais, l'article 50 du TUE prévoit expressément le retrait volontaire. Un processus négocié et encadré devrait en déterminer les modalités, mais le retrait lui-même ne dépend que de la seule décision souveraine de l'État concerné.

Finalement, les organisations internationales étant mortelles, les **États membres peuvent souverainement décider d'abroger les traités** les ayant constitués. La question du coût de la disparition se poserait alors, surtout en ce qui concerne l'Union européenne.

## 2. Actes constitutifs

Les traités instituant le Conseil de l'Europe et l'Union européenne, ainsi que les textes fondateurs de l'OSCE constituent le **droit primaire** de chacune de ces organisations, **à la base de leurs ordres juridiques autonomes**.

Les traités de l'Union européenne vont incontestablement le plus loin. Avant même le lancement formel du processus constitutionnel par le feu traité établissant une Constitution pour l'Europe, la CJCE avait déjà fixé sa jurisprudence en la matière, en qualifiant le traité CE de **charte constitutionnelle d'une communauté de droit** (avis consultatif sur l'espace économique européen, 14 déc. 1991). À l'instar des constitutions nationales, le TUE et le TFUE mettent en place des institutions, définissent leur fonctionnement, leurs compétences et relations réciproques, consacrent les principes qui régissent l'élaboration et l'application de ses normes juridiques, établissent les modalités de règlement des conflits entre les institutions, ainsi qu'entre l'Union et les États membres.

Et, depuis l'entrée en vigueur du traité de Lisbonne, le TUE intègre désormais un **catalogue propre de droits fondamentaux**, complet et moderne. Certes, la Charte n'est pas reprise dans le corps même du traité. Mais le renvoi opéré à cette dernière par l'article 6 du TUE lui confère explicitement une valeur juridique contraignante et l'élève au rang du droit primaire de l'organisation.

Logiquement, **le droit dérivé, issu d'actes unilatéraux des institutions,** doit être conforme au droit primaire des trois organisations européennes. Une garantie de cette conformité sera mise en place au niveau de la CJUE, transformée ainsi en véritable Cour constitutionnelle de l'Union européenne.

## B - L'action normative des organisations européennes

Comprenant des **actes unilatéraux adoptés par les institutions ou organes des organisations européennes**, elle apporte une contribution certaine et croissante au développement du droit européen. Adoptés en exécution et conformément à leurs actes constitutifs, ces actes unilatéraux représentent **le droit dérivé** de chacune de ces organisations. Même si l'action normative constitue l'essentiel de l'activité des organisations européennes, celles-ci développent aussi des activités opérationnelles.
Le droit international définit les caractéristiques générales de cette action normative (1.). Mais le droit adopté par les organes de l'OSCE et du Conseil de l'Europe connaît des particularités importantes (2.), alors que celui issu des institutions principales de l'Union européenne constitue un exemple inédit (3.).

### 1. Une action normative dont les caractéristiques générales sont définies par le droit international

Elle peut ainsi comprendre à la fois des **décisions et des recommandations**. Celles-ci proposent à leurs destinataires un comportement donné ou expriment une opinion, mais ne lient pas. Les décisions pour leur part sont des actes juridiquement contraignants, émanant de la volonté de l'organisation elle-même, imputables à cette dernière et créant des droits et obligations pour leurs destinataires. Elles sont prises par les organes/institutions statutaires, conformément à la procédure établie par l'acte constitutif. À ces décisions peuvent être assimilées aussi celles des organes non-statutaires, institués par l'organisation ou créés sur la base des conventions conclues auprès d'elle.

Une première catégorie des décisions comprend les **actes autonormateurs, concernant la vie interne de l'organisation**. Ces actes sont à portée générale, tels que les règlements intérieurs ou les mesures financières, ou bien individuelle, comprenant les nominations. Mais les organisations européennes peuvent adopter également des **actes hétéronormateurs, régissant leurs activités externes** et dont la mise en œuvre dépend des États. Selon certains auteurs, seuls ces derniers constituent une véritable action normative.

## 2. Les particularités de l'action normative de l'OSCE et du Conseil de l'Europe

En principe, **l'OSCE ne peut pas adopter des actes obligatoires pour les États membres**. Et, au niveau de l'organisation elle-même, ce sont ces derniers qui exercent le pouvoir décisionnel à travers les réunions au sommet des chefs d'États et de gouvernements ou encore les Conseils ministériels de l'organisation.

Au niveau du Conseil de l'Europe, **le pouvoir décisionnel appartient au Comité des ministres**, sur le plan organique et conventionnel. Les décisions de ce dernier étant en principe adoptées à l'unanimité, il préserve le rôle des États membres. Les autres organes statutaires (Assemblée parlementaire, Secrétariat, Congrès des pouvoirs régionaux et locaux en Europe), ainsi que ceux créés auprès de l'organisation, essentiellement à partir des années 1990 (Commission de Venise pour la démocratie par le droit, Commissaire des droits de l'homme, Commission contre le racisme et l'intolérance), ainsi que l'essentiel des organes conventionnels subsidiaires (tels les Comités d'experts, créés pour assister le Comité des ministres dans l'exercice de son rôle de garant politique du respect par les États parties de leurs obligations conventionnelles), ne disposent que d'un pouvoir consultatif, certes exercé parfois avec une efficacité impressionnante.

Si enfin, le Conseil de l'Europe joue un rôle clé, conformément à son statut, dans **la conclusion des conventions européennes** susvisées, **leur adoption, ratification et révision relèvent toujours de la compétence souveraine des États**. Mais, certaines de ces conventions instituent des organes de garantie juridictionnels ou quasi juridictionnels, à l'instar, respectivement, de la Cour EDH de la Convention EDH et du Comité économique et social de la Charte sociale européenne. Leurs décisions s'imposent aux États parties.

## 3. Le caractère inédit de l'action normative de l'Union européenne

Celle-ci présente l'exemple unique d'une organisation internationale, dont les institutions principales disposent d'un véritable

**pouvoir à la fois juridiquement autonome et contraignant**. Le pouvoir décisionnel est ainsi, dans un premier temps, exercé de manière originale, en application de la méthode communautaire, au niveau du triangle décisionnel. Ici la Commission, représentant exclusivement l'intérêt général de l'Union, dispose du monopole de proposition, alors que le Conseil, représentant les États et le Parlement, représentant les peuples européens sont placés de manière inédite, en tant que colégislateurs et codétenteurs de l'autorité budgétaire, sur pied d'égalité. Les traités définissent eux-mêmes la procédure législative applicable. Et, dans le cadre de la procédure législative dite ordinaire, les représentants des gouvernements des États membres ne votent plus, au niveau du Conseil, à l'unanimité, mais à la majorité qualifiée, faisant disparaître la possibilité pour un État membre de bloquer toute décision, présente lors de tout vote à l'unanimité.

Dans un deuxième temps, **les décisions prises par l'Union s'imposent aux États membres**. Et, en cas de non-exécution de leurs obligations, une **procédure inédite en constatation du manquement** peut être ouverte contre ces derniers. En l'espèce, l'initiative est partagée entre les États membres eux-mêmes et la Commission. La décision finale appartient à une juridiction supranationale indépendante, la CJUE.

# Fiche 2 Le projet européen (Les théories de la construction européenne et communautaire)

**L'idée d'une Europe unifiée** passionne depuis toujours les esprits. Reprise par les hommes politiques, elle est à l'origine de multiples tentatives de construction européenne. Réalisées depuis l'Antiquité et le Moyen Âge par la conquête ou le droit de la dévolution successorale, parfois guidées par des idées messianiques, de telles tentatives, même si elles progressent rapidement, ne peuvent pas s'inscrire dans la durée.

Mais le **projet européen peut aussi constituer une œuvre pacifique, rationnelle et consensuelle**. Un tel projet connaît une réalisation effective depuis la fin de la Deuxième Guerre mondiale dans la partie occidentale de l'Europe. Sa progression est lente, mais il semble pouvoir mieux résister à l'épreuve du temps. À ses origines, il est marqué par l'opposition de différents courants doctrinaux et idées politiques (I). Parmi les premiers, le courant fonctionnaliste l'emporte au niveau de la construction communautaire. Il donne naissance à la méthode communautaire, qualifiée aussi de fédéralisme fonctionnel, essayant de concilier une finalité fédérale et une approche fonctionnelle (II).

## I - L'OPPOSITION ENTRE LES PRINCIPAUX COURANTS DOCTRINAUX ET IDÉES POLITIQUES

Cette opposition se faut autour de deux interrogations majeures : **comment construire l'Europe et de quelle Europe s'agit-il** ? La doctrine reste partagée sur la manière de réaliser l'Europe (A). Au niveau des idées politiques, celle qui propose la constitution des États Unies d'Europe semble en revanche s'imposer (B).

### A - La manière de réaliser l'Europe

Le courant fonctionnaliste prône la construction européenne/communautaire par l'intégration et la mise en place d'une entité supranationale (1). Cette dernière devait disposer d'institutions indépendantes, dont les décisions s'imposeraient tant aux États qu'aux particuliers. Le courant fédéraliste poursuit le même objectif, mais propose une autre méthode pour y parvenir (2.). Le courant intergouvernemental table enfin sur la coopération intergouvernementale classique et la préservation de la souveraineté étatique face à des institutions privées d'autonomie décisionnelle (3.).

## 1. Le courant fonctionnaliste

Il met l'accent sur les facteurs techniques, prône une approche dépolitisée et **l'intégration par l'économie**. Initié par le professeur britannique, d'origine roumaine, David Mitrany (1888-1975), le fonctionnalisme marque les pères fondateurs de l'Europe communautaire, plus particulièrement Jean Monnet. Selon ce courant, à la base de l'intégration se trouvent les besoins économiques et sociaux qui dépassent les frontières étatiques, le bien-être social ne pouvant plus être satisfait au niveau purement interne. Du bas vers le haut, sous la gestion des institutions internationales, l'intégration progresse de manière quasi automatique vers la mise en place d'une communauté politique de nature fédérale.

Le néo-fonctionnalisme, dont on retrouve le concept dans les travaux du politologue américain d'origine allemand Ernst Bernard Haas (1924 – 2003), s'inspire lui-même de la construction communautaire.

## 2. Le courant fédéraliste

Ses idées sont développées au XXe siècle en Europe par l'écrivain suisse Denis de Rougemont (1906-1985) et le diplomate autrichien Richard Coudenhove-Kalergi (1994-1972), à l'origine de la création en 1926 de l'Union paneuropéenne. Prenant l'exemple sur le modèle américain, **le courant fédéraliste met l'accent sur la méthode politique** de construire l'Europe. L'objectif final est la mise en place d'une fédération européenne souveraine, aux pouvoirs régaliens et dans laquelle les États devaient se fondre.

Le contexte de l'après Deuxième Guerre mondiale favorise ce projet en Europe occidentale, face à la menace soviétique et compte tenu des objectifs communs de reconstruction et de relance économique pour l'ensemble des pays concernés. Cela, avec l'assistance décisive des États-Unis, conditionnée par la mise en place de régimes démocratiques et des économies libérales de marché. **Les idées fédéralistes** semblent d'abord l'emporter lors du congrès de la Haye, dont les travaux commencent en mars 1948. Mais le congrès aboutit à la création, le 5 mai 1949, de la première organisation politique paneuropéenne à compétence globale (sauf en matière de défense), le Conseil de l'Europe. La méthode politique fédéraliste sera également rejetée au lancement de la construction communautaire.

## 3. Le courant intergouvernemental

Réticent à toute forme d'intégration, il se propose d'inscrire la construction européenne dans le cadre d'une **organisation inter-**

**nationale classique**. Les États membres préservent leur pouvoir décisionnel et elle ne bénéficie d'aucun transfert de compétences souveraines. La création du Conseil de l'Europe traduit partiellement ces idées, de même que l'Association européenne de libre échange, envisagée comme une alternative aux Communautés européennes sur le plan économique.

**La construction communautaire rejette à l'origine la méthode intergouvernementale et ses finalités**. En effet, celles-ci ne sont pas en mesure de répondre aux impératifs du projet d'intégration que reflète la création des Communautés européennes, ni permettre son avancement.

## B - Les États-Unis d'Europe

De nombreux intellectuels et hommes politiques partagent cet objectif commun, malgré les divergences (1). Certaines de ses constantes expliquent aussi le pourquoi des États-Unis d'Europe (2).

### 1. Un objectif commun

Parmi d'autres, Victor Hugo appelle, dans son discours inaugural du Congrès de la paix du 21 août 1849, la France, la Russie, l'Italie, l'Angleterre et l'Allemagne à créer des États-Unis d'Europe, **en se fondant dans une unité supérieure, sans toutefois perdre de leurs qualités distinctes** et leur glorieuse individualité. Les États-Unis d'Europe formeront un grand sénat souverain européen élu au suffrage universel. Etablis selon le modèle des États Unis, ils pourront constituer un partenaire privilégié de ces derniers.

L'idée sera relancée par Aristide Briand, à l'époque Ministre des affaires étrangères. Dans un discours prononcé devant la Société des Nations du 5 septembre 1929, il propose la création d'une Union européenne. Celle-ci, au cœur de son plan de paix, devait **reposer sur un lien fédéral, mais sans toucher à la souveraineté d'aucune des nations** et agir surtout dans le domaine économique.

Lors de son fameux discours de Zurich, prononcé le 19 septembre 1946 et repris devant le Congrès de la Haye de 1948, Winston Churchill défend l'idée de l'Union paneuropéenne portant sur la création d'une **Europe unie des pays libres**. Dans le contexte de l'époque uniquement l'Europe occidentale était visée, mais l'Union devait rester ouverte à l'Europe de l'Est. Le premier pas de son projet devait être la mise en place d'un Conseil de l'Europe, inspiré du modèle du Commonwealth. Dans cette Union, la puissance matérielle étatique ne devait jouer qu'un rôle secondaire et l'égalité des grands et petits États devait être garantie.

Dans les années 2000, l'évolution de l'Union européenne fait ressurgir de nouveau l'idée politique, sinon le concept, des États-

Unis d'Europe. Celle-ci se présente cependant sous une forme différente, celle d'une **Fédération d'États nations**, souhaitant concilier le processus de constitutionnalisation de l'Union européenne et la préservation de la souveraineté étatique.

### 2. Le pourquoi des États-Unis d'Europe

Il ne faut pas sous-estimer l'attrait exercé par les États-Unis d'Amérique eux-mêmes pour la réalisation d'une Europe unie, forte et pacifique. Ainsi, les États-Unis d'Europe sont-ils envisagés avant tout comme un **moyen de réaliser la paix et la sécurité** en Europe et dans les relations entre les puissances européennes. L'idée de l'intégration de l'Allemagne dans tout projet de construction européenne s'impose progressivement. Et, pendant la guerre froide, la question de la réunification de ce pays occupe profondément les esprits.

Une autre constante de tout projet constitue **le fondement des États-Unis d'Europe sur l'économie**. À la suite de la Deuxième Guerre mondiale, la question se pose d'abord en termes de rétablissement économique des pays occidentaux et en premier lieu de l'Allemagne, avec l'aide des États-Unis.

Par rapport à ces derniers, le projet européen devait établir les bases d'un **partenariat atlantique égalitaire**. Après la Deuxième Guerre mondiale, une question corollaire se pose au sujet de la position du Royaume Uni entre l'Europe et les États-Unis. Sa participation au projet européen sera longtemps débattue.

## II - LA MÉTHODE COMMUNAUTAIRE

Elle renvoie au **discours fondateur du 9 mai 1950** prononcé par Robert Schuman, à l'époque ministre français des Affaires étrangères et inspiré par son commissaire au plan, Jean Monnet. L'histoire retiendra ce jour comme étant celui du lancement de la construction communautaire. Elle qualifiera Jean Monnet et Robert Schuman, le chancelier allemand Konrad Adenauer, l'homme politique belge Paul-Henri Spaak et le président du Conseil italien Alcide de Gasperi, de **pères fondateurs de l'Europe**.

Consacrée à l'origine même de la construction communautaire (A), la méthode communautaire connaîtra par la suite une évolution certaine (B).

## A - La consécration de la méthode communautaire

Définie dans la déclaration Schuman (1.), elle sera mise en œuvre au niveau de l'architecture institutionnelle des Communautés européennes (2.).

### 1. La définition par la déclaration Schuman

Robert Schuman proposait à l'Allemagne, ainsi qu'à d'autres pays qui voudraient se joindre au projet commun, de **placer l'ensemble de la production de charbon et d'acier sous l'autorité d'une institution supranationale**, la Haute Autorité commune. Le projet devait toucher en premier lieu la France et l'Allemagne, la construction d'une Europe unie exigeant le dépassement de l'opposition séculaire entre les deux pays. Le choix du domaine d'intégration tenait au fait qu'il s'agissait d'industries essentielles à la puissance militaire.

Mais la déclaration contenait également un projet d'avenir. Selon elle, **l'Europe ne pouvait se faire d'un coup, ni dans une construction d'ensemble, mais par des réalisations concrètes, créant d'abord une solidarité de fait**. Ces solidarités devaient représenter **des pas concrets d'une fédération européenne**, indispensable à la préservation de la paix.

Inspirée par le fonctionnalisme, la méthode communautaire prévoyait donc comme point de départ une intégration sectorielle. Celle-ci devait progressivement s'étendre, par **l'effet d'engrenage**, à d'autres secteurs, puis à l'économie toute entière, avant de devenir politique et poser la question de la future fédération.

### 2. La mise en œuvre au niveau de l'architecture institutionnelle des Communautés européennes

Conformément à la déclaration Schuman, une **Haute autorité** supranationale était devenue l'institution centrale de la CECA. Elle disposait d'un pouvoir décisionnel autonome et gérait le marché commun du secteur.

L'approche sectorielle, entamée avec la création de la CECA, sera bloquée par l'échec de la CED et l'abandon de la CPE. La création de la CEE et de la CEEA relance l'intégration. Pour ce qui est de la première, l'extension à toute l'économie impose une structure institutionnelle différente. La Commission CEE qui remplace la Haute Autorité ne concentre plus le pouvoir décisionnel. Les décisions sont désormais prises par le Conseil CEE, institution à pouvoir consultatif dans la CECA, après avis de l'Assemblée consultative. La Commission dispose en revanche du monopole de proposition législative. Enfin, la Cour de justice connaît logiquement un domaine d'intervention élargi. Mais **la méthode**

**communautaire préside de nouveau à la mise en place des institutions, à la définition de leur fonctionnement et de leurs compétences.**

## B - L'évolution de la méthode communautaire

Après la création des Communautés, le processus d'intégration peut avancer sur la base de la seule méthode communautaire, tant que la dimension économique reste exclusive. En revanche, dès le passage à la dimension politique, les États s'empressent d'y adjoindre une méthode intergouvernementale (1.). L'élaboration et l'adoption du feu traité constitutionnel pose enfin la question d'un nouveau processus de nature constitutionnelle (2.).

### 1. La méthode communautaire complétée par la méthode intergouvernementale dans le traité de Maastricht

Signé en 1992, ce traité met en place la fameuse **structure en trois piliers**. Le pilier communautaire est ainsi complété par des politiques et formes de coopération, envisagées selon la méthode intergouvernementale. Le traité intègre une nouvelle institution – politique – propre à la seule Union, le Conseil européen. Ce dernier fait pourtant partie, au même titre que les institutions communautaires, de ce que le traité lui-même qualifie de cadre institutionnel unique.

Mais le traité de Maastricht s'inscrit aussi dans **la poursuite de la méthode communautaire**. Il permet le passage des Communautés économiques à l'Union politique, ainsi que la création d'une Union économique et monétaire. L'Union européenne elle-même ne sera qualifiée que de nouvelle étape dans le processus créant une union sans cesse plus étroite entre les peuples de l'Europe.

La **méthode fédérale** transparaît aussi dans le traité de Maastricht, notamment dans la perspective de la création de la monnaie unique. C'est aussi le cas de la citoyenneté de l'Union, permettant l'émergence d'un lien d'allégeance directe entre cette dernière et les ressortissants des États membres. Enfin, l'inscription du principe de subsidiarité dans les traités relève d'une logique fédérale, s'agissant d'un principe de répartition verticale des pouvoirs entre État fédéral et États fédérés. La référence même à la méthode fédérale dans le traité sera remplacée *in extremis* par celle à la méthode communautaire.

### 2. La méthode communautaire dépassée par le processus constitutionnel ?

Le feu traité constitutionnel pose cette question. Respectueux en tant que traité du pouvoir constituant des États, le nouveau texte fondateur substitue cependant **l'Union, désormais unique et**

**exclusive**, aux anciennes Communauté et Union européennes. Il supprime au passage la structure en trois piliers.

Bien qu'il se réclame toujours de la méthode communautaire, le traité s'inscrit dans un **processus constitutionnel**. C'est ce que prouve, en particulier, l'intégration de la Charte des droits fondamentaux en tant que partie II du traité. La Charte permet de doter l'Union d'un catalogue propre, complet et moderne des droits et libertés, essence d'une constitution matérielle. En outre, le traité reconnaît les valeurs fondamentales de l'Union, répartît sur un plan vertical les compétences entre cette dernière et les États membres, remplace les anciens règlements et directives par les lois européennes et des lois-cadres européennes, adopte des symboles de l'Union, la devise, la monnaie, l'hymne, le drapeau, la journée de l'Europe. Dans l'ensemble, il s'agit certes d'éléments déjà présents dans la construction communautaire, mais désormais inscrits explicitement dans le texte fondateur.

À noter aussi l'imposition, dans ce contexte, de la **théorie du patriotisme constitutionnel**, développée par le philosophe allemand Jürgen Habermas.

Si le traité constitutionnel échoue, il ne met pas fin au **processus constitutionnel, repris par le traité de Lisbonne**. Ce dernier propose d'ailleurs une distinction entre un TUE, porteur d'éléments proprement constitutionnels, avec le renvoi à la Charte des droits fondamentaux, la consécration des principes et des valeurs et la définition du cadre institutionnel et un TFUE, comprenant des éléments non-constitutionnels, les politiques et les actions de l'Union. Mais, la logique de la distinction entre le TUE, pouvant se transformer à l'avenir en une véritable constitution et le TFUE, comparable davantage à une législation organique, mettant en œuvre le premier traité, n'est pas suivie jusqu'au bout. Le deuxième traité consacre ainsi la citoyenneté de l'Union et définit la répartition des compétences entre l'Union et les États membre, bien qu'il s'agisse d'éléments proprement constitutionnels. Le TUE intègre en revanche la PESC et la PSDC, marquant leur importance toute particulière pour l'Union.

# Fiche 3 Les trois communautés d'origine (de la CECA à la CEE et la CEEA - Euratom)

La déclaration Schuman du 9 mai 1950 proposait à la fois **une réalisation concrète**, la CECA, et un **projet d'avenir**, surmonter l'opposition séculaire entre la France et l'Allemagne et mettre les bases d'une fédération européenne nécessaire à la préservation de la paix. La méthode communautaire s'exprime à travers la première et propose la manière de réaliser le second. À l'origine, la supranationalité communautaire sera clairement affirmée par l'approche sectorielle (I). Plus tard elle sera fondée sur une approche globale, portant sur l'économie dans son ensemble (II).

## I - UNE SUPRANATIONALITÉ CLAIREMENT AFFIRMÉE PAR L'APPROCHE SECTORIELLE

C'est donc d'abord et avant tout la création de la CECA en tant que communauté supranationale qui exprime l'approche sectorielle. Sa réussite (A) stimule le lancement de deux autres projets, mais leur réalisation échoue (B).

### A - La réussite de la CECA

La Communauté européenne de charbon et d'acier est créée par le traité de Paris, signé le 18 avril 1951 et entré en vigueur le 25 juillet 1952. **L'Europe des 6 pays fondateurs**, la France, l'Allemagne, l'Italie et les pays du Benelux (Pays-Bas, Luxembourg et Belgique), voit ainsi le jour.

Qualifié de **traité-loi, le traité CECA consacre la gestion d'une intégration sectorielle**. Conclu pour 50 ans, il arrive à expiration en 2002. Le traité n'est pas renouvelé et les actifs et les passifs de la CECA sont repris par la CE. Le cadre institutionnel (1.) et les missions de l'organisation (2.) expriment la supranationalité et l'approche sectorielle.

#### 1. Le cadre institutionnel

Le traité de Paris institue une **Haute Autorité** indépendante des États membres, une **Assemblée parlementaire**, un **Conseil des ministres**, une **Cour de Justice** et enfin un **Comité consultatif**. La gestion du marché commun de la sidérurgie et de l'acier relève exclusivement de la Haute Autorité, dont les membres sont désignés par les États. Exécutif unique de la CECA, elle est chargée aussi d'élaborer les politiques dans le secteur. Le Conseil des ministres est associé à la prise des décisions, mais ne peut que conseiller et orienter le travail de la Haute Autorité. Il assure en outre l'harmonisation des travaux de la Haute Autorité et des gouvernements nationaux, lesquels préservent leur responsabilité pour la définition et la conduite de leurs politiques économiques respectives.

La Haute Autorité est soumise au contrôle politique de l'Assemblée, dont les membres sont désignés par les Parlements nationaux. L'Assemblée ne dispose logiquement que d'un pouvoir consultatif, sauf celui de renvoyer l'Autorité pour incompétence, injustice, corruption ou fraude.

Au contrôle politique de l'Assemblée, s'ajoute également le contrôle juridictionnel, exercé par la Cour de justice.

Enfin, le comité consultatif assure au niveau de la CECA la représentation des employeurs, des travailleurs et même des négociants et des consommateurs du secteur du charbon et d'acier.

Un prélèvement sur les entreprises, affecté au budget CECA, permet d'assurer **l'autonomie financière de la communauté**, dont les décisions sont immédiatement applicables dans chacun des États membres.

### 2. Les missions

**Le traité de Paris** devait assurer dans le domaine de l'acier et du charbon : la libre circulation des produits et le libre accès aux sources de production ; la surveillance permanente du marché pour éviter des dysfonctionnements qui peuvent rendre nécessaire l'instauration de quotas de production ; le respect des règles de concurrence et de transparence des prix, enfin le soutien à la modernisation du secteur et à la reconversion, ainsi que l'amélioration des conditions de vie des travailleurs du secteur.

## B - L'échec de la Communauté européenne de défense et de la Communauté politique européenne

La création de ces deux communautés entend poursuivre l'approche sectorielle, mais aussi **étendre l'intégration au-delà du seul domaine économique**. Le traité CED sera signé par les États fondateurs, mais finalement la France refusera de le ratifier (1.). Son échec entraînera également l'abandon de la CPE (2.). Pour relancer l'intégration, les États membres se proposent, en 1955, de repartir sur des nouvelles bases en créant d'une part la CEE et d'autre part la CEEA (Euratom).

## 1. La traité CED et le refus de sa ratification par la France

Parallèlement à la création de la CECA, les États-Unis demandent à leurs alliés européens d'accepter le **réarmement allemand**. Selon la France, celui-ci ne devait se faire de manière autonome, mais dans le cadre de la construction communautaire. Le plan Pleven propose alors la création avec l'Allemagne d'une Communauté européenne de défense supranationale, sur le modèle de la CECA.

Le traité est signé par les six États fondateurs après de difficiles négociations le 27 mai 1952. **La politique de défense devait être communautarisée**, les États ne conservant que des forces limitées. La CED devait gérer une armée européenne multinationale. Le pouvoir de décision était transféré à un Conseil composé de représentants des gouvernements, la Commission étant chargée de la gestion du traité.

Mais, ratifié en 1953 par les autres pays, **le projet de traité sera rejeté** par l'Assemblée nationale française le 30 août 1954. Les problèmes coloniaux auxquels la France doit faire face et le renforcement des tendances souverainistes expliquent le rejet. En conséquence, le réarmement allemand est autorisé et l'Allemagne adhère à l'OTAN et à L'Union de l'Europe Occidentale. L'Italie adhère également à cette dernière.

## 2. Le projet CPE et son abandon

Parallèlement à la négociation de la CED, l'Assemblée de la CECA avait été chargée par les États membres de rédiger **le projet d'une communauté politique européenne**. Celle-ci devait réunir les deux communautés existantes et créer, sur un modèle fédéral, un parlement bicaméral, un exécutif bicéphale et une cour. L'échec de la CED entraîna l'abandon du projet.

La réussite de la CED aurait pu conduire à la mise en place d'une **Europe politique**, fondée sur le transfert par les États à la Communauté des pouvoirs régaliens. Sans doute il était trop tôt pour le passage de l'intégration économique à l'intégration politique. L'échec de cette dernière va logiquement retarder le projet politique européen, en tant que fondé sur une approche purement sectorielle.

# II - UNE SUPRANATIONALITÉ RENOUVELÉE, FONDÉE SUR UNE APPROCHE GLOBALE

La crise provoquée par l'échec de la CED et la CPE sera dépassée lors de la conférence de Messine de juin 1955. Celle-ci retient le **projet de deux nouvelles communautés**, la CEE et la CEEA (Euratom), instituées par les traités de Rome du 25 mai 1957. L'approche sectorielle de l'intégration est abandonnée au niveau de la première au profit de l'intégration par l'économie dans l'ensemble (A). La CEE propose aussi un autre modèle de communauté supranationale, quelque peu en retrait par rapport à la CECA (B).

## A - L'intégration par l'économie

La relance de l'intégration nécessite le renouvellement de la méthode communautaire au niveau de la CEE (1.). La CEEA reste une exception à la règle (2.).

### 1. Le renouvellement de la méthode communautaire

La CEE semble donc abandonner l'approche sectorielle propre à la CECA, la CED et la CPE. Mais l'essence même de la méthode que constitue l'avancement par des petits pas, permettant d'étendre l'intégration par **l'effet de l'engrenage** reste bien présente. Et, la construction communautaire permet sur la base de la révision du traité CEE – donc sans passer par la création de nouvelles communautés – à la fois d'approfondir (passage de l'unanimité à la majorité qualifiée lors du vote du Conseil ; renforcement des pouvoirs du Parlement, etc.) et d'élargir (création de nouvelles politiques et conduite de nouvelles actions, constitution de nouveaux organes) l'intégration. Seule l'option proprement politique sera provisoirement laissée de côté.

Encore, le renforcement de l'intégration peut être mené en dehors même d'une révision des traités, par les institutions communautaires elles-mêmes. La compétence générale de la Communauté pour toute l'économie, fondée sur un traité-cadre, se prête à un tel exercice. Le traité CEE prévoit la possibilité pour les institutions de recourir à ce qui était appelé à l'époque **la compétence subsidiaire**, rebaptisée par le traité constitutionnel **clause de flexibilité**. Dans les années 1970, la CEE aura recours à ce moyen pour ramener les moyens aux objectifs de l'intégration, en créant de nouvelles politiques (l'environnement) et nouveaux organes (FEDER), ou encore en conduisant de nouvelles actions.

Le traité institue une **communauté à durée indéterminée**, contrairement à la CECA. Partant, les auteurs concluent à l'impossibilité pour les États de quitter les Communautés, bénéficiant, selon l'affirmation magistrale de la CJCE, d'un transfert définitif des compétences, issu des limitations des compétences étatiques souveraines (arrêt Costa c/ENEL, 15 juillet 1964).

### 2. L'exception de la CEEA qui renouvelle l'approche sectorielle

Contrairement au traité CEE, le traité CEEA ou Euratom s'inscrit dans la poursuite de l'approche inaugurée par la CECA, en créant une communauté sectorielle, dont le champ d'action se limite au **développement pacifique de l'énergie nucléaire**. La nouvelle communauté se voit assigner l'objectif ambitieux de contribuer à la formation et à la croissance rapide des industries nucléaires. Mais, dans ce domaine trop sensible pour les États, ses moyens d'action seront limités à la coordination des programmes nationaux de recherche en cours ou futurs, en vue de l'utilisation pacifique de l'énergie nucléaire.

La future construction communautaire touche peu la CEEA, en raison de la spécificité de son domaine d'intégration. Conclue pour une durée indéterminée contrairement à la CECA, **la communauté survie même à la fusion de l'Union et de la Communauté européennes opérée par le traité de Lisbonne**.

## B - La CEE, communauté supranationale en retrait par rapport à la CECA

Ce constat se vérifie à l'étude à la fois du cadre institutionnel de la CEE (1.) et de ses buts et moyens d'action (2.).

### 1. Le cadre institutionnel de la CEE

La CEE reprend globalement les institutions de la CECA. Mais, pour tenir compte de l'approche globale de l'intégration, elle **révise en partie le fonctionnement et les compétences du triangle décisionnel**, formé par le Conseil, l'Assemblée et la Commission. À la place de la Haute Autorité, désormais le Conseil, représentant les gouvernements des États membres, devient le seul détenteur du pouvoir décisionnel. Exclusive à l'origine, la prise de décision à l'unanimité sera cependant progressivement remplacée par celle à la majorité qualifiée dans la plupart des domaines d'action de la Communauté.

À la place de la Haute Autorité, le traité CEE institue la **Commission**, représentant la Communauté et indépendante des États membres. Dotée d'un véritable monopole de proposition, elle veille également au respect des traités et exécute les décisions déléguées par le Conseil. **L'Assemblée** garde sa place et son rôle, consultée sur l'essentiel des questions d'intégration. Cependant, si demander l'avis constitue une exigence formelle pour le Conseil, ce dernier n'a pas l'obligation de suivre. La **Cour de justice** enfin non seulement préserve son statut, mais aussi renforce ses compétences.

## 2. Les buts et les moyens de la CEE

Puisque l'économie dans l'ensemble est visée, le traité CEE revêt l'aspect d'un **traité-cadre**. Il ne peut pas établir une réglementation détaillée, mais se limite à fixer le cadre de l'intégration économique, ainsi que les principes selon lesquels la CEE peut avancer dans l'avenir.

L'objectif central de la CEE constitue l'établissement d'un **marché commun**, **fondé sur les quatre libertés de circulation,** des biens, des personnes, des capitaux et des services. Le marché commun doit être réalisé au cours d'une période transitoire, complété par des politiques et des actions, visant au rapprochement progressif des politiques économiques.

Pour atteindre cet objectif, le traité CEE prévoit l'élimination des droits de douane et des restrictions quantitatives dans les échanges entre les États membres, ainsi que l'établissement d'un tarif douanier extérieur, complétés par une politique commerciale ; des politiques agricole et des transports ; la création d'un Fonds social européen et d'une Banque européenne d'investissement, etc.

Fiche 4

# L'évolution des Communautés avant l'Union européenne : priorité à l'intégration économique

L'adoption du traité de Paris de 1951 instituant la CECA et des traités de Rome de 1957, instituant la CEE et la CEEA ouvre la voie à une première période d'évolution des Communautés. Cette période va jusqu'au traité sur l'Union européenne. Durant cette période, l'Europe communautaire se transforme selon la formule consacrée, en **géant économique**, mais reste un **nain politique**. Dans ce cadre, le développement de la CEE attire prioritairement l'attention.

Au cours de cette période, la construction communautaire est fondée sur l'application des traités (I). Mais, leur révision devient rapidement nécessaire pour relancer l'intégration (II).

## I - L'APPLICATION DES TRAITÉS

Elle est à la base d'une intégration purement économique (A). Certains échecs et blocages imposent malgré tout le retour de la politique (B).

### A - Une intégration purement économique

Au cœur de celle-ci se trouve l'objectif du **marché commun**, fondé sur les libertés de circulation (1.), complétées par des politiques communautaires (2.). Mais il impose aussi une autonomisation budgétaire, parallèlement et de manière interdépendante avec le renforcement des pouvoirs du Parlement (3.).

#### 1. Le marché commun et les libertés de circulation

L'achèvement du marché commun devait se faire, conformément à l'article 8 du traité CEE, au cours d'une **période transitoire**, divisée en trois étapes et se terminant le 31 décembre 1969. Durant cette période, dans un certain nombre de domaines d'intégration, le vote à l'unanimité cède sa place au vote à la majorité qualifiée lors de la prise de décisions par le Conseil CEE, lequel concentre pour l'heure le pouvoir décisionnel. **Les quatre libertés de circulation** concernent les biens, les personnes, les services et les capitaux. Simple facteur économique, les individus n'intéressent alors les Communautés qu'en tant que moyen, parmi les autres, de réalisation du marché commun.

La mise en place d'une **union douanière**, essentielle à la libre circulation des marchandises constitue une réussite incontestable. L'union douanière comprend d'une part une **zone de libre échange**, fondée sur la suppression des droits de douane et des restrictions quantitatives et permettant à tout produit se trouvant sur le territoire communautaire de circuler librement. D'autre part, elle inclut le **tarif douanier commun**, imposé aux marchandises qui pénètrent sur ledit territoire.

Cependant, des **entraves résiduelles persistent** toujours devant la libre circulation des marchandises, **des taxes et des mesures d'effet équivalant**, respectivement aux droits de douane et aux restrictions quantitatives. La réalisation des autres libertés marque certains progrès, tels que la libre circulation des travailleurs, mise en œuvre par un règlement de 1968. Reconnu d'effet direct par la CJCE, le principe fondateur de la non-discrimination en raison de la nationalité permet l'avancement de l'intégration. Mais globalement, le marché commun des services, capitaux et personnes reste encore inachevé.

## 2. Les politiques communautaires

Au cours de la période transitoire, **la politique commerciale commune** et **la politique agricole commune** seront mises en place (en 1962 seront adoptés les premiers règlements sur la PAC et verra le jour le Fonds européen d'orientation et de garantie agricole), ainsi que **le droit de la concurrence**. Parallèlement, seront adoptées des règles applicables aux travailleurs migrants, ainsi qu'au système commun de TVA. Sur le plan des relations extérieures, la période sera marquée par la signature des traités garantissant aux pays en voie de développement les ressources d'exportation, ainsi que du premier traité d'association, avec la Turquie (en 1963). Mais d'autres politiques communautaires n'avanceront pas, telle que la politique commune des transports. Enfin, pour répondre à l'instabilité monétaire générée par la crise financière du début des années 1970, d'abord un serpent monétaire européen, ensuite un système monétaire européen – précurseur de l'euro – seront mis en place.

Son champ d'action couvrant toute l'économie, la CEE va recourir souvent dans les années 1970 aux **compétences subsidiaires** (désormais clause de flexibilité) en application de l'article 235 CEE, et aux **pouvoirs implicites**, dont la théorie sera consacrée par la CJCE dans l'arrêt Commission contre Conseil (AETR) du

31 mars 1971. Cela, pour développer de nouvelles politiques, telles que les politiques de l'environnement ou de la protection des consommateurs. De même la CEE établira les premiers éléments de la future politique sociale, de la politique régionale, de la politique de recherche et développement technologique.

### 3. Autonomisation budgétaire et renforcement des pouvoirs du Parlement

À la fin de la période transitoire, le 21 avril 1970, le Conseil adopte la décision portant création du **système des ressources propres** de la CEE (l'autonomie de la CECE était, quant à elle, acquise dès l'entrée en vigueur du traité de 1951), se substituant aux contributions financières des États membres. Les ressources propres se composent alors des prélèvements agricoles, des droits de douanes et d'une ressource complémentaire en application d'un taux de 1 % sur l'assiette de la TVA perçue dans les États membres, augmenté ensuite jusqu'à 1,4 %, avant d'être sensiblement réduite. Une quatrième ressource viendra les compléter ultérieurement, fondée sur le PNB. Devenue progressivement plus importante que les ressources traditionnelles, elle sera plafonnée au moment du débat constitutionnel à 1,27 % du PNB de l'ensemble des États membres.

La décision sur les ressources propres implique un **renforcement des pouvoirs de l'Assemblée parlementaire**. En 1962, celle-ci décide de s'appeler Parlement. Le traité de Luxembourg du 22 avril 1970 lui accorde certains pouvoirs budgétaires et le traité de Bruxelles du 22 juillet 1975 – le pouvoir de rejeter le budget et donner décharge à la Commission sur l'exécution de ce dernier. Le traité de Bruxelles institue également la Cour des comptes, élevée ensuite au rang de principale institution communautaire. Devenu codétenteur du pouvoir budgétaire avec le Conseil, le Parlement aura le dernier mot sur approximativement la moitié du budget communautaire, comprenant les **dépenses dites non-obligatoires,** par opposition aux **dépenses obligatoires**. Le traité CEE définit ces dernières comme des dépenses, qu'aucune des deux branches de l'autorité budgétaire ne peu éluder et dont l'inscription au budget se fait en vertu d'un engagement juridique pris aux termes des traités ou des actes dérivés, arrêtés en vertu de ceux-ci. Le traité de Lisbonne supprime la distinction entre les deux.

## B - Un certain retour de la politique

Le développement de l'intégration économique sera rapidement confronté à des **situations de crises** que les traités n'avaient pas prévues et ne pouvaient pas résoudre. Une telle crise, dite de la chaise vide, éclate en 1965 (1.). De même, fallait-il envisager **les perspec-**

**tives d'avenir**. L'encadrement de l'intégration économique par la politique permet de répondre à ces deux nécessités (2.). Le retour de la politique sera nuancé et moins affiché après les échecs de la CED et surtout de la CPE.

## 1. La crise de la chaise vide et le compromis de Luxembourg

Elle se produit à la fin de la période transitoire et à la veille du passage, le 1er janvier 1966 du vote à l'unanimité au vote à la majorité qualifiée au sein du **Conseil**. Ce dernier devient entre temps, en vertu du traité de Bruxelles sur la fusion des exécutifs et l'unité budgétaire (adopté le 8 avril 1965, entré en vigueur en 1967), **une institution unique, commune aux trois communautés**.

Applicable à plusieurs domaines, le vote à majorité qualifiée traduit l'approfondissement de l'intégration et le renforcement de la supranationalité. Conformément à une proposition de la Commission, il devait s'étendre, entre autres, au financement de la politique agricole commune. Pour bloquer cette extension, devant être décidée à l'unanimité, la France décide de ne plus siéger au Conseil. Pour reprendre sa place, elle exige un accord politique sur le rôle de la Commission et le vote majoritaire. Le 30 janvier 1966, les États membres adoptent le **compromis de Luxembourg**, selon lequel, dans les domaines soumis au vote à la majorité qualifiée, lorsque des intérêts nationaux importants sont en jeu, le Conseil s'efforcera de parvenir dans un délai raisonnable à des solutions pouvant être adoptées par tous, dans le respect de leurs intérêts mutuels.

Simple déclaration politique, jamais intégrée dans les traités, ce compromis marque le processus d'intégration. Il sera partiellement repris par le Conseil de Ioannina de 1994 dans la perspective de l'élargissement à l'Autriche, la Finlande, la Suède et la Norvège (celle-ci pour la deuxième fois signera, puis refusera de ratifier le traité d'adhésion). **Le nouveau compromis** prévoit que si des membres du Conseil représentant entre 23 (ancien seuil de la minorité de blocage) et 26 voix (nouveau seuil de la minorité de blocage) indiquent leur intention de s'opposer à la prise d'une décision à la majorité qualifiée, le conseil s'efforcera de parvenir dans un délai raisonnable, à une solution satisfaisante, pouvant être adoptée par au moins 68 voix sur 87.

**Un compromis similaire** sera inscrit dans le traité de Lisbonne, applicable pendant la période transitoire de 2014 à 2017, précédant le passage au système de la double majorité lors du vote à la majorité qualifiée au sein du Conseil.

### 2. L'encadrement de l'intégration par la politique

Dès le début des années 1960, **les chefs d'État et de gouvernement se réuniront de manière irrégulière** pour surmonter les difficultés surgies au cours de la réalisation du marché commun. Les sommets de la Haye de 1969, de Paris de 1972 et de Fontainebleau de 1974 prendront des décisions importantes relatives au premier élargissement, au financement des Communautés, au recours aussi large que possible aux compétences subsidiaires (article 235), à la création du Fond régional européen, aux élections au suffrage universel direct des membres du Parlement, etc. Organisées conformément à l'acte adopté par le Conseil le 20 septembre 1976 à l'unanimité, les premières élections auront lieu en juin 1979.

Lors du sommet de Fontainebleau de 1974, les chefs d'État et de gouvernement décideront aussi de se réunir régulièrement trois fois par an pour traiter des affaires communautaires et de la coopération politique. Ces réunions prendront la forme d'un Conseil européen. Ainsi, la coopération intergouvernementale accompagnera-t-elle la construction communautaire, même si elle n'est pas encore intégrée dans les traités. Opposée formellement à la méthode communautaire, **la méthode intergouvernementale** stimule de fait l'intégration.

La coopération intergouvernementale permet d'abord la solution des crises, auxquelles cette dernière doit faire face. Ensuite, elle permet d'engager une réflexion sur l'avenir de la construction communautaire. Différents rapports marquent cette réflexion, conduite dès le début des années 1960 (plan Fouchet, rapports Davignon et Tindemans, etc.). Plus tard, le projet Spinelli propose la création d'une Union européenne fédérale, fondée sur de nouveaux transferts de compétences et dans laquelle le pouvoir législatif devait être exercé conjointement par le Conseil et le Parlement. Ce dernier adopte le projet à une forte majorité le 14 février 1984, à la veille de l'adoption de l'AUE.

## II - LA RÉVISION DES TRAITÉS, INDISPENSABLE À LA RELANCE DE L'INTÉGRATION

Toute modification des traités dépend, aujourd'hui encore, du pouvoir constituant des États membres. Laissant de côté les quelques révisions ponctuelles des années 1970, la première révision globale des traités sera opérée par **l'Acte Unique européen**. Elle permet de relancer l'intégration. Signé le 28 février 1986, le nouveau traité entre en vigueur le 1^er^ juillet 1987, avec six mois de retard, en raison du recours constitutionnel engagé en Irlande par une personne privée.

L'AUE inscrit la construction communautaire sous l'angle de la transformation, énoncée par le préambule du traité, des relations entre les États membres en **une nouvelle Union européenne**. Faire progresser cette dernière devient, aux termes de l'article 1er de l'AUE, l'objectif commun à la fois des Communautés et de la coopération politique européenne.

L'AUE comporte des dispositions relatives à celle-ci, tout en la laissant formellement en dehors des traités instituant les Communautés européennes (B). Le processus d'intégration préserve ainsi son caractère essentiellement économique (A).

## A - La relance économique

Elle comprend un volet matériel (1.) et un volet institutionnel (2.).

### 1. Le volet matériel

Le traité entend avant tout combler les retards dans la réalisation du marché commun et la mise en place des quatre libertés de circulation. Cela, grâce au nouvel objectif du **grand marché intérieur**. Celui-ci doit être réalisé pour le 1er janvier 1993, reprenant et amplifiant le marché commun prévu en 1958.

L'AUE consacre également **de nouvelles compétences communautaires**. C'est ainsi que seront intégrées dans les traités la politique sociale, les politiques de la cohésion économique et sociale, de l'environnement, de la recherche et du développement technologique. Pour certains, l'AUE permet d'inscrire en droit communautaire primaire des compétences déjà acquises depuis le lancement de l'intégration grâce à la clause de flexibilité. Il renforcera également la capacité monétaire de la CEE.

### 2. Le volet institutionnel

L'AUE entend aussi **remédier aux disfonctionnement des institutions**. Il s'agit notamment de combler le déficit démocratique, déjà apparu à cette époque, moyennant le **renforcement des pouvoirs du Parlement**, désormais élu au suffrage universel direct. Ce dernier recevra le pouvoir de se prononcer par avis conforme sur les accords d'adhésion et d'association. L'AUE va en outre instituer la procédure de coopération entre le Conseil et le Parlement européen, afin d'associer ce dernier au processus décisionnel, mieux que ne le permettait le simple pouvoir consultatif prévu par les traités d'origine.

Par ailleurs en avril 1986, quelques mois seulement après la signature de l'AUE, la CJCE reconnaît qu'un **recours en annulation peut être dirigé contre les actes du Parlement**, destinés à produire des effets juridiques vis-à-vis des tiers. Dans son arrêt, la Cour conclut magistralement que ni les actes adoptés par les institutions, ni ceux des États membres, pris en application des traités, ne sauraient échapper au contrôle de conformité.

Le processus d'intégration sera aussi freiné par l'adoption des décisions à l'unanimité au niveau du Conseil, lequel domine encore l'intégration. Ainsi, **l'unanimité sera-t-elle remplacée par la majorité qualifiée** d'abord dans des domaines déjà existants de compétence communautaire, tels que la modification du tarif douanier commun, la libre prestation des services et la libre circulation des capitaux, enfin la politique commune des transports maritimes et aériens. Ensuite, la majorité qualifiée sera directement retenue pour certaines nouvelles compétences, le marché intérieur et la politique sociale, la cohésion économique et sociale, la recherche et le développement technologique et l'environnement.

Enfin, pour alléger le travail de la CJCE, l'AUE crée un **Tribunal de première instance**. À l'époque, celui-ci sera compétent en première instance pour les recours ouverts aux particuliers, en annulation, carence ou réparation, ainsi que pour les recours des entreprises contre la Commission au titre du droit de la concurrence, enfin pour les litiges de la fonction publique européenne.

## B - La consécration de la coopération politique européenne par l'AUE

Lors de l'élaboration de l'AUE, l'accent sera mis sur l'absence du lien formel et organique entre l'intégration économique et le développement politique. Cette lacune aboutit à des divergences entre l'une et l'autre et à des choix politiques parfois contrastés, voire incohérents. Pour y remédier, l'AUE reprendra, tout en les amplifiant, les solutions proposées au cours de la période précédente. Ces solutions portent globalement sur le **développement d'une coopération politique**. Le principal acquis en la matière représente la consécration formelle du Conseil européen (1.). En outre, l'AUE propose une première ébauche, certes timide, de la coopération dans le domaine de la politique étrangère (2.).

### 1. Le Conseil européen et l'encadrement politique de l'intégration

Institué par l'article 2 de l'AUE, il n'est pas inséré dans le traité CEE. Il ne devient pas non plus une institution communautaire. **Instance éminemment politique**, le Conseil européen rassemble les chefs d'État et de gouvernements, assistés de leurs ministres des Affaires étrangères et d'un membre de la Commission. Il se réunit au moins deux fois par an. Le traité n'apporte en revanche aucune précision concernant les missions du Conseil européen. Conformément à la pratique antérieure, ce dernier devait à la fois envisager le futur développement de l'intégration et permettre la solution des crises, auxquelles cette dernière pouvait être confrontée.

## 2. La politique étrangère, domaine de coopération politique

Consacrée par l'AUE, elle ne sera pas non plus intégrée dans les traités, mais juxtaposée au processus d'intégration économique. Il s'agit bien d'une **coopération intergouvernementale, respectueuse de la souveraineté nationale**. Elle a pour objectif la formulation et la mise en œuvre d'une politique étrangère commune, moyennant l'obligation générale de consultation – à la fois suffisamment souple et peu contraignante – instituée au chef des États. De même, ces derniers doivent tenir compte, lors de la définition de leur propre politique étrangère, des positions exprimées par chacun des autres États membres. Les États s'engagent enfin à ne pas faire obstacle à la formation d'un consensus en la matière, ni à l'action conjointe qui pourrait en résulter.

Le domaine de **la politique étrangère** sera défini de manière large, portant sur toute question d'intérêt général. L'institutionnalisation de la coopération politique renvoie prioritairement à des réunions des ministres des Affaires étrangères. Celles-ci doivent se tenir, conformément à une pratique antérieure, au moins quatre fois par an. L'AUE prévoit aussi la constitution d'un Comité politique, composé des directeurs politiques des États membres, se réunissant régulièrement, pour suivre, impulser et préparer les décisions ministérielles. La coopération politique s'appuie enfin sur un groupe de correspondants, des groupes de travail et un secrétariat permanent. La cohérence avec les Communautés devait être assurée par la Commission, associée à la coopération politique.

Il est envisagé aussi d'étendre la coopération entre les États membres au domaine de la sécurité, notamment dans ses aspects politiques, économiques et technologiques. Cette extension ne doit cependant pas porter préjudice aux coopérations développées au niveau de l'UEO et de l'OTAN.

# Fiche 5 Le dépassement des Communautés économiques : le traité sur l'Union européenne

**L'éclatement du bloc soviétique**, symbolisé par la chute du mur de Berlin le 9 novembre 1989, pose de multiples défis devant la construction communautaire. Les Communautés et leurs États membres doivent ainsi assister les pays de l'Europe de l'Est dans la transition post-totalitaire, comprenant l'apprentissage à la démocratie libérale et à l'économie de marché ; gérer le processus de réunification du continent, avec au cœur de ce dernier la réunification allemande ; transformer les Communautés en facteur politique indépendant sur la scène internationale.

Dans ce contexte à la fois difficile et propice à une relance du processus d'intégration, la réponse trouvée passe par le dépassement des Communautés existantes (I) Le contenu du nouveau traité juxtapose à la méthode communautaire une approche intergouvernementale à la fois renforcée et précisée (II).

## I - LA RELANCE DU PROCESSUS D'INTÉGRATION PAR LE DÉPASSEMENT DU CADRE DES COMMUNAUTÉS EXISTANTES

Adopté à Maastricht le 7 février 1992, le nouveau traité entre en vigueur le 1er novembre 1993. C'est incontestablement un traité d'**approfondissement de la construction communautaire**. Son adoption atteste de la volonté du pouvoir constituant, toujours entre les mains des États, de répondre aux défis posés (A). La difficulté d'aboutir une réponse commune et cohérente explique cependant la création d'une nouvelle Union à trois piliers (B).

### A - L'adoption du traité de Maastricht, une réponse aux défis posés

La conclusion du traité permet de réunir les projets de création à la fois d'une Union politique et d'une Union économique et monétaire (1.). Mais elle suscite des oppositions difficiles à surmonter (2.).

## 1. La conclusion du traité

La méthode communautaire devait elle-même conduire à **l'Union politique** et à **l'Union économique et monétaire**, conformément au plan Schuman, par l'effet de l'engrenage. L'AUE va jusqu'à consacrer formellement l'Union politique en tant qu'objectif commun à la fois des Communautés et de la coopération politique européenne. Il contient aussi l'ébauche d'un système monétaire commun. Mais, seul le nouveau contexte créé par la chute du mur de Berlin, permet véritablement la réalisation concrète des deux unions. Celle-ci constitue aussi une réponse à la question de la réunification allemande, laquelle devait se faire dans le cadre et en respectant l'intégration européenne.

C'est ainsi qu'en mars 1989, le Conseil européen adopte le rapport du comité Delors sur l'Union économique européenne. Après la chute du mur de Berlin, il convoque une conférence intergouvernementale sur l'institution de cette dernière. Peu après, sur une initiative commune franco-allemande, toujours le Conseil européen décide de convoquer une seconde conférence, cette fois-ci sur l'Union politique. Les deux conférences s'ouvrent en décembre 1990 et permettent l'élaboration du **traité de Maastricht**.

## 2. Les oppositions au nouveau traité à surmonter

Les négociations du nouveau traité n'auraient pu aboutir sans **des compromis effectifs**. En conséquence, le traité marque un recul par rapport aux projets d'UP et d'UEM. En outre, de multiples questions restent non-résolues, y compris en rapport avec la future réunification du continent. Le traité se limite lui-même à renvoyer leur solution à une nouvelle conférence intergouvernementale, devant se tenir en 1996. C'est la clause dite de rendez-vous. Enfin, un régime dérogatoire est institué dans le domaine social et de l'UEM au profit du Royaume Uni et dans le domaine social au profit du Danemark. Cette première consécration de la clause *opting out*, régulièrement réitérée par la suite au profit de tel ou autre État membre, menace l'intégrité des traités. Elle suscite également des réflexions sur la participation différenciée dans l'Union.

**L'entrée en vigueur du traité de Maastricht pose également problème**, en raison de l'exigence de son adoption unanime, pourtant parfaitement légitime, par tous les États membres, conformément à leurs propres règles constitutionnelles. Le traité de Maastricht fixe lui-même sa date d'entrée en vigueur au 1er janvier 1993. Celle-ci n'est cependant pas respectée et le traité n'entre en vigueur que le 1er novembre 1993.

L'ampleur des modifications proposées suscite, dans un premiers temps, de réelles **difficultés juridiques** au niveau national, impliquant des révisions constitutionnelles, parfois importantes. De même, **le traité a du mal à réunir l'adhésion des peuples**. En

France il ne sera approuvé par référendum qu'à 51,04 %, bien qu'avec un taux d'abstention de 30 % seulement. Surtout, il sera rejeté par référendum au Danemark par 50,7 %, alors que les grands partis politiques, les principaux quotidiens et les syndicats appellent majoritairement à voter « oui ». La solution trouvée consiste à organiser un second référendum au Danemark. En contrepartie, celui-ci obtient à ne pas participer à la troisième phase de l'UEM. Le Danemark ne souscrit pas non plus à l'objectif de la politique commune de défense. Par ailleurs, au moment du passage de 11 États membres à la monnaie unique le 1er janvier 1999, le pays refuse par référendum d'y participer à 53,1 %, avec un taux de participation avoisinant les 86 %.

## B - La nouvelle Union à trois piliers

Le traité sur l'Union européenne comprend plus de 112 pages dans le JOCE, complété par 17 protocoles qui ont la même valeur juridique et par 33 déclarations. De nature juridique ambigüe, la nouvelle organisation se superpose aux trois communautés préexistantes, mais ne les remplace pas (1.). Ensemble elles forment la fameuse structure à trois piliers de l'Union (2.).

### 1. La nature juridique ambiguë de l'Union européenne

Fruit de la relance du processus d'intégration, l'Union ne sera pourtant définie qu'en tant que **nouvelle étape dans le processus créant une union sans cesse plus étroite** entre les peuples de l'Europe. Le traité ajoute que ses décisions doivent être prises le plus près possible des citoyens. De plus, l'Union ne se voit pas conférer explicitement la personnalité juridique, privée ainsi de la capacité d'être titulaire des droits et obligations sur le plan interne et international. Le traité d'Amsterdam n'y remédie que partiellement, en autorisant l'Union de conclure en son propre nom des accords dans les domaines du second et du troisième pilier, sous réserve de ratification au cas où un État membre le demande.

Enfin, l'Union ne dispose pas non plus de budget propre, ni d'autonomie financière. Ses actions dans le domaine du second et du troisième piliers s'appuient alors, conformément au traité, soit sur le budget communautaire, soit sur des contributions étatiques ciblées.

### 2. La structure en trois piliers

Représentée traditionnellement comme un temple à trois piliers, l'Union connaît une structure ambivalente. Aux termes de l'article A du TUE, elle comprend **les Communautés, complétées par les politiques et formes de coopération**. Les premières forment le pilier dit communautaire, marqué par son caractère supranational et dont le développement reste fidèle à la méthode communautaire.

Les changements opérés au niveau du premier pilier ne concernent en fait que le traité instituant la CEE, les traités CECA et Euratom ne subissent que quelques ajustements. La Communauté européenne se substitue à la CEE, pour tenir compte de ces changements. Parmi ces derniers, une place prioritaire occupe l'introduction de la citoyenneté de l'Union, mais aussi des politiques qui ne relèvent pas d'une intégration strictement économique, incarnée auparavant par la CEE. De même, la mise en place de l'Union économique et monétaire devait ouvrir la voie, en parfaite application du plan Schuman, à l'édification d'une Europe politique.

Les politiques et les formes de coopération touchent, d'une part, à la **Politique étrangère et de sécurité commune**, comprenant également la définition à terme d'un **Politique européenne de défense et de sécurité** et, d'autre part, aux **Affaires intérieures et justice**. Ces deux piliers restent fidèles à l'approche intergouvernementale, dans la mesure plus particulièrement où l'exigence d'unanimité applicable quasi exclusivement, sauf quelques exceptions, confère un réel droit de veto aux États membres.

Bien qu'elle constitue, au sens du traité de Maastricht, un cadre institutionnel unique, en fait l'Union ne dispose que d'une seule institution propre, le **Conseil européen**. Celui-ci a pour mission de définir les orientations générales dans le développement communautaire et de donner des impulsions nécessaires à la poursuite de l'intégration. Institution politique par excellence, le Conseil européen n'intervient pas directement dans le système juridique communautaire, auquel appartiennent les autres institutions dudit cadre institutionnel unique. À l'exception du Conseil UE, ces dernières ne sont pour l'essentiel qu'associées à certains aspects des deux piliers de coopération intergouvernementale.

# II - LE CONTENU DU TRAITÉ DE MAASTRICHT

L'Union a pour mission, consacrée à l'article A du traité, **d'organiser de façon cohérente et solidaire les relations entre les États membres et entre leurs peuples**. Ses objectifs généraux, inscrits à l'article B du traité, comprennent : la promotion du progrès économique et social équilibré et durable ; le renforcement de la protection des droits et intérêts des ressortissants des États membres ; le développement de la coopération dans les domaines de la justice et des affaires intérieures ; le maintien et le développement de l'acquis communautaire ; l'affirmation de l'Union sur la scène internationale. Les moyens mis à sa disposition renvoient à sa structure en trois piliers, le pilier communautaire fondé sur les Communautés et en premier lieu la nouvelle Communauté européenne (A) et les deux piliers intergouvernementaux, comprenant la PESC et la coopération dans le domaine des AIJ (B).

## A - La CE

Au titre principalement de la CE, le premier pilier prévoit à la fois des améliorations institutionnelles (1.) et l'élargissement des compétences matérielles communautaires (2.).

### 1. Les améliorations institutionnelles

Le traité CE consacre explicitement deux nouveaux principes que doit désormais respecter l'action des institutions. Ce sont le **principe de la proportionnalité** et, dans les domaines qui ne relèvent pas de sa compétence exclusive, le **principe de la subsidiarité** (art. 5 CE). Ces principes régissent l'exercice des compétences communautaires et visent en premier lieu à limiter l'intervention des institutions. Leur contrepartie, **le principe de coopération loyale** impose pour sa part aux États le respect de l'ensemble des obligations liées à leur statut d'États membres de l'Union et des Communautés.

**Le pouvoir du Parlement sera étendu**. La nouvelle procédure de codécision en matière législative le place sur pied d'égalité avec le Conseil. Et, il se voit reconnaître le pouvoir d'approuver la composition de la Commission.

À l'instar de l'AUE, **le traité de Maastricht étend le vote à la majorité qualifiée** au niveau du Conseil à de nouveaux domaines d'intégration. Cette extension vise des nouvelles politiques qui s'ajoutent aux politiques communes déjà existantes. Mais, la majorité qualifiée se substitue également à l'unanimité dans les domaines de compétence communautaire déjà inscrits dans le traité.

### 2. L'élargissement des compétences matérielles

La Communauté sera dotée par le traité de Maastricht de **compétences nouvelles** dans des domaines essentiels sur le plan de la souveraineté nationale. Il s'agit en tout premier lieu de l'union économique et monétaire et de la citoyenneté de l'Union. En outre, la Communauté sera désormais compétente à développer plusieurs nouvelles politiques, touchant plus directement les individus : réseaux transeuropéens ; culture ; santé publique ; formation professionnelle, éducation, jeunesse ; politique industrielle…

**La citoyenneté de l'Union**, consacrée pourtant au sein du premier pilier, dérive de la nationalité des États membres, sans la remplacer. La liberté de circulation devient désormais un droit fondamental des citoyens de l'Union. S'y ajoutent des droits proprement politiques : le droit de vote et d'éligibilité aux élections du Parlement européen et aux élections municipales pour tout citoyen de l'Union dans un État membre autre que l'État dont il est ressortissant et dans les mêmes conditions que les ressortissants de cet

État ; le droit à la protection diplomatique et consulaire ; le droit de pétition devant le Parlement ; le droit de s'adresser au médiateur européen.

Le traité de Maastricht consacre enfin **l'Union économique et monétaire**, dont la mise en place devait se faire progressivement. Mais L'UEM comporte un décalage entre les domaines économique et monétaire. Alors que l'Union économique ne devait dépasser la simple coordination, l'Union monétaire allait aboutir, selon un échéancier contraignant, à conférer la compétence exclusive dans le domaine de la monnaie unique au système européen des banques centrales, avec, au centre du système, la Banque centrale européenne. La date du 1er janvier 1999, retenue pour le passage à la troisième phase de l'UEM, comprenant l'introduction de l'euro, sera finalement respectée. L'entrée dans la zone euro est conditionnée par le respect des critères de convergence établis à Maastricht : une inflation n'excédant pas de plus de 1,5 % celle des trois pays de l'Union obtenant les meilleures résultats en matière de stabilité des prix ; un budget déficitaire inférieur à 3 % du PIB ; une dette publique brute ne dépassant pas les 60 % du PIB, enfin, des taux d'intérêt à long terme ne dépassant pas de plus de 2 % celui des trois États membres ayant les meilleurs résultats en matière de stabilité des prix. Pour l'heure, 12 anciens États membres sont parvenus à les satisfaire. Le Royaume Uni, le Danemark et la Suède n'ont pas voulu adhérer à la zone euro. Parmi les nouveaux États membres en font partie la Slovénie, la Slovaquie, Chypre et Malte ainsi que l'Estonie depuis le 1er janvier 2011.

## B - La PESC et la coopération dans le domaine des AIJ

Ces deux volets font partie du seul traité sur l'Union européenne. Sur le plan matériel, ils constituent l'apport essentiel et novateur de ce dernier.

### 1. La PESC

Les dispositions relatives à la PESC, inclues dans le traité UE, se substituent aux dispositions de l'AUE sur la coopération politique. Constitutive du deuxième pilier de l'Union, la PESC a pour but principal d'affirmer **son identité sur la scène internationale**, le deuxième pilier comprend aussi la définition à terme d'une politique de défense commune, pouvant conduire, à terme, à une défense commune.

Le traité engage les États membres d'appuyer cette politique activement et sans réserve, dans un esprit de loyauté et de solidarité mutuelles. La PESC se pose **une série d'objectifs ambitieux** : la sauvegarde des valeurs communes, des intérêts fondamentaux et de l'indépendance de l'Union ; le renforcement de la sécurité de l'Union et ses États membres sous toutes ses formes ; le maintien de la paix et le renforcement de la sécurité internationale ; la promotion de la coopération internationale ; le développement et le renforcement de ses principes fondamentaux, la démocratie, l'État de droit, le respect des Droits de l'Homme et des libertés fondamentales.

Dans le domaine de la PESC, fidèle à l'approche intergouvernementale, l'Union agit en **instituant des coopérations systémiques, en définissant et défendant des positions communes**. Le traité prévoit la possibilité de mettre en œuvre, graduellement, des actions communes dans les domaines où les États membres ont des intérêts importants en commun. En matière de la PESC, le Conseil européen se voit conférer la compétence de définir les principes et les orientations générales. Le Parlement doit être tenu informé et la Commission – associée à la conduite de la PESC, en partageant cependant l'initiative avec les États membres. Le Conseil, institution centrale de la PESC et de la PSDC, décide à l'unanimité, à quelques exceptions près, prévues pour les actions communes pouvant être adoptées à terme à la majorité qualifiée.

**L'UEO**, partie intégrante de l'UE, est chargée par le traité de fournir le cadre à l'élaboration et à la mise en œuvre des décisions et des actions du second pilier ayant des implications dans le domaine de la défense.

## 2. La coopération dans le domaine des AIJ

La coopération dans le domaine de la justice et des affaires intérieures, y compris dans le domaine de l'immigration, de la coopération policière et du droit d'asile implique, pour l'Union, l'élaboration des actions communes en suivant l'approche intergouvernementale. L'objectif affiché est d'offrir aux citoyens un niveau élevé de protection dans un **espace commun de liberté, de sécurité et de justice**.

Ce troisième pilier intègre en droit de l'Union **certaines coopérations développées de manière informelle en dehors du traité CE**. Il complète aussi, sans s'y substituer pour l'heure, celles consacrées par les conventions Schèngen de 1985 et de 1990 relatives à l'espace commun de liberté, sécurité et justice, la convention et l'accord de Dublin de 1979 pour la répression du terrorisme, la convention de Dublin de 1990 sur la détermination de l'État responsable de l'examen des demandes d'asile et la convention de Bruxelles de 1968 sur la compétence et l'exécution des décisions judiciaires en matière civile et commerciale. L'acquis de certaines de ces conventions sera intégré dans le pilier communautaire par le suivant traité de révision, le traité d'Amsterdam.

Le troisième pilier établit la **compétence de l'Union** dans les domaines suivants : les règles de franchissement et le renforcement des contrôles aux frontières extérieures ; la lutte contre le terrorisme, la grande criminalité, le trafic de drogue et la fraude internationale ; la coopération judiciaire en matière pénale et civile ; la création d'un Office européen de police (Europol), doté d'un système d'échange d'informations entre les polices nationales ; la lutte contre l'immigration irrégulière et la politique commune d'asile.

Dans le domaine des AIJ, l'Union peut adopter des positions et des actions communes, ainsi que conclure des conventions européennes.

Face à la *quasi* paralysie de la coopération au niveau du troisième pilier, le traité d'Amsterdam passera plusieurs de ses composantes dans le premier (communautarisation). De ce fait, s'il préserve toujours la structure en trois piliers de l'Union, le troisième pilier ne comprendra plus que des dispositions relatives à **la coopération policière et judiciaire en matière pénale**.

Fiche 6

# La révision des traités et la perspective de l'élargissement à l'Est (du traité d'Amsterdam au traité de Nice)

Conformément à la clause de rendez-vous prévue par le traité de Maastricht, une nouvelle conférence intergouvernementale devait se tenir en 1996. Elle devait répondre à trois grands défis : rendre l'Union à la fois plus efficace et plus légitime, préparer au mieux l'élargissement à l'Est. Signé le 2 octobre 1997 et entré en vigueur le 1er mai 1999, le traité d'Amsterdam ne peut cependant pas garantir le **fonctionnement harmonieux d'une Union élargie**. Un deuxième traité, celui de Nice, adopté le 26 février 2001 et entré en vigueur le 1er février 2003 déçoit également.

Les deux traités feront néanmoins avancer l'intégration. Globalement ces avancés s'inscrivent en une sorte de continuité sur le plan institutionnel (I), alors que sur le plan matériel une rupture peut être constatée (II).

## I - LA CONTINUITÉ INSTITUTIONNELLE ENTRE LE TRAITÉ DE NICE ET LE TRAITÉ D'AMSTERDAM

Les améliorations institutionnelles apportées par le traité d'Amsterdam, d'importance inégale (A), seront donc poursuivis par le traité de Nice (B). Mais aucun des deux n'engage de réformes institutionnelles en profondeur.

### A - Les améliorations apportées par le traité d'Amsterdam...

Elles font avant tout évoluer le mécanisme décisionnel de la Communauté (1.). Le traité sur l'Union est aussi affecté par quelques modifications, relevant plus du droit matériel, mais avec des répercussions institutionnelles, porteuses pour l'avenir (2.) En outre, le traité d'Amsterdam élimine des traités toute disposition devenue caduque ou obsolète et procède à une renumérotation unique.

## 1. L'évolution du mécanisme décisionnel de la CE

Tout comme ses prédécesseurs, le traité d'Amsterdam étend **le vote à la majorité qualifiée** au sein du Conseil. Cela, soit en remplacement du vote à l'unanimité dans des domaines de compétence communautaire déjà consacrés, soit en passant directement au vote à la majorité qualifiée dans des nouveaux domaines.

De même, le traité d'Amsterdam **étend la procédure de codécision**, introduite par le traité de Maastricht et qui place le Parlement sur un pied d'égalité avec le Conseil en matière législative. 15 bases juridiques du traité CE sont concernées, dont l'interdiction des discriminations, la libre circulation des citoyens de l'Union et la reconnaissance mutuelle de diplômes. Sans faire disparaître les autres modes de participation du Parlement à la prise de décisions, la codécision devient majoritaire. Elle s'applique chaque fois que le Conseil statue à la majorité qualifiée, excepté pour la PAC et la politique de concurrence.

## 2. Les modifications du traité UE aux répercussions institutionnelles

En fait partie la consécration d'**un nouveau mécanisme des coopérations renforcées**. Il permet à un groupe d'État membres de lancer des actions ou adopter des législations nouvelles, sans attendre les autres au risque de paralyser le processus décisionnel. Pensé comme particulièrement adapté à la PESC, il propose une différenciation positive dans la construction communautaire. À distinguer de la différenciation négative, fondée sur la clause *opting out*, permettant à certains États de ne pas participer à tel ou autre domaine d'intégration.

Face au quasi **blocage de la coopération dans le domaine du troisième pilier**, une partie importante des compétences de l'Union dans le domaine des Affaires Intérieures et Justice est transférée vers le pilier communautaire.

**Un mécanisme de sanction** des États en cas de violations graves et persistantes des principes fondamentaux de l'Union est également consacré. Il constitue le pendant de la conditionnalité applicable en matière d'élargissement, sur la base des conditions politiques définies en 1993 par le Conseil européen de Copenhague. Selon l'avis sans doute exagéré de certains auteurs, son introduction se fait en prévision de l'adhésion à l'Union des pays de l'Est, dans lesquels la démocratie, le respect de l'État de droit et des droits de l'homme ne sont pas suffisamment affirmés.

## B - ... poursuivies, mais aussi dépassées par le traité de Nice

Plus larges, les modifications apportées par le traité de Nice portent sur le vote à la majorité qualifiée (1.), ainsi que sur la composition et le fonctionnement des institutions (2.). Il réaménage enfin certains dispositifs introduits par le traité d'Amsterdam (3.).

### 1. Les modifications concernant le vote à la majorité qualifiée

**Un nouveau système de pondération des voix** attribuées à chaque État membre lors du vote à la majorité qualifiée au sein du Conseil est introduit. Il diminue le poids des États membres les plus peuplés et avantage les États de taille moyenne. En contrepartie, une nouvelle clause démographique introduite par le traité de Nice permet de bloquer une décision, ayant pourtant réuni le nombre de voix requis, si celles-ci ne représentent pas au moins 62 % de la population de l'UE.

**Le recours à la majorité qualifiée** sera étendu à 27 nouveaux domaines, dont la politique commerciale commune (avec quelques exceptions), la coopération judiciaire en matière civile et, à partir de 2007, la politique de cohésion économique et sociale. Il en va de même pour la procédure de codécision, laquelle s'étend notamment à la lutte contre les discriminations, la cohésion économique et sociale, la politique des visas, asile et immigration, etc.

### 2. La composition et le fonctionnement des institutions modifiées

À partir de 2005 les États membres ne disposeront que d'un seul commissaire, contre 2 jusqu'alors pour les grands États. Le traité envisage aussi **la réduction du nombre de commissaires** à deux tiers de celui des États membres, lorsque le nombre de ces derniers aurait atteint 27.

**Le président de la Commission** est désormais désigné à la majorité qualifiée par le Conseil européen, après approbation du Parlement. À la même majorité le Conseil désigne également, en accord avec le président, **les autres membres de la Commission**, après approbation par le Parlement. Le pouvoir hiérarchique du Président au sein de la Commission est renforcé.

**La Cour de justice** pourra siéger désormais en chambres, composées de trois ou cinq juges, en grande chambre composée de onze juges ou en assemblée plénière. De plus, le Conseil peut, statuant à l'unanimité, créer différentes formations de la CJUE ou encore augmenter le nombre des avocats généraux.

Toutes les dispositions relatives au fonctionnement et aux compétences du **Tribunal de première instance** sont dorénavant inscrites dans le traité lui-même. Et, les compétences du Tribunal sont élargies. Le traité de Nice permet même à la Cour de justice de lui transférer de nouvelles compétences, à l'exception du renvoi préjudiciel. Une déclaration prévoit enfin la création, dans des brefs délais, d'une chambre juridictionnelle compétente pour statuer en première instance sur les litiges entre la Communauté et ses fonctionnaires.

### 3. Le réaménagement de certains dispositifs introduits par le traité d'Amsterdam

Le traité de Nice révise les modalités de déclenchement d'une coopération renforcée, facilitant ainsi sa mise en œuvre. Il supprime en outre le droit de veto en la matière, dont disposait chaque État membre aux termes du traité d'Amsterdam. **Les coopérations renforcées** sont étendues à la mise en œuvre d'une action ou d'une position commune en matière de la PESC, à l'exception des questions ayant des implications militaires ou dans le domaine de la défense.

**Le mécanisme de sanction en cas de violation grave et persistante des principes fondamentaux** sera complété par un second mécanisme préventif ou d'alerte. Ce mécanisme peut être déclenché en cas de risque clair d'une telle violation. Avant même l'entrée en vigueur du traité, une telle alerte sera activée à la suite de l'entrée dans la coalition gouvernementale en Autriche du parti de l'extrême droite, affichant des objectifs contraires auxdits principes. La mission d'enquête confiée par l'Union à trois personnalités indépendantes avait toutefois conclu à l'absence de réelle menace de violation des principes fondamentaux.

## II - LA RUPTURE MATÉRIELLE ENTRE LE TRAITÉ DE NICE ET LE TRAITÉ D'AMSTERDAM

Outre l'aménagement institutionnel, le traité d'Amsterdam introduit des modifications dans les politiques menées par la Communauté et l'Union (A). Pour sa part, ayant échoué à réformer en profondeur les institutions, le traité de Nice n'opère finalement que des ajustements techniques des traités, afin de permettre l'élargissement, en affirmant ainsi sa priorité sur l'approfondissement (B).

# A - Les modifications des politiques de la Communauté et de l'Union, introduites par le traité d'Amsterdam

Déjà évoquées sur le plan institutionnel, ces modifications sont donc liées à la communautarisation d'une partie importante du troisième pilier (AIJ) et de l'acquis Schengen (1.). D'autres modifications complètent la révision (2.).

## 1. La communautarisation d'une partie importante du troisième pilier (AIJ) et de l'acquis Schengen

Un nouveau titre IV du traité CE reprend les coopérations du troisième pilier en matière des **visas, immigration, asile et autres politiques liées à la libre circulation des personnes**. L'acquis Schengen, établi en dehors de l'UE par une convention-cadre de 1985 et une convention d'application de 1990, complète ce dispositif. Désormais, la méthode communautaire d'intégration s'applique pleinement en la matière. La création d'un espace commun de liberté, de sécurité et de justice devient un nouvel objectif de l'Union. Des dispositions dérogatoires dans ce domaine seront cependant prévues au profit du Royaume Uni, de l'Irlande et du Danemark. La Bulgarie et la Roumanie ne sont pas encore en mesure d'intégrer l'espace Schengen. Ce dernier comprend ainsi 22 des États membres, rejoints par l'Islande, la Norvège et la Suisse.

Le troisième pilier est réduit à la seule **coopération policière et judiciaire en matière pénale**. Il continue à compléter à ce titre l'espace Schengen.

## 2. D'autres modifications apportées dans les politiques de la Communauté/Union européennes

Pour la première fois, le traité d'Amsterdam explicite **les conditions politiques de l'élargissement**. Il ajoute ainsi à l'ancien article O, définissant la procédure d'adhésion, l'exigence relative au respect, par tout État européen candidat à l'adhésion, des principes fondamentaux de l'Union, tels que consacrés à l'article 2 du traité UE, relatifs à la démocratie, à l'État de droit et au respect des droits de l'homme.

Le traité d'Amsterdam étend ensuite la compétence communautaire au **domaine d'emploi**, mais les moyens d'action restent réduits. **La politique sociale** sera révisée et complétée, étendue également au Royaume Uni, bénéficiant jusqu'alors d'une clause *opting out*.

Les moyens d'action en matière de politique étrangère seront également renforcés, d'abord grâce à la création d'un nouvel instrument décisionnel, la stratégie commune. Surtout, le traité d'Amsterdam institue **le poste du Haut représentant pour la PESC**, attribué au Secrétaire général du Conseil, ainsi qu'une nouvelle structure, l'unité de planification et d'alerte rapide. Enfin, en matière de la PDSC, la portée des éventuelles futures actions communes est définie par référence aux missions dites de Petersberg.

## B - La priorité de l'élargissement sur l'approfondissement dans le traité de Nice

Permettre l'adhésion d'un premier groupe de pays de l'Est devient urgent. Face à cette urgence et à l'impossibilité d'engager une réforme en profondeur, c'est par le biais d'ajustements pouvant être qualifiés de techniques, que le traité de Nice ouvre la voie à l'élargissement (1.). Parallèlement, l'Union et ses États membres acceptent le principe d'une réforme institutionnelle en profondeur (2.).

### 1. Les ajustements techniques permettant l'élargissement

Une déclaration annexée au traité de Nice, relative à l'élargissement, définit **la position commune que les États membres s'engagent à adopter** lors des conférences d'adhésion avec les pays candidats. Cette position concerne la répartition des sièges au Parlement, la pondération des voix au Conseil, la composition du Comité économique et social et du Comité des régions dans l'Union à 27 membres. Concernant plus particulièrement le Parlement, malgré l'engagement pris antérieurement de ne pas augmenter le nombre de sièges au-delà de 700, la déclaration fixe le nouveau seuil à ne pas dépasser à 732 députés.

L'élargissement devient effectif au 1er mai 2004 pour les pays de l'Europe centrale, Chypre et Malte. Seules, la Bulgarie et la Roumanie ne pourront rejoindre l'Union que le 1er janvier 2007.

### 2. L'engagement en faveur d'une réforme institutionnelle en profondeur

Annexée au traité de Nice, **une déclaration sur l'avenir de l'Union** précise que la réflexion déjà engagée lors de la CIG de 2000 sera poursuivie dans le but de simplifier les traités, délimiter les compétences de l'Union, définir le rôle des parlements nationaux au niveau de l'intégration et fixer le statut de la Charte des droits fondamentaux, proclamée par les présidents des institutions du triangle décisionnel en marge du sommet de Nice, le 13 décembre 2000.

**Le Conseil européen de Laeken** décide, en décembre 2001, de convoquer une nouvelle convention – la deuxième après celle ayant élaboré la Charte des droits fondamentaux – pour réfléchir à la réforme institutionnelle. Une CIG finalisera en 2004 le projet du traité établissant une Constitution pour l'Europe.

# Fiche 7 L'élargissement des Communautés et de l'Union européennes

La construction communautaire reste dès l'origine partagée **entre approfondissement et élargissement**. Le choix entre les deux est éminemment politique. Avant la création par le traité de Maastricht de l'Union européenne, la décision politique de lancer l'élargissement sera prise en dehors du cadre communautaire. Il appartiendra ensuite au Conseil européen d'accepter l'adhésion de tel ou autre pays, d'établir la différenciation entre les États candidats, d'accélérer ou de ralentir les négociations d'adhésion. Les institutions chargées du pouvoir législatif transcriront les décisions prises en fait par les chefs d'État et de gouvernement en droit positif de l'Union.

Chaque adhésion implique l'attribution au nouvel État membre, notamment, d'un nombre correspondant de sièges au Parlement et de voix pour le vote à la majorité qualifiée au niveau du Conseil. Au-delà de ces ajustements plutôt techniques, l'élargissement à l'Est pose la question d'une **révision en profondeur des traités**, indispensable pour garantir le fonctionnement des institutions à 25, 27, voire à 30 et plus d'États membres.

C'est de manière progressive que la base juridique de l'adhésion sera fixée (I-). Le processus d'élargissement s'inscrit dans la continuité et la rupture (II-)

## I - LA BASE JURIDIQUE DE L'ÉLARGISSEMENT

**L'article 49 de l'actuel traité UE**, tel que modifié par le traité de Lisbonne fixe à la fois la procédure (A) et les conditions politiques d'adhésion (B).

### A - La procédure

Elle comprend d'abord une phase interne, faisant intervenir les institutions de l'Union elle-même (1.). À cette première phase succède une phase externe, faisant appel à la fois aux États membres et à l'État candidat (2.). L'intervention des institutions témoigne de l'emprise de la supranationalité sur le processus d'élargissement, même si les États gardent formellement le dernier mot.

### 1. La phase interne, faisant intervenir les institutions de l'Union

Elle s'adresse d'abord aux **institutions du triangle décisionnel**. La demande d'adhésion est déposée auprès du Conseil, lequel prend la décision formelle concernant à la fois l'ouverture et la conduite des négociations. Tout au long du processus, la Commission évalue les États candidats. Le Parlement est tenu informé de l'avancement des négociations. Le traité d'adhésion est adopté par le Conseil à l'unanimité, après consultation de la Commission et approbation du Parlement, statuant à la majorité absolue des membres qui le composent. Saisissant ce pouvoir, que lui reconnaît déjà le traité de Maastricht, le Parlement adresse des avertissements aux États candidats, en les obligeant à certaines réformes, sous peine de ne pas approuver les traités d'adhésion.

Avec le traité de Lisbonne, le traité sur l'UE reconnaît ensuite formellement **le rôle politique du Conseil européen**. Il précise ainsi que les critères d'adhésion approuvés par ce dernier seront pris en compte. Bien au-delà de cette reconnaissance formelle, la compétence à la fois de fixer les lignes directrices et de donner les impulsions nécessaires au développement de l'Union, permet au Conseil européen d'encadrer pratiquement l'ensemble du processus.

### 2. La phase externe, faisant appel aux États membres et à l'État candidat

L'accord d'adhésion fixe à la fois les modalités d'admission de tout nouvel État candidat et les modifications des traités. Ces modalités et modifications sont convenues directement entre les États membres et l'État candidat. L'accord d'adhésion doit être ensuite signé **et ratifié par toutes les parties concernées**.

Réalisées selon leurs propres règles constitutionnelles, la signature et la ratification du traité d'adhésion offrent la possibilité aux États membres de **bloquer une candidature** jugée inacceptable par leurs élites politiques ou les opinions publiques et aux États candidats de **renoncer *in extremis* à l'adhésion**.

## B - Les conditions de l'élargissement

Toujours aux termes de l'article 49 du traité UE, tout État européen qui respecte les valeurs fondamentales de l'Union et s'engage à les promouvoir, peut demander à en devenir membre. Laissant de côté la question de l'État européen, ayant fait et faisant encore l'objet de nombreuses spéculations d'ordre géopolitique et politico-culturel, pour les besoins de l'élargissement le droit s'est réfugié en tout premier lieu derrière le critère des valeurs partagées, fondées sur des solidarités et les intérêts communs.

C'est le Conseil européen de Copenhague de juin 1993 qui propose, en acceptant le principe de l'élargissement aux pays de l'Est, la définition précise des critères d'adhésion, en s'appuyant notamment sur la pratique antérieure. Il se réfère d'abord au respect des valeurs fondamentales constituant les conditions politiques de l'adhésion (1.), ensuite aux conditions économiques (2.) et enfin aux conditions pouvant être qualifiées de légales (3.).

## 1. Les conditions politiques

Elles sont les seules visées explicitement par le traité UE. Depuis le traité d'Amsterdam, l'article 49 précité du traité UE se réfère ainsi à l'article 2 du traité UE relatif aux **valeurs fondamentales de l'Union**, comprenant le respect de la dignité humaine, la liberté, la démocratie, l'égalité, l'État de droit, le respect des droits de l'homme, y compris des personnes appartenant à des minorités.

De manière similaire, le Conseil européen de Copenhague précité demande à tout État candidat d'avoir **des institutions stables, garantissant la démocratie, la primauté du droit, les droits de l'homme, le respect des minorités et leur protection**. Il se réfère à l'acquis normatif du Conseil de l'Europe et de l'OSCE, permettant ainsi l'interprétation large des conditions politiques à l'adhésion.

Ces dernières seront posées comme **un préalable à l'ouverture des négociations** d'adhésion. L'ouverture des négociations avec la Croatie sera ainsi reportée, en raison du manque de coopération de ce pays avec le TPIY. Initialement prévue pour le 17 mars 2005 – d'ailleurs en pleine crise institutionnelle – cette ouverture n'aura lieu que le 3 octobre suivant. De même, en 1997 le début des négociations d'adhésion avec la Slovaquie a été retardé, en raison de la politique autoritaire et nationaliste du gouvernement sur place.

Mais les Communautés et leurs États membres avaient déjà rejeté au début des années 1970 les demandes d'association de l'Espagne et du Portugal, estimant que **l'association n'était possible qu'avec des pays jouissant d'institutions et régimes politiques comparables à ceux des États fondateurs**. À cette occasion, ils avaient affirmé que les conditions politiques d'association/adhésion seront les mêmes que celles du Conseil de l'Europe, ayant trait à l'État de droit, à la démocratie pluraliste et au respect des droits de l'homme. Bien évidemment, les États candidats doivent continuer à les respecter jusqu'au moment de l'adhésion. À défaut, **les négociations peuvent être suspendues ou ralenties, voire l'adhésion elle-même reportée**.

## 2. Les conditions économiques

À ce titre, le Conseil européen de Copenhague se réfère à l'existence d'**une économie de marché viable**, ainsi qu'à **la capacité**

**de faire face à la pression concurrentielle et aux forces du marché à l'intérieur de l'Union**.

Le long du processus de préadhésion, les Communautés d'abord, les Communautés et l'Union ensuite **aident les États candidats à remplir à terme les conditions économiques**. À la veille de leur adhésion, la Bulgarie et la Roumanie seront ainsi considérées comme pouvant les satisfaire effectivement.

Enfin, lorsque l'adhésion concerne les États au niveau de développement économique inférieur à la moyenne communautaire, l'assistance qui doit leur permettre de rattraper leur retard peut se poursuivre même après l'adhésion. Elle coïncide avec l'institution des **périodes transitoires relativement longues**, pendant lesquelles l'application du droit de l'Union à tel ou autre domaine de l'économie du nouvel État membre peut être suspendue. L'exemple récent des pays de l'Est le prouve, mais aussi celui, plus ancien, de l'Espagne et du Portugal.

## 3. Les conditions légales

Encore à l'occasion du premier élargissement, tout État candidat devait **s'engager à adopter intégralement l'acquis communautaire**. Ce dernier comprend non seulement les obligations nées des traités et des actes qui les ont modifiés, mais aussi l'ensemble de la législation et réglementation ultérieures, les pratiques des institutions, les coutumes et par-dessus tout la jurisprudence de la CJUE.

Sans remettre en cause le principe d'adoption intégrale de l'acquis communautaire, les élargissements postérieurs permettront **l'aménagement de son application**, pour les États qui ne sont pas en mesure de l'appliquer immédiatement, tels l'Espagne et le Portugal dès leur adhésion. Cette pratique sera systématisée lors de l'élargissement à l'Est.

Lors de l'élargissement dans les années 1990 aux pays neutres, situés durant la guerre froide entre les deux blocs, la PSDC posera problème. Les pays candidats obtiennent ainsi la possibilité de ne pas participer à cette dernière politique, si elles estiment qu'elle va à l'encontre de leur neutralité.

Lors de l'élargissement à l'Est, l'accent sera mis sur l'obligation des États candidats de souscrire aux objectifs de l'union politique et de l'union économique et monétaire. Enfin, comme le montre l'exemple de la Bulgarie et de la Roumanie, dans le cadre d'un suivi post-adhésion, l'Union surveillera surtout la mise en place **des structures administratives et juridictionnelles permettant d'appliquer correctement l'acquis communautaire**. Cela grâce à un mécanisme inédit de monitoring et de coopération, appliqué concrètement par la Commission. À défaut, les anciens États membres peuvent être autorisés à recourir à des clauses de sauvegarde et les Communautés/Union peuvent décider des sanctions, notamment financières, à l'encontre des deux pays concernés. Une **inégalité** est ainsi créée entre, d'une part les États candidats soumis à l'obligation d'adopter l'intégralité de l'acquis communautaire et, d'autre part les États membres, pouvant obtenir lors d'une révision des traités des dérogations, leur permettant de ne pas participer pleinement à certains domaines d'intégration.

# II - LA PRATIQUE DE L'ÉLARGISSEMENT

L'histoire de l'intégration connaît 4 élargissements successifs (5 formellement). Au regard de leur spécificité, une distinction est à faire entre les élargissements aux pays de l'Europe occidentale, ayant permis la mise en place d'une politique commune en la matière (A) et aux pays de l'ex-bloc socialiste, sans précédent à plusieurs égards (B).

## A - Les élargissements aux pays de l'Europe occidentale, ayant permis la mise en place d'une politique commune

Ces élargissements partagent les mêmes caractéristiques, mais comportent aussi des différences importantes. Ils comprennent d'abord un élargissement au nord (1.) et un élargissement au sud de l'Europe (2.), enfin un élargissement vers les pays situés pendant la guerre froide entre les deux blocs (3.).

### 1. L'élargissement au nord

Ce premier élargissement des Communautés à **trois nouveaux États**, le Royaume Uni, le Danemark et l'Irlande porte à neuf le nombre d'États membres. La principale question à résoudre concerne **la position ambivalente du Royaume Uni**, à la fois intéressé à participer à la construction communautaire et opposée à sa vocation fédérale. De même, le Royaume Uni reste partagé entre sa vocation européenne et son orientation atlantique vers les États-Unis.

Après avoir été à l'origine de l'Association européenne de libre échange, créée en 1960, le Royaume Uni dépose la même année, avec l'Irlande, le Danemark et la Norvège, une première demande d'adhésion. Celle-ci sera rejetée par la France. Ce n'est qu'en 1969 que le successeur du Général De Gaule, George Pompidou lève, lors du sommet de La Haye en 1969, le véto français. **L'élargissement devient effectif au 1er janvier 1973**. Après avoir signé le traité d'adhésion, la Norvège refuse cependant par référendum de le ratifier.

Globalement, l'élargissement ne pose aucun problème particulier, ni sur le plan politique, ni sur le plan économique, concernant **des États à économie de marché et aux régimes politiques de démocratie libérale**.

## 2. L'élargissement au sud

Dans les années 1960 – 1970, **trois États du sud de l'Europe**, la Grèce, l'Espagne et le Portugal, à la suite de leur sortie des régimes dictatoriaux et l'instauration de la démocratie, déposent des demandes d'adhésion. Contrairement au premier élargissement, il s'agit ici d'États en retard de développement économique et social par rapport à la moyenne communautaire.

Sans négliger les objectifs économiques de l'élargissement, les Communautés et leurs États membres mettent l'accent sur **la nécessité d'aider les pays candidats à consolider leur démocratie** de fraîche date. La Grèce rejoint ainsi les Communautés le 1er janvier 1981, suivie par l'Espagne et le Portugal. L'adhésion devient effective au 1er janvier 1986. Compte tenu de la place dominante de l'agriculture dans ces pays et afin de pouvoir combler leur retard de développement, les traités d'adhésion introduisent de longues périodes transitoires, allant jusqu'à 10 ans dans certains secteurs.

## 3. L'élargissement vers les pays entre les deux blocs

À la suite enfin de la chute du mur de Berlin, quatre États demandent à devenir membres de la nouvelle Union, mise en place par le traité de Maastricht. Il s'agit de la Finlande et de l'Autriche, situées pendant la guerre froide entre les deux blocs opposés et contraintes de ce fait à un statut de neutralité, garanti notamment par l'URSS, ainsi que de la Suède dont la neutralité résulte d'une longue tradition historique, et enfin de la Norvège. À l'exception de cette dernière, pour ces pays riches et démocratiques à économie libérale, seul **le statut de neutralité** pose problème.

L'élargissement est précédé par la conclusion d'**un accord sur l'espace économique européen** à Porto en 1994 entre l'Union et les États membres de l'AELE, portant création d'une zone de libre échange commune et toujours en vigueur pour les seuls Suisse, Islande, Norvège et Lichtenstein. Le 1er janvier 1995, **l'Autriche, la Finlande et la Suède, anciens pays membres de l'AELE, rejoignent l'Union**, alors que la Norvège de nouveau, après l'avoir signé, refuse la ratification du traité d'adhésion.

## B - L'élargissement sans précédent aux pays de l'ex-bloc socialiste

Il ne s'agit cependant que de **la première vague d'élargissement à l'Est**. D'autres pays ont été reconnus comme étant des candidats potentiels.

La première vague d'élargissement à l'Est comprend d'une part l'adhésion des pays de l'Europe centrale intervenue le 1er mai 2004 (1.) et, d'autre part celle de la Bulgarie et la Roumanie, devenue effective au 1er janvier 2007 (2.). Ces élargissements ont des caractéristiques communes, mais affichent également des particularités importantes. Par ailleurs, Chypre et Malte adhérent également à l'Union européenne le 1er mai 2004. La réunification de Chypre, posée jusqu'à la veille de l'adhésion comme une condition politique *sine qua non*, fut finalement contournée. En effet, le traité d'adhésion précisait que Chypre devenait membre de l'Union en tant qu'État unique, mais que son application était provisoirement suspendue à la partie nord de l'île.

### 1. L'élargissement aux pays de l'Europe centrale. Les éléments communs à la première vague d'élargissement à l'Est

L'adhésion de **8 pays de l'Europe centrale** (Lettonie, Estonie, Lituanie, Hongrie, Pologne, Slovaquie, Slovénie et République Tchèque), à l'Union constitue le véritable symbole de la réunification du continent. Elle représente pour les pays de l'ex-bloc socialiste à la fois objectif et critère de réussite de leur transition post-totalitaire.

Les pays concernés connaissent à la fois **un très faible niveau de développement économique** (équivalant à 40 % du PIB des anciens États membres) **et une instabilité institutionnelle et politique**. L'Union s'engage à les aider à surmonter la crise économique et sociale qu'ils traversent et à effectuer la transition de l'économie planifiée et dirigiste vers une économie libérale du marché. Elle les accompagne également dans la mise en place d'un État de droit démocratique et respectueux des droits de l'homme.

Une véritable **stratégie de préadhésion** sera développée à cet effet. Les accords d'association, conclus avec l'ensemble des pays concernés constituent leur base juridique. Ils seront qualifiés d'européens ou de nouvelle génération, en s'inscrivant explicitement dans la perspective d'adhésion future.

Les États candidats font l'objet d'**une évaluation formelle et régulière** de la part de la Commission, lancée en l'an 2000. Selon les avis de la Commission, il s'agit d'un processus d'élargissement inclusif et global, permettant de traiter tous les pays concernés sur pied d'égalité. En même temps, l'adhésion devait se faire de manière différenciée, selon les rythmes et les progrès réalisés par chacun des candidats. Sur cette base, le Conseil européen de décembre 2002 fixe la date d'adhésion d'un premier groupe des pays de l'Est au 1er mai 2004, tout en constatant que la Bulgarie et la Roumanie continuent à ne pas être prêtes.

Enfin, pour permettre aux États candidats de surmonter leur handicap économique et social, l'Union met en place **un partenariat pour l'adhésion**. Le partenariat vise l'adoption de l'acquis communautaire et la familiarisation avec les méthodes et les programmes internes. Il comprend l'ouverture progressive aux pays concernés des programmes à la fois internes et spécifiquement créés pour l'élargissement en cours, ainsi que des aides financières de préadhésion.

## 2. Les particularités de l'élargissement à la Bulgarie et à la Roumanie

Considérées comme n'étant pas suffisamment préparés pas adhérer à l'Union en même temps que les pays de l'Europe centrale, Chypre et Malte, la Roumanie et la Bulgarie font l'objet d'**un contrôle préalable à l'adhésion beaucoup plus rigoureux**. Le traité d'adhésion que l'Union conclut avec les deux pays prévoit même, de manière inédite, un possible report de l'adhésion d'un an en cas de problème grave. La décision finalement prise fin 2006 de ne pas faire jouer la clause de report est éminemment politique. L'Union estime alors que même si les deux États concernés continuent à connaître de graves lacunes en matière d'adoption de l'acquis communautaire, le coût politique de la non-adhésion à la première date prévue aurait été trop élevé.

En contrepartie, la Bulgarie et la Roumanie devaient continuer à faire l'objet, même après l'adhésion, d'**une surveillance accrue**. Comme il a été déjà souligné, celle-ci porte tout particulièrement sur la capacité administrative et judiciaire d'appliquer efficacement l'acquis communautaire.

# Fiche 8 Du traité constitutionnel au traité de Lisbonne

Le traité établissant une Constitution pour l'Europe ou traité constitutionnel et le traité de Lisbonne s'inscrivent, tous les deux, dans **un processus de constitutionnalisation de l'Union**, devenue unique et exclusive. La constitutionnalisation intègre, mais aussi entend dépasser les méthodes traditionnelles de la construction communautaire.

Les rapports entre les deux traités se définissent en termes de **continuité et rupture** à la fois sur le plan chronologique et substantiel. L'adoption du traité de Lisbonne met fin à la crise, déclenchée par l'échec de la ratification du traité constitutionnel (I). Les deux entendent réaliser une réforme institutionnelle en profondeur des traités en vigueur (II).

## I - L'ADOPTION DU TRAITÉ DE LISBONNE, METTANT FIN À LA CRISE CONSTITUTIONNELLE

**Le traité constitutionnel est signé le 29 octobre 2004** lors d'une cérémonie solennelle au Capitole à Rome, là où les États fondateurs signent en 1957 les traités instituant la CEE et la CEEA. À la suite du blocage de sa ratification, le Conseil européen de juin 2005 prend acte de l'impossibilité de relancer le processus et décide de laisser s'écouler une période de réflexion. Ce n'est qu'en 2007, que le traité constitutionnel sera définitivement enterré, cédant sa place à un nouveau traité, modificatif ou simplifié. **Signé le 13 décembre 2007, le traité de Lisbonne** n'entrera en vigueur que le 1er décembre 2009, après avoir difficilement surmonté la phase des ratifications.

Nonobstant les différents choix concernant leur élaboration (A), les deux traités connaissent des problèmes d'approbation identiques (B).

### A - L'élaboration des traités

Celle du traité constitutionnel présente une originalité certaine, constituant une entorse à la méthode traditionnelle d'élaboration des traités internationaux, toujours suivie lors des révisions précédentes (1.). Le traité de Lisbonne renonce, quant à lui, à cette innovation (2.).

### 1. L'originalité de l'élaboration du traité constitutionnel

Conformément à la déclaration sur l'avenir de l'Union, annexée au traité de Nice, le **Conseil européen de Laeken** de décembre 2001 fixe quatre principaux objectifs de la future réforme des institutions : simplification ; nouvelle répartition et redéfinition des compétences ; démocratisation, transparence et efficacité ; renforcement du rôle international de l'Union. Il décide en outre de confier la tâche de son élaboration à une Convention.

Qualifiée de grande convention, celle-ci renouvelle l'expérience jugée positive de la petite convention, chargée en l'an 2000 d'élaborer la Charte des droits fondamentaux de l'Union. **La Convention** est composée de représentants des Parlements nationaux, du Parlement européen, de la Commission et des États. Sa présidence est confiée à Valéry Giscard d'Estaing, assisté de deux vice-présidents G. Amato et J.L. Dehaene. Elle s'exprime clairement en faveur de l'élaboration d'un projet constitutionnel et achève ses travaux en juillet 2003.

Une conférence intergouvernementale, chargée, à la suite de la convention, d'adopter la version définitive du texte, devait permettre aux États de reprendre la main. Après un premier échec, le processus sera relancé une année plus tard, pour aboutir finalement à **la signature de la nouvelle Constitution pour l'Europe**.

### 2. Le retour à la méthode intergouvernementale traditionnelle pour l'élaboration du traité de Lisbonne

Sur l'initiative de la France et de l'Allemagne, **le Conseil européen de juin 2007** convoque une nouvelle conférence intergouvernementale. De surcroît, les chefs d'État et de gouvernement fixent dans un mandat détaillé les lignes directrices du nouveau texte à adopter. À la suite de l'approbation du projet définitif, la signature du traité de Lisbonne intervient à peine quelques mois après la relance du processus.

## B - Les problèmes posés devant l'approbation des traités

Par crainte de subir le même échec que le traité constitutionnel (1.), les États décident d'éviter dans la mesure du possible de recourir au référendum lors de la ratification du traité de Lisbonne (2.).

### 1. L'échec de ratification du traité constitutionnel

À la suite de la signature de ce traité, s'ouvre logiquement **la phase des ratifications**. L'engagement est pris par des pays tels que l'Espagne, la France, les Pays-Bas, le Royaume Uni de faire approuver le texte par référendum. Il témoigne de la volonté des élites politiques de réunir, autour du texte, l'adhésion la plus large possible des peuples des États membres.

**Le traité constitutionnel est rejeté d'abord en France** lors d'un référendum à valeur obligatoire du 29 mai 2005, ayant recueilli plus de 54 % des suffrages en faveur du non, avec un taux de participation de 69 %. **Les Pays-Bas suivent**, en se prononçant à plus de 60 % contre le traité constitutionnel, avec un taux de participation de 60 %, lors d'un référendum à valeur consultative du 3 juin 2005, mais dont les forces politiques s'étaient engagées à respecter le résultat s'il dépassait un certain nombre de votes. Bien que le traité constitutionnel fût déjà ratifié par 13 États membres et qu'en suite 5 nouvelles ratifications ont été en plus obtenues nonobstant l'échec des ratifications en France et aux Pays-Bas, les pays restants décident de suspendre la procédure.

Le traité constitutionnel lui-même prévoyait qu'en cas de difficultés de ratification, rencontrées par un ou plusieurs États membres, alors que 4/5 des États membres l'auraient ratifié au préalable, le Conseil européen se saisirait de la question. **L'abandon du traité constitutionnel** tient compte de son rejet par référendum à une forte majorité dans deux des États fondateurs. À la suite, d'autres États s'étant également engagés à le soumettre au référendum, expriment, souvent ouvertement, leur hostilité au texte, faisant craindre de nouveaux échecs. Ajouté au poids démographique et politique de la France, laquelle rejette le traité constitutionnel pour des motifs tant complexes, que contradictoires, ces raisons ne permettent d'espérer ni une renégociation du même texte, ni le recours à la solution danoise, appliquée lors de l'adoption du traité de Maastricht, consistant à faire revoter le texte par le pays l'ayant rejeté, moyennant certaines concessions.

## 2. La décision d'éviter de recourir aux référendums lors de l'approbation du traité de Lisbonne

Les États membres se mettent d'accord pour passer **la ratification du nouveau traité de Lisbonne exclusivement par voie parlementaire**, alors même que des sondages démontrent qu'une large majorité des populations des États membres est favorable à la tenue des référendums. Selon les justifications avancées, le recours au référendum n'est pas nécessaire, dans la mesure où il s'agit d'un traité simplifié, ne faisant que modifier les traités existants, sans les remplacer. Parallèlement, il est soutenu que, s'agissant d'un texte trop complexe et difficile à déchiffrer, il ne peut pas faire l'objet d'une simple approbation ou rejet lors d'un référendum. Ces justifications masquent à peine la peur des élites politiques de subir un nouvel échec lors de l'approbation du traité.

Seule parmi les États membres, **l'Irlande soumet le texte au référendum** conformément à une obligation constitutionnelle. Le référendum se solde par un vote négatif. L'Union replonge dans la crise institutionnelle. Finalement, l'Irlande promet de tenir, tout comme après le traité de Nice de 2001, un second référendum en échange de plusieurs concessions. L'Union s'engage à maintenir le commissaire irlandais au sein de la Commission et à respecter le statut de neutralité et le système éducatif du pays. Elle apporte des assurances sur sa politique fiscale, ainsi que sur le droit à la vie et l'interdiction de l'avortement en droit irlandais. Lors du second référendum, organisé le 2 octobre 2009, l'Irlande vote à une large majorité en faveur du traité, en tenant compte des concessions obtenues, mais aussi en raison de la crise économique et financière que traverse le pays.

Ici, comme avant, les **concessions** accordées aux différents États membres s'avèrent sans doute inévitables. Toutefois, leur multiplication au fil des révisions pose de plus en plus la question du respect de l'intégrité du droit primaire de l'Union.

# II - LA RÉFORME INSTITUTIONNELLE EN PROFONDEUR DES TRAITÉS

Le traité de Lisbonne reprend le contenu du traité constitutionnel (B), tout en le rejetant sur la forme (A). Le droit institutionnel concentre l'attention, les politiques de l'Union faisant l'objet d'une reprise globale, à l'exception de certains dispositifs ayant focalisé les oppositions au traité constitutionnel. Mais, sur le plan matériel, le traité de Lisbonne marque également certaines avancées par rapport à son prédécesseur.

## A - Le rejet sur la forme du traité constitutionnel

Si donc le traité constitutionnel abroge et remplace les traités sur la CE et l'UE existants, le traité de Lisbonne se limite à les modifier (1.). Il abandonne également les principales références constitutionnelles et supranationales, affichées par le traité constitutionnel (2.).

### 1. La substitution du traité constitutionnel aux traités sur la CE et l'UE existants et leur modification par le traité de Lisbonne

Cette distinction recouvre en fait **un changement de perspective**, celle d'une entité supranationale à vocation fédérale clairement établie dans le premier cas, celle d'une simple étape dans le processus d'intégration dans le second.

Dans les deux cas, **la CE disparaît, ainsi que la structure en trois piliers** au profit d'une Union, désormais unique et exclusive. Le traité constitutionnel représente un texte unique, reprenant dans ses 4 parties : les bases juridiques et les dispositions institutionnelles, la Charte des droits fondamentaux, les politiques et enfin les clauses finales et transitoires. Le traité de Lisbonne laisse en place le traité sur l'Union et modifie le traité instituant la CE en traité sur le fonctionnement de l'UE.

Aux termes du TUE, tel que modifié par le traité de Lisbonne, article 1er, l'Union se voit attribuer des compétences pour réaliser des objectifs communs. Mais le traité n'est qualifié que de **nouvelle étape dans le processus créant une union sans cesse plus étroite** entre les peuples de l'Europe, alors que cette qualification est absente du traité constitutionnel.

Enfin, **le traité de Lisbonne brouille le schéma établi** par la partie I du traité constitutionnel. En effet, si la définition, les objectifs et les principes de l'Union, ainsi que les dispositions relatives aux institutions figurent bien dans le TUE, les compétences se retrouvent dans le TFUE – à l'exception de celle relative à la PESC – ainsi que les clauses relatives à la citoyenneté de l'Union.

## 2. L'abandon par le traité de Lisbonne des principales références constitutionnelles et supranationales affichées par le traité constitutionnel

Cet abandon concerne **le terme même de constitution**. Le traité de Lisbonne fait aussi disparaître **les symboles de l'Union**, explicitement consacrés dans le traité constitutionnel : le drapeau, l'hymne, la devise, la monnaie unique pour les pays membres de la zone euro et la journée de l'Europe. Dans une déclaration jointe à ce traité, 16 États membres rappellent néanmoins leur attachement auxdits symboles de l'appartenance commune des citoyens à l'UE.

Le traité de Lisbonne abandonne également la terminologie des lois européennes et des lois-cadres européennes au profit de l'ancienne nomenclature communautaire. Il maintient toutefois **la référence à la procédure législative**, même si celle-ci renvoie de nouveau à la supranationalité de l'Union.

La dénomination de Ministre des affaires étrangères de l'Union du traité constitutionnel disparaît du traité de Lisbonne au profit de celle, plus neutre, de **Haut représentant pour les affaires étrangères et la politique de sécurité**.

**La Charte des droits fondamentaux** disparaît du corps même du traité de Lisbonne, alors qu'elle constitue la deuxième partie du traité constitutionnel. Le traité de Lisbonne renvoie néanmoins à la Charte dans son article 6 § 1, en lui conférant la même valeur juridique que les traités. Il consacre en outre une entorse à l'application uniforme de la Charte par tout État membre, en accordant des dérogations à la Pologne et au Royaume Uni, rejoints à la veille de l'entrée en vigueur du traité, par la République Tchèque.

## B - La reprise du contenu du traité constitutionnel

Parmi les plus importants, le traité de Lisbonne reprend du traité constitutionnel les dispositifs concernant d'une part le renforcement de l'Union (1.) et d'autre part, les garanties reconnues aux États membres (2.).

### 1. Le renforcement de l'Union

Il est à mentionner d'abord l'attribution de **la personnalité juridique unique** à l'Union par le traité constitutionnel, confirmée par le traité de Lisbonne.

Face aux oppositions, dont certaines apparaissent ou se renforcent à la suite de l'échec du traité constitutionnel, **l'entrée en vigueur de certaines modifications** prévues par le traité de Lisbonne sera reportée dans le temps et/ou conditionnée par la réunion d'un consensus parmi les États membres.

Au niveau du **Conseil européen** d'abord, les principaux amendements portent sur le renforcement de son rôle et ses pouvoirs, en particulier nominatifs. Tout comme le traité constitutionnel, le traité de Lisbonne établit le poste du Président permanent de ce dernier.

En ce qui concerne **la Commission**, l'effort est concentré sur la réduction du nombre de ses membres. Le poids politique de son président est renforcé. À noter aussi le rattachement simultané à la Commission et au Conseil du Haut représentant pour les affaires étrangères et la politique de sécurité par le traité de Lisbonne. Le Haut représentant préserve les attributions et le rôle du Ministre des Affaires étrangères de l'Union, tels que consacrés par le traité constitutionnel.

La réforme des modalités de vote à la majorité qualifiée au niveau du **Conseil** reste sans doute la plus emblématique. La prise en compte à la fois du poids démographique des États et de leur nombre seront mises en avant. En raison de l'opposition de certains États, ce changement, déjà prévu par le traité constitutionnel et maintenu par le traité de Lisbonne, devrait connaître une entrée en vigueur retardée.

Le traité de Lisbonne préserve le renforcement des pouvoirs du **Parlement** et transforme la procédure de codécision en procédure législative ordinaire, tel que le prévoit également le traité constitutionnel.

Enfin, le traité constitutionnel clarifie pour la première fois **la répartition des compétences entre l'Union et ses États membres**. Cette clarification se traduit par la consécration explicite des catégories de compétences de l'Union. Le traité de Lisbonne reprend ce dispositif, inscrit cependant dans le TFUE, à l'exception de celui relatif à la PESC (y compris la PSDC).

## 2. Les garanties reconnues aux États membres

Mettant fin aux débats doctrinaux qui accompagnent la construction communautaire dès l'origine sur la possibilité pour un État membre de quitter l'organisation, les deux traités reconnaissent pour la première fois explicitement **le droit de retrait volontaire**. De même, ils consacrent l'obligation de l'Union de respecter **l'identité nationale des États membres**. Mais, alors que l'affirmation explicite du principe de primauté fait en quelque sorte le contrepoids de cette obligation dans le traité constitutionnel, le traité de Lisbonne abandonne l'inscription du principe. Sa valeur obligatoire, telle qu'établie par la jurisprudence de la Cour de justice, est néanmoins réaffirmée dans une déclaration annexe.

Les deux traités reconnaissent en outre aux parlements nationaux **une nouvelle compétence**. Celle-ci porte sur l'exercice du contrôle politique sur le respect du principe de subsidiarité par les institutions de l'Union.

Les deux traités encadrent enfin davantage l'exercice **des compétences de l'Union**. D'ailleurs le transfert de celles-ci au profit de l'Union de la part des États membres, n'est plus jugé irréversible et le pouvoir constituant peut revenir sur une compétence attribuée à l'Union à l'occasion d'une révision des traités.

# Fiche 9 Le traité de Lisbonne : une réforme inachevée ?

**Le traité de Lisbonne, en vigueur depuis le 1er décembre 2009**, apporte la solution à la crise institutionnelle déclenchée par le rejet, lors des référendums en France et aux Pays-Bas, du traité constitutionnel. Pour pouvoir être adopté il établit des compromis et accorde des concessions à certains États membres.

Le traité de Lisbonne modifie les traités en vigueur et opère une réforme d'ensemble de l'Union. En revanche, même s'il en reprend la substance, **le traité de Lisbonne recule dans le processus constitutionnel** déclenché par le feu traité établissant une Constitution pour l'Europe. Surtout, il ne se présente que comme une nouvelle étape dans le processus créant une union sans cesse plus étroite entre les peuples de l'Europe. Dans ces conditions, il n'est pas certain que l'Union réformée puisse fonctionner normalement à 27, 30 et plus d'États membres.

**La réforme opérée apparaît sans doute inachevée,** si l'on se place dans l'optique d'un futur État fédéral. Mais, ce dernier ne constitue pas la finalité de l'intégration, comme l'exprime parmi d'autres la formule ambiguë de la Fédération d'États nations. En revanche, le traité de Lisbonne marque **un progrès certain** dans la recherche de l'équilibre entre le national et le supranational, entre la constitutionnel et l'intergouvernemental. En témoignent avant tout les aspects institutionnels (I), mais aussi les aspects substantiels du traité de Lisbonne (II).

## I - LES ASPECTS INSTITUTIONNELS

**L'acquis antérieur sera repris en substance, avec toutefois quelques innovations importantes**, souvent à forte valeur symbolique. Ces innovations marquent le progrès de la supranationalité. Avant tout, la réforme institutionnelle s'inscrit dans le cadre de la création d'une Union unique et exclusive, désormais dotée de la personnalité juridique. Elle permet à la fois d'en renforcer les institutions (A) et d'en préciser et expliciter les compétences (B).

### A - Les institutions renforcées

Les changements effectués concernent à la fois la base juridique et les pouvoirs des quatre des principales institutions de l'Union, le Conseil européen, le Parlement, le Conseil et la Commission. En fait partie également le remplacement de l'ancien Haut représentant pour la

PESC par le Haut représentant pour les affaires étrangères et la politique de sécurité, au statut et au mandat renforcés.

**1.** Institution politique de l'Union, **le Conseil européen** se voit doté d'un Président permanent et représentatif. Élu à la majorité qualifiée par le Conseil européen lui-même pour deux ans et demi, rééligible une fois, il a pour mission de préparer et coordonner les activités de ce dernier, mais aussi de le représenter dans les relations extérieures. Le Conseil européen se voit également reconnaître le pouvoir de nommer, plus particulièrement, le Haut représentant pour les affaires étrangères et la politique de sécurité.

Encore, l'article 49, relatif **à la procédure et aux conditions d'adhésion** indique que les critères d'éligibilité approuvés par le Conseil européen seront pris en compte. Cette mention importante renvoie non seulement aux conditions d'adhésion, adoptées en juin 1993 à Copenhague, à l'attention des pays de l'Est, mais aussi à la capacité d'absorption de l'Union, retenue en pleine crise institutionnelle en tant que condition additionnelle à l'élargissement.

**2. Le Parlement** voit le nombre de ses membres réduit à 750, plus le Président, en raison de l'attribution d'un siège supplémentaire à l'Italie. Il voit surtout ses pouvoirs renforcés au titre de la procédure de codécision, devenue procédure législative ordinaire et étendue à de nouvelles bases par rapport au traité de Nice, telles que la justice et les affaires intérieures. Le Parlement reçoit également le pouvoir d'élire, sur proposition du Conseil européen, le Président de la Commission. De surcroît, la candidature de ce dernier doit refléter les résultats des élections parlementaires elles-mêmes. Le Parlement reçoit également le pouvoir d'initier une révision des traités.

**3.** En ce qui concerne le Conseil, à noter d'abord l'élargissement du vote à la majorité qualifiée, soit directement établi pour certains nouveaux domaines de compétence de l'Union, soit consacré pour certains anciens domaines de compétence. Cependant, en remplacement du vote à l'unanimité, **le Conseil** est surtout concerné par l'adoption d'un nouveau système de vote, basé sur une double majorité, celle de 55 % des États membres, représentant 65 % de la population de l'Union. Ce système remplace la pondération complexe et ambiguë, établie par le traité de Nice. Son entrée en vigueur est toutefois reportée dans le temps jusqu'au 1er novembre 2014, avec une possible extension jusqu'au 31 mars 2017 à la demande des États membres. Mais l'unanimité reste de règle en matière de défense, de politique sociale, de fiscalité ou encore de révision des traités.

**4.** Aux termes du traité de Lisbonne, **la Commission** devait quant à elle voir le nombre de ses membres réduit à 2/3 du nombre des États membres. Les commissaires devaient être choisis grâce à un système de rotation devant garantir une représentation égale. Reportée à 2014, cette réforme pourrait même ne plus voir le jour à cette échéance, en raison de la promesse faite à l'Irlande après le référendum négatif sur le traité, de garder un commissaire de sa nationalité.

**5. Le Haut représentant pour les affaires étrangères et la politique de sécurité**, institué par le traité de Lisbonne à la place du Ministre des affaires étrangères de l'Union, prévu par le traité constitutionnel, devra à la fois assumer la vice-présidence de la Commission et présider le Conseil affaires étrangères. Chargé de conduire la PESC, y compris la PSDC, telles qu'établies par l'Union et les États membres, il représentera également l'organisation dans les affaires extérieures. Les analyses insistent sur l'importance de la création, pour l'assister, d'un service européen pour l'action extérieure, composé à la fois des fonctionnaires de l'Union et du personnel détaché des services diplomatiques nationaux.

## B - Les compétences précisées et explicitées

**La suppression** par le traité de Lisbonne, à la suite du traité constitutionnel, **de la Communauté européenne et de la structure en trois piliers**, conduit à l'unification de l'ensemble des compétences entre les mains de l'Union unique et exclusive. Partant, le traité de Lisbonne reprend d'abord, avec quelques précisions supplémentaires, les principes régissant les compétences de l'Union (1.). Mais l'effort principal porte sur la répartition des compétences entre cette dernière et les États membres et aboutit à la consécration explicite des différentes catégories des compétences de l'Union (2.).

### 1. La précision des principes régissant les compétences de l'Union

Le traité de Lisbonne confirme **la compétence générale des États et la compétence spécialisée et d'exception de l'Union**. Celle-ci n'agit en effet que dans les limites des compétences que les États membres lui transfèrent et pour atteindre les objectifs établis dans le traité.

Le traité reprend également – au titre des dérogations au principe d'attribution – **la clause de flexibilité**, en y ajoutant aussi la **clause dite passerelle**. Les deux permettent d'élargir les compétences de l'Union par simple décision des institutions, sans recourir à la révision des traités. Le traité précise qu'il en va de même des coopérations renforcées dans les domaines des compétences non-exclusives.

En ce qui concerne l'exercice des compétences, le traité reprend **les principes de subsidiarité et de proportionnalité**, tels que définis encore par le traité de Maastricht, ainsi que **le principe de coopération loyale**. Mais, à la suite du traité constitutionnel, le traité de Lisbonne attribue aux parlements nationaux un pouvoir de contrôle en matière de respect par les institutions du principe de subsidiarité.

Enfin, le traité de Lisbonne consacre **l'obligation de l'Union de respecter**, dans l'exercice de ses compétences, **l'égalité des États**

**membres et leur identité nationale**, inhérente à leurs structures fondamentales politiques et constitutionnelles, y compris en ce qui concerne l'autonomie locale et régionale. Une mention particulière est faite à cet égard aux fonctions essentielles de l'État, notamment celles qui ont pour l'objet d'assurer son intégrité territoriale, le maintien de l'ordre public et la sauvegarde de la sécurité nationale. Le traité confirme expressément que celles-ci restent de la seule responsabilité nationale.

La consécration de l'obligation de l'Union de respecter l'identité nationale est à interpréter en parallèle avec le fait que le traité de Lisbonne n'intègre plus dans son corps, contrairement au traité constitutionnel, **le principe de primauté**. Une déclaration jointe à ce dernier rappelle seulement, en faisant référence à l'avis rendu sur la question par le service juridique du Conseil, que le principe s'applique toujours, conformément à la jurisprudence de la Cour de justice.

## 2. La consécration explicite des catégories des compétences de l'Union

Jusqu'alors la nature des compétences communautaires se déduisait en suivant le lien fonctionnel entre les objectifs et les actions conduites par la Communauté et enfin les pouvoirs accordés concrètement selon le domaine concerné aux institutions qui détiennent le pouvoir décisionnel. Désormais, **le traité fixe les domaines d'intervention de l'Union**, en faisant la distinction entre ses compétences exclusives, partagées ou d'appui, de coordination et de complément. Il précise aussi les exclusions à ces catégories de compétences. Les interventions de l'Union se voient en outre renforcées, puisque de nouvelles compétences antérieurement réservées aux États font désormais partie des compétences partagées, relevant par exemple de la coopération judiciaire et pénale, de l'espace de liberté, sécurité et justice ou encore de la politique de l'énergie. Encore, le traité intègre des nouveaux domaines aux compétences d'appui exercées par l'Union.

Mais, alors que cette matière revêt clairement un aspect institutionnel, voire constitutionnel, **les compétences sont consacrées non pas dans le TUE**, mais dans le TFUE. Seule, la PESC y compris la PSDC ne fait partie d'aucune des catégories susvisées, mais s'intègre dans le premier traité, marquant ainsi son importance toute particulière. Mais elle constitue un domaine de compétences à part, au regard de ses finalités et moyens, de sa définition et conduite, en parallèle par les institutions et les États membres.

Enfin, le traité de Lisbonne ouvre pour la première fois **la possibilité de restituer aux États**, au cours d'une révision des traités, **une compétence de l'Union**. Cette nouvelle possibilité de réaménager la répartition des compétences entre celle-ci et les États membres remet sans doute en question la théorie des transferts définitifs des pouvoirs étatiques, établie par la Cour de justice.

# II - ASPECTS SUBSTANTIELS

Le traité de Lisbonne réforme plus particulièrement deux catégories de dispositifs. La première concerne les valeurs et les principes fondamentaux. Leur base juridique et portée seront sensiblement renforcées (A). La seconde inclut les politiques, faisant l'objet de précision et élargissement (B).

## A - La base juridique et la portée renforcées des valeurs et des principes fondamentaux de l'Union

Ce renforcement traduit la nécessité de rendre **l'Union à la fois plus démocratique et transparente**. Il s'agit déjà d'un objectif majeur fixé par le Conseil européen de Laeken de 2001 devant la future Convention sur l'avenir de l'Union, chargée d'élaborer le projet du traité constitutionnel.

Les anciens principes fondamentaux, inscrits à l'article 2 du TUE, précisés et complétés, font désormais l'objet de l'article 2 du TUE qui consacre, à la suite du traité constitutionnel, **les valeurs fondamentales de l'Union**. Ces dernières comprennent la dignité humaine, la liberté, la démocratie, l'égalité, ainsi que l'État de droit et le respect des droits de l'homme, y compris des droits des personnes appartenant à des minorités. Leur respect fait l'objet non seulement d'un contrôle politique au titre de l'article 7 du traité, repris depuis le traité d'Amsterdam, mais aussi d'un contrôle juridictionnel exercé par la CJUE.

Renvoient aux valeurs de l'Union, ainsi consacrées, à la fois les principes démocratiques de l'Union (1.) et les droits et libertés fondamentaux (2.).

### 1. Les principes démocratiques

Consacrés par le titre II du TUE, spécialement dédié aux principes démocratiques, ces derniers comprennent l'égalité démocratique, la démocratie représentative et la démocratie participative. Ils contribuent à l'affirmation de **la double légitimité de l'Union**, étatique d'une part, celle des peuples de l'autre.

La démocratie participative comprend la **nouvelle initiative citoyenne**, permettant à un million de citoyens de l'Union, représentant au moins un quart d'États membres, d'inviter la Commission à présenter une proposition législative. Les signatures peuvent être collectées pendant un an, y compris en ligne, par un comité d'initiative d'au moins 7 citoyens résident dans 7 États membres au moins. La Commission dispose d'un délai de 3 mois, soit pour commander une étude pour approfondir la question, soit pour accepter de transformer l'initiative en proposition législative, soit, enfin, pour la rejeter.

Plus traditionnellement, le traité de Lisbonne engage les institutions à mettre en œuvre des instruments, permettant la consultation des citoyens, l'expression et le partage de leurs opinions dans tout domaine de son action, enfin le dialogue avec les associations représentatives de la société civile.

Le traité de Lisbonne rappelle que **la démocratie représentative** inclut à la fois une représentation directe au niveau du Parlement et la représentation indirecte par le biais des États, représentés quant à eux au niveau à la fois du Conseil européen et du Conseil. Elle s'exprime à travers le droit de tout citoyen de participer à la vie démocratique de l'Union, grâce à la prise des décisions de manière transparente et aussi près que possible des citoyens, enfin grâce à la contribution des partis et des groupes politiques au niveau européen à la formation de la conscience politique européenne et à l'expression de la volonté des citoyens.

L'inscription enfin des **Parlements nationaux**, déjà mentionnée, dans le fonctionnement de l'Union participe à la réalisation des principes démocratiques. Ainsi est-il d'abord de leur pouvoir de contrôle susvisé sur le respect du principe de subsidiarité, mais aussi de leur droit d'information et enfin de leur droit de regard sur le fonctionnement de l'Union, plus particulièrement dans le domaine de l'espace commun de liberté, de sécurité et de justice.

## 2. Les droits de l'homme

Sur la base de l'article 6, **l'intégration des droits de l'homme en droit de l'Union** se fonde d'abord sur l'attribution à la Charte des droits fondamentaux, d'une force contraignante et de la même valeur juridique que le droit primaire de l'Union. L'article 6 prévoit ensuite l'adhésion à la Convention EDH et enfin rappelle que les droits fondamentaux continuent à faire partie, conformément à la jurisprudence de la CJUE, du droit de l'Union en tant que principes généraux, issus à la fois de la Convention EDH et des traditions constitutionnelles communes aux États membres.

Pour ce qui est de **la Charte**, elle regroupe et reprécise les droits civiques et politiques classiques, repris dans leur majorité depuis la Convention EDH ; énonce les droits sociaux et enfin établit des principes modernes de protection, tels que les droits à la protection des données, à la bioéthique et à la bonne administration. Le traité prend en même temps soin de préciser qu'elle n'étend pas les compétences de l'Union, telles que consacrées par les traités et qu'elle s'applique en tentant compte des conditions et en respectant les limites établies. Surtout, la Pologne, le Royaume Uni et la République tchèque obtiennent des concessions en matière de justiciabilité de la Charte devant les tribunaux internes.

L'adhésion de l'Union à **la Convention EDH** est également prévue par le protocole 14 à la Convention EDH, entré en vigueur au 1er juin 2010. Mais elle nécessite en plus la conclusion d'un accord sur l'ensemble des modalités et conditions de cette adhésion, prévue par le protocole additionnel n° 8 au traité de Lisbonne. Actuellement en négociation entre le Conseil de l'Europe et l'Union européenne, cet accord doit ensuite passer par l'épreuve des ratifications par l'ensemble des États membres de la première organisation, comprenant naturellement celles, mais à double titre, des 27 États membres de la seconde.

À noter encore, l'inscription non-équivoque parmi les objectifs de l'Union du soutien à la démocratie et aux droits de l'homme dans ses relations extérieures. Le traité de Lisbonne engage désormais l'Union à intégrer systématiquement la question des droits de l'homme dans tous ses programmes et actions.

## B - Les politiques de l'Union

Tout comme le traité constitutionnel, le traité de Lisbonne doit réaménager les anciennes politiques communautaires, en rajoutant aussi de nouveaux domaines d'intervention de l'Union (1.). Parallèlement, il parachève le processus de communautarisation, entamée dès le traité d'Amsterdam, des politiques et actions menées par l'Union dans le second et le troisième pilier (2.). Dans les deux cas, le traité de Lisbonne revient sur certains dispositifs, consacrés par le traité constitutionnel. Ainsi notamment, la concurrence libre et non faussé disparaît-elle de la liste des objectifs de l'Union.

### 1. Le réaménagement des politiques communautaires et l'ajout de nouveaux domaines d'intervention de l'Union

Parmi d'autres, en fait l'objet la construction de **l'espace commun de liberté, de sécurité et de justice**. Le traité inclut désormais de nouvelles dispositions sur la protection civile, l'aide humanitaire et la santé publique. Il renforce les capacités de l'Union de lutter contre la criminalité et le terrorisme.

Encore, l'Union peut-elle désormais exercer certaines **nouvelles compétences d'appui** dans le domaine de la propriété intellectuelle, le sport, l'espace, le tourisme, la protection civile et la coopération administrative.

**Des amendements** apportés permettent d'inclure dans la politique de l'environnement l'objectif de la lutte contre le changement climatique. Dans le domaine de l'énergie, le traité de Lisbonne consacre une clause de solidarité en matière de sécurité et d'interconnectivité des approvisionnements. Mais la politique énergétique relève toujours de la compétence nationale exclusive, absente par conséquent, tout comme la politique de l'emploi ou encore la politique économique, des listes des compétences de l'Union.

En revanche, le traité consacre **le caractère transversal de l'objectif de l'emploi, de la protection sociale et de la lutte contre l'exclusion sociale**. Il doit ainsi être pris en considération désormais au niveau de l'ensemble des politiques de l'Union.

## 2. La communautarisation des politiques des anciens deuxième et troisième piliers

Le traité de Lisbonne achève d'abord la communautarisation des aspects restants du troisième pilier concernant **la coopération policière et judiciaire en matière pénale**, en mettant fin à la méthode intergouvernementale de cette coopération. La procédure législative ordinaire est désormais applicable à ce domaine et en l'espèce l'Union peut avoir recours aux actes juridiques dérivés du droit commun, règlements, directives et décisions.

En revanche, pour **la PESC et la PSDC**, seules à être intégrées dans le TUE, l'intergouvernementalisme reste toujours de règle. Le traité de Lisbonne rappelle que les deux politiques restent définies et mises en œuvre par le Conseil européen et le Conseil statuant, sauf exception, à l'unanimité. L'adoption des actes législatifs est exclue en l'espèce. La mise en place d'une politique commune de défense dépend aussi d'une décision à l'unanimité prise par le Conseil.

Cependant, le domaine de la PSDC connaît une **extension sensible**. Désormais, en vertu de la clause de solidarité intégrée par le traité de Lisbonne, l'Union et les États membres sont appelés à agir conjointement si un État membre fait l'objet d'attaque terroriste. De même, doivent-ils offrir, par tous les moyens possibles, leur assistance à un État membre, victime d'une catastrophe naturelle ou d'un attentat terroriste. Encore, la PSDC permet-elle aux États membres prêts à mettre en commun leurs capacités militaires et à fournir des unités de combat pour conduire des actions de terrain et de développer à cet effet des coopérations renforcées, structurées et permanentes.

# Fiche 10 L'avenir de l'élargissement

Jusqu'à la fin des années 1990, les Communautés et l'Union européennes s'élargissent à trois reprises, ce qui ramène leurs États membres de 6 à l'origine à 15. Les années 2000, pour leur part, connaissent **la première vague d'un élargissement inédit à l'Est**. Parallèle à la constitutionnalisation de l'Union, celle-ci inclut l'adhésion à l'organisation, d'abord en mai 2004 des 8 pays de l'Europe centrale, de Chypre et de Malte, ensuite en janvier 2007 de la Bulgarie et la Roumanie. Le processus n'est pourtant pas terminé (II). L'élargissement à venir s'inspire de ses prédécesseurs, mais comporte aussi d'importantes différences. En même temps et surtout, il pose de manière particulière la question de ses limites (I).

## I - LES LIMITES DE L'ÉLARGISSEMENT

Le débat sur cette question s'impose dans sa dimension actuelle, au cours du processus de ratification du traité constitutionnel et en tout premier lieu en France. Les crises économique et financière que traversent l'Union et ses États membres depuis 2008 la reposent avec une gravité particulière. C'est d'abord le fondement (A), puis l'expression (B) des limites du processus, du moins dans un avenir prévisible, qui peuvent être envisagés.

### A - Le fondement des limites de l'élargissement

Il est à rechercher dans la notion d'État européen, consacrée à l'article 49 TUE. Elle désigne le seul État qui peut adhérer à l'Union, à condition d'en respecter les valeurs fondamentales et de s'engager à les promouvoir (1). Mais, le droit de l'Union n'apporte aucune précision générale concernant la portée de cette notion. Ainsi, la doctrine et le discours politique proposent-ils différents critères d'inclusion-exclusion (2.).

#### 1. La notion d'État européen à portée non définie

En effet, nonobstant sa vocation politique de plus en plus marquée, l'Union n'est pas en mesure de définir la portée de cette notion. Derrière cette indétermination se cachent les oppositions traditionnelles en faveur ou contre les élargissements futurs, mais aussi les craintes et les réticences **du pouvoir constituant** et donc des États membres.

De fait, ce sont les lignes directrices fixées sur un plan purement politique par **le Conseil européen** qui jouent le rôle principal en matière de poursuite du processus. Ce rôle va au-delà de la consécration par l'article 49 TUE, tel que modifié par le traité de Lisbonne, de son rôle concernant l'approbation des critères d'éligibilité. Les institutions du triangle décisionnel et en particulier la Commission, se limitent alors à suivre ses choix et orientations politiques en la matière.

### 2. Les critères d'inclusions-exclusion

Afin de distinguer l'État européen, ayant vocation d'adhérer à l'Union de tout autre, certains auteurs insistent sur **l'application cumulative du critère géographique et du critère des valeurs**. Selon eux, l'Union ne devrait s'élargir qu'à des États situés géographiquement en Europe et qui partagent le même patrimoine constitutionnel commun, incluant la démocratie, l'État de droit et le respect des droits de l'homme. En dehors des cas univoques, tels que la candidature du Maroc rejetée en 1987, l'application de chacun de ces deux critères peut néanmoins s'avérer aléatoire. Pour ce qui est du critère géographique, tel est surtout le cas de la candidature de la Turquie, dont la majeure partie du territoire est située en Asie. Pour ce qui est des valeurs, à rappeler que l'adhésion des pays tels que la Bulgarie et la Roumanie devient effective, compte tenu des coûts politiques trop élevés d'un report de l'adhésion – pourtant prévu dans le traité d'adhésion lui-même – alors que ni l'un ni l'autre ne remplissent entièrement les critères politiques de Copenhague à la veille même de leur entrée dans l'Union.

De manière plus conjoncturelle, **des arguments culturels ou encore économiques** sont mis en avant pour appuyer ou au contraire refuser la candidature de tel ou autre État. Selon certaines analyses, la perspective d'adhésion devrait ainsi être ouverte aux seuls États qui partagent l'héritage religieux chrétien, ou bien à ceux dont l'adhésion pourrait permettre à l'Union de se renforcer, en termes de marché et de compétitivité internationale, de PIB, etc.. Au contraire, les adhésions futures ne devraient pas diluer l'Union dans une vaste zone de libre-échange, elle-même souffrant de multiples problèmes politiques et replis identitaires non-résolues. Toutefois, dans l'histoire de l'élargissement, l'appréciation de l'ensemble des critères d'adhésion s'est toujours faite au regard des circonstances concrètes qui entourent chaque candidature.

## B - L'expression des limites de l'élargissement

Les limites de l'élargissement s'expriment concrètement à travers la distinction, désormais effective, entre les États candidats à l'adhésion et les autres. À partir des années 2000, l'Union européenne consacre clairement la vocation des premiers à en devenir membres. Malgré cela, la question d'un arrêt ou d'un report de l'élargissement dans le temps à leur égard a été posée (1.). Et, en ce qui concerne les États n'ayant pas la vocation d'adhérer à l'Union, cette dernière s'emploie à leur proposer des solutions alternatives (2.).

### 1. L'arrêt ou le report de l'élargissement dans le temps

À l'exception de la Croatie, cette question s'était posé, dès la crise constitutionnelle, au regard de l'ensemble des autres États candidats. À ce titre, le Conseil européen consacre une nouvelle condition à l'élargissement, relatif à la capacité d'absorption, signifiant que l'Union n'acceptera de faire adhérer de nouveaux États membres qu'une fois en mesure de fonctionner normalement à la suite de telles adhésions. Le protocole additionnel ajouté au traité de Lisbonne à la demande de la France, stipulant que la réforme de la Commission et du Parlement, concernant respectivement le nombre de commissaires et le nombre de sièges réservés aux États, doit intervenir avant toute adhésion future, traduit directement la condition susvisée.

Compte tenu de **l'hostilité** d'une large partie de l'opinion publique des États membres **à l'égard de la candidature de la Turquie**, l'arrêt ou le report de l'adhésion de cette dernière semble surtout probable. De surcroît, selon certains États membres, la perspective même de l'adhésion doit être remplacée par un partenariat privilégié.

Par ailleurs, pour tenir compte de l'hostilité de son opinion publique à l'égard de la candidature turque, la France prévoit, à **l'article 88-5 de la Constitution**, l'organisation d'un référendum obligatoire sur toute nouvelle adhésion, à l'exception de celle de la Croatie. À rappeler qu'en France, la procédure de référendum ne fut utilisée qu'une seule fois en matière d'élargissement, lorsque, en 1972, le peuple français devait s'exprimer sur l'adhésion du Royaume Uni, de l'Irlande, de la Norvège et du Danemark.

À noter cependant, que nonobstant les pressions étatiques en faveur d'un arrêt ou report du processus d'élargissement, l'Union européenne semble bien poursuivre ce dernier en direction des États candidats.

### 2. La proposition des solutions alternatives

Démarrée en 2004, **la politique du proche voisinage** sera justement présentée comme une alternative aux pays qui n'ont pas la perspective d'adhésion, en raison à la fois de leur différence avec l'Europe de l'Union et les nombreux problèmes auxquels ils doivent faire face. 16 pays sont concernés, appartenant soit au pourtour méditerranéen, soit à l'ex-URSS, à l'exception notoire de la Russie, formant à elle-seule un espace géopolitique équivalent à celui de l'Union. L'objectif de cette initiative est le développement des relations privilégiées entre les pays concernés et l'Union, avec un accès pour les premiers à certains de ses financements spécifiques de la seconde. À terme, l'initiative entend se rapprocher de la réalisation d'un marché commun comprenant la libre circulation des quatre facteurs de production : les personnes, les biens, les services et les capitaux.

Depuis 1995, l'Union lance en direction des pays dits du sud-est méditerranéen **le partenariat Euromed**, fondé sur le processus de Barcelone. Son objectif est, ici encore, la mise en place d'une zone de libre échange. Depuis novembre 2008, le partenariat s'appuie sur la création d'une Union pour la Méditerranée. Celle-ci constitue une initiative de coopération institutionnalisée, visant plus particulièrement l'exploitation rationnelle et durable de la mer Méditerranée, s'accompagnant de multiples activités annexes. À l'heure actuelle cependant, l'Union impose la lutte contre l'immigration clandestine en tant que priorité incontestable dans ses relations avec l'ensemble des pays concernés.

## II - LA POURSUITE DU PROCESSUS

À l'égard de l'ensemble des États candidats, le processus reste inclusif, puisque ces derniers ont tous la vocation d'intégrer l'Union européenne. Mais il tient nécessairement compte de la spécificité de chaque État candidat et s'appuie logiquement sur leur différenciation sur la base, le cas échéant, d'une évaluation des progrès réalisés sur la voie de l'adhésion (A). La poursuite du processus s'exprime aussi, plus particulièrement, à travers la stratégie de préadhésion, développée en direction des pays de l'Est (B).

### A - La différenciation entre les pays candidats

La Croatie constitue une exception, dans la mesure où l'adhésion de ce pays à l'Union est désormais imminente (1.). À plusieurs égards les problèmes posés par la Turquie (2.) restent différents de ceux que rencontrent les pays candidats des Balkans occidentaux (3.). Enfin et d'une manière générale, les pays occidentaux restés pour l'heure hors Union européenne constituent une catégorie à part (4).

#### 1. La Croatie

Le problème de coopération avec le TPIY avait certes retardé de plusieurs mois le début des négociations avec ce pays, commencées le 3 octobre 2005. Ces dernières s'étant poursuivies depuis sans difficultés majeures. La Croatie signe le traité d'adhésion le 9 décembre 2011. Elle doit devenir le 1er juillet 2013 le 28e État membre de l'Union, sous réserve de l'achèvement du processus des ratifications. Le traité établit cependant une série d'engagements encore à réaliser par la Croatie, plus particulièrement en matière de réforme judiciaire et administrative, la lutte contre la corruption et la criminalité, etc.. Leur respect devait alors faire l'objet, après l'adhésion, d'un mécanisme de coopération et de surveillance selon le modèle roumain et bulgare.

## 2. La Turquie

Le plus ancien parmi les pays candidats, la Turquie demande à adhérer aux Communautés en 1987. Les négociations d'adhésion commencent en même temps que celles avec la Croatie, le 3 octobre 2005, en pleine crise constitutionnelle et nonobstant l'hostilité croissante des opinions publiques à l'égard de cette adhésion. Après l'ouverture des négociations d'adhésion, **le processus se poursuit,** mais connaît en même temps d'importants blocages, tant pour des raisons politiques internes à l'Union et ses États membres, que propres à la Turquie elle-même. Ces blocages sont suivis de périodes de relance des négociations. Au cours de l'année 2010, la Turquie avait notamment adopté un deuxième paquet législatif, portant sur une série de réformes demandées par l'Union, plus particulièrement dans le domaine de la justice et de l'administration et liées au respect des droits de la minorité kurde. Sur le plan international, la participation de la Turquie joue un rôle certain sur l'avancement du processus, considéré comme un facteur de stabilisation régionale, à la fois aux négociations sur la réunification de l'île de Chypre, au règlement de la crise du Proche orient ou encore, sur un autre registre, à la sécurisation de l'approvisionnement en énergie de l'Union.

L'évaluation de la Commission continue enfin à souligner **d'importants obstacles restant à surmonter**, s'agissant tout particulièrement du rôle de l'armée en tant que garant de la démocratie ou du contrôle de la société civile sur l'armée. L'Union et la Turquie restent en désaccord sur certains de ces dossiers. Ajoutés aux craintes et aux hésitations propres à l'Union elle-même, tenant au poids démographique d'une population majoritairement musulmane, ces problèmes ne permettent pas d'envisager une adhésion proche. Les institutions européennes elles-mêmes insistent désormais, après avoir avancé au début des négociations leur possible conclusion en 2014, qu'il s'agit d'un processus ouvert et non limité dans le temps.

## 3. Les autres pays des Balkans occidentaux

Dans leur ensemble, ces pays, y compris la Croatie avaient été qualifiés de **candidats potentiels à l'adhésion**, engagés à ce titre dans une stratégie de préadhésion, conformément à l'agenda de Thessalonique, adopté par le Conseil européen en 2003.

Le **Monténégro** est actuellement le seul pays avec lequel les négociations d'adhésion ont effectivement démarré le 29 juin 2012. C'est en octobre 2009 que la Commission recommande l'ouverture des négociations d'adhésion avec la **Macédoine**, reconnu alors en tant que pays candidat avec lequel les négociations peuvent démarrer. Cependant, plusieurs problèmes spécifiques semblent devoir encore être résolus au préalable. En fait partie avant tout le conflit sur le nom du pays qui oppose cette ancienne République yougoslave à la Grèce. Pour sa part, **la Serbie** sera confirmée dans son statut de pays candidat par le Conseil européen le 1er mars 2012. La **Bosnie-Herzégovine, l'Albanie et le Kosovo** ne sont toujours reconnus pour l'heure qu'en tant que candidats potentiels.

### 4. Les pays de l'Europe occidentale non-membres de l'Union européenne

La situation de ces pays semble en effet bien différente, même si l'Union n'a jamais pris formellement position sur son éventuel élargissement à l'ensemble des États qui en font partie. Il s'agit de la Suisse, de la Norvège, du Liechtenstein et de l'Islande, tous membres de l'Association européenne de libre échange et membres, à l'exception de la Suisse, de l'Espace économique européen créé en 1994 avec les Communautés européennes et leurs États membres. Il s'agit en effet des pays démocratiques à économie de marché libérale, déjà associés à l'Union et concernés à ce titre par de nombreuses politiques et actions de cette dernière. Encore, Ils participent, à l'exception de Liechtenstein, à l'espace Schengen.

Parmi les pays concernés, dans le contexte d'une crise économique et financière particulièrement grave, l'Islande est la seule à avoir présenté, en 2009, une demande d'adhésion à l'Union européenne. L'Union se prononce rapidement et les négociations avec ce pays seront ouvertes par décision du Conseil du 17 juin 2010. Pour les autres, en cas de dépôt de demandes d'adhésion – pour l'heure peu probable – l'Union et ses États membres se décideront sans doute facilement en faveur d'un élargissement rapide.

## B - La stratégie de préadhésion en direction des pays de l'Est

Cette stratégie s'inscrit bien dans la perspective et a pour but final de préparer le futur élargissement. Elle est, d'une part, fondée sur les accords de stabilisation et d'association, conclus ou en cours de conclusion entre l'Union et les pays concernés, à l'exception notoire de la Turquie (1). Elle comprend, d'autre part, des instruments destinés à les aider et à évaluer leur progrès sur la voie de l'adhésion (2).

### 1. La base juridique de la stratégie de préadhésion

**Les accords de stabilisation et d'association** conclus entre l'Union et les pays des Balkans dans les années 2000 poursuivent un double objectif, d'abord de faire participer chacun des pays concernés à **la stabilisation régionale**, ensuite de le préparer à l'adhésion. La stabilisation s'appuie sur le développement d'une coopération régionale encadrée. Celle-ci sera lancée au départ à travers la formule du pacte de stabilité pour l'Europe du sud-est, remplacée en 2008 par la mise en place d'un Conseil de coopération régionale. L'Union en tant que telle, mais aussi la Bulgarie et la Roumanie pris séparément, bien qu'États membres, et enfin la Turquie participent à cette initiative. Ses principaux objectifs constituent le développement économique et social ; la réalisation des infrastructures et l'énergie ; la coopération en matière de justice et affaires intérieures, de sécurité et de renforcement du capital humain. Lorsque ce n'est pas encore fait, la conclusion d'un accord de stabilisation et d'association doit logiquement être suivie par le dépôt d'une demande d'adhésion.

L'accord d'association, conclu avec la Turquie en 1963, établit lui-aussi **la perspective d'adhésion**. La préparation à celle-ci passe par l'association du pays à certaines politiques et actions menées par l'Union et par l'adoption de l'acquis de l'Union dans le droit interne et la pratique administrative turque.

## 2. Les instruments d'évaluation et d'aide

**L'évaluation formelle de l'ensemble des États candidats** se base, d'une part, sur les rapports périodiques établis par la Commission sur les progrès réalisés sur la voie de l'adhésion. D'autre part, la Commission peut attirer à tout moment l'attention de tel ou autre État candidat sur les problèmes spécifiques observés dans tel ou tel autre domaine. L'évaluation permet à la fois de traiter tous les pays concernés sur un pied d'égalité et d'appliquer une approche différenciée. Or, contrairement au principe d'élargissement inclusif et intégral, posé lors du premier élargissement à l'Est, aucune possible adhésion commune n'est pour l'instant envisagée.

Enfin, pour permettre aux États candidats de surmonter leurs handicaps économiques et sociaux, **un instrument d'aide à la préadhésion** commun est mis en place. Il pourvoit au financement des différentes priorités fixées à court et à moyen termes dans le cadre du partenariat de préadhésion. À l'heure actuelle, l'aide accordée doit en particulier permettre aux pays candidats de surmonter la crise économique et financière internationale. Parmi les priorités à plus long terme, l'instrument d'aide à la préadhésion est appelé à faciliter l'émergence de la société civile ou encore la lutte contre les changements climatiques, ainsi que l'amélioration de la communication sur le processus d'élargissement en direction de la population.

Fiche 11

# La personnalité juridique de l'Union européenne

Association volontaire d'États, une organisation internationale possède en principe la personnalité juridique, comprenant une capacité de jouissance et d'exercice. Celle-ci lui confère le statut de sujet direct, **titulaire par conséquent des droits et obligations au niveau des différents ordres juridiques dans lesquels elle est appelée à évoluer** : celui de ses États membres, l'international et son propre ordre juridique. La personnalité juridique d'une organisation internationale sera le plus souvent explicitement consacrée dans son acte constitutif. Mais elle peut aussi résulter de sa pratique, lorsque, selon l'expression de René-Jean Dupuy, l'existence précède l'essence.

Aucune personnalité juridique de l'Union européenne ne sera consacrée par le traité de Maastricht, sans doute par peur de s'inscrire dans une optique fédérale trop affichée (I). Elle s'impose néanmoins dans les faits, avant d'être reconnue formellement par le traité de Lisbonne (article 47 TUE) (II).

## I - L'ABSENCE DE PERSONNALITÉ JURIDIQUE DE L'UNION DANS LE TRAITÉ DE MAASTRICHT

Cette absence reflète **la nature juridique ambiguë de l'Union**. Organisation internationale *sui generis*, celle-ci sera définie par le traité de Maastricht seulement comme une nouvelle étape dans le processus créant une union sans cesse plus étroite entre les peuples de l'Europe. En outre, l'Union ne se substitue pas aux Communautés existantes. Elle les complète par des politiques et formes de coopération, sans remettre en cause leur propre personnalité juridique.

En effet, seules les Communautés européennes se voient conférer la personnalité juridique dès leur création, réaffirmée par le traité de Maastricht (A). L'absence de la personnalité juridique de l'Union constitue un handicap certain. Ce n'est que partiellement que celle-ci arrive à le surmonter (B).

### A - La personnalité juridique réaffirmée des Communautés

Elle ouvre la voie d'abord, dès l'adoption du traité CECA, puis des traités CEE et Euratom, à la capacité juridique la plus large reconnue aux personnes morales dans les États membres (1.). Sur le plan international et communautaire ensuite, elle confère une capacité juridique qui exprime bien l'originalité sans précédent des Communautés supranationales (2.).

## 1. La capacité juridique interne

Les Communautés se voient ainsi reconnaître par les traités dans l'ordre juridique des États membres, **la capacité de conclure des contrats, acquérir et aliéner des biens, recruter du personnel et enfin ester en justice**. À cet égard, au niveau de la CECA, la représentation est assurée par les institutions, chacune dans le domaine de ses propres attributions. La CEE, devenue CE, sera représentée, conformément aux traités, exclusivement par la Commission.

**La reconnaissance des immunités et des privilèges** complète la capacité juridique. Les Communautés bénéficient ainsi de l'inviolabilité des locaux, bâtiments et archives, ne pouvant à ce titre faire l'objet de perquisition, réquisition, confiscation ou expropriation. Elles bénéficient aussi des exemptions fiscales et douanières, ou encore d'une immunité de juridiction. Les contrats qu'elles concluent peuvent attribuer la compétence à la CJUE, en excluant celle des juridictions nationales. Aux termes du traité lui-même, il en va de même de la responsabilité extracontractuelle des Communautés.

## 2. La capacité juridique internationale

Dans un premier temps, elle comprend la capacité des Communautés de conclure des accords internationaux et plus globalement d'**entretenir des relations avec des États non membres et avec d'autres organisations internationales**, ainsi que de participer et d'adhérer à de telles organisations. Leurs compétences vont jusqu'à leur permettre de décider de manière autonome des sanctions à l'encontre des tiers, conformément au principe de conditionnalité politique. Les clauses relatives à la démocratie, à l'État de droit et au respect des droits de l'homme, dont la CE impose l'inclusion dans des accords conclus avec des États ou groupes d'États tiers, constitueront des éléments essentiels de tels accords. Les accords de commerce et de développement conclues avec les pays ACP (Afrique, Caraïbes, Pacifique) constituent un exemple révélateur. Sujet de droit international, les Communautés sont aussi soumises aux règles régissant la responsabilité internationale.

Dans un second temps, dans l'ordre juridique communautaire, les Communautés européennes disposent des **moyens financiers et matériels nécessaires à leur fonctionnement autonome** et avant tout d'un budget fondé sur des ressources propres. Elles édictent des normes obligatoires à la fois pour les États membres et les particuliers.

## B - La possibilité pour l'Union européenne de surmonter partiellement l'absence d'une personnalité juridique expressément conférée

À cet effet, l'Union peut s'appuyer à la fois sur les moyens et capacités dont dispose la Communauté (1.) et sur le développement d'une personnalité juridique de fait (2.).

### 1. L'appui sur les moyens et les capacités de la Communauté

L'action de l'Union dans le domaine de la PESC et des AIJ (devenu ensuite coopération policière et judiciaire en matière pénale), qui relèvent de sa compétence spécifique, peut donc s'appuyer sur **les moyens matériels et financiers, ainsi que sur le personnel et le réseau international de la CE**. De même, les sanctions contre un État ou groupe d'États faisant l'objet d'une position ou action commune de l'Union, seront appliquées par la CE. Les traités prévoient expressément cette possibilité à travers la clause passerelle entre la PESC et l'action extérieure de la Communauté. Le traité de Lisbonne reprend la possibilité, prévue déjà dans le traité CE d'interrompre ou réduire, partiellement ou totalement, les relations économiques et financières avec un ou plusieurs pays tiers à la suite d'une action ou position communes adoptées par l'Union dans le cadre de la PESC.

### 2. Le développement d'une personnalité juridique de fait

Le traité de Maastricht n'exclut pas formellement toute capacité juridique de l'Union, sur le fondement de l'article 2 du TUE, incluant parmi les objectifs de l'organisation **l'affirmation de son identité sur la scène internationale**, notamment par la mise en œuvre d'une PESC, y compris la définition à terme d'une politique de défense commune.

Dans **le domaine de la PESC**, l'Union dispose d'ailleurs, dès l'origine, d'un pouvoir décisionnel propre, exercé à travers la définition des principes et des orientations générales de la PESC, la décision des stratégies communes et l'adoption sur cette base, bien qu'à l'unanimité, des positions et des actions communes juridiquement contraignantes. Le traité d'Amsterdam renforce la capacité internationale de l'Union, en l'autorisant expressément de conclure en son propre nom des accords dans le domaine du second et du troisième pilier, avec des États tiers ou organisations internationales. De tels accords toutefois ne peuvent lier automatiquement un État membre, lorsque ce dernier demande à les soumettre à la procédure de ratification.

**Une série d'accords** permettent alors à l'Union d'exercer sa nouvelle compétence dans le domaine de la PESC. Ces accords portent notamment sur les missions de remplacement des forces militaires de l'OTAN en Macédoine (opération Concordia) ; de stabilisation au Congo en 2003 (Artémis) et en Bosnie-Herzégovine en 2005 (Eucor) ; de police en Afghanistan en 2007 ; enfin de protection des réfugiés fuyant les combats dans la région de Darfour en 2008 dans les zones frontalières du Tchad et de la République centrafricaine.

Le traité d'Amsterdam adjoint à la présidence de l'Union, chargée de conduire la PESC, **un Haut représentant pour la PESC**. Le poste sera confié à l'époque au secrétaire général du Conseil. Qualifié de nouvel outil opérationnel de la PESC, le Haut représentant aura pour mission de contribuer à l'élaboration et à la mise en œuvre des décisions politiques prises dans ce cadre. Il pourra également conduire au nom du Conseil et à la demande de la présidence, le dialogue politique avec des États tiers ou organisations internationales.

## II - LA PERSONNALITÉ JURIDIQUE DE L'UNION, EXPRESSÉMENT CONSACRÉE DANS LE TRAITÉ DE LISBONNE

Logiquement, **le processus de constitutionnalisation de l'Union** l'impose. Elle s'explique par les avantages qu'elle apporte (A). Il s'agit toujours d'une personnalité juridique attribuée, bien que désormais unique et étendue (B).

### A - Les avantages de la reconnaissance d'une personnalité juridique

Ils peuvent être appréciés en termes d'une meilleure affirmation de l'Union (1.) et de renforcement de sa capacité juridique, tout particulièrement sur le plan de ses relations extérieures (2.).

#### 1. Une Union mieux affirmée

La consécration de la personnalité juridique contribue à **corriger les dysfonctionnements causés par la structure en piliers de l'Union**. Elle renforce la sécurité juridique et la confiance légitime en ses actes. Elle permet de préciser et de clarifier le statut de l'organisation.

Encore, la personnalité juridique améliore-t-elle la perception et la visibilité de l'Union, à la fois sur le plan interne et international. À ce titre, elle entend contribuer à **l'identification des citoyens par rapport à l'organisation**.

### 2. Une capacité juridique renforcée sur le plan des relations extérieures

Le traité de Lisbonne ouvre donc la voie à **une reconfiguration du rôle international de l'Union**, à travers une capacité juridique renforcée et une représentation mieux incarnée. Cela, en s'appuyant sur l'acquis à la fois de l'ancienne Communauté et de l'Union elle-même dans le domaine de l'action extérieure. La création du Président permanent du Conseil européen d'une part et, du Haut représentant pour les affaires étrangères et la politique de sécurité d'autre part, assisté par un important service européen pour l'action extérieure s'inscrit dans ce même mouvement. Elle fournit surtout un moyen de réalisation pratique de la personnalité juridique de l'Union.

**La capacité décisionnelle et opérationnelle de l'Union** s'appuie sur toute la gamme des moyens d'action extérieure, dont la représentation et la participation aux organisations internationales, l'application du principe de conditionnalité, ainsi que la capacité d'assumer la responsabilité internationale et de conclure des traités internationaux. Par ailleurs, l'attribution de la personnalité juridique constitue un préalable à l'**adhésion de l'Union à la Convention EDH**. C'est notamment en raison de l'absence d'une telle personnalité, que dans son avis consultatif du 28 mars 1996 la CJUE avait conclu à l'époque à l'impossibilité d'une telle adhésion.

## B - Une personnalité juridique attribuée, unique et étendue

### 1. Une personnalité juridique unique et étendue

La personnalité juridique de l'Union hérite et remplace celle de la Communauté, tout en la complétant dans les domaines de la coopération intergouvernementale des anciens second et troisième pilier. Elle correspond logiquement à **la création d'une Union unique et exclusive** et couvre par conséquent l'ensemble des domaines de compétence de l'organisation.

Personnalité distincte de celles des États, l'Union dispose désormais d'un budget autonome et de son propre patrimoine. Elle devient sujet de droit et peut **assumer des droits et des obligations** dans l'ordre juridique interne des États membres, l'ordre juridique international et de l'Union elle-même.

L'article 335 du TFUE stipule ainsi que dans chaque État membre, **l'Union possède la capacité juridique la plus large reconnue** aux personnes morales par la législation nationale. Elle peut, en particulier acquérir ou aliéner des biens immobiliers et mobiliers et ester en justice. La représentation générale de l'organisation est assurée par la Commission, sauf en ce qui concerne le fonctionnement des institutions, en quel cas, l'Union sera représentée par chacune des institutions concernée au cas par cas.

Cependant, les institutions financières de l'Union, **la BCE et la BEI bénéficient d'une personnalité juridique propre**, fondement de leur indépendance. Le traité de Lisbonne ne fait que reprendre le dispositif qui consacre ces deux personnalités juridiques dans le traité instituant la CE. Il en était de même pour l'Institut monétaire européen, prédécesseur de la BCE, institué par le traité de Maastricht.

## 2. Une personnalité juridique attribuée

Bien que large, la personnalité juridique de l'Union, organisation internationale créée par la volonté des États, reste attribuée. **Il appartient donc toujours aux États membres d'en déterminer la portée exacte**. Consécutivement, la capacité qu'elle comprend reste fonctionnelle et limitée aux domaines de compétence de l'organisation, tels qu'établis par les traités.

C'est ce que confirme la déclaration n° 32 au traité de Lisbonne, précisant que **l'attribution de la personnalité juridique n'autorise en aucun cas l'Union à légiférer ou agir au-delà des compétences que les États membres lui ont attribuées** dans les traités. Cela, sous la seule réserve d'une extension possible des compétences, légale d'une part, jurisprudentielle de l'autre, respectivement au titre de la clause de flexibilité et des compétences implicites.

# Fiche 12 L'appartenance à l'Union européenne

En raison des solidarités partagées, fondées sur le patrimoine commun des États membres, le processus d'intégration communautaire aboutit à la mise en place d'**une entité originale *sui generis***, qui cumule les caractéristiques d'un État fédéral, d'une organisation internationale et d'une communauté supranationale. L'adhésion à l'Union européenne fait ainsi l'objet d'une procédure formelle et contraignante, faisant intervenir à la fois les Institutions et les États membres et dont l'aboutissement dépend du respect d'une série de conditions, politiques, économiques et légales. L'élargissement à l'Est, toujours en cours, permet leur définition et leur application avec le plus de rigueur.

**Le régime juridique de l'appartenance à l'Union reste largement dérogatoire** par rapport aux règles de droit commun qui régissent l'appartenance étatique à une organisation internationale. Sa définition pose deux questions principales. La première porte ainsi sur le caractère définitif (I -) et la seconde, sur la différenciation (II -) de l'appartenance des États membres à l'Union.

## I - LE CARACTÈRE DÉFINITIF DE L'APPARTENANCE À L'UNION ?

Avant le traité de Lisbonne, **un seul acte d'adhésion** permettait à un État candidat d'accéder à la fois aux Communautés et à l'Union. De manière identique, avant le traité de Maastricht, l'adhésion était commune aux trois Communautés.

La procédure elle-même sera pour la première fois consacrée formellement par le traité de Maastricht. Les traités restent en revanche muets sur **la possibilité pour un État de quitter les Communautés et l'Union**. Ce silence est à l'origine d'une importante controverse doctrinale (A). Ce n'est que le traité de Lisbonne qui consacre explicitement, à la suite du traité constitutionnel, la clause de retrait volontaire (B).

### A - La controverse doctrinale

Elle voit se confronter **deux thèses**. La première défend le caractère irréversible de l'appartenance étatique aux Communautés et à l'Union (1.) Selon la deuxième, le pouvoir discrétionnaire d'un État de décider de quitter les Communautés et l'Union reste intact (2). Dans les deux cas, la question est posée en termes de partage et de respect de la souveraineté nationale.

## 1. Le caractère définitif de l'appartenance étatique aux Communautés/Union européennes

Les arrêts fondateurs Van Gend en Loos du 5 février 1963 et Costa contre ENEL du 15 juillet 1964 permettent à la CJCE d'affirmer que la CEE constitue un nouvel ordre juridique autonome, au profit duquel les États avaient limité de manière définitive, bien que dans des domaines restreints, leurs droits souverains et dont les sujets sont non seulement les États, mais aussi leurs ressortissants. **La souveraineté fonctionnelle** conférée à la CEE sera transmise à la CE, puis avec le traité de Lisbonne à l'UE.

En outre et contrairement au traité CECA, le traité CEE est conclu à l'époque pour une **durée indéterminée**. C'est ce que rappelle en dernier lieu l'article 53 du TUE, tel que modifié par le traité de Lisbonne.

En se fondant sur ces deux consécrations, jurisprudentielle et légale, certains auteurs concluent au **caractère définitif de l'appartenance étatique** aux Communautés/Union. Ce caractère définitif exclut toute dénonciation unilatérale des traités. Mais celle-ci semble également improbable, compte tenu de ses conséquences sur le plan politique, économique et social. Difficiles à assumer pour un État, un retrait aurait aussi des implications graves pour l'Union.

## 2. Le pouvoir discrétionnaire d'un État de quitter les Communautés/l'Union européennes

Pour d'autres auteurs en revanche, l'on peut certes conclure à la lecture des traités à l'interdiction implicite du retrait. Mais de fait, la souveraineté étatique reste intacte, incarnée dans **le pouvoir discrétionnaire de toute État membre de se retirer** de l'organisation, conformément au droit international. Indépendamment du degré de son avancement, le processus d'intégration ne saurait donc s'y opposer.

Ces auteurs citent à l'appui de leur thèse **le cas du Groenland**, constituant l'unique exemple de cessation de l'application des traités sur un territoire donné. Mais, Groenland n'a jamais constitué un État au sens du droit international.

À l'époque du premier élargissement au Nord, le Groenland fait partie intégrante du Danemark. Il « adhère » par conséquent aux Communautés en même temps que ce dernier le 1er janvier 1973. Pourtant, à la suite de l'acquisition de son autonomie en 1979, le Groenland demande à se retirer de l'organisation. Le Danemark négocie alors avec les États membres les conditions et les modalités de ce retrait. **En 1985, les traités cessent de s'y appliquer**.

D'ailleurs, lors du référendum organisé au Danemark en 1972 et ayant approuvé à 63 % l'adhésion, la population du Groenland s'est exprimé quant à elle à 70 % contre cette dernière.

## B - La consécration de la clause de retrait volontaire

Désormais explicite (2.), cette consécration devient nécessaire dans le contexte de la constitutionnalisation de l'Union (1.).

### 1. Une consécration nécessaire

La revendication concernant l'insertion du droit au retrait dans les traités est ancienne. Elle se renforce avec la création de l'Union et le passage à l'intégration politique. La consolidation actuelle de l'aspect constitutionnel de l'Union, avec une forte portée symbolique, repose de nouveau, ne serait-ce qu'implicitement, **la question récurrente d'une fédération européenne**. En contrepartie, elle requiert la reconnaissance de ce qui pourrait être qualifié par analogie de droit à l'autodétermination au profit des entités fédérées constitutives de l'Union unique et exclusive.

La clause de retrait volontaire peut être également présentée comme **une contrepartie indirecte** à la consécration déjà par le traité d'Amsterdam du pouvoir de l'organisation de sanctionner un État membre en cas de violation grave et persistante des principes fondamentaux de l'Union (article 7 du TUE).

Enfin, sans doute il fallait mieux prévoir un cadre légal pour le retrait volontaire, afin que celui-ci résulte d'un **processus négocié**, que laisser cette question fondamentale pour l'avenir de l'Union elle-même entièrement à l'appréciation politique discrétionnaire de l'État désireux de quitter l'organisation.

### 2. Une consécration explicite

C'est donc à la suite du traité constitutionnel que le traité de Lisbonne pose explicitement, à l'article 50 du TUE, **le principe de retrait volontaire**. La décision relève toujours de la compétence discrétionnaire de l'État membre concerné, prise en conformité avec ses propres règles constitutionnelles.

Cependant, le retrait doit faire l'objet d'un **accord formel** entre l'Union et l'État concerné, fixant l'ensemble des conditions et modalités du retrait, mais aussi définissant leurs relations futures. L'objectif reste celui d'un compromis permettant de sauvegarder au maximum les intérêts des deux parties, en réduisant au minimum les perturbations, causées à la fois à l'Union et à l'État qui se retire. Du côté de l'Union, la procédure commune, applicable en matière de conclusion des accords internationaux (article 218 TFUE), s'applique également en l'espèce. L'accord est négocié sur la base des orientations générales fixées par le Conseil européen et c'est au Conseil qu'il appartient en définitive de conclure l'accord de retrait, statuant à la majorité qualifiée, après approbation du Parlement.

L'entrée en vigueur de l'accord met **fin à l'application des traités à l'État concerné**. À défaut, le retrait devient définitif deux ans après la notification à l'Union de la demande de retrait. Le traité prévoit cependant la possibilité pour le Conseil européen de proroger ce délai, en accord avec l'État concerné.

## II - UNE APPARTENANCE DIFFÉRENCIÉE

Dès le premier élargissement au Nord sera formulée l'exigence relative à l'adoption intégrale de l'acquis communautaire, afin que tout nouvel État membre participe pleinement à la construction communautaire, au même titre que les anciens États membres. Partant, le processus d'intégration devait s'appuyer sur l'absence de différenciation entre les États membres.

À la fois l'élargissement et l'approfondissement mettent progressivement en cause cette absence. Les différenciations de l'appartenance étatique vont se multiplier, jusqu'à poser la question de savoir si elles ne pourraient déboucher sur une Union à géométrie variable ou à plusieurs vitesses, voire à la carte. Ces hypothèses tablent sur une différenciation entre les États membres. Certaines prévoient en particulier la constitution d'un noyau dur, composé des seuls États fondateurs. Elles s'appuient sur la différenciation de l'intégration déjà présente dans certains domaines, tels que les accords Schengen et la zone euro.

Les traités et la pratique de l'Union permettent de distinguer entre deux principaux types de différenciation. La première, négative, englobe des situations où l'intégration est retardée en raison soit de l'incapacité, soit de l'absence de volonté de certains États d'y participer pleinement (A). La seconde, positive, comprend au contraire des situations où l'intégration peut être davantage renforcée dans certains domaines et par certains États membres seulement (B).

### A - La différenciation négative

En effet, l'Union sera rapidement confrontée, d'une part, à la nécessité de prévoir, au profit de nouveaux États membres, des périodes transitoires, dans la mesure où ces derniers ne peuvent pas, dès leur adhésion, appliquer l'intégralité de l'acquis communautaire (1.). D'autre part, la clause *opting out* sera introduite pour permettre à des États qui ne le veulent pas, de ne pas participer à certaines politiques ou actions de l'Union (2.).

## 1. Les périodes transitoires

Cette première catégorie de dérogations a pour but de protéger l'économie des États concernés, afin qu'elle ne subisse, à la suite de l'adhésion, des perturbations trop importantes et pour que de nouveaux adhérents puissent rattraper progressivement leur retard de développement économique par rapport à la moyenne de l'Union. Le principe de l'adoption intégrale de l'acquis n'est pas formellement remis en cause. Il s'impose toujours et ce n'est que le rythme de son adoption qui est aménagé.

**Les premières périodes transitoires** sont mises en place à l'occasion de l'élargissement vers le Sud, comprenant l'Espagne, le Portugal et la Grèce, de niveau économique bien inférieur à la moyenne communautaire. Pour certains secteurs, elles s'étendent jusqu'à 10 ans.

L'acceptation des dérogations limitées dans le temps sera systématisée pour **les pays de l'Europe de l'Est**, nonobstant les périodes de préadhésion relativement longues. Il s'agit de fait de prolonger les mesures d'adaptation à l'Union prises durant ces dernières. En contrepartie, les traités d'adhésion vont aussi prévoir des clauses de sauvegarde en faveur des anciens États membres. Par exemple dans le domaine de la libre circulation des personnes, il s'agit de permettre à ces derniers de ne pas ouvrir pleinement leur marché du travail à des ressortissants des nouveaux États membres, pendant des périodes pouvant aller jusqu'à 9 ans. Le choix est cependant laissé aux États d'ouvrir, de ne pas ouvrir ou encore d'ouvrir partiellement leur marché de travail. La France décide plus particulièrement, dès l'adhésion de la Bulgarie et la Roumanie, de n'ouvrir que 64 emplois peu qualifiés aux ressortissants de ces deux pays dans des secteurs à forte densité de main d'œuvre, tels que le bâtiment, la restauration, l'hôtellerie, où la France manque toujours de main d'œuvre.

**Le système de monnaie unique et l'espace Schengen**, dont les pays de l'Europe de l'Est ne peuvent pas non plus faire partie dès leur adhésion, constitue un exemple à part. En effet, l'adhésion des nouveaux États membres à ces deux espaces ne peut pas se faire automatiquement à l'issue d'un certain délai, mais dépend de la satisfaction de plusieurs critères d'éligibilité.

## 2. La clause *opting out*

La culture du compromis est présente dès l'origine de la construction communautaire. Cependant, le traité de Maastricht est le premier à consacrer explicitement, au niveau de ses protocoles additionnels, des **dérogations au profit de certains États membres**. Ces dérogations s'imposent dans le contexte du passage à l'Union politique et de la consécration de l'Union économique et monétaire. Le régime dérogatoire sera ainsi institué dans le domaine social et de l'UEM au profit du Royaume Uni et dans le domaine social et la PDSC au profit du Danemark.

Les dérogations seront **régulièrement réitérées par la suite**. Sans doute les plus connues sont celles concernant l'acquis Schengen et la zone euro. Les États membres qui ne veulent pas, rejoignent en l'espèce ceux qui ne peuvent pas y participer. Enfin, dans le traité de Lisbonne, la *clause opting* la plus connue sera obtenue par le Royaume Uni, la Pologne et la République tchèque, permettant une application modulée de la Charte des droits fondamentaux de l'Union.

Les dérogations apparaissent **nécessaires pour ne pas compromettre l'entrée en vigueur des traités** de révision, soumis à l'exigence de ratification unanime par l'ensemble des États membres. Parfois des dérogations supplémentaires seront consacrées à la suite du rejet d'un traité par référendum (Danemark, Irlande). En l'espèce, elles permettent aux États membres concernés de faire revoter par référendum le texte. Mais la multiplication des clauses *opting out* laisse craindre pour l'intégrité des traités.

## B - La différenciation positive

Elle sera introduite par le biais des coopérations renforcées. Le dispositif sera inscrit pour la première fois dans le traité d'Amsterdam pour faciliter certaines coopérations dans le cadre des Communautés et de l'Union et à travers leurs institutions. Leur base juridique sera ensuite élargie et simplifiée par le traité de Nice. N'ayant jamais servi jusqu'alors, le mécanisme des coopérations renforcées sera repris avec certaines modifications par le traité de Lisbonne (article 20 du TUE, articles 326 à 334 du TFUE). Ce dernier unifie les dispositifs antérieurs. Il précise et complète à la fois leur définition (1.) et la procédure applicable (2.).

### 1. La définition

Il s'agit d'un mécanisme, permettant la mise en œuvre d'**intégrations plus poussées et ciblées** sur tel ou autre secteur, politique ou action donnés. Au moins neuf États membres doivent y participer. Ils peuvent ainsi progresser selon des rythmes accélérés ou dans la réalisation des objectifs plus ambitieux. Cependant, les coopérations renforcées ne sauraient être engagées qu'en dernier ressort, lorsqu'il a été établi au sein du Conseil, que les objectifs poursuivis ne peuvent être atteints dans le cadre du droit commun, dans un délai raisonnable.

Quelques **principes communs** régissent les coopérations renforcées. Ainsi est-il de leur ouverture permanente à tout État membre qui souhaiterait y participer. Par ailleurs, la Commission, mais aussi les États membres participant à une coopération renforcée veillent à promouvoir la participation du plus grand nombre possible d'États membres.

Les autres principes renvoient à la non-discrimination entre les États participants et non-participants, ainsi qu'à la contribution que les premiers doivent apporter, de manière générale, à la réalisation des objectifs des traités, dans le respect de l'ensemble de l'acquis de l'Union. Les coopérations renforcées ne peuvent pas être développées dans un domaine qui relève de la compétence exclusive de l'Union, ni étendre ses compétences. Ils ne peuvent pas non plus porter atteinte au marché intérieur, ni à la cohésion économique, sociale et territoriale et, à ce titre, ne sauraient constituer ni une entrave, ni une discrimination aux échanges, ni provoquer des distorsions de concurrence.

Logiquement, **les actes adoptés dans le cadre d'une coopération renforcée ne lient que les États participants**. Ils ne sont pas non plus considérés comme un acquis à accepter par les États candidats à l'adhésion.

## 2. La procédure

Elle attribue **un rôle clé aux institutions**. Sauf dans le domaine de la PESC, les États qui souhaitent instaurer une coopération renforcée adressent une demande en ce sens à la Commission. Celle-ci peut alors saisir le Conseil d'une proposition. À défaut, elle doit communiquer les raisons de son refus aux États membres concernés. L'autorisation de procéder à une coopération renforcée est accordée par le Conseil à l'unanimité, après approbation du Parlement.

C'est toujours **le Conseil** qui instaure la coopération renforcée dans le domaine de la PESC. Cependant, ici il est saisi directement par les États concernés. Le Conseil décide après avis de la Commission et du Haut représentant pour les affaires étrangères et la politique de sécurité. La demande d'instaurer une coopération renforcée est également transmise au Parlement pour information.

Si dans le cadre d'une coopération renforcée, tous les membres du Conseil peuvent participer aux délibérations, seuls les représentants des États engagés dans cette coopération renforcée prennent part au vote.

**Lorsqu'un État membre souhaite rejoindre une coopération renforcée** déjà engagée, il notifie son intention au Conseil et à la Commission. La Commission prend sa décision dans un délai de 4 mois. Soit elle confirme la participation de l'État concerné à la coopération renforcée, après avoir constaté qu'il remplit les conditions à cet égard et établit des mesures transitoires lui permettant d'adopter l'acquis en la matière, soit elle indique les mesures à prendre pour remplir ces conditions et fixe un délai pour réexaminer la demande. L'adhésion postérieure d'un État membre à une coopération renforcée dans le domaine de la PESC fait intervenir le Haut représentant pour les affaires étrangères et la politique de sécurité.

**Les dépenses relatives à la mise en œuvre d'une coopération renforcée**, autres que les coûts administratifs occasionnés pour les institutions, restent à la charge des États participants, à moins que le Conseil, statuant à l'unanimité, après consultation du Parlement, ne décide autrement. En la matière, le Conseil peut décider à l'unanimité, de statuer désormais à la majorité qualifiée. Il peut aussi décider, selon la procédure législative spéciale, de recourir dorénavant à la procédure législative ordinaire. Ces possibilités toutefois ne sont pas applicables aux décisions ayant des implications militaires ou dans le domaine de la défense.

Fiche 13

# Les principes régissant les compétences de l'Union européenne

La théorie des compétences fournit l'une des meilleures preuves de l'originalité de l'ordre juridique, d'abord communautaire et, depuis l'entrée en vigueur du traité de Lisbonne, de l'Union européenne unique et exclusive. Elle illustre **la conjonction entre l'international et le communautaire, voire le fédéral**. Sans en modifier la substance, le traité de Lisbonne permet de clarifier et de préciser les principes régissant à la fois la délimitation des compétences de l'Union (I) et leur exercice (II).

## I - LA DÉLIMITATION DES COMPÉTENCES

La compétence étatique reste générale et de règle, celle de l'Union spécialisée et d'exception. Partant, les compétences de l'Union sont délimitées par des principes interdépendants, d'attribution et de spécialité (A). L'attribution des compétences connaît cependant certaines dérogations (B).

### A - Les principes d'attribution et de spécialité

#### 1. Le principe d'attribution

L'absence de la compétence des compétences caractérise toute organisation internationale, en tant que sujet dérivé du droit international, constitué par la volonté des États, en expression des solidarités particulières qui les unissent et afin de réaliser leurs intérêts communs. En conséquence, aux termes de l'article 5 du TUE, **l'Union n'agit que dans les limites des compétences que les États membres lui ont transférées**. L'article 13 ajoute que les institutions n'exercent que dans les limites des attributions qui leur sont conférées et selon les procédures et conditions prévues par les traités. Seul donc le pouvoir constituant appartenant aux États est en mesure de définir des nouvelles compétences de l'Union ou élargir des compétences déjà existantes.

Conformément à l'arrêt fondateur Costa contre ENEL du 15 juillet 1964 de la CJCE, une fois effectuée, l'attribution d'une compétence conduit au transfert définitif et à la limitation des droits souverains. Or, à la suite du traité constitutionnel, le traité de

Lisbonne remet formellement en cause cette jurisprudence. Il prévoit en effet pour la première fois explicitement **un possible retour à la compétence nationale** dans le cadre d'une révision des traités (article 48). Et, une déclaration jointe au traité, n° 18, mentionne la possibilité pour le Conseil de demander à la Commission de soumettre une proposition d'abrogation d'un acte législatif, notamment pour mieux garantir le respect des principes de subsidiarité et de proportionnalité.

Le traité de Lisbonne impose en outre à l'Union **l'obligation de respecter, dans l'exercice de ses compétences, l'identité nationale** inhérente aux structures fondamentales politiques et constitutionnelles des États membres. Cette obligation fut d'ailleurs déjà consacrée par la CJUE, en particulier dans l'arrêt Omega du 14 octobre 2004. Dans cet arrêt, la Cour fait céder la liberté de circulation des services au sein de l'Union devant la protection constitutionnelle de la dignité humaine, en se fondant certes sur les exceptions légales prévues par le traité lui-même à cet effet.

### 2. Le principe de spécialité

L'article 5 précité du TUE ajoute que **l'Union n'agit que pour atteindre les objectifs établis par les traités**. Dans le même esprit, l'article 13 rappelle que les institutions n'exercent leurs compétences que pour atteindre les fins prévues par ces derniers.

Conformément au principe de spécialité, **les compétences de l'Union se définissent comme fonctionnelles**, car attribuées non pas au niveau des domaines d'intervention, mais au regard des objectifs prévus par les traités. Partant, jusqu'au traité de Lisbonne, les traités consacraient les actions à mener pour atteindre ces objectifs. Et, pour constater exactement la nature et l'étendue précises des compétences de la Communauté et de l'Union, il fallait rechercher dans les dispositions substantielles la définition des pouvoirs impartis, de l'institution bénéficiaire, des formes et des conditions d'exercice des ces compétences.

Désormais, le traité de Lisbonne consacre **des listes de compétences de l'Union**. Ces listes sont toutefois présentes non pas dans le premier, mais dans le deuxième traité, celui sur le fonctionnement de l'Union. La seule exception constituent la PESC avec la PSDC, inscrites quant à elles dans le TUE.

## B - Les dérogations possibles à l'attribution des compétences

Elles permettent **l'élargissement des compétences de l'Union par simple décision des institutions**, sans recourir à la révision des traités. Le traité de Lisbonne précise d'ailleurs qu'il en va de même des coopérations renforcées dans les seuls domaines des compétences non-exclusives. Ces dérogations sont, d'une part légales, consacrées par le traité lui-même (1.) et, d'autre part juridictionnelles, issues de la pratique de la CJUE (2.).

## 1. Les dérogations légales

Le traité de Lisbonne reprend, d'abord à l'article 352 du TFUE, les compétences subsidiaires présentes encore dans le traité CEE, rebaptisées **clause de flexibilité**. Conformément à celle-ci, si une action de l'Union apparaît nécessaire, dans le cadre des politiques définies par les traités et pour atteindre l'un des objectifs visés par les traités, sans que ceux-ci aient accordé aux institutions des pouvoirs d'action à cet effet, le Conseil, statuant à l'unanimité sur proposition de la Commission et après approbation du Parlement, adopte les dispositions appropriées.

Ce dispositif ne peut s'appliquer ni aux mesures d'harmonisation non prévues par les traités, ni à la PESC. En revanche, des dispositions spécifiques prévoient le recours à la clause de flexibilité en matière de la libre circulation des personnes, dans le cadre des droits fondamentaux des citoyens de l'UE, ainsi qu'en matière de la politique commune relative aux contrôles aux frontières, l'asile et l'immigration.

La clause de flexibilité permet de **ramener la compétence fonctionnelle des institutions aux dimensions de leur compétence matérielle**. Elle connaît une application large surtout dans les années 1970, bien qu'à l'époque sa mise en œuvre ne puisse avoir lieu qu'en rapport avec le fonctionnement du marché commun. Elle joue alors un rôle majeur dans le processus d'intégration, incluant notamment la création du FEDER ou du Fond de coopération monétaire, le développement des politiques communautaires de recherche, de protection de l'environnement ou de protection des consommateurs. Ces réalisations seront ensuite reprises par l'AUE. La principale limite au recours à la clause de flexibilité constitue à l'époque la vocation socio-économique de la Communauté. Elle ne permet pas, en particulier et comme le rappelle la CJUE dans son avis consultatif du 28 mars 1996, le recours aux compétences subsidiaires pour l'adhésion de la Communauté à la Convention EDH.

Encore, le traité de Lisbonne consacre-t-il, parallèlement à la procédure de révision traditionnelle, dite ordinaire, deux **procédures de révision simplifiée**. La première, dépendante du Conseil européen, peut conduire à la révision des dispositions relatives aux politiques et aux actions internes de l'Union. Elle fait toutefois intervenir les États membres, devant approuver la révision. La seconde en revanche, qualifiée de clause passerelle, reste de nature purement interne. Elle permet au Conseil, sur décision du Conseil européen, de statuer dans le domaine du TFUE ou encore en matière de la

PESC et à l'exclusion de la PSDC, à la majorité qualifiée à la place de l'unanimité ou encore de recourir à la procédure législative ordinaire à la place de la procédure législative spéciale.

Les Parlements nationaux disposent d'un **droit d'information** en cas de mise en œuvre des dérogations légales au principe d'attribution. De plus, en ce qui concerne la clause passerelle, ils disposant d'un **pouvoir d'opposition**.

### 2. Les dérogations juridictionnelles

Ces dérogations sont introduites conformément à **la théorie des compétences implicites**, reprise par la Cour de justice. Cette théorie applique le principe de l'effet utile, consacré par les juridictions internationales. Celles-ci reconnaissent ainsi à toute organisation internationale des pouvoirs non expressément attribués par son acte constitutif, mais indispensables à un exercice plus complet des missions nécessaires à la réalisation de ses buts.

Au niveau communautaire, la CJUE consacre la théorie des compétences implicites encore dans l'arrêt AETR Commission c/Conseil du 31 mars 1971. En l'espèce, elle affirme que **la compétence communautaire de prendre des engagements internationaux peut non seulement résulter d'une disposition explicite du traité, mais également en découler de manière implicite**. Ainsi, ajoute-t-elle à la compétence interne de la CEE de gérer le transport routier sur le territoire communautaire, également la compétence externe de conclure des accords internationaux dans ce domaine. La création de certains comités de gestion et de réglementation, dans le but d'encadrer le pouvoir d'exécution délégué à la Commission ou encore l'adoption des actes communautaires hors-nomenclature, apportent des exemples d'application des pouvoirs implicites.

## II - L'EXERCICE DES COMPÉTENCES

Trois principes sont concernés, le principe de subsidiarité (A) et de proportionnalité (B), interprétés essentiellement dans le sens d'une limitation des interventions de l'Union, ainsi que **le principe de coopération loyale**. Ce dernier sera d'abord consacré par la jurisprudence, avant d'être repris par les traités. Le TUE affirme ainsi que le principe de coopération loyale est à double sens et s'applique au comportement à la fois des États membres et des institutions, y compris dans leurs relations réciproques (articles 4 et 13). Mais, c'est avant tout les États membres, qu'il oblige tant de remplir de bonne foi leurs obligations directes, que de ne pas s'opposer à l'exercice par l'Union de ses pouvoirs. Enfin, il sollicite la contribution étatique à la réalisation future des buts de l'organisation et à ce que, dans les domaines dans lesquels elle n'est pas encore intervenue ou n'est pas encore intervenue pleinement, l'Union puisse se saisir effectivement de sa propre compétence.

## A - Le principe de subsidiarité

Principe général de répartition verticale des pouvoirs, que connaissent bien les États fédéraux, le principe de subsidiarité pénètre aussi en droit de l'Union. Les traités eux-mêmes définissent le principe (1.) et précisent sa portée (2.)

### 1. La définition du principe

Défini formellement par le traité de Maastricht en contrepartie à l'extension des compétences communautaires, le principe de subsidiarité est le plus souvent présenté comme **un nouveau mécanisme général de régulation des compétences**. Il connaît des consécrations antérieures, jugées ponctuelles, dans le traité CECA et l'AUE, dans ce dernier cas sans être nommé et dans le seul domaine de la protection de l'environnement. C'est ce qui confirme en particulier le TPI en 1995, rappelant que la subsidiarité ne constituait pas, avant l'entrée en vigueur du traité sur l'Union, un principe général de droit, au regard duquel la légalité des actes communautaires aurait dû être contrôlée.

À l'heure actuelle, le principe est défini à l'article 5 du traité UE et dans le protocole 2 relatif aux principes de subsidiarité et de proportionnalité. Selon la définition apportée, **l'Union n'agit que et dans la mesure où un objectif peut être mieux réalisé au niveau communautaire qu'au niveau des États membres**. Cependant, le recours au principe de subsidiarité est appelé non seulement à justifier l'action de l'Union, menée à la place des États membres, mais aussi permettre à ses derniers de préserver leurs compétences dans des domaines qui ne peuvent être mieux régis par l'Union. Enfin, l'insertion du principe dans le traité devait contribuer à répondre aux critiques concernant le déficit démocratique. En effet, il demande à ce que les décisions au niveau de l'Union soient prises à un niveau aussi proche que possible du citoyen.

### 2. La portée du principe

Aux termes de l'article 5 du TUE, l'intervention de celle-ci sur le fondement du principe de subsidiarité suppose **la réunion de deux conditions** : les objectifs de l'action envisagée ne peuvent pas être atteints d'une manière satisfaisante au niveau des États membres et, par conséquent, l'action peut être mieux réalisée, en raison de ses dimensions ou de ses effets, par une intervention de l'Union. Encore, le principe s'applique aux seuls domaines des compétences partagés entre l'Union et les États, à l'exception à la fois des compétences exclusives de l'Union et des compétences réservées des États. Toutefois, la ligne de partage n'est pas immuable et peut faire l'objet d'une évolution certaine.

**L'ensemble des institutions de l'Union est destinataire du principe.** Mais il intéresse tout particulièrement les institutions du triangle décisionnel, le Conseil, le Parlement et la Commission. La Cour doit aussi le respecter dans l'exercice de sa fonction de dire le droit. Outre le respect du principe lui-même, les décisions des institutions doivent aussi satisfaire à l'obligation de motivation au regard du principe.

L'application du principe est soumise à **un contrôle à la fois juridictionnel et – depuis le traité de Lisbonne – politique.** Le contrôle politique renvoie **au nouveau rôle attribué aux Parlement nationaux** de contrôler le respect de la subsidiarité dans l'action des institutions et le cas échéant saisir la CJUE, par l'intermédiaire de leurs États en cas de sa violation.

## B - Le principe de proportionnalité

Consacré parallèlement au principe de subsidiarité (1.), il a pourtant une portée plus large que ce dernier (2.).

### 1. La consécration du principe

Conformément au principe, **l'action de l'Union n'excède pas ce qui est nécessaire pour atteindre les objectifs des traités**. Le principe constitue une sorte de critère d'efficacité de l'intervention de l'Union. Il devrait cependant régir non seulement les relations entre cette dernière et les États membres, mais aussi les interventions de l'Union en direction des particuliers.

### 2. La portée du principe

Le champ d'application du principe de proportionnalité reste donc plus étendu que celui de la subsidiarité. **Il s'applique en effet également au domaine des compétences exclusives de l'Union**.

Le principe de proportionnalité demande à cette dernière de recourir à **la mesure la moins contraignante**. Ainsi, lorsqu'elle a le choix entre différents modes d'action, l'Union doit choisir celle qui laisse le plus de liberté aux États, aux opérateurs économiques et aux individus. Plus particulièrement, cela requiert l'adoption par l'Union de la mesure législative la moins contraignante, telle que les directives-cadre au lieu des directives détaillées et les directives au lieu des règlements.

Fiche 14

# Les catégories des compétences de l'Union européenne

**La clarification des compétences de l'Union européenne** figure parmi les éléments essentiels et les plus symboliques de la réforme opérée par le feu traité constitutionnel, repris par le traité de Lisbonne. Toutefois, bien qu'il s'agisse d'une question constitutionnelle, la définition de ses différents domaines d'intervention fait l'objet non pas du traité sur l'Union, mais du traité sur le fonctionnement de l'Union. La seule exception notoire constitue la PESC, y compris la PSDC, dont l'insertion dans le TUE atteste bien de l'importance accordée à ce domaine par l'Union et ses États membres.

La présentation des différents domaines d'intervention de l'Union permet de constater la conjonction spécifique entre l'intergouvernemental et le communautaire, voire le fédéral. En témoigne d'abord la nature des compétences exercées (I), ensuite la répartition entre les compétences de l'Union et celles des États membres (II).

## I - LA NATURE DES COMPÉTENCES

Deux principales classifications interdépendantes permettent d'aborder la question. La première distingue entre les compétences de contrôle et d'action (A), la seconde entre les compétences de type international et supranational (B).

### A - Les compétences de contrôle et d'action

Cette distinction reste traditionnelle pour une organisation internationale. Cependant, dans la mesure où à la fois les compétences de contrôle (1.) et d'action (2.) s'exercent dans un cadre supranational, elles comportent des éléments qui se caractérisent par leur degré de contrainte exceptionnel.

#### 1. Les compétences de contrôle

L'Union se voit attribuer **une compétence générale pour veiller au respect par les États membres des obligations**, auxquelles ils souscrivent dans le cadre des traités. Cette compétence est fondée sur le principe de coopération loyale, consacré à l'article 4 du TUE. Mais, en sa qualité d'organisation supranationale, la compétence de contrôle de l'Union s'exerce aussi en direction des particuliers, opérateurs économiques, voire individus sans passer nécessairement par l'échelon étatique.

L'exercice des compétences de contrôle est naturellement confié à **la Commission**, en tant qu'institution qui incarne l'intérêt propre de l'Union, indépendante des États, mais qui n'est pas en même temps détentrice du pouvoir décisionnel. C'est ce que l'article 17 du TUE affirme, stipulant que la Commission veille à l'application des traités, ainsi que des mesures adoptées par les institutions en vertu de ceux-ci.

Le pouvoir de contrôle de la Commission comprend **la prévention des infractions au droit de l'Union ; la poursuite des infractions et enfin l'encadrement des clauses de sauvegarde**, mises en œuvre par les États. C'est ainsi que chaque fois que les traités créent des obligations à la charge des États, en parallèle des moyens de contrôle sont attribués à la Commission. Logiquement, la Commission exerce sa mission de gardienne des traités sous le contrôle de la CJUE. C'est aussi devant cette dernière qu'elle peut, en particulier et au titre de la poursuite des infractions, déclencher une procédure en manquement contre le ou les États concernés.

## 2. Les compétences d'action

Les traités habilitent d'une manière générale l'Union à prendre **toute mesure nécessaire à la réalisation de ses buts**, consacrés conformément aux principes d'attribution et de spécialité. Les buts sont formulés en termes généraux à l'article 3 du TUE, comprenant la promotion de la paix, des valeurs de l'Union et le bien-être de ses peuples ; la réalisation de l'espace de liberté, sécurité et justice ; l'établissement du marché intérieur, amendé cependant de différents engagements en matière de cohésion sociale, de lutte contre les discriminations et de respect de la diversité ; l'établissement de l'union économique et monétaire ; enfin l'affirmation et la promotion, dans son action extérieure, de ses valeurs et intérêts.

Antérieurement à l'entrée en vigueur du traité de Lisbonne, les traités définissaient les catégories d'actions à mener pour atteindre les buts précités. Et, c'est au niveau du dispositif substantiel, relatif aux différentes politiques et actions menées par les Communautés et l'Union qu'il s'agissait de voir la nature et l'étendue des attributions des institutions. Désormais, conformément à l'article 3 *in fine*, **l'Union poursuit ses objectifs par des moyens appropriés**, en fonction des compétences directement consacrées par les traités.

À rappeler néanmoins qu'en tant que communauté de droit, l'Union exerce **une action de nature essentiellement normative**. Autrement dit, l'organisation agit, sauf exception, en adoptant des règles juridiques. Mais l'action opérationnelle menée par l'Union elle-même connaît ces dernières années, et surtout à la suite de l'entrée en vigueur du traité de Lisbonne, un développement spectaculaire.

## B - Les compétences de type international et supranational

Cette deuxième classification permet surtout de souligner l'étendue de l'intervention de l'Union lorsqu'elle agit en tant qu'entité supranationale.

### 1. Les compétences de type international

Ce sont **les compétences d'information, consultation, coordination et contrôle**. Leur consécration dans les traités connaît une évolution certaine. En effet, le plus souvent l'intervention communautaire limitée à la simple coordination et/ou consultation à l'origine, peut se transformer en supranationale et contraignante.

Dans l'exercice de ses compétences de type international, l'Union s'adresse exclusivement aux États membres en tant que sujets du droit à la fois international et de l'Union elle-même. Leur principale caractéristique constitue **l'absence d'atteinte à la souveraineté étatique**. Toutefois, bien que les États préservent en l'espèce leurs libertés d'action et pouvoir décisionnel, l'exercice de la compétence étatique ne saurait aller à l'encontre des buts et des principes de l'Union. Un tel exemple fournit la politique commune dans le domaine de l'emploi, où l'intervention de l'organisation se limite pour l'essentiel à la définition des lignes directrices. L'exercice de la compétence nationale ne saurait cependant aller à l'encontre du principe de non-discrimination entre les citoyens de l'Union en raison de leur nationalité, sauf application des mesures de sauvegarde. Elle doit en outre tenir compte, parmi d'autres, de l'objectif général de l'organisation, visant à l'établissement du marché intérieur, en rapport parmi d'autres avec la promotion de la cohésion sociale.

### 2. Les compétences de type supranational

Très diverses et de plus en plus étendues, ces compétences se caractérisent à la fois par **le caractère contraignant que connaît leur exercice et le fait qu'elles s'adressent directement aux particuliers**, aussi bien opérateurs économiques que citoyens de l'Union. En instituant en leur chef des droits et obligations, sans passer par le niveau étatique, invocables de surcroît devant le juge interne, l'Union les transforme en sujets de son propre droit. C'est le cas des dispositions du droit de l'Union reconnues à effet direct.

Les compétences de type supranational constituent **la véritable originalité d'abord des Communautés et désormais de l'Union**. Elles peuvent être de nature législative, administrative et judicaire.

# II - LA RÉPARTITION DES COMPÉTENCES

Conformément à l'article 2 du TFUE, l'étendue et les modalités d'exercice des compétences de l'Union sont déterminées par les dispositions des traités relatives aux politiques ou actions communes. **Les compétences de l'Union restent l'exception, ceux des États la règle** et, toute compétence non-expressément attribuée à l'Union, reste du domaine des États.

Le processus d'intégration s'accompagne toutefois d'**un rétrécissement progressif du domaine réservé des États**. En effet les Communautés et l'Union se voient attribuer de nouvelles compétences par les traités de révision qui se succèdent. Cependant, si conformément à la jurisprudence de la CJUE jusqu'alors les transferts des compétences étatiques aux Communautés/Union étaient considérés comme irréversibles, désormais le traité de Lisbonne consacre le retour possible à la compétence nationale à la suite d'une révision des traités.

La liste des compétences établie à l'article 2 du TFUE, couvre l'ensemble des interventions de l'Union (A), à l'exception des compétences en rapport avec la PESC, y compris la PSDC, inscrites quant à elles dans le TUE (B).

## A - Les compétences consacrées dans le TFUE

D'après la classification établie, l'Union exerce des compétences exclusives (1.), partagées ou concurrentes (2.) et d'appui, de coordination et de complément (3.). L'économie et l'emploi restent en dehors de ces catégories (4.).

### 1. Les compétences exclusives

Il s'agit évidemment d'**une exclusivité attribuée et non pas originelle**. Le traité place dans cette catégorie les compétences exercées par l'Union dans le domaine de la politique commerciale commune, de la conservation des ressources biologiques de la mer, de l'union douanière, de la concurrence au sein du marché intérieur, de la politique monétaire pour les pays de la zone euro et enfin, de la conclusion des accords internationaux conformément à la théorie des compétences implicites (article 3 TFUE).

Bien avant cette consécration explicite, la Cour de justice avait déjà affirmé que certaines compétences communautaires étaient devenues exclusives à l'expiration du délai transitoire. En reprenant la définition jurisprudentielle, le traité stipule désormais que dans les domaines de compétence exclusive, **seule l'Union peut**

**légiférer**, en adoptant des actes juridiquement contraignants. Étant dessaisis de toute compétence, les États membres ne pourraient intervenir que s'ils sont habilités à cet effet, pour une durée déterminée et sous le contrôle de l'Union ou encore pour mettre en œuvre les actes adoptés par cette dernière. Cette règle reste valable, indépendamment du fait que l'Union ait déjà exercé ou pas ses compétences. Dans ce dernier cas, les États peuvent intenter un recours en carence contre l'institution concernée, pour avoir omis de prendre la mesure nécessaire.

## 2. Les compétences partagées ou concurrentes

Ces compétences s'exercent dans **la grande majorité des domaines d'intervention de l'Union**, y compris le marché intérieur ou la PAC. Le traité de Lisbonne intègre désormais parmi les domaines des compétences partagées également la recherche, le développement technologique et de l'espace, la coopération au développement et l'aide humanitaire. En l'espèce, l'Union peut mener des actions et inaugurer une politique commune, sans dessaisir les États membres de leur propre compétence.

Conformément à la jurisprudence, désormais reprise par le traité, dans ces domaines à la fois l'Union et les États peuvent légiférer et adopter des actes juridiquement contraignants. Cependant, **les États n'exercent leur compétence aussi longtemps que et dans la mesure où l'Union n'est pas encore intervenue dans le domaine en question**. Pour éviter le danger de vide juridique, seul donc l'exercice effectif de la compétence de l'Union exclut progressivement la compétence nationale. Partant, différents cas d'espèce se présentent, en fonction du fait que l'Union n'a pas du tout exercé, a déjà partiellement exercé ou a exercé déjà en totalité sa compétence.

Enfin, le traité de Lisbonne rend désormais possible **le retour à la compétence nationale** dans les domaines des compétences partagées, lorsque l'Union décide de cesser d'exercer la sienne. Ce retour à la compétence nationale passe cependant par une révision des traités.

## 3. Les compétences d'appui, de coordination et de complément

Le TFUE établit également une liste de ces domaines, où **l'Union ne peut agir que pour appuyer, coordonner ou compléter l'action des États**, sans toutefois remplacer la compétence étatique. Le traité n'exclut pas la possibilité pour l'organisation de prendre des actes juridiquement contraignants en la matière, mais précise que de tels actes ne peuvent pas comporter d'harmonisation des dispositions législatives ou réglementaires nationales.

Sont concernés la culture, l'industrie, la santé humaine, le tourisme, l'éducation, la formation professionnelle, la jeunesse et le sport, la protection civile et enfin la coopération administrative. Les interventions de l'Union en l'espèce sont déterminées et limitées par **la finalité européenne des coopérations** dans les domaines concernés. Tel est l'exemple de la mise en œuvre des programmes de mobilité européenne dans l'enseignement supérieur ou encore du lancement du processus de Bologne incitant les États à uniformiser le cadre et les conditions générales des études supérieures. Encore, conformément à la jurisprudence constante, l'exercice de la compétence étatique ne peut pas diminuer l'effet utile du traité, ni compromettre sa finalité. Ainsi, sera-t-il interdit l'établissement des conditions d'accès discriminatoires dans le domaine de l'enseignement en raison de la nationalité à l'égard des ressortissants des autres États membres, car contraire à l'un des principes fondamentaux du droit de l'Union.

## 4. Les politiques économique et de l'emploi

Compte tenu de leur sensibilité particulière, ces deux politiques sont exclues des catégories des compétences précitées. Le traité précise seulement que **les États coordonnent leurs politiques en la matière**. L'Union ne se voit reconnaître qu'une compétence générale d'adopter respectivement les grandes orientations et les lignes directrices.

Le contexte de la crise économique et financière actuelle fait particulièrement ressortir **le décalage entre la compétence de l'Union dans le domaine de l'union économique, limitée, et de l'union monétaire**, exclusive en ce qui concerne la gestion de la zone euro. La nécessité de revoir ce dispositif devient de plus en plus flagrante.

Ainsi, certaines mesures d'encadrement des politiques budgétaires nationales ont-elles déjà été prises. En fait partie surtout le **Pacte de stabilité et de croissance de la zone euro**, adopté encore en 1997 par la CE, mais sensiblement renforcé fin 2011, avec des répercussions importantes en matière de politique économique. Au delà de ce Pacte, le **traité sur la stabilité, la coordination et la gouvernance au sein de l'UEM** (pacte budgétaire européen) se pose explicitement pour but de renforcer la convergence économique et la discipline budgétaire, cependant sur une base intergouvernementale au-delà de la zone euro. Signé le 2 mars 2012 par 25 des 27 États membres (à l'exception du Royaume-Uni et de la République tchèque), il doit entrer en vigueur après avoir réuni les ratifications de 12 États contractants, faisant partie de la zone euro et si possible le 1er janvier 2013.

## B - La compétence pour définir et mettre en œuvre une PESC et la PSCD

Ces deux politiques, inscrites désormais dans le TUE représentaient, avant l'entrée en vigueur du traité de Lisbonne, le deuxième pilier intergouvernemental de l'Union. L'intervention de l'Union dans ce domaine, traditionnellement réservé aux États, vise à permettre à l'organisation de devenir un acteur autonome et central sur la scène mondiale. Depuis le traité de Maastricht, à la fois la PESC (1.) et la PSCD (2.) connaissent des évolutions importantes, tout en sauvegardant leurs caractéristiques de base.

### 1. La PESC

La principale innovation ici consiste dans **le renforcement du cadre institutionnel**, suite à la création du nouveau poste du Haut représentant pour les affaires extérieures et la politique de sécurité, assisté par le service européen pour l'action extérieure, composé de fonctionnaires à la fois nationaux et de l'Union. Malgré ses objectifs ambitieux, fixés par le traité, la définition et la mise en œuvre de la PESC restent toujours dominées par l'approche intergouvernementale. La compétence de l'Union à cet égard comprend la définition des orientations générales par le Conseil européen, ainsi que l'adoption et la mise en œuvre des actions et positions communes par le Conseil européen et le Conseil. Elle exclut toute action législative. L'unanimité prévaut, sauf quelques exceptions, prévues au niveau du Conseil. Mais le traité prévoit en outre la possibilité d'abstention constructive de la part d'au maximum un tiers d'États membres, ne souhaitant pas participer à une action du domaine de la PESC et à condition que ces derniers représentent moins d'un tiers de la population de l'Union.

Parmi les objectifs de la PESC figure aussi **le renforcement constant de la coopération entre les États membres** pour la conduite de leurs propres politiques étrangères.

### 2. La PSDC

Défini comme **le volet opérationnel de la PESC**, elle a pour objectif général ambitieux la mise en œuvre, à terme, d'une défense commune. La PSDC intègre à ce titre des objectifs concrets pour lesquels l'Union peut, dors et déjà, mettre en œuvre des moyens civils et militaires. Surtout, elle permet le lancement des coopérations renforcées opérationnelles et permanentes entre les États remplissant un certain nombre de conditions posées par le traité et compte tenu de leurs capacités militaires. Une clause de solidarité engage enfin l'Union et les États membres à se prêter assistance par tout moyen en cas d'attaque terroriste ou de catastrophe naturelle et surtout agir de concert en cas d'attaque terroriste.

Sur le plan institutionnel, la PSDC comprend la mise en place d'**une Agence européenne de défense**.

# Fiche 15 Le Conseil européen

Au sommet de Fontainebleau de 1974, les chefs d'État et de gouvernement des États membres décident de se réunir trois fois par an, afin de traiter à la fois des affaires communautaires et de la coopération politique. Prenant la forme du Conseil européen, ces réunions introduisent déjà la coopération intergouvernementale dans la construction communautaire. Mais ce n'est que l'AUE qui intègre formellement la nouvelle institution, sans la transformer pour autant en institution communautaire. En vertu du traité de Maastricht, **le Conseil européen devient une institution de la nouvelle Union**. De nature éminemment politique, il peut être comparé au chef d'État collégial d'un État fédéral.

Le rôle et la place du Conseil européen seront renforcés par le traité de Lisbonne (article 15 TUE, articles 235 et 236 TFUE), à la suite du feu traité constitutionnel, en tant que, désormais, institution principale de l'Union unique et exclusive, représentant les chefs d'État et de gouvernement des États membres (I). Le renforcement touche en particulier ses attributions (II).

## I - LA NOUVELLE INSTITUTION PRINCIPALE DE L'UNION, REPRÉSENTANT LES CHEFS D'ÉTAT ET DE GOUVERNEMENT DES ÉTATS MEMBRES

Le traité de Lisbonne modifie la composition (A) et reprécise le fonctionnement du Conseil européen (B).

### A - Une composition modifiée

Le plus symbolique est le remplacement de l'ancienne présidence tournante, confiée au chef d'État ou de gouvernement de l'État membre qui assurait pendant six mois la présidence de l'Union, par un président permanent (1.). D'autres modifications dans la composition du Conseil européen ont été rendues nécessaires à la suite de la réforme des autres institutions de l'Union (2.).

#### 1. Le président permanent (article 15 § 6)

Il doit être **élu par le Conseil européen** lui-même à la majorité qualifiée pour un mandat de deux ans et demi, renouvelable une fois. Il ne peut occuper aucun poste national. Le premier président, en fonction depuis le 1er janvier 2010, est l'ancien premier ministre belge Herman Van Rompuy. Un concours de circonstances lui a permis de cumuler, pendant 6 mois, l'exercice de la présidence du Conseil européen avec celle de l'Union elle-même, assurée par la Belgique.

Le président prépare, préside et anime les travaux du Conseil européen. **Il œuvre à la recherche du consensus, de la cohésion et enfin assure la continuité de l'institution**. Il représente l'Union au niveau du Conseil européen dans les activités extérieures de l'organisation. Cette représentation doit s'effectuer sans préjudice des attributions du Haut représentant pour les affaires étrangères et la politique de sécurité. Claire en théorie, la conciliation pratique du rôle que le président du Conseil européen et le Haut représentant devront jouer dépendra sans doute des qualités personnelles des titulaires de l'un et de l'autre de ces deux postes, dont le but est avant tout d'assurer la visibilité internationale de l'Union.

Chargé de convoquer **des réunions extraordinaires du Conseil européen en cas d'urgence**, Herman Van Rompuy a utilisé pour la première fois cette compétence pour réunir l'institution après l'éclatement de la crise financière grecque le 11 février 2010.

**Le président est aussi chargé des relations entre le Conseil européen et les autres institutions**. À ce titre, il doit présenter un rapport au Parlement après chaque réunion du Conseil européen, ainsi qu'un rapport annuel sur les progrès de l'Union, sans doute à forte connotation symbolique.

## 2. Les modifications imposées par la réforme des autres institutions

Antérieurement au traité de Lisbonne, **les ministres des Affaires étrangères** participaient de droit dans les travaux du Conseil européen. Sans doute pour mieux affirmer le rôle du Haut représentant pour les affaires étrangères et la politique de sécurité, désormais le TUE ne consacre plus cette participation.

Ainsi, **outre les chefs d'État et de gouvernement, le Conseil européen ne comprend désormais que le Président de la Commission et le Président du Conseil européen lui-même**. Le Haut représentant pour les affaires étrangères et la politique de sécurité quant à lui ne fait que participer à ses travaux. Cependant, en fonction de l'ordre du jour du Conseil européen, les chefs d'État et de gouvernement peuvent se faire assister par le ministre respectivement concerné. Les auteurs insistent enfin sur la présence du Président du Parlement aux réunions du Conseil européen, devenue coutumière, mais sans être consacrée formellement par le traité de Lisbonne.

## B - Un fonctionnement reprécisé

En l'espèce, le traité de Lisbonne reprend pour l'essentiel le dispositif existant. Des précisions et parfois modifications apportées ont été rendues nécessaires pour tenir compte de la réforme institutionnelle effectuée. Elles concernent à la fois l'organisation et la tenue des réunions (1.), ainsi que les modalités de prise des décisions (2.).

### 1. Les réunions

Le Conseil européen se réunit au moins **deux fois par semestre**, en principe sur convocation de son président. Depuis 2002, pendant la durée de chaque présidence, une réunion au moins du Conseil européen devait se tenir à Bruxelles. Désormais, les restrictions budgétaires obligent, toutes les réunions devraient en principe s'y tenir.

### 2. La prise des décisions

En règle générale, le Conseil européen se prononçait jusqu'au traité de Lisbonne par consensus. C'est ainsi qu'il adoptait, plus particulièrement, les orientations générales ou encore définissait les stratégies communes en matière de la PESC. Le traité de Lisbonne prévoit désormais qu'en matière de la PESC, le Conseil européen statue à l'unanimité.

Mais, intervenant désormais dans des domaines relevant de l'ancien premier pilier, **le Conseil européen peut également statuer à la majorité qualifiée**. Le vote est calculé de la même manière qu'au niveau du Conseil. Le Président et le Président de la Commission ne participent pas au vote. Tel est aussi le cas lors du vote à la majorité simple ou à l'unanimité. Dans ce dernier cas en outre, l'abstention ne fait pas obstacle à la prise de décision.

Antérieurement, ne faisant pas partie du pilier communautaire, le Conseil européen ne prenait pas des décisions à effet juridique. Celles-ci étaient par conséquent insusceptibles de contrôle juridictionnel. Le traité de Lisbonne tire les conséquences de l'insertion du Conseil européen parmi les institutions principales de l'Union. Désormais, ses décisions sont soumises à **un contrôle juridictionnel**, lorsqu'elles produisent des effets de droit.

# II - LES ATTRIBUTIONS DU CONSEIL EUROPÉEN

Elles illustrent le rôle fondamental joué par les chefs d'État et de gouvernement au sein de l'Union. Ce rôle renvoie surtout au pouvoir politique, confié au Conseil européen (A). Mais ce dernier est également doté d'un certain nombre d'attributions institutionnelles spécifiques (B).

## A - Un pouvoir politique général

Le traité précise que les chefs d'État et de gouvernements, réunis en Conseil européen donnent les impulsions nécessaires (1.) et définissent les orientations et les priorités politiques générales du développement de l'Union (2.).
Dans la pratique, l'exercice de ces compétences permet au Conseil européen de diriger politiquement l'intégration et d'arbitrer des choix difficiles en matière à la fois d'approfondissement et d'élargissement. Encore, si le Conseil européen sauf exception ne légifère pas, comme le précise le traité, néanmoins ses actes politiques s'imposent de fait aux institutions chargées du pouvoir législatif.

### 1. Les impulsions nécessaires

À ce titre, le Conseil européen joue un rôle clé pour **surmonter les éventuels blocages** de l'intégration. Il exerce déjà ce rôle, appartenant en toute logique aux chefs d'État et de gouvernement, même avant sa consécration formelle par les traités. D'importants compromis ont été ainsi réalisés par le Conseil européen, permettant de relancer le processus.

Parfois **le Conseil Affaires générales peut aussi intervenir**. C'est une réunion informelle de ce dernier qui adopte ainsi en 1994 à Ioannina un compromis sur les modalités de vote dans une Union élargie, inscrit désormais dans le traité de Lisbonne.

À la fois le traité constitutionnel et le traité de Lisbonne reconnaissent eux-mêmes le **rôle du Conseil européen en matière de révision des traités**. Tous les deux font appel à ce dernier, si à l'issue d'un délai de deux ans à compter de la signature du traité respectif, quatre cinquièmes des États membres l'ont ratifié et qu'un ou plusieurs États membres ont rencontrés des difficultés pour procéder à ladite ratification (article 48 § 5).

En effet, c'est le Conseil européen qui débloque, en 2007, la crise déclenchée par le rejet du traité constitutionnel par référendum en France et aux Pays-Bas, en donnant mandat précis et détaillé à la conférence intergouvernementale chargée de proposer le nouveau traité modificatif ou simplifié, devenu traité de Lisbonne. Et, c'est toujours le Conseil européen qui trouvera une solution permettant à l'Irlande de revoter en 2009 le traité de Lisbonne, qu'elle rejette précédemment par référendum.

### 2. Les orientations et les priorités générales

**Le Conseil européen lance les futures réformes et arrête les priorités du développement de l'Union**. Le Conseil européen de Laeken convoque ainsi la Convention sur l'avenir de l'Union en décembre 2001, fixant les objectifs de la réforme en profondeur des institutions qu'elle devait élaborer, ainsi que ses composition et modalités de fonctionnement. Le Conseil européen de Bruxelles de juin 2007 donne pour sa part mandat précis et détaillé à la conférence intergouvernementale chargée de proposer, à la place du traité constitutionnel, le projet du nouveau traité modificatif ou simplifié, devenu traité de Lisbonne.

De même, c'est le Conseil européen de Copenhague de juin 1993 qui définit **les conditions politiques, économiques et légales de l'élargissement** aux pays de l'Europe de l'Est. En pleine crise constitutionnelle, c'est un autre Conseil européen qui complète ces conditions par celle relative à **la capacité d'absorption** de l'Union. Mais c'est aussi le Conseil européen qui prend des décisions majeures relatives au processus, éminemment politique, en matière d'engagement, de clôture, voire de report ou gel des négociations d'adhésion, ainsi que, en définitive, de l'accession même d'un candidat à l'Union.

## B - Les attributions institutionnelles spécifiques

Elles comprennent d'une part un pouvoir nominatif important (1.). D'autre part, le Conseil européen se voit reconnaître une compétence d'intervention dans certaines politiques de l'Union (2.). L'intervention du Conseil européen dans les activités extérieures et la PESC constitue toutefois un exemple à part (3.).

### 1. Le pouvoir nominatif

Le Conseil européen participe à **la désignation de la nouvelle Commission**, à la suite des élections du nouveau Parlement. Ainsi, propose-t-il, dans un premier temps, en tenant compte des résultats de ces élections, un candidat au poste de Président de la Commission. De manière hautement symbolique, le traité de Lisbonne fait désormais élire ce dernier par le Parlement. C'est le Conseil européen qui nomme ensuite la Commission en tant que collège, après l'approbation de ses membres par le Parlement, sur proposition commune du Conseil et du Président de la Commission nouvellement élu. Enfin, avec l'accord de ce dernier, il nomme le Haut représentant de l'Union pour les affaires étrangères et la politique de sécurité.

En dehors de la Commission, le Conseil européen nomme, sur recommandation du Conseil et après consultation du Parlement et du Conseil des gouverneurs de la BCE, les membres du directoire de la Banque.

Dans chacun de ces cas, **le Conseil européen statue à la majorité qualifiée**. Et, c'est à la même majorité qu'il adopte une décision établissant la liste des formations du Conseil, autres que celles des affaires générales et affaires étrangères, ainsi qu'une décision relative à la présidence desdites formations.

Bien qu'il ne s'agisse pas *stricto sensu* d'un pouvoir nominatif, le Conseil européen se voit attribuer le rôle de fixer **le système de rotation des membres de la Commission**, tel qu'il devrait se mettre en place en principe après 2014. Il statue en l'espèce à l'unanimité. Toujours à l'unanimité, il établit **la composition définitive du Parlement**, sur initiative et avec l'approbation de ce dernier.

## 2. L'intervention dans certaines politiques de l'Union

Celle-ci est fonction de la répartition des compétences entre l'Union et les États membres. Logiquement, dans la mesure où il s'agit d'actions du Conseil européen en sa qualité d'institution de coopération intergouvernementale, ce dernier sera ponctuellement sollicité pour intervenir dans **des domaines particulièrement sensibles pour les États**. Bien qu'elles respectent la souveraineté et la liberté d'action des États, ces interventions attestent en parallèle de l'avancement de l'intégration. En l'espèce, en tant qu'institution de décision politique, le Conseil européen peut être plus souple que ne le permet le cadre strict du processus législatif. Encore, le rôle du Conseil européen varie en fonction de la portée des compétences de l'Union dans tel ou autre domaine concerné.

**Le Conseil européen peut ainsi imposer la révision d'un projet d'acte législatif** en matière de libre circulation des travailleurs à la demande d'un État membre, lorsque ce projet risque de porter atteinte à des aspects importants de son système de sécurité sociale, notamment pour ce qui est du champ d'application, du coût ou de la structure financière, ou en affecterait l'équilibre financier (article 48 TFUE). La même possibilité est instituée en matière de coopération judiciaire en matière pénale, au profit d'un groupe d'au moins neuf États (article 82).

En revanche, l'intervention du Conseil européen au niveau de la coordination des politiques économiques et des politiques d'emploi se limite respectivement au simple **débat d'orientation** (article 121) et à **l'adoption des conclusions**, donnant lieu ensuite à l'élaboration par le Conseil UE des lignes directrices, dont les États s'engagent à tenir compte (article 148). La discussion au sein du Conseil européen constitue enfin une exigence formelle avant toute décision du Conseil UE mettant fin aux dérogations aux critères de convergence de l'Union monétaire, instituées au profit d'un État membre donné (article 140).

## 3. L'action extérieure et la PESC

En la matière le Conseil européen se voit en effet confier un rôle essentiel. Il est compétent dans le premier cas pour définir **les intérêts et les objectifs stratégiques de l'Union**, conformément aux buts fixés par le traité, au niveau à la fois des relations de l'Union avec un pays ou région (pays de l'ex-Yougoslavie ou Proche orient), et d'une approche thématique (sécurité internationale et désarmement). Dans le second cas, le Conseil européen partage sa compétence avec le Conseil pour définir et mettre en œuvre la PESC. Dans les deux cas, le Conseil européen participe effectivement au processus décisionnel, propre au domaine de l'action extérieure et de la PESC, mais en excluant toute action législative. Il statue à l'unanimité sur proposition du Conseil. C'est également à l'unanimité qu'il peut autoriser ce dernier à prendre des décisions à la majorité qualifiée.

Les décisions du Conseil européen sont enfin mises en œuvre selon les procédures prévues par les traités. Elles sont **exécutées en parallèle par le Haut représentant pour les affaires étrangères et la politique de sécurité et les États membres**.

Fiche 16

# Le Parlement européen

En 1962, l'Assemblée des Communautés européennes prend elle-même la décision de s'appeler Parlement européen. Ce dernier doit cependant attendre l'AUE pour voir cette nouvelle appellation consacrée par les traités. Le Parlement est sans doute l'institution qui connaît l'ascension la plus spectaculaire dans le processus d'intégration. **À l'occasion de chaque révision des traités, il renforce en effet son statut et élargit ses prérogatives**. Le traité de Lisbonne parachève cette évolution, en transformant le Parlement en véritable codétenteur du pouvoir législatif et budgétaire, placé sur pied d'égalité avec le Conseil (article 14 TUE, articles 223 et s. TFUE), à l'exception cependant des domaines particulièrement sensibles pour les États membres.

Unique enceinte internationale dont les membres sont issus d'une élection au suffrage universel direct, le Parlement est une institution principale de l'Union, représentant les peuples des États membres (I). L'élargissement de ses attributions correspond, entre autres, à la volonté de combler le déficit démocratique, dont souffre l'organisation (II).

## I - INSTITUTION PRINCIPALE DE L'UNION, REPRÉSENTANT LES PEUPLES DES ÉTATS MEMBRES

Si l'on examine la construction communautaire dans une optique fédérale, le Parlement réunit certaines caractéristiques de la chambre basse d'un parlement bicaméral, tant en termes de composition (A), que d'organisation et de fonctionnement (B). Il reste malgré tout une institution originale.

### A - La composition du Parlement

L'élection de ses membres témoigne de sa spécificité supranationale (1.). La répartition des sièges au Parlement fait cependant l'objet de difficiles marchandages entre les États membres. Ces derniers conduisent à l'augmentation absolue du nombre de sièges attribués aux différents pays et, en conséquence, du nombre de députés européens (2.).

#### 1. L'élection parlementaire

Anciennement désignés par chaque État membre, selon les modalités que ces derniers fixaient eux-mêmes, désormais donc **les**

**députés européens sont élus pour 5 ans au suffrage universel direct, libre et secret**. La première élection se tient en 1979, conformément à l'Acte portant élection des représentants à l'Assemblée, adopté par le Conseil CEE le 20 septembre 1976. Jusqu'alors, dans l'impossibilité d'aboutir une procédure uniforme, les élections se déroulent dans le respect des principes communs aux États membres, mais toujours selon les procédures électorales nationales. Ainsi, l'élection doit-elle être de type proportionnel à scrutin de liste ou de vote unique transférable.

Conformément à la directive du Conseil du 6 décembre 1993, depuis 1994 **tout citoyen de l'Union peut voter ou être élu dans tout autre État membre**, dont il n'est pas ressortissant. Cela, dans les mêmes conditions que les ressortissants de cet État eux-mêmes.

### 2. Le nombre des députés et la répartition des sièges

À l'origine, l'Assemblée ne compte que 142 députés. Lors des dernières élections de 2009, organisées conformément au traité de Nice, 736 sièges ont été pourvus. **Le traité de Lisbonne plafonne le nombre total des députés à 750 plus le président**, en attribuant un siège supplémentaire à l'Italie. Le nombre de sièges ainsi fixé et qui ne devait pas être dépassé, sera malgré tout provisoirement revu à la hausse, pour passer à 754 jusqu'aux prochaines élections.

La répartition des sièges entre les États membres est définie par les traités eux-mêmes. Elle tient compte de leur poids démographique, tout en assurant la **surreprésentation des plus petits États et la représentation égale des grands**. Cette dernière a été néanmoins rompue en 1993 pour tenir compte de la réunification allemande. Désormais Malte et Luxembourg disposent de 6 sièges chacun, l'Italie, la France et le Royaume Uni de 74 et l'Allemagne de 99. Le nombre de parlementaires allemands doit cependant baisser à 96 en 2014.

Conformément au traité de Lisbonne, la composition du Parlement doit faire l'objet d'**une révision tous les cinq ans**, afin de tenir compte des évolutions démographiques, sur la base du principe de proportionnalité dégressive.

## B - L'organisation et le fonctionnement du Parlement

Pour l'essentiel, à la fois le statut des députés européens (1.) et les principales règles de son organisation et de son fonctionnement (2.) sont calqués sur ceux des Parlements nationaux. Ils font néanmoins l'objet d'une évolution, déterminée par le contexte européen.

## 1. Le statut des députés européens

Représentant les peuples des États membres, **les députés n'ont pas de mandat impératif**. Ils jouissent des privilèges et immunités classiques. Ainsi est-il de leur irresponsabilité pour les opinions et les votes exprimés ou encore de leur inviolabilité, l'autorisation du Parlement lui-même étant un préalable nécessaire en cas de poursuites judiciaires.

Les députés font l'objet d'**un certain nombre d'incompatibilités**, à la fois européennes et nationales. Ils ne peuvent pas être en même temps membres de Commission, de la Cour de justice, de la Cour des comptes ou autre organe de l'Union, fonctionnaires ou agents d'une institution ou membres d'un gouvernement national. Si le cumul député européen – député national était à l'origine autorisé, il devint progressivement exceptionnel, avant d'être interdit par décision du Conseil de septembre 2002. Certains États pouvaient néanmoins bénéficier à cet égard d'une dérogation jusqu'en 2009.

Pendant longtemps, les indemnités parlementaires étaient fixées au niveau national, ce qui entraînait des inégalités importantes entre les pays. Le Parlement corrigeait ces inégalités à travers le système des charges de mandat. En septembre 2005, le Parlement, autorisé par le traité d'Amsterdam à fixer lui-même le statut de ses membres, décide de prévoir **une indemnité parlementaire uniforme**, égale à 38,5 du traitement d'un juge à la CJUE. À l'indemnité, financée par le budget de l'Union, s'ajoutent les charges de mandat.

## 2. L'organisation et le fonctionnement du Parlement

Le Parlement siège en session plénière à Strasbourg. Cependant, c'est à Bruxelles que se tiennent les commissions parlementaires et siègent les groupes politiques. Pour sa part, le secrétariat général se trouve à Luxembourg. **Cette dispersion rend quelque peu difficile le travail parlementaire**.

Le Parlement arrête lui-même son **règlement intérieur**. Dans le silence des traités, il s'attribue les pouvoirs que possèdent les Parlements nationaux, le cas échéant de désigner, pour deux ans et demi, le Président et les membres du Bureau, ou encore le secrétaire général. La conférence des présidents des groupes politiques détermine l'organisation des travaux et l'ordre du jour.

Logiquement, **le Parlement travaille en commissions**. Ces dernières comprennent des commissions permanentes ou temporaires, celles-ci instituées pour une durée de 12 mois maximum, enfin des commissions temporaires d'enquête. Le Parlement peut en outre créer des commissions mixtes avec des délégations parlementaires des pays associés ou candidats d'adhésion à l'Union. Enfin, il peut aussi créer des délégations interparlementaires.

L'existence **des groupes politiques constitués sur le plan européen** représente la principale originalité du Parlement. Pour constituer un tel groupe, un minimum de 20 députés, originaires d'au moins six États est nécessaire. Les groupes politiques sont reconnus en tant que facteur d'intégration en raison de leur contribution à la formation d'une conscience européenne et à l'expression de la volonté politique des citoyens de l'Union. Ayant obtenu ensemble lors des dernières élections en 2009 une majorité absolue des sièges, le Parti populaire européen et l'Alliance des socialistes et des démocrates (issu de l'ancien PSE) ont reconduit leur accord de partage de la présidence du Parlement, les deux groupes politiques devant l'exercer successivement, chacun pour 2 ans et demi.

# II - LES ATTRIBUTIONS DU PARLEMENT

Selon une distinction classique, le Parlement est dotée à la fois d'un pouvoir normatif (B) et d'un pouvoir de contrôle (A).

## A - Le pouvoir de contrôle

Politique par essence, ce pouvoir a été exercé à l'origine seulement en direction des autres institutions de l'Union. Désormais il a un champ d'application quasi illimité, y compris à l'égard des États membres et États candidats à l'adhésion, bien que les moyens dont dispose le Parlement pour mettre en œuvres certains types de contrôle restent modestes. Le contrôle politique exercé par le Parlement peut être organique (1.) ou d'interpellation (2.).

### 1. Le pouvoir de contrôle organique

Les traités reconnaissent au Parlement un tel pouvoir à caractère obligatoire. Il est en direction de l'exécutif de l'Union, conditionnant ainsi l'exercice par ce dernier de ses propres compétences. Les États connaissent depuis longtemps l'existence de tels mécanismes, permettant au pouvoir législatif de contrôler et agir sur le pouvoir exécutif, conformément au système américain des *checks and balances*, propre au modèle classique de séparation des pouvoirs. Au niveau de l'Union, caractérisée plutôt par la confusion des pouvoirs, **le Parlement ne peut exercer de contrôle organique que sur la Commission**, alors que le Conseil est le détenteur à la fois du pouvoir exécutif principal et du pouvoir législatif.

Le Parlement se voit ainsi reconnaître, dans un premier temps, **un pouvoir d'investiture** à l'égard de la Commission (article 17 TUE). Depuis le traité de Lisbonne, ce pouvoir comprend, d'une part, l'élection à la majorité des membres qui le composent, du Président de la Commission, sur proposition du Conseil européen. Celle-ci doit surtout tenir compte des résultats des élections parlementaires. L'élection par le Parlement du Président de la Commission ait lieu après présentation, par ce dernier, d'un programme d'action.

D'autre part, avant sa nomination définitive par le Conseil européen, **le Parlement approuve formellement la Commission en tant que collège**. L'approbation intervient après audition des futurs commissaires, proposés par le Conseil. En 2004 et en 2009, la procédure conduit au retrait de certains candidats.

Dans un deuxième temps, le Parlement peut également voter, à la majorité de ses membres et à la majorité des voix exprimées, **une motion de censure** à l'encontre de la Commission (article 234 TFUE). En 1999, le vote faillit de très peu renverser la Commission Santer. Malgré l'échec, le Parlement décide d'enquêter sur des cas de fraude, de mauvaise gestion et de népotisme au sein de cette dernière. L'enquête ayant prouvé que ces accusations étaient fondées, la Commission Santer démissionne conformément à l'engagement pris dans ce sens, clôturant une confrontation avec le Parlement de plus de 4 mois.

Enfin, dans l'arrêt les Verts contre le Parlement du 23 avril 1986, la Cour de justice reconnaît pour la première fois la recevabilité d'un recours en carence déposé contre le Parlement. Plus tard, ce dernier se voit pleinement reconnaître **le droit d'accéder à la Cour de justice en qualité de défenseur et de requérant**.

## 2. Le pouvoir d'interpellation

Ce pouvoir est fondé sur **une panoplie de moyens de contrôle**, dont dispose traditionnellement un Parlement national. Ces moyens comprennent notamment l'examen des rapports soumis au Parlement par les autres institutions de l'Union, dans les conditions prévues par les traités. En outre, le Parlement peut soumettre des questions orales ou écrites à la Commission, au Conseil et désormais également au Haut représentant pour les affaires étrangères et la politique de sécurité, organiser des séances de questions, des débats d'actualité, nommer des commissions d'enquête, etc. Cependant, ces techniques de démocratie parlementaire ne peuvent aboutir tout au plus qu'au vote des résolutions juridiquement non-contraignantes.

Encore, **le Parlement est-il destinataire des pétitions** que peut lui présenter tout citoyen de l'Union, voire toute personne physique ou morale résidant dans un État membre, individuellement ou en association, sur un sujet qui relève des domaines de l'Union et à condition d'être directement concerné. Une commission des pétitions instruit les requêtes déposées. De même, **le Parlement nomme un médiateur** habilité à recevoir spécifiquement les plaintes de la part de tout citoyen de l'Union ou toute personne physique ou morale résidant dans un État membre, relatives à des cas de mauvaise administration dans l'action de toute institution, organe ou organisme de l'Union. Le médiateur peut conduire des enquêtes et saisir l'institution concernée.

En ce qui concerne la définition et la mise en œuvre de la PESC, le traité prévoit que **les recommandations formulées** à l'attention du Haut représentant pour les affaires étrangères et la politique de sécurité, ainsi que **les débats organisés par le Parlement** deux fois par an, soient dûment pris en compte.

## B - Le pouvoir normatif

Simple institution consultative à l'origine, le Parlement dispose désormais de la panoplie complète d'instruments du pouvoir normatif. Son intervention varie selon le domaine concerné. Mais à la fois pleinement dans l'exercice du pouvoir budgétaire (1.) et sauf exception dans l'exercice du pouvoir législatif (2.), il est placé désormais sur un pied d'égalité avec le Conseil.

### 1. Le pouvoir budgétaire du Parlement (art. 272 TCE)

**Ce pouvoir a été longtemps le plus abouti du Parlement**. Le traité du 22 avril 1970, qui consacre l'autonomie financière des Communautés en instituant le système des ressources propres, lui confie, en parallèle, le pouvoir d'affectation et de contrôle budgétaire. Le Parlement voit ses pouvoirs renforcés par un second traité du 22 juillet 1975. Ce dernier lui confie désormais le pouvoir de rejeter globalement le budget, ainsi que de donner décharge à la Commission à la fin de l'exercice budgétaire. C'est ainsi qu'à plusieurs reprises déjà le Parlement déclenche une crise budgétaire, en refusant de décharger la Commission, en sanction de sa mauvaise gestion budgétaire ou sur la base des accusations de fraude ou d'irrégularités. C'est enfin le président du Parlement qui constate, à l'issue de la procédure budgétaire, que le budget est définitivement arrêté.

Dans la procédure budgétaire elle-même, jusqu'au traité de Lisbonne, le Parlement avait le dernier mot sur près de 40 % des **dépenses communautaires**, s'agissant des dépenses **dites non-obligatoires**, définies par l'ancien traité CE en tant que dépenses autres que celles qu'aucune des deux branches de l'autorité budgétaire ne peut éluder, mais doit inscrire au budget en vertu d'un engagement juridique pris aux termes des traités ou des actes dérivés, arrêtés en vertu de ceux-ci (comprenant les dépenses de la PAC, résultant de la fixation des prix par le Conseil).

Le traité de Lisbonne simplifie la procédure budgétaire, **en supprimant la distinction entre les dépenses obligatoires et non-obligatoires** et parachève ainsi la transformation du Parlement en codétenteur du pouvoir budgétaire. La définition et l'adoption en amont des modalités d'exécution des ressources propres restent néanmoins du ressort du Conseil, le Parlement ne disposant en la matière que d'un pouvoir consultatif (article 311 TFUE). En revanche, en ce qui concerne l'adoption, toujours par le Conseil, du cadre budgétaire pluriannuel, le Parlement doit exprimer en l'espèce son approbation préalable. Il s'engage en même temps de faciliter ladite adoption (article 312 TFUE).

## 2. Le pouvoir législatif du Parlement

À la veille de l'adoption du traité de Lisbonne, le traité CE consacre quatre procédures de participation du Parlement au pouvoir législatif. La procédure d'origine, celle de consultation simple, sera complétée par les différentes tentatives d'associer davantage le Parlement à l'exercice du pouvoir législatif, tout en laissant le dernier mot au Conseil. Tel est le cas des procédures de coopération et de concertation, instituées avant même la création de l'Union. Surtout, le traité de Maastricht consacre la procédure de codécision plaçant le Parlement sur pied d'égalité avec le Conseil. **Le traité de Lisbonne transforme la codécision en procédure législative ordinaire**, applicable à la plupart des bases législatives, mais aussi par défaut, lorsque le traité ne prévoit le recours à une procédure législative spéciale. Celle-ci préserve seule l'obligation du Conseil de consulter le Parlement.

Enfin, dans certains cas **le Parlement se prononce par avis conforme**, **requalifié en approbation par le traité de Lisbonne**. L'approbation confère au Parlement le pouvoir de rejeter en bloc le projet qui lui est soumis, sans pouvoir l'amender ni modifier. La procédure d'approbation est réservée aux accords d'association et d'adhésion, à la modification du statut du système européen des banques centrales, à la mise en place de certains fonds de cohésion sociale, ainsi que, plus généralement, à la conclusion des accords internationaux aux implications budgétaires importantes, portant création de cadres institutionnels spécifiques. L'approbation du Parlement est aussi exigée pour sanctionner un État en cas de violation grave des valeurs fondamentales de l'Union. Le Parlement transforme l'approbation en moyen de pression efficace, en particulier sur les pays candidats à l'association ou à l'adhésion.

# Fiche 17 Le Conseil de l'Union européenne

Le Conseil est composé des **représentants des États membres au niveau ministériel, habilités à engager leurs gouvernements** (articles 16 TUE, 237 et suivants TFUE). En posant les bases d'une intégration portant sur l'économie dans l'ensemble, le traité-cadre instituant la CEE, confiait au Conseil le pouvoir décisionnel exclusif, exercé sur proposition de la Commission et après consultation de l'Assemblée. Désormais le Conseil partage son pouvoir avec le Parlement, représentant les peuples des États membres. Il peut être comparé à la chambre haute d'un Parlement fédéral bicaméral. Cependant, le Conseil reste très différent, en termes aussi bien de composition que de fonctionnement. La ressemblance entre les deux reste ainsi plus apparente que réelle.

Depuis 1993 le Conseil décide de s'appeler Conseil de l'Union, bien que son intervention principale relève à l'époque du premier pilier communautaire. Désormais institution principale de l'Union unique et exclusive, représentant donc les gouvernements des États membres (I), il continue à exercer des attributions juridiques principales au sein de l'organisation (II).

## I - INSTITUTION PRINCIPALE DE L'UNION EUROPÉENNE, REPRÉSENTANT LES GOUVERNEMENTS DES ÉTATS MEMBRES

À ce titre, la composition du Conseil permet de refléter la diversité des intérêts des États membres (A), tandis que son fonctionnement témoigne de la difficile recherche des compromis entre des positions souvent divergentes (B).

### A - La composition du Conseil

Dans la mesure où le Conseil se réunit au niveau des ministres respectivement concernés, sa composition varie sur le plan horizontal, en fonction les sujets abordés (1.). Le traité de Maastricht sur l'Union introduit en outre une certaine confusion verticale entre le Conseil et le Conseil européen, représentant tous les deux le pouvoir exécutif des États membres, résolue par le traité de Lisbonne (2.).
Malgré ses différentes formations, le Conseil reste **une institution unique**. Ainsi, les décisions adoptées par n'importe quelle formation restent des décisions du Conseil. De même, les règles qui régissent le fonctionnement du Conseil s'appliquent uniformément à l'ensemble

des formations. Une exception constitue l'Euro-groupe, créé en 1997, réunissant de manière informelle, conformément au protocole 14 au traité de Lisbonne, les seuls ministres des Finances des États membres de la zone euro. Il est sans pouvoir décisionnel, uniquement chargé de discuter des responsabilités partagées en matière de la monnaie unique.

### 1. Une composition différente selon les sujets abordés

**La principale formation du Conseil est celle, consacrée aux Affaires générales**. Elle examine les dossiers affectant plus d'une politique de l'Union, telles les questions institutionnelles, budgétaires ou encore de l'élargissement. Le Conseil Affaires générales prépare et coordonne les réunions du Conseil européen, mais aussi gère les dossiers que lui confie ce dernier. Il coordonne enfin le travail des autres formations du Conseil. Lorsque ce dernier traite des affaires étrangères, il se réunit en formation Affaires étrangères, présidée par le Haut représentant pour les affaires étrangères et la politique de sécurité.

Outre ces deux formations générales, consacrées explicitement par le traité de Lisbonne, le Conseil européen peut créer des **formations spécialisées**. Leur nombre varie au gré des révisions des traités. De 22 dans les années 1990, elles deviennent 16 en 2000, 9 en 2002 et 10 avec l'entrée en vigueur du traité de Lisbonne. Parmi les formations spécialisées figurent le Conseil agriculture, le Conseil éco-fin, le Conseil éducation, le Conseil environnement, etc.

### 2. La confusion avec le Conseil européen, résolue par le traité de Lisbonne

Avant l'entrée en vigueur du traité de Lisbonne, le Conseil pouvait se réunir dans quelques rares hypothèses, en **la formation prestigieuse des chefs d'État et de gouvernement**, destinée à donner davantage de poids à la décision prise. Parmi les domaines d'intervention de cette formation figuraient par exemple la mise en œuvre de la politique monétaire commune ou encore de la procédure de sanction d'un État en cas de non respect des valeurs fondamentales de l'Union, ainsi que le lancement d'une coopération renforcée.

La formation chefs d'État et de gouvernement, considérée comme une anomalie par certains auteurs, sera **supprimée par le traité de Lisbonne**. Ce dernier répartit les missions conduites par cette formation entre le Conseil et le Conseil européen.

## B - Le fonctionnement du Conseil

Ce sont surtout les modalités de vote qui attirent l'attention de la doctrine (2.). Mais l'organisation du Conseil révèle, elle-aussi, des caractéristiques originales (1.).

## 1. L'organisation

Exception faite de la présidence du Conseil Affaires étrangères, assurée désormais à titre permanent par le Haut représentant pour les affaires étrangères et la politique de sécurité, de fait **la présidence du Conseil change tous les six mois**, occupée à tour de rôle dans l'ensemble de ses formations par chacun des États membres de l'Union. Mais, afin d'assurer plus de stabilité, ainsi que la continuité dans le travail du Conseil, la déclaration n° 9, jointe au traité de Lisbonne, consacre le principe de la présidence exercée conjointement par un groupe de trois États pour une période de 18 mois. Chacun des membres dudit groupe occupe donc la présidence pour 6 mois, assisté au cours de cette période par son successeur et son prédécesseur.

La tâche principale de la présidence est d'assurer **la coordination des travaux du Conseil** et de contribuer à l'aboutissement des compromis nécessaires à la prise des décisions.

Les convocations pour **les sessions du Conseil** sont faites à l'initiative de la présidence, d'un État ou de la Commission, laquelle y assiste systématiquement. Chacune des sessions est divisée en deux parties, celle consacrée aux questions législatives et celle consacrée aux autres questions. Parallèlement, l'ordre du jour, arrêté par la présidence, distingue les points A, qui peuvent être votés sans débat et les points B, nécessitant un débat préalablement au vote.

Avant le traité de Lisbonne, les délibérations du Conseil restaient secrètes, mais le résultat des votes devait être rendu public, lorsque le Conseil agissait comme législateur. Désormais, **le Conseil doit siéger en public** à la fois lorsqu'il délibère et vote sur les questions législatives.

Le Conseil est assisté par un **Secrétaire général**, véritable cheville ouvrière de l'institution. Son rôle, purement administratif à l'origine, évolue vers la représentation de l'Union sur la scène internationale. Ainsi, depuis 1999 et jusqu'à l'entrée en vigueur du traité de Lisbonne, devait-il cumuler le poste avec celui du Haut représentant pour la politique étrangère et de sécurité commune, confié à l'espagnol Javier Solana. Le traité de Lisbonne consacre ensuite l'autonomie du nouveau Haut représentant pour les affaires étrangères et la politique de sécurité.

Enfin, la préparation des travaux du Conseil est assurée par **le Comité des représentants permanents (COREPER)**, constitué des ambassadeurs des États membres auprès de l'Union. Le COREPER détient ainsi le monopole de la synthèse des travaux de plus de 200 groupes de travail, composés d'experts nationaux. Sur cette base, il doit essayer de parvenir à un accord politique. Sont ensuite inscrites au point A de l'ordre du jour les questions sur lesquelles un tel accord a été réalisé. Le point B comprend pour sa part les questions qui n'ont pas pu recueillir un accord au sein du Comité. L'influence de ce dernier est donc essentielle sur le processus décisionnel au niveau du Conseil.

## 2. Les modalités de vote

Selon le domaine, le Conseil prend sa décision à la majorité simple, à la majorité qualifiée ou à l'unanimité.

Anciennement mode ordinaire de prise de décision au sein du Conseil, **la majorité simple** continue à s'appliquer dans nombre de domaines réduit, tels que l'adoption du règlement intérieur du Conseil ou du statut des différents comités prévus par le traité, ou encore de la décision relative à la saisine de la Cour de justice d'une demande de démission d'office d'un membre de la Commission.

**L'unanimité** n'est exigée que dans certains domaines dits particulièrement sensibles, tels que la fiscalité, la politique sociale, etc. Cependant, même lorsqu'elle n'est pas prévue par les traités, le Conseil pourrait être tenu à rechercher l'accord de tous les États, conformément au **compromis de Luxembourg de 1966**. Ce dernier arrangement concluait la crise dite de la chaise vide, déclenchée par la France, laquelle refusait en 1965 le passage de l'unanimité à la majorité qualifiée dans un certain nombre de matières, telles que la PAC. Sans valeur juridique et jamais intégré dans les traités, ce compromis signifiait à l'époque, qu'au cas où des intérêts très importants d'un ou plusieurs partenaires étaient en jeu, les membres du Conseil devaient s'efforcer dans un délai raisonnable d'arriver à des solutions en mesure d'être adoptées par tous les États membres, dans le respect de leurs intérêts mutuels et ceux de la Communauté.

Enfin, le vote à **la majorité qualifiée**, désormais mode de prise de décision ordinaire et le plus rependu au sein du Conseil, reflète l'objectif d'une représentation équitable, mais pas égale des États membres. En tenant compte du critère démographique, il doit ainsi à la fois ne pas donner aux petits États un rôle disproportionné et éviter qu'ils soient écrasés par les grands.

**L'actuel système de pondération, issu du compromis réalisé par le traité de Nice**, accorde à chaque État un certain nombre de voix, entre 29 pour l'Allemagne, la France, l'Italie et le Royaume Uni, 4 pour l'Estonie, Chypre, la Lettonie, la Slovénie et 3 pour Malte, en privilégiant aussi les États moyens tels que l'Espagne et la Pologne avec 27 voix. Pour qu'une décision soit prise, elle doit à la fois recueillir 255 voix sur 345 et le vote favorable d'une majorité d'État. Cependant, lorsque la décision n'est pas prise sur proposition de la Commission, le même nombre de voix doit en outre représenter deux-tiers des États. Enfin, à la demande d'un État membre, une vérification peut être faite pour savoir si la décision prise représente au moins 62 % de la population totale de l'Union.

Dans un but de simplifier les modalités de vote et en parallèle régler les disproportions dont souffrait le compromis de Nice, le traité de Lisbonne adopte la logique de la double légitimité de l'Union, en tant que représentant à la fois les États et les citoyens. Il retient **un système de double majorité, tenant compte à la fois de la population des États et du nombre d'États membres**. Ainsi, pour qu'une décision soit prise, elle doit être approuvée par 55 % des États représentant 65 % de la population, sauf lorsque le Conseil ne se prononce pas sur proposition de la Commission ou du Haut représentant pour les affaires étrangères et la politique de sécurité, en quel cas les 65 % de la population doivent correspondre au moins à 72 % des États. S'y ajoute aussi une minorité de blocage de 4 États.

**L'entrée en vigueur des nouvelles modalités de vote est cependant reportée au 1er novembre 2014**. En outre, entre cette date et le 31 mars 2017, tout État membre peut demander l'application du mode de vote issu du traité de Nice. Enfin et toujours avant 2017, les États membres peuvent se réfugier derrière le compromis de Ioannina, permettant à un groupe d'États proches de la minorité de blocage de demander le réexamen d'une décision déjà adoptée à la majorité qualifiée.

## II - LES ATTRIBUTIONS DU CONSEIL

Contrairement à la chambre haute d'un État fédéral, **le Conseil continue à cumuler les attributions législatives et exécutives** étendues, même si le traité de Lisbonne apporte des clarifications importantes permettant de séparer les deux. Encore, suite à la création du Conseil européen, le Conseil voit-il pratiquement son rôle parfois se réduire à la mise en œuvre juridique des décisions politiques prises par les chefs d'État et de gouvernement. Cette tendance ne pourrait que se renforcer à la suite de l'insertion par le traité de Lisbonne du Conseil européen parmi les institutions principales de l'Union.

Il est possible de distinguer entre les pouvoirs que les traités confèrent de manière globale au Conseil (A) et les pouvoirs spécifiquement consacrés au niveau de certains dispositifs des traités (B).

### A - Les pouvoirs conférés de manière globale au Conseil

Aux termes de l'article 14 du TUE le Conseil exerce, conjointement avec le Parlement, la fonction législative et budgétaire générale (1.). Il assume également la fonction de définir les politiques de l'Union et de coordonner les politiques étatiques, dans les conditions prévues par les traités (2.).

## 1. Le pouvoir législatif et budgétaire général

C'est sur la base des propositions présentées par la Commission, que **le Conseil adopte les actes contraignants du droit dérivé de l'Union**, sous forme de règlements, directives ou décisions (article 289 TFUE). La procédure la plus souvent utilisée, mais aussi par défaut est la procédure législative ordinaire, anciennement de codécision, caractérisée par le partage du pouvoir décisionnel entre le Conseil et le Parlement (article 294 TFUE). Le Conseil peut en outre participer à l'exercice du pouvoir législatif dans le cadre d'une procédure spéciale. Celle-ci se caractérise par l'attribution du pouvoir décisionnel à l'une des deux institutions, avec la simple participation ou consultation de l'autre. Ici, le Conseil préserve le dernier mot dans tout domaine qui touche à des intérêts nationaux plus sensibles. Il peut enfin adopter des recommandations non contraignantes et émettre des résolutions.

**Le Conseil peut aussi déléguer à la Commission**, conjointement ou non avec le Parlement, le pouvoir d'adopter des actes non législatifs d'application, de portée générale. La délégation reste strictement encadrée du point de vue des objectifs, du contenu, de la portée et de la durée de le l'action normative de la Commission. Conformément à une pratique établie, reprise par les traités, l'encadrement implique plus particulièrement la création, auprès de la Commission, de différents comités de réglementation, de gestion ou de consultation, réunissant des experts nationaux.

Le Conseil reste évidemment, y compris après le traité de Lisbonne, **l'une des deux branches de l'autorité budgétaire**, partagée avec le Parlement. La suppression de l'ancienne distinction entre les dépenses obligatoires et non-obligatoires permet un rééquilibrage entre les deux institutions dans l'adoption du budget. Mais, c'est toujours le Parlement qui constate l'arrêt du budget et donne décharge à la Commission pour l'exercice budgétaire écoulé.

## 2. Le pouvoir de définition des politiques de l'Union et de coordination des politiques étatiques au sein de l'Union

**Ce pouvoir ne permet pas au Conseil d'adopter des actes de nature législative**. Il s'exerce dans des domaines de compétence nationale réservée quant à la définition et à la conduite des politiques concernées et où l'intervention de l'Union se limite à l'appui, la coordination et le complément des dites politiques. Encore, le Conseil exerce-t-il ce type de pouvoir dans le domaine spécifique de la politique économique (article 121 TFUE) et de la politique d'emploi. Dans les deux cas, le rôle du Conseil reste limité et comprend surtout la recommandation des grandes orientations du développement des politiques étatiques.

C'est également dans **le domaine monétaire**, que le Conseil prend des décisions purement politiques. Son action en l'espèce ne doit pas porter préjudice aux compétences de la BCE. Il établit ainsi, plus particulièrement, des orientations générales de la politique de change, sur recommandation de la Commission et après consultation de la BCE ou bien sur la recommandation de cette dernière.

## B - Les pouvoirs spécifiquement consacrés par certains dispositifs des traités

Avant l'entrée en vigueur du traité de Lisbonne, la coopération judiciaire et policière en matière pénale, constitutive du troisième pilier intergouvernemental de l'Union, en faisait également partie. Désormais seules la PESC et la PSCD restent à plusieurs égards un domaine de compétence exceptionnel, où le Conseil joue un rôle à la fois central et spécifique (1.). Au-delà, le Conseil exerce, ponctuellement, certains pouvoirs spécifiques (2.). Dans ces deux derniers cas, l'intervention du Parlement est limitée.

### 1. Les pouvoirs dans le domaine de la PESC et la PDSC

**Le Conseil définit et met en œuvre la PESC**, y compris les actions opérationnelles qui engagent les États membres (article 23 et s.). En l'espèce, il statue en adoptant des positions ou actions communes sur la base des orientations générales et des lignes stratégiques définies par le Conseil européen, à l'exclusion de tout acte de nature législative.

La PESC est exécutée par **le Haut représentant pour les affaires étrangères et la politique de sécurité**, ainsi que par les États membres. Le Haut représentant, qui cumule la présidence du Conseil Affaires étrangères et la vice-présidence de la Commission, en chargé des affaires étrangères, dispose d'un pouvoir de proposition auprès du Conseil et assure la mise en œuvre de ses décisions, ainsi que celles du Conseil européen. Parallèlement aux États membres, il dispose du pouvoir de saisir le Conseil, seul ou avec le soutien de la Commission. Le Haut représentant peut même convoquer d'office ou sur demande d'un État le Conseil en réunion extraordinaire en 48 heures, voire dans un plus bref délai en cas d'absolue nécessité. Il assure enfin la représentation internationale de l'Union. Le premier Haut représentant, Catherine Ashton, a été nommé à ce poste en remplacement de fait de Javier Solana, ancien Haut représentant pour la politique étrangère et de sécurité commune.

Le Haut représentant s'appuie sur un important **service européen pour l'action extérieure**, composé de fonctionnaires à la fois de l'Union et des États membres. Ses organisation et fonctionnement sont définis par le Conseil. De même, **un comité politique et de sécurité** à compétence consultative assiste le Conseil dans sa mission. Il exerce, sous la responsabilité du Conseil et du Haut représentant, le contrôle politique et la direction stratégique des opérations de gestion de crise.

En matière de la PESC, le Conseil statue en principe à l'unanimité. Le Conseil européen peut toutefois autoriser le Conseil à **statuer à la majorité qualifiée sous certaines conditions et par dérogation**. Ainsi est-il de la mise en œuvre des actions ou des positions communes et enfin, en cas de nomination, sur proposition du Haut représentant, d'un représentant spécial de l'Union, chargé du règlement des problèmes politiques particuliers. Le Conseil en définit le mandat.

Pour sa part, en matière de **la PSDC**, le Conseil définit les objectifs à réaliser grâce aux capacités civiles et militaires de l'Union ou bien encore par les forces multinationales constituées par les États membres et mises à la disposition de l'Union. Il peut aussi confier l'exécution des missions de la PSDC, telles que consacrées par les traités, à un groupe d'États membres. Le Conseil définit alors les objectifs, la portée et les modalités générales de ces missions. Il peut aussi décider de la mise en place des coopérations structurées permanentes.

Le traité institue **une Agence européenne de défense**, agissant sous la responsabilité du Conseil.

## 2. Les pouvoirs spécifiques du Conseil

Ces pouvoirs sont, d'une part, **substantiels**. Ainsi, le Conseil dispose-t-il d'une compétence exclusive en matière de conclusion des accords internationaux (art. 218 TFUE). Il adopte également des décisions portant sanctions économiques et financières à l'égard des pays tiers ou des particuliers, personnes physiques ou morales, sur proposition commune du Haut représentant et la Commission et dont le Parlement n'est tenu qu'informé. Le Conseil met enfin en œuvre la nouvelle clause de solidarité, consacrée par le traité de Lisbonne. Celle-ci est destinée à aider un État en cas de menace terroriste ou bien de catastrophe naturelle. Ici, les États coordonnent leurs actions au sein du Conseil (article 222 TFUE). Le Conseil dispose enfin du pouvoir de définir et adopter les modalités d'exécution des ressources propres (article 311 TFUE), ainsi que le cadre budgétaire pluriannuel (article 312 TFUE). La décision de faire accéder un État membre à la monnaie unique est prise, elle-aussi, par le Conseil. Le Conseil dispose du pouvoir de définir et adopter les modalités d'exécution des ressources propres (article 311 TFUE), ainsi que le cadre budgétaire pluriannuel (article 312 TFUE).

Mais le Conseil se voit conférer également, d'autre part, certains pouvoirs **institutionnels, voire constituants**. Il joue ainsi un rôle clé dans la phase interne de la révision des traités. Il dispose du pouvoir décisionnel dans la mise en œuvre de la clause de flexibilité. Le Conseil négocie et conclut également les accords d'adhésion ou de retrait d'un État membre de l'Union.

Enfin, le Conseil se voit attribuer un **pouvoir nominatif** propre. Ainsi, nomme-t-il à la majorité qualifiée les membres de la Cour des comptes, du Comité économique et social et du Comité des régions. De même, il lui appartient d'adopter, d'un commun accord avec le Président élu de la Commission, la liste des futurs membres de la Commission.

# Fiche 18 La Commission européenne

**Sur le plan historique**, la Haute Autorité, institution clé de la CECA, se voyait conférer par le traité de Paris de 1951 un pouvoir décisionnel exclusif, bien que limité au seul marché commun du charbon et de l'acier. En raison de son champ d'intervention élargie à toute l'économie, la CEE, créée par le traité de Rome de 1957, transfère ce pouvoir entre les mains du Conseil, tout comme d'ailleurs la CEEA. Bien que le traité de fusion du 8 avril 1965 institue une Commission unique, celle-ci continue à agir différemment au niveau de chacune des communautés existantes. Elle prend le nom de Commission européenne dans le traité de Maastricht, en raison du dépassement de la dimension purement économique, le cas échéant au niveau du premier pilier de l'Union.

Les caractéristiques essentielles de la Commission (article 17 du TUE, articles 244 et s. du TFUE) évoquent celles d'un gouvernement national. Il n'en reste pas moins que cette institution principale de l'Union, représentant l'intérêt général de l'organisation elle-même (I), concentre l'originalité du système. Les attributions de la Commission traduisent pleinement cette dernière (II).

## I - INSTITUTION PRINCIPALE DE L'UNION EUROPÉENNE, REPRÉSENTANT L'INTÉRÊT GÉNÉRAL

La Commission est placée au cœur de l'architecture institutionnelle de l'Union. Elle concentre par conséquent les critiques contre cette dernière. Souvent accusée d'incarner la technocratie et la bureaucratie de Bruxelles, elle tente de réaliser un compromis raisonnable en termes de représentativité et d'efficacité, à la fois au niveau de sa composition (A) et de son fonctionnement (B).

### A - La composition de la Commission

Sa désignation concentre les enjeux de l'équilibre interinstitutionnel, tout en s'inscrivant dans le processus de démocratisation de l'Union (1.). La réduction progressive du nombre des commissaires exprime pour sa part le souci de mieux fonder la représentation par la Commission de l'intérêt propre de l'Union, ainsi que d'arriver à la rendre plus efficace (2.).

## 1. La désignation de la Commission

Il s'agit d'un moment fort de la vie institutionnelle de l'Union. La désignation de la nouvelle Commission se fait depuis le traité de Maastricht pour 5 ans renouvelables (4 ans avant). Elle vient à la suite de l'élection du Parlement. Et, le traité de Lisbonne prévoit que désormais **le Président de la Commission** sera élu par le Parlement, statuant à la majorité des membres qui le composent. C'est le Conseil européen, qui propose le candidat à cette fonction, statuant à la majorité qualifiée, en tenant compte des résultats des élections au Parlement. Antérieurement, ce dernier approuvait à la majorité simple la candidature du Président avant sa nomination par le Conseil européen. La présentation par le candidat d'un programme général d'activités devant le Parlement fait désormais partie de la pratique institutionnelle.

C'est le Conseil qui adopte, en accord avec le président nouvellement élu, **une liste des candidats au poste de commissaire**, sur la base des propositions faites par les États membres. Le Président, le Haut représentant pour les Affaires étrangères et la politique de sécurité et les autres membres de la Commission, doivent être approuvés en tant que collège par le Parlement. Conformément à une pratique établie, ce dernier auditionne au préalable les candidats. L'audition lui permet déjà à deux reprises d'obliger l'État concerné à retirer son candidat. Enfin, le Conseil européen nomme le collège de la Commission à la majorité qualifiée.

## 2. Une Commission resserrée

**La composition de la Commission** évolue au gré des élargissements. Ainsi, l'Union à 15 membres comprend-t-elle 20 commissaires, dont 2 pour les grands États, l'Allemagne, la France, l'Italie, le Royaume Uni et l'Espagne et 1 pour les autres. Conformément au traité de Nice, à compter de 2004, les premiers renoncent à leur second commissaire. Le traité de Lisbonne prévoit pour sa part la réduction du nombre de commissaires à deux tiers du nombre d'États membres à compter du 1er novembre 2014. Les membres de la Commission devraient alors être choisis selon un système de rotation, assurant à la fois l'égalité et la représentativité démographique et géographique des États membres.

**Le nouveau système devrait être mis en œuvre** par décision unanime du Conseil européen. Mais le traité lui-même prévoit la possibilité pour ce dernier de renoncer, toujours à l'unanimité, à modifier le nombre des membres de la Commission. Et, déjà en 2008, pour dénouer la crise provoquée par l'échec de ratification du traité de Lisbonne en Irlande, le Conseil européen avait promis à cette dernière de conserver le commissaire de sa nationalité, y compris après 2014.

## B - Le fonctionnement de la Commission

Il obéit à des principes à la fois inscrits dans les textes et dégagés par la pratique (1.). Il implique une organisation interne, au niveau de laquelle progressivement s'impose le rôle principal du Président (2.).

### 1. Les principes régissant le fonctionnement de la Commission

Trois grands principes commandent l'action de la Commission, la collégialité, l'indépendance et la responsabilité.

La **collégialité** implique la solidarité des commissaires pour toute décision prise, considérée comme une décision du collège dans l'ensemble. La délibération se fait en commun sur toutes les décisions. Le traité de fusion stipule toutefois que les décisions sont prises, sauf exception, à la majorité. Encore, la Commission peut-elle habiliter certains de ses membres d'agir en son nom, en prenant des mesures de gestion ou d'administration. L'habilitation est strictement encadrée.

Une fois nommés, les commissaires agissent dans l'intérêt exclusif de l'Union. Ne représentant pas leur pays, ils ne sont tenus de rendre des comptes que devant le Parlement. Leur **indépendance**, telle que consacrée par les traité, doit être totale, non seulement vis-à-vis des États, mais aussi des forces économiques, dans le but d'éviter tout risque de conflit d'intérêts. L'Union insiste tout particulièrement sur cet objectif à la suite de l'affaire concernant en 1999 les allégations de fraude, de mauvaise gestion et de népotisme de plusieurs membres de la Commission et ayant conduit à la démission sans précédant pour l'organisation de la commission Santer.

**Toujours afin de garantir leur indépendance** et conformément au code de déontologie établi par la Commission elle-même, les commissaires ne peuvent solliciter aucune instruction externe, ni exercer des mandats ou activités professionnels, rémunérés ou non. Ils doivent également déclarer leurs intérêts financiers, ainsi que ceux de leurs conjoints. Cette déclaration est étendue également à l'activité professionnelle exercée par ces derniers.

Les commissaires bénéficient enfin **des privilèges et immunités** nécessaires à l'exercice de leur fonction.

**La responsabilité** des commissaires comprend **une responsabilité politique collective** et une responsabilité judiciaire individuelle. Au titre de la première (article 234 TFUE), la Commission en tant que collège est responsable devant le Parlement, lequel peut voter une motion de censure à son encontre, en quel cas la Commission démissionne. Seul le Haut représentant pour les affaires étrangères et la politique de sécurité ne devrait alors démissionner que de son poste de vice-président de la Commission.

**La responsabilité judiciaire individuelle** de chaque commissaire peut être engagée en cas de violation de ses obligations, s'il ne remplit plus les conditions nécessaires à l'exercice de ses fonctions, ou encore s'il a commis une faute grave. Tout membre de la Commission peut ainsi être démis d'office par la Cour de justice, à la demande du Conseil ou du Président de la Commission lui-même.

### 2. L'organisation de la Commission

La Commission est placée sous **l'autorité de son Président, dont le rôle n'a cessé de croître**. Il lui appartient d'assurer à ce que l'action de la Commission soit cohérente, efficace et collégiale. Il répartit en particulier les portefeuilles, décide d'éventuels remaniements en cours de mandat et peut demander la démission d'un membre de la Commission. Il désigne les vice-présidents, autres que le Haut représentant pour les affaires étrangères et la politique de sécurité. Sur le plan extérieur, le Président représente la Commission et partant, aussi l'Union.

La Commission s'appuie sur un **secrétariat général très étendu**, comprenant 23 directions générales et 14 services spécialisés, notamment le service juridique, l'Office statistique et l'Office européen de lutte antifraude. Chaque commissaire assume la responsabilité d'une ou plusieurs directions générales. Celles-ci préparent en pratique les propositions législatives de la Commission.

**La Commission siège à Bruxelles**. Elle dispose toutefois de représentations dans les États membres et les pays tiers, plus particulièrement dans les pays faisant l'objet de la politique d'élargissement. La langue de travail de la Commission est l'anglais.

## II - LES ATTRIBUTIONS DE LA COMMISSION

**Les principaux pouvoirs de la Commission**, définies conformément à la méthode communautaire, ne connaissent pas de changement radical depuis la création mêmes de la Communauté économique européenne. En revanche, au niveau de chacun de ces pouvoirs, la Commission obtient d'importants élargissements de ses interventions. Encore, leur exercice réel et effectif dépend de la capacité politique de la Commission et tout particulièrement de son Président de l'imposer face au Conseil. Parfois, selon différents auteurs, le rôle de certaines commissions a été réduit à la simple mise en œuvre des actes adoptés par ce dernier.

La Commission est à la fois **l'exécutant de l'Union, le moteur de l'intégration et la gardienne des traités**. À ce titre, elle cumule des pouvoirs qui peuvent être assimilés à ceux d'un gouvernement national (A.) et des pouvoirs supranationaux, qui expriment au mieux l'originalité de la construction communautaire (B.)

## A - Les pouvoirs de type gouvernemental

Ce sont d'abord les pouvoirs étendus d'exécution *stricto sensu* (1.). D'autres pouvoirs, celui de gestion interne et celui de négociation internationale s'y ajoutent (2.).

### 1. Les pouvoirs d'exécution étendus de la Commission

L'Union demeure une communauté de droit. Ainsi, sauf exception, **le pouvoir d'exécution propre** de la Commission reste de nature normative. Il lui permet d'établir d'abord des textes d'application de certaines dispositions des traités. Un tel pouvoir d'exécution est attribué par exemple à la Commission en matière d'application des règles de concurrence concernant les entreprises publiques et de service public (art. 106 TFUE) ou encore dans le domaine du fonctionnement de l'Union douanière.

Ensuite, la Commission peut se voir confier des compétences d'exécution. L'exercice de ce **pouvoir d'exécution délégué** sera rigoureusement encadré. À ce titre, le Conseil crée des comités, composés de fonctionnaires nationaux, associés au pouvoir d'exécution de la Commission. Ainsi, les États membres seront impliqués dans le travail même de cette dernière. Dans la pratique communautaire, reprise désormais par l'Union unique et exclusive, il existe d'abord des comités consultatifs, dont l'avis ne lie pas formellement la Commission ; des comités de gestion, ayant de fait le pouvoir de suspendre la prise de décision par la Commission pendant un certain délai et au cours duquel le Conseil peut revenir sur sa délégation ; enfin des comités de réglementation, pouvant aller jusqu'à absorber le pouvoir décisionnel de la Commission.

Le Conseil prendra sa première décision dite **comitologie**, tenant à définir les modalités de délégation du pouvoir exécutif à la Commission, en 1987. Depuis 1999, suite à une décision du Conseil, le Parlement dispose en la matière d'un droit à l'information et au contrôle. Ses pouvoirs seront davantage renforcés par une nouvelle décision comitologie, adoptée le 17 juillet 2006.

### 2. Les pouvoirs de gestion et de négociation internationale

Les traités attribuent à la Commission la compétence de **la gestion administrative et financière de l'Union**. À ce dernier titre, elle est chargée de l'exécution du budget de l'Union, sous sa propre responsabilité et dans la limite des crédits mis à sa disposition. Elle assure aussi la gestion des fonds structurels, qui n'ont pas de personnalité juridique propre et ne disposent pas d'autonomie. Tel est le cas du FED, chargé du financement de la coopération ACP et du FEDER, chargé des financements au titre de la politique régionale de l'Union.

La Commission se voit enfin confier **le pouvoir de négocier les accords dites externes de l'Union**, y compris les accords d'adhésion. L'exercice de cette compétence ait lieu après autorisation d'ouvrir les négociations, donnée par le Conseil et sur la base des directives que celui-ci arrête (art.113 ou 300 TCE)

## B - Les pouvoirs de type supranational

La Commission détient, d'une part et de manière exceptionnelle, le monopole de proposer des actes normatifs (1.). Elle est également la principale gardienne des traités (2.).

### 1. Le monopole de proposition

Le principe, consacré à l'origine de la construction communautaire, signifie que les détenteurs du pouvoir décisionnel, le Conseil et le Parlement ne peuvent statuer que sur un projet d'acte normatif émanant de la Commission. Ainsi, le **pouvoir de proposition est-il exclusif et contraignant** pour l'autorité décisionnelle, dans le sens que celle-ci ne peut, à quelques exceptions près, prendre une décision sans proposition, ni sur d'autres bases que la proposition de la Commission.

**Le monopole de proposition se traduit d'abord au niveau de l'initiative budgétaire.** En effet, la Commission élabore un projet de budget, sur la base des états prévisionnels des dépenses que lui transmettent les institutions de l'Union à l'exception de la BCE, soumis ensuite aux deux branches de l'autorité budgétaire, le Conseil et le Parlement. Elle participe en outre à la procédure qui se déroule entre ces deux derniers, plus particulièrement aux travaux du comité de conciliation, en tenant à rapprocher les positions.

**Le monopole de proposition inclut ensuite l'initiative législative.** La Commission élabore et présente au Conseil et au Parlement toutes les propositions de règlements et de directives, dont l'adoption est prévue par les traités. Le monopole de proposition est renforcé du fait que la Commission peut, d'une part, retirer ou modifier sa proposition tant que le Conseil n'a pas statue, alors que, d'autre part, si le Conseil adopte la proposition de la Commission telle quelle à la majorité qualifiée, il ne peut, sauf exception, s'en écarter qu'à l'unanimité.

C'est grâce au monopole de proposition qu'elle détient, que la Commission participe pleinement au triangle décisionnel. **La Commission exerce son pouvoir d'initiative législative de manière autonome**, ou encore, depuis le traité de Maastricht et dans quelque domaines à la demande du Parlement. Rien ne s'oppose non plus à ce que les États membres sollicitent, de manière informelle, la Commission à élaborer et soumettre une proposition législative au Conseil et au Parlement. C'est aussi globalement que la Commission doit tenir compte de leurs intérêts, comme affirmée dans le fameux compromis de Luxembourg de 1966. Enfin, le traité de Lisbonne consacre une initiative citoyenne européenne, ayant pour objet d'inviter la Commission à soumettre, dans le cadre de ses attributions, une proposition d'acte législatif. Mais la Commission n'a pas l'obligation de lancer la procédure législative à la suite de l'initiative citoyenne. Elle peut aussi bien la rejeter, ou bien encore commander une étude complémentaire sur la question.

**Plusieurs exceptions** existent pourtant. Ainsi, dans le domaine de l'Union monétaire, la Commission partage-t-elle le pouvoir de proposition avec la BCE et les États membres. Plus encore, en matière de la PESC, ce sont à la fois les États, le Haut représentant pour les affaires étrangères et la politique de sécurité, ou encore ce dernier avec le soutien de la Commission, qui peuvent saisir le Conseil de toute question pertinente et lui soumettre des initiatives et propositions de décision. Mais le Conseil ne saurait légiférer en la matière (article 30 TUE).

Enfin, complète sans doute le monopole de proposition, **le pouvoir général de la Commission de formuler des avis et donner des recommandations**. Les traités prévoient en outre la consultation de la Commission dans certains domaines institutionnels. C'est le cas en particulier des décisions d'admission de nouveaux membres au sein de l'Union (art. 49 FUE).

## 2. La Commission, gardienne des traités

Les traités confient à la Commission le soin de **veiller au respect des traités**, autrement dit à leur bonne application, mais aussi à l'adoption et l'application des actes normatifs pris par les institutions pour leur mise en œuvre. La Commission exerce ce pouvoir de contrôle à la fois par rapport aux États et aux institutions et, dans certains domaines, également par rapport aux particuliers.

La Commission exerce ainsi, d'abord **un pouvoir d'information et de prévention**, dans le but de prévenir les infractions possibles au droit de l'Union. À cet effet, les États ont l'obligation d'informer la Commission de l'adoption et l'application des actes législatifs et réglementaires, adoptés conformément au droit de l'Union, en particulier aux fins de la transposition des directives en droit national. Le manque, l'insuffisance ou le caractère insatisfaisant des informations fournies, peut fonder une action en manquement de la Commission contre l'État concerné.

À l'égard des particuliers, c'est surtout **le droit de la concurrence** qui donne des pouvoirs larges à la Commission dans le but de prévenir les infractions aux règles de fonctionnement du marché intérieur. La Commission dispose en l'espèce également d'un pouvoir d'investigation propre.

Ensuite, la Commission dispose d'**un pouvoir de poursuivre les infractions** au droit de l'Union. À ce titre, elle peut surtout déclencher, parallèlement aux États, **la procédure en manquement**, sans précédant à l'échelle européenne et internationale (article 258 TFUE).

Se rapproche en quelque sorte de la procédure en manquement, tout en préservant son originalité, **la procédure d'infraction pour déficit excessif, mise en place au niveau de la zone euro**. La Commission peut lancer celle-ci au titre de son pouvoir général de surveiller le respect par les États du pacte de stabilité et de croissance et plus particulièrement de l'exigence posée en termes de non-dépassement par les déficits publics des États membres, de la limite des 3 % du PIB. La procédure peut aboutir à des sanctions contre l'État mis en cause. D'ailleurs la Commission peut déclencher la procédure d'infraction y compris contre les États membres qui ne participent pas à la zone euro, mais sans pouvoir leur infliger des sanctions financières. Les exigences du Pacte ont été provisoirement suspendues suite à la crise économique et financière, avant d'être renforcées par un paquet législatif en octobre 2011.

Enfin, la Commission est chargée de veiller à la **mise en œuvre des clauses de sauvegarde** prévues par les traités. Ces clauses permettent aux États membres de suspendre temporairement l'application des traités en cas de circonstances exceptionnelles, s'agissant par exemple de la libre circulation des marchandises ou des personnes. Le recours à de telles clauses reste encadré par la Commission, laquelle dispose en l'espèce d'un pouvoir d'autorisation et de surveillance concernant la mise en œuvre des mesures étatiques, ainsi que d'un pouvoir de poursuivre les infractions.

# Fiche 19 La Cour de justice de l'Union européenne

La première Cour de justice mise en place sera celle de la CECA, créé en 1952. Elle devient institution commune des trois Communautés à la suite de la convention relative aux institutions communes, conclue en 1957. À l'heure actuelle, **la Cour de justice de l'Union européenne (CJUE) comprend la Cour de justice elle-même, le Tribunal** (Tribunal de Première instance avant le traité de Lisbonne) et, au titre du traité de Nice qui rend désormais possible la création de juridictions spécialisées, **le Tribunal de la fonction publique**. Les deux Tribunaux sont institués par décision du Conseil, respectivement en 1988 et en 2004. Le siège de la CJUE est établi depuis 1965 à Luxembourg. Mais il peut changer pour les futures juridictions spécialisées, créées par le Parlement et le Conseil, statuant conformément à la procédure législative ordinaire.

Institution principale de l'Union, chargée de garantir le respect du droit dans l'interprétation et l'application des traités (article 19 TUE, article 252 et suivants du TFUE, protocole additionnel relatif au statut de la CJUE), la CJUE incarne la légitimité de l'État de droit (I). Avec plus de 15 000 arrêts rendus, elle devient en outre un véritable moteur de l'intégration, agissant dans l'intérêt général des Communautés et désormais de l'Union unique et exclusive.

Les attributions de la CJUE sont souvent comparées à celles de la cour suprême d'un État fédéral (II). En effet, **la CJUE est garante de la répartition des compétences entre l'Union et ses États membres, de l'équilibre institutionnel et du respect de la légalité au niveau du droit de l'Union, y compris en matière des droits de l'homme**. À ce dernier titre, depuis l'entrée en vigueur du traité de Lisbonne, ayant doté l'organisation d'un catalogue propre et complet des droits de l'homme, elle interprète et applique la Charte des droits fondamentaux, juridiquement contraignante et ayant la même valeur juridique que les traités. Encore, la CJUE n'est-elle que la juridiction spécialisée du système juridictionnel de l'Union, le juge ordinaire de celui-ci étant le juge national.

## I - INSTITUTION PRINCIPALE DE L'UNION EUROPÉENNE, INCARNANT LA LÉGITIMITÉ DE L'ÉTAT DE DROIT

Si l'on laisse de côté le Tribunal de la fonction publique, en tant que juridiction spécialisée de la CJUE, la composition (A) et le fonctionnement (B) de la Cour de justice, repris pour l'essentiel par le Tribunal ne connaissent que peu de modifications. Ces dernières sont rendues plus particulièrement nécessaires au cours des élargissements successifs de l'Union.

## A - La composition de la Cour de justice et du Tribunal

Compte tenu des enjeux que présente cette institution principale de l'Union, chargée de dire le droit, les États membres préservent leur rôle dans la désignation des membres de la CJUE (1.). Nonobstant ce rôle, le statut de ces derniers doit avant tout garantir leur pleine indépendance (2.).

### 1. La désignation des membres de la CJUE, préservant le rôle des États membres

Ce sont en effet ces derniers qui nomment, d'un commun accord et pour 6 ans renouvelables, **les membres de la Cour de justice et du Tribunal**. Le traité de Nice est le premier à indiquer explicitement que la Cour de justice est composée d'un juge par État membre, soit 27 à l'heure actuelle. Elle est assistée de 8 avocats généraux, mais leur nombre peut être augmenté par le Conseil à l'unanimité sur demande de la Cour de justice elle-même. Pour ce qui est du Tribunal, le traité précise qu'il compte au moins un juge par État membre, toujours actuellement 27. Ce sont les juges mêmes de ce dernier qui peuvent se voir confier le rôle d'avocat général.

La nomination des membres de la CJUE intervient après consultation d'un **comité pour la nomination des juges et des avocats généraux**, dit comité des sages, composé de 7 personnalités choisies parmi les anciens membres de la Cour elle-même, des membres des juridictions nationales suprêmes et des juristes à compétences notoires. L'un de ces membres est proposé par le Parlement. Le comité est chargé d'émettre un avis sur la compatibilité des candidats avec les fonctions exercées.

Un **renouvellement partiel des membres** de la CJUE, juges et avocats généraux, intervient à mi-mandat, dans le but d'assurer la permanence de la fonction juridictionnelle.

### 2. Le statut des juges, garantissant leur indépendance

Les membres de la CJUE doivent offrir toute garantie d'**indépendance**. Juges et avocats généraux, ils doivent en outre réunir les conditions requises pour exercer les plus hautes fonctions juridictionnelles nationales ou bien être des jurisconsultes possédant des compétences notoires.

Les juges et les avocats généraux s'engagent à respecter **les obligations découlant de leur charge. Avant d'entrer en fonction, ils prêtent serment d'exercer leur mandat en toute impartialité, en toute conscience et dans le respect du secret des délibérations. Ils doivent renoncer à tout mandat politique,** fonction politique ou administrative et à toute activité professionnelle, y compris à certaines fonctions ou avantages après la fin de leur mandat. En ce qui concerne cette dernière obligation, le statut de la CJUE stipule un devoir d'honnêteté et de délicatesse. Une dérogation quant à l'exercice d'une activité professionnelle peut néanmoins être exceptionnellement accordée par le Conseil.

Les juges et les avocats généraux jouissent de **l'immunité de juridiction**. Pour les actes officiels, ils continuent à en bénéficier y compris après la cessation de leurs fonctions. Les membres de la Cour de justice ne peuvent être relevés de leurs fonctions ou encore déchus de leur droit de pension ou autres avantages, que lorsqu'ils cessent de répondre aux conditions requises ou satisfaire aux obligations découlant de leur charge. La décision est prise alors à l'unanimité par la Cour de justice elle-même. Pour le Tribunal, ou encore les tribunaux spécialisés, c'est toujours la Cour de justice qui décide, le cas échéant après consultation du tribunal. Cependant, même après la levée de leur immunité, les membres de la Cour ne sont justiciables au niveau national en cas d'action pénale engagée contre eux, que devant l'instance, compétente pour juger les magistrats appartenant à la plus haute juridiction nationale.

## B - Fonctionnement de la Cour de justice et du Tribunal

Chacune des deux juridictions est autonome dans la définition de sa propre organisation interne (1.). Les règles d'exercice de la fonction judiciaire doivent permettre de garantir la continuité et l'efficacité de leur mission (2.).

### 1. Organisation interne, définie de manière autonome

La Cour de justice et le Tribunal désignent eux-mêmes leurs présidents, ainsi que les présidents de leurs différentes formations pour trois ans renouvelables. Ils nomment leurs greffiers pour un mandat de 6 ans renouvelable.

La Cour de justice et le Tribunal établissent leurs propres **règlements de procédure**, soumis à l'approbation du Conseil, statuant à la majorité qualifiée.

Le statut de la CJUE prévoit la possibilité de nommer des **rapporteurs adjoints** à la Cour de justice et au Tribunal. Cette nomination se fait sur demande de la juridiction respectivement concernée, par le Parlement et le Conseil statuant selon la procédure législative ordinaire. Les conditions de nomination des rapporteurs adjoints sont les mêmes que celles des membres de la CJUE.

## 2. Les règles d'exercice de la CJUE, destinées à garantir la continuité et l'efficacité de la mission judiciaire

Le traité de Nice, adopté en 2000 et repris par le traité de Lisbonne, réforme **les règles d'exercice de la CJUE**, essentiellement dans le but d'accélérer le travail judiciaire. Désormais, celle-ci siège en chambres, composées de trois ou de cinq juges. La formation de grande chambre est, quant à elle, réunie lorsqu'un État ou une institution le demande. Enfin, la Cour de justice peut siéger en assemblée plénière dans des cas exceptionnels, prévus par le statut, tels que la démission d'office d'un commissaire ou du médiateur de l'Union ou encore, lorsque la Cour elle-même décide, après consultation de l'avocat général, de renvoyer l'affaire en raison de son importance exceptionnelle devant l'assemblée plénière. Les règles d'exercice du Tribunal s'inspirent de celles de la Cour de justice.

**Les avocats généraux** se voient confier une mission inspirée de celle des commissaires de gouvernement auprès du Conseil d'État français. Ils doivent ainsi présenter publiquement, en toute impartialité et indépendance, des conclusions motivées sur les affaires, lesquelles, conformément au statut de la Cour de justice et du Tribunal, requièrent son intervention. Depuis le traité de Nice l'intervention de l'avocat général est cependant rendue facultative, dès lors qu'une affaire ne soulève aucune question de droit nouvelle.

Dans la pratique, les membres de la Cour de justice et du Tribunal ne traitent pas **les affaires concernant l'État dont ils sont ressortissants**, y compris des questions préjudicielles posées par les juridictions de leur propre pays.

**La procédure devant la Cour de justice et du Tribunal** est mixte, comprenant une phase écrite et orale, contradictoire et inquisitoire. Les parties sont représentées obligatoirement devant la Cour, les particuliers par un avocat appartenant au barreau d'un État membre et les États membres par un agent, éventuellement assistés par un conseil ou avocat. Le recours préjudiciel connaît une procédure à part, en raison de l'absence de litige entre les parties au niveau de l'Union. Cette absence implique la participation des intéressés à la procédure grâce à la présentation des observations devant la Cour de justice et le Tribunal.

La langue de travail de la CJUE est le français.

# II - LES ATTRIBUTIONS DE LA COUR DE JUSTICE ET DU TRIBUNAL

Laissant toujours de côté le Tribunal de la fonction publique, les attributions de la Cour de justice et du Tribunal leur permettent de jouer, plus que toute autre institution, un rôle exceptionnel dans le processus d'intégration (A). Cela, grâce à la compétence contentieuse, sans précédent au niveau d'une organisation internationale (B). La Cour de justice exerce également **une compétence consultative limitée**, en matière de compatibilité avec les traités des accords externes que l'Union pourrait envisager de conclure. C'est ainsi qu'elle est appelée à se prononcer, en particulier, sur le traité d'adhésion de l'UE à la Convention EDH.

## A - Le rôle exceptionnel de la CJUE dans le processus d'intégration

Ce rôle, fondé en particulier sur la théorie de l'effet utile, amplifiée de manière magistrale par la CJUE, permet le développement à la fois des aspects institutionnels (1.) et substantiels ou matériels du droit de l'Union (2.). Certains acquis jurisprudentiels essentiels seront ensuite repris par les traités. Encore, s'agit-il d'un processus permanent, permettant à la CJUE d'adapter constamment le droit de l'Union aux évolutions sociales.

### 1. Le développement des aspects institutionnels

Dès l'arrêt fondateur Van Gend en Loos du 5 février 1963, la Cour affirme que la CEE constitue **un nouvel ordre juridique** de droit international au profit duquel les États ont limité, bien que dans des domaines restreints leurs droits souverains et dont les sujets sont non seulement les États membres mais aussi leurs ressortissants. Une année seulement plus tard, dans un autre arrêt fondateur, Costa contre ENEL du 15 juillet 1964, elle ajoute que cette limitation des droits souverains est définitive et que l'ordre juridique communautaire original et autonome s'intègre au système juridique des États membres lors de l'entrée en vigueur du traité et s'impose à leurs juridictions, en affirmant ainsi l'incompatibilité avec le droit communautaire du système dualiste des rapports entre le droit national et le droit international.

Les arrêts précités consacrent surtout **les principes fondamentaux régissant les rapports entre le droit de l'Union et le droit national**, l'effet direct, l'intégration immédiate et la primauté. L'inscription explicite du seul principe de primauté dans le traité constitutionnel fera peur aux États, conduisant à son enlèvement du traité de Lisbonne. Seule une déclaration jointe à ce dernier rappelle, faisant référence à l'avis rendu sur la question par le service juridique du Conseil, que le principe continue à s'appliquer conformément à la jurisprudence constante de la CJUE.

À noter encore la reconnaissance par la jurisprudence de la recevabilité d'un recours en carence contre le Parlement (arrêts les Verts contre le Parlement du 23 avril 1986, ouvrant la voie à **l'intégration progressive et complète** de ce dernier dans le système juridictionnel de l'Union, désormais de plein droit.

## 2. Le développement des aspects substantiels ou matériels

Ce développement est le plus souvent rattaché au développement des aspects institutionnels. Ainsi, avant même l'expiration de la période transitoire au cours de laquelle les quatre libertés de circulation devaient se mettre en place, la CJCE avait-elle affirmé **l'effet direct** de l'interdiction des taxes et des mesures équivalents, pour pouvoir combattre effectivement les restrictions posées par les États à la libre circulation des marchandises.

**Toujours en matière de libre circulation des produits**, le célèbre arrêt Cassis de Dijon du 20 février 1979 consacre **le principe de reconnaissance mutuelle**, selon lequel tout produit légalement fabriqué et commercialisé dans un État membre doit être admis sur le marché de tout autre État membre.

De même, en matière de liberté d'établissement, l'arrêt Royer du 8 avril 1976 confirme le droit pour un ressortissant d'un État membre de séjourner sur le territoire de tout autre État membre, indépendamment de la délivrance d'un titre de séjour par ce dernier.

L'arrêt AETR du 31 mars 1971 permet à la Cour de justice de reconnaître la compétence de la Communauté de conclure des accords internationaux dans les domaines faisant l'objet d'une réglementation communautaire, grâce à **la théorie des compétences implicites**.

Enfin, et surtout, un certain nombre d'arrêts allant de 1969 à 1975, dont Internationale Handelsgeselshaft du 11 décembre 1970, consacrent magistralement **les droits fondamentaux** en tant que partie intégrante des principes généraux du droit, dont la CJUE assure le respect. Cet acquis jurisprudentiel sera repris par le traité de Maastricht. Il figure désormais à l'article 6 du traité de Lisbonne, avec l'affirmation de la valeur juridique de la Charte des droits fondamentaux et l'engagement de l'Union d'adhérer à la Convention EDH.

## B - La compétence contentieuse, sans précédent au niveau d'une organisation internationale

Les différentes voies de recours prévues par le droit de l'Union restent à la fois autonomes et se complètent mutuellement, pour former ce que la CJCE elle-même appellera **un système complet de voies de recours** (Les Verts, 23 avril 1986). La CJUE est exclusivement compétente pour tout type de contentieux en rapport avec l'interprétation ou l'application des traités, puisque les États membres s'engagent à ne recourir en la matière à aucun autre mode de règlement des différends. Mais la CJUE peut se voir confier également la compétence contentieuse sur la base d'un traité conclu le cas échéant entre les États membres. Tel est en particulier le cas du traité sur la stabilité, la coordination et la gouvernance au sein de l'EUM, signé le 1er mars 2012 et en cours de ratification. Traditionnellement on distingue entre les recours directs (1.) et indirects (2.).

### 1. Les recours directs

Il s'agit des recours contre les États membres ou les institutions pour non-respect du droit de l'Union.

Les plus connus sont les **recours généraux**, en manquement contre les États membres, en annulation et en carence contre les institutions de l'Union, ainsi qu'en responsabilité extracontractuelle (indemnité) pour des dommages causés par les institutions ou leurs agents. Mais le contentieux communautaire comprend également d'autres **recours spécialisés**, tels contre les décisions de la Commission infligeant des sanctions aux entreprises, ou encore les recours relatifs aux contrats conclus par l'Union. Pour sa part, le recours des fonctionnaires et agents de l'Union contre leurs institutions relève désormais de la compétence exclusive du Tribunal de la fonction publique européenne.

**La Cour de justice et le Tribunal partagent leur compétence par rapport aux recours susvisés**. Au moment de sa création, le Tribunal n'avait que des compétences limitées aux recours des personnes physiques ou morales en matière de concurrence ou encore de la fonction publique européenne. Progressivement, il devient le juge de droit commun pour l'ensemble des recours directs à l'exclusion du recours en manquement, avant d'étendre également sa compétence aux recours formés par les États contre les actes de la Commission et du Conseil en matière d'aides d'État. Le traité de Lisbonne y ajoute enfin les recours en appel contre les décisions des tribunaux spéciaux éventuellement constitués, chargés de connaître en première instance certaines catégories de recours particuliers.

**La Cour de justice statue en pourvoi** contre les décisions rendues par le Tribunal, mais limité aux seules questions de droit. S'il en prononce l'annulation, la Cour de justice peut soit rendre elle-même la décision définitive, soit renvoyer l'affaire devant le Tribunal pour un jugement de fond.

## 2. Les recours indirects

Cette catégorie comprend le seul **renvoi préjudiciel**, dont l'objectif est d'instaurer une coopération entre le juge national et la CJUE. L'objet de ce recours indirect consiste en une interprétation des traités ou des actes du droit dérivé ou bien en appréciation de la validité des actes adoptés par les institutions. Il met l'accent sur le rôle du juge national en tant que juge ordinaire du système juridictionnel de l'Union. Le recours entend assurer une application effective et uniforme du droit de l'organisation.

Longtemps, le renvoi préjudiciel relevait de la seule compétence de la Cour de justice. **Désormais, le Tribunal connaît lui-aussi ce recours** dans certains domaines déterminés par son statut. Les décisions qu'il rend à ce titre peuvent exceptionnellement faire l'objet d'un réexamen par la Cour.

# Fiche 20 La Cour des comptes

Le **traité** de Bruxelles du **22 juillet 1975** qui renforce les pouvoirs budgétaires du Parlement, institue, en parallèle, une Cour des comptes, organisme de contrôle comptable et de gestion financière. Cette création s'inscrit dans la logique de l'émancipation financière des Communautés. Elle permet de doter ces dernières, selon l'expression du président de la CJCE de l'époque, d'une conscience financière.

La Cour des comptes entre en fonction le 1er juin 1977. Depuis le traité de Maastricht de 1992, il fait partie des institutions principales, d'abord des Communautés, ensuite, après l'entrée en vigueur du traité de Lisbonne, de l'Union européenne unique et exclusive (articles 285 et suivants du TFUE). Chargée, à la manière d'une cour des comptes nationale, de garantir la bonne gestion financière (I), la Cour des comptes de l'Union exerce ses attributions dans le contexte spécifique d'une communauté supranationale (II).

## I - INSTITUTION PRINCIPALE DE L'UNION EUROPÉENNE, GARANTE DE LA BONNE GESTION FINANCIÈRE

La composition de la Cour des comptes s'inspire de celle de la CJUE, mais en tenant compte de la spécificité de sa mission (A), Le fonctionnement de la Cour des comptes, en tant que dépositaire de l'intérêt général, vise à garantir son indépendance (B).

### A - La composition de la Cour des comptes

Dans un premier temps, la désignation des membres de la Cour des comptes s'appuie logiquement et tout comme celle de la CJUE, sur les États membres (1.). Dans un deuxième temps, les conditions à remplir pour devenir membre de la Cour des comptes tiennent compte de sa mission spécifique (2.)

#### 1. La désignation des membres de la Cour des comptes

Le traité de Nice confirme ce qui n'était jusque là qu'une pratique institutionnelle, en précisant que la Cour des comptes comprend un ressortissant par État membre. S'inspirant de la procédure de nomination des juges à la CJUE, ici encore **le Conseil, en tant que**

**représentant des gouvernements des États membres, nomme les membres de la Cour des comptes à la majorité qualifiée** (antérieurement à l'unanimité), après consultation du Parlement et sur proposition de chaque État membre pour le siège qui lui revient. Le mandat des membres de la Cour des comptes est de six ans, renouvelable.

### 2. Les conditions à remplir pour devenir membre de la Cour des comptes

Elles se posent avant tout en termes de **qualification professionnelle** des candidats et renvoient logiquement à celles, requises au niveau des États membres pour l'exercice des fonctions similaires. Ainsi, les candidats à la Cour des comptes doivent-ils appartenir ou avoir appartenu dans son pays aux institutions de contrôle externe ou bien, de manière non-cumulative, posséder une qualification particulière pour l'exercice de la fonction.

## B - Le fonctionnement de la Cour des comptes, visant à garantir son indépendance

À la fois le statut des membres de la Cour des comptes (1.) et l'organisation de son travail (2.) reflètent cet objectif.

### 1. Le statut des membres

Une fois nommés, l**es membres de la Cour des comptes doivent exercer leurs fonctions en toute indépendance**, dans le seul intérêt général de l'Union. Ils ne doivent ni solliciter, ni accepter des instructions d'aucun État, ni particulier. **Les membres de la Cour des comptes ne doivent pas non plus exercer une activité professionnelle rémunérée ou non.** Au moment de leur entrée en fonction, ils doivent solennellement s'engager à respecter les obligations découlant de leur charge, y compris après cessation de leurs fonctions, ainsi que de s'abstenir de tout acte incompatible. La violation de ces obligations peut logiquement conduire à la démission d'office, prononcée par la Cour de justice. Celle-ci constatera alors que le ou les membres de la Cour des comptes concernés ont cessé de répondre aux conditions requises ou de satisfaire aux obligations découlant de leur charge. La déchéance de leur mandat peut d'ailleurs s'accompagner aussi par celle de leurs droits à pension ou autres avantages en tenant lieu.

**La cessation du mandat d'un membre de la Cour** des comptes peut également prendre fin suite à une démission volontaire. L'intéressé doit néanmoins rester en fonction, jusqu'à ce qu'il soit pourvu à son remplacement pour la durée du mandat restant à courir.

Pour garantir au mieux leur indépendance, les membres de la Cour bénéficient des **privilèges et immunités** applicables également aux termes du protocole additionnel au traité, aux juges de la Cour de justice. C'est le Conseil qui fixe les conditions d'emploi, les traitements, les indemnités et les pensions des membres de la Cour des comptes, y compris de son président.

### 2. L'organisation du travail de la Cour des comptes

Les membres de la Cour des comptes choisissent parmi eux leur **président** pour trois ans. Son mandat est également renouvelable.

La Cour des comptes prend ses décisions à la majorité des membres qui la composent, s'agissant aussi bien des avis que des rapports annuels présentés aux autres institutions principales. **Elle agit en tant que collège**, bien que ses membres soient repartis en deux groupes d'audit, organisés selon les secteurs d'activités. Or, ces groupes ne disposent pas de pouvoirs décisionnels.

La Cour des comptes adopte son règlement intérieur, soumis cependant à l'approbation du Conseil. **Elle siège à Luxembourg**.

# II - LES ATTRIBUTIONS DE LA COUR DES COMPTES

Leur importance est toute particulière dans le contexte précisément d'une communauté supranationale. Elles devraient permettre en effet de rendre la gestion financière de l'Union à la fois plus efficace et plus transparente, le cas échéant aux yeux de ses citoyens. À cet effet, la compétence essentielle confiée à la Cour des comptes vise le contrôle des comptes de l'organisation (A). En outre, les traités ont doté la Cour des comptes d'une compétence consultative (B).

## A - Le contrôle des comptes

**Dans l'exercice de cette mission, la Cour des comptes apparaît comme un organe d'audit financier externe, distinct des organes** responsables de la gestion financière, constitués au sein même de chacune des institutions de l'Union. Le domaine de contrôle exercé par la Cour des comptes est étendu (1.) et elle dispose des moyens d'investigations importantes (2.). Ces derniers contrastent cependant singulièrement avec l'aboutissement peu contraignant du contrôle opéré (3.).
Encore, afin de lui permettre de sauvegarder ses prérogatives face aux autres institutions de l'Union, les traités ouvrent-ils à la Cour des comptes la possibilité de saisir la CJUE d'un **recours en annulation**.

Mais la Cour des comptes devra alors apporter la preuve de son intérêt d'agir.

## 1. Domaine du contrôle

**La compétence de la Cour couvre tous les comptes de recettes et de dépenses** de l'Union, mais aussi des organismes créés par l'Union, sauf exception prévue par les statuts mêmes de ces derniers.

L'examen effectué par la Cour des comptes vise à s'assurer de **la fiabilité des recettes et dépenses, de leur légalité et régularité et enfin de la bonne gestion financière**.

## 2. Moyens d'investigation

Le contrôle de la Cour des comptes est qualifié de permanent. Il peut s'effectuer avant ou après la clôture de l'exercice budgétaire considéré. Il a lieu sur place et aussi sur les pièces que les différentes autorités concernées doivent lui transmettre. C'est ainsi que la Cour des comptes peut mener des investigations auprès des **institutions de l'Union** ; auprès des **organismes chargés de gérer les fonds au nom de l'Union**, enfin auprès des **personnes physiques ou morales, bénéficiaires de versements issus du budget de l'Union**. Dans leur ensemble, ces organismes sont tenus à communiquer à la Cour des comptes tout document ou information qu'elle estime nécessaire à l'accomplissement de sa mission.

Le pouvoir de la Cour des comptes d'accéder aux informations pertinentes a été étendu même à celles détenues par la BEI, en ce qui concerne **l'activité de la Banque relative à la gestion des fonds dépendants de l'Union**. L'exercice de ce droit nécessité toutefois la conclusion d'un accord particulier.

Lorsque le contrôle a lieu **dans un État membre**, la Cour des comptes travaille en liaison avec les autorités nationales compétentes. Globalement, ces derniers ont l'obligation de faciliter la tâche de la Cour des comptes.

## 3. L'aboutissement

**À la suite des différentes opérations de contrôle, réalisées par la Cour** de comptes, celle-ci doit fournir chaque année au Parlement et au Conseil une **déclaration d'assurance** sur la fiabilité des comptes, ainsi que sur la légalité et la régularité des opérations sous-jacentes.

Elle établit également un r**apport annuel de ses activités.** Ce rapport est, d'une part, transmis aux institutions de l'Union. D'autre part, il est publié au Journal officiel, accompagné des réponses des institutions et des observations de la Cour des comptes elle-même.

La Cour des comptes n'a pas de pouvoir juridictionnel. Lorsqu'elle découvre des cas de fraude ou des irrégularités dans la gestion des finances de l'Union, elle peut tout au plus **transmettre les informations recueillies aux institutions ou aux organes communautaires compétents pour y donner suite**, y compris dans le cadre d'une procédure contradictoire.

## B - Les compétences consultatives

Elles comprennent à la fois les avis émis (1.) et les observations établies (2.) par la Cour des comptes à l'attention des autres institutions de l'Union.

### 1. Les avis rendus à l'attention des autres institutions de l'Union

Dans certains cas prévus par les traités, **le Conseil a l'obligation formelle de demander l'avis de la Cour des comptes**. Tel est le cas lorsqu'il arrête les règlements financiers, fixant les modalités d'établissement et d'exécution du budget ainsi que de reddition et de vérification des comptes. Il en va de même, pour la décision sur les ressources propres du Conseil et la détermination des règles relatives à la responsabilité des contrôleurs financiers et enfin, lorsque le Conseil prend des décisions introduisant des mesures de lutte contre la fraude.

En outre, les traités prévoient **la possibilité pour l'ensemble des institutions de solliciter l'avis de la Cour des comptes** chaque fois qu'elles l'estiment opportun. La demande d'avis ne constitue pas une formalité, dont le respect conditionnerait la légalité de l'acte adopté.

### 2. Présentation d'observations

De son propre chef et à tout moment, la Cour des comptes peut présenter des **observations sur des questions particulières** aux autres institutions de l'Union. Ces observations prennent la forme de **rapports spéciaux.**

Fiche 21

# Le Comité économique et social et le Comité des régions

Conformément à l'article 13 du TUE, les institutions du triangle décisionnel sont assistées d'un Comité économique et social et d'un Comité des régions, exerçant des fonctions consultatives (article 300 et suivants du TFUE). Seuls parmi les nombreux comités créés par l'Union, **les deux comités susvisés font partie du cadre institutionnel unique** de l'organisation.

La création de ces deux organes consultatifs permet d'**associer à la construction communautaire des acteurs non-étatiques**, d'une part les autorités locales, d'autre part les milieux professionnels et, comme le précise le traité lui-même, d'autres acteurs représentatifs de la société civile. Les deux organes doivent contribuer au rapprochement entre l'Union et ses citoyens conformément au principe de subsidiarité, ainsi qu'à sa démocratisation.

Compte tenu à la fois des objectifs communs et des moyens mis à leur disposition, le Comité économique et social et le Comité des régions restent assez proches en tant qu'organes consultatifs, en termes de statut (I) et d'attributions (II).

## I - LE STATUT DES ORGANES CONSULTATIFS

C'est encore le traité de Paris de 1951 qui prévoit la mise en place d'un Comité consultatif de la CECA, comprenant des membres nommés par le Conseil et représentant les principaux acteurs du secteur du charbon et d'acier, producteurs, travailleurs, utilisateurs et commerçants. Toujours dans le but d'associer de fait **les organisations professionnelles** à la construction communautaire, mais cette fois-ci sans se restreindre à un seul secteur économique, le Comité économique et social sera créé par les traités de Rome en 1957. Il devient le plus ancien parmi les organes consultatifs de l'Union. Pour sa part, le Comité des régions, institué par le traité de Maastricht en 1992, entend associer à la construction communautaire, principalement à la demande allemande à laquelle au départ la France reste hostile, **les collectivités infra-étatiques**.

La composition des deux Comités doit essentiellement satisfaire l'exigence de représentativité nationale (A), alors que leur fonctionnement traduit davantage l'intérêt général de l'Union (B).

## A - La composition des Comités

Fixée par le Conseil à l'unanimité sur proposition de la Commission, elle pose d'abord la question de la représentation de certains intérêts nationaux au niveau de l'Union (1.), ensuite celle de la procédure de désignation des membres des Comités et de la répartition des sièges entre les États membres (2.).

### 1. La représentation de certains intérêts nationaux au niveau de l'Union

Les membres du Comité économique et social doivent assurer une représentation adéquate des différentes catégories de la vie professionnelle. En pratique, chacun des États parties répartit les sièges entre **trois catégories principales : employeurs, salariés et autres catégories**. La dernière catégorie comprend, pour sa part, des représentants des agriculteurs, des commerçants, des professions libérales, voire des consommateurs, etc..

Pour sa part, dans la mesure où le Comité des régions représente les collectivités infra-étatiques, le nombre de sièges attribué à chaque État est partagé entre **les élus locaux et régionaux**. Il se présente comme une assemblée politique composée d'élus ou responsables politiques au niveau local. Ses membres sont donc soit titulaires d'un mandat électoral au sein d'une collectivité infra-étatique, soit politiquement responsables devant une assemblée élue. Et, leur mandat européen prend fin lorsqu'ils cessent d'exercer leur mandat national. Le remplacement se fait dans les mêmes termes que la nomination.

### 2. La procédure de désignation et la répartition des sièges

**La liste des membres de chacun des deux Comités est adoptée par le Conseil, établie conformément aux propositions faites par chaque État membre**. Le Comité des régions comporte en outre des suppléants en nombre égal. Pour la nomination des membres du Comité économique et social, le Conseil statue après consultation de la Commission et peut aussi recueillir l'opinion des organisations européennes représentatives des différents secteurs économiques et sociaux, ainsi que de la société civile, concernées par l'activité de l'Union.

Aux termes du traité de Lisbonne, chacun des deux Comités ne doit pas dépasser **les 350 membres**. Les sièges se répartissent entre les États membres en fonction de leur poids démographique, mais avec une pondération en faveur des petits États. Ainsi, dans chacun des Comités, les grands États, la France, le Royaume Uni, l'Allemagne et l'Italie, se voient-ils attribuer 24 sièges, suivis par l'Espagne et la Pologne, avec 21 sièges. Les plus petits États disposent de 5 sièges pour Malte et 6 pour Chypre et Luxembourg.

## B - Le fonctionnement

Il s'appuie sur le statut des membres de chacun des deux Comités (1.) et s'exprime à travers l'organisation de leur travail (2.).

### 1. Le statut des membres

Pour le faire coïncider avec le statut des députés européens et des membres de la Commission, **le traité de Lisbonne allonge la durée de leur mandat de 4 à 5 ans, renouvelables**.

Les membres de chacun des deux Comité exercent leur mandat en toute **indépendance**, guidés par le seul intérêt général de l'organisation. Ils bénéficient de privilèges et immunités de fonction.

### 2. L'organisation du travail

Les deux Comités partagent le même siège à Bruxelles. Ils jouissent d'une **large autonomie**, renforcée davantage par le traité de Lisbonne. Les deux Comités désignent chacun son président, chargé notamment à les représenter, les vice-présidents et le bureau pour 2 ans et demi. Le bureau est l'organe directeur de chacun des Comités, chargé en particulier de nommer le secrétaire général. Chacun des deux Comités établit son propre règlement intérieur.

**Le Comité des régions** se réunit périodiquement en Assemblée plénière, à laquelle la Commission et la présidence du Conseil UE sont le plus souvent associés. Il travaille en six commissions spécialisées dans différents domaines : politique économique et sociale ; développement durable ; cohésion territoriale ; relations extérieures et coopération décentralisée ; culture, éducation, recherche ; affaires constitutionnelles, gouvernance européenne, espace de liberté, sécurité et justice. Une commission générale s'occupe des affaires financières et administratives. Sa structuration en groupes politiques au niveau européen, selon le modèle du Parlement, constitue l'originalité du Comité des régions en tant qu'assemblée politique. Mais, les membres du Comité se réunissent aussi en délégations nationales.

Pour sa part, **le Comité économique et social**, outre en Assemblée plénière, se réunit en sections spécialisées, ou en d'autres formations, dont la constitution reste relativement souple. Contrairement aux commissions spécialisées du Comité des régions, les sections du Comité économique et social sont organisées selon les principaux domaines d'intervention de l'Union elle-même. L'Assemblée plénière peut également créer d'autres sections dans les domaines couverts par les traités. Pour certains sujets particuliers, des sous-comités *ad hoc* peuvent être constitués, de même que des observatoires, le Comité peut auditionner des personnalités extérieures ou nommer des experts. Il peut aussi constituer des commissions consultatives avec des délégués représentant la société civile ou encore des comités consultatives mixtes avec des pays tiers.

Les Comités **se réunissent à la demande du Parlement, du Conseil ou de la Commission**. Ils peuvent également le faire de leur propre initiative.

# II - LES ATTRIBUTIONS DES ORGANES CONSULTATIFS

Ils participent au processus décisionnel de l'Union. Par ailleurs, désormais aussi bien le Comité économique et social que le Comité des régions se voient accorder le pouvoir de saisir la CJUE d'un recours en annulation, visant à sauvegarder leurs prérogatives. Quelques différences existent au niveau des domaines d'interventions de chacun des deux Comités (B), mais ces derniers se retrouvent au niveau des modalités de leur intervention (A).

## A - Les modalités d'intervention des Comités

L'avis de chacun des Comités peut être obligatoire (1.) ou facultatif (2.)

### 1. L'avis consultatif obligatoire

En l'espèce, la consultation des Comités est **une exigence formelle** posée par les traités, même si l'avis en soi ne lie pas. Ainsi, aucune décision ne peut-elle être prise, sans qu'elle recueille, au préalable, l'avis des représentants des acteurs économiques et/ou des collectivités infra-étatiques. À défaut, elle s'expose à une annulation par la CJUE. À l'origine de la CEE, pour le Comité économique et social et à la suite de l'adoption du traité de Maastricht pour le Comité des régions, l'obligation de consulter incombait au seul Conseil. L'extension, puis la transformation de la procédure de codécision devenue procédure législative ordinaire, en mode de décision de droit commun au niveau de l'Union unique et exclusive, l'impose désormais à chacune des institutions du triangle décisionnel, Parlement, Conseil et Commission, dans les conditions prévues par les traités.

Encore, s'ils l'estiment nécessaire, **ces derniers peuvent impartir à chacun des deux Comités un délai**. Ce délai ne saurait être désormais inférieur à 1 mois (10 jours antérieurement). À l'expiration de ce délai, les institutions peuvent passer outre l'absence d'avis du Comité.

### 2. L'avis consultatif facultatif

**Les deux Comités peuvent aussi être consultés** librement dans tout domaine des traités, par la Commission, le Conseil ou le Parlement, lorsque ces derniers le jugent opportun. Mais, les deux Comités peuvent aussi, de leur propre initiative, rendre des avis sur tout sujet, dans tous les cas lorsqu'ils le jugent utile.

**Ici encore, les institutions du triangle décisionnel peuvent fixer à chacun des deux Comités un délai** pour rendre son avis, sans dépasser un mois.

Enfin, **les Comités peuvent émettre des avis sur les rapports dont ils sont destinataires** dans des cas prévus par les traités, tel l'exemple du domaine de la politique de la cohésion économique, sociale et territoriale (article 175 TFUE).

## B - Les domaines d'intervention des Comités

Les deux Comités connaissent des domaines d'intervention, définis selon des règles communes (1.). Ces domaines se recoupent le plus souvent, mais il existe également des domaines d'intervention ouverts uniquement à l'un ou à l'autre des Comités (2.)

### 1. Les règles de définition des domaines d'intervention

En toute logique, les domaines soumis à la consultation obligatoire se définissent en raison des **intérêts spécifiques que reflète chacun des Comités**. Ces intérêts sont cependant définis de manière large. Encore, dès leur création, les interventions des Comités connaissent-elles un élargissement constant, même si les domaines les plus sensibles pour les États y échappent encore pour l'essentiel.

Cependant, avec **la possibilité pour les Comités de se saisir de toute question qui relève des traités**, pratiquement tout domaine, y compris la révision institutionnelle ou l'adhésion, peut faire l'objet de leur intervention.

### 2. Les domaines communs et les différences d'intervention entre les Comités

Parmi les domaines **d'intervention obligatoire, communs aux deux Comités** figurent plus particulièrement : la politique des transports ; l'éducation, formation professionnelle et jeunesse ; la santé publique ; les réseaux transeuropéens ; la cohésion économique et sociale ; l'environnement ; la définition des missions, des objectifs et de l'organisation des fonds structurels et du Fonds européen de développement régional.

Des différences existent pourtant. Ainsi, dans le **domaine de la culture** (article 168 TFUE), le traité impose-t-il la seule consultation du Comité des régions. Tel n'est pas le cas en revanche du rapprochement des législations dans le domaine du marché intérieur ; de la libre circulation des personnes et des services, de la liberté d'établissement ou encore de la politique industrielle.

Globalement **l'espace commun de liberté, sécurité et justice** échappe à la compétence consultative obligatoire des Comités (Titre V, article 67 et s. du TFUE), de même que **l'Union économique et monétaire** (Titre VIII, article 119 et s.).

Le champ d'intervention obligatoire du Comité économique et social reste plus large que celui du Comité des régions. Le traité institue alors à la charge du premier, en cas de demande d'avis consultatif, **une obligation d'information** en direction du second. Le Comité des régions peut alors, lorsqu'il estime que des intérêts particuliers des collectivités infra-territoriales sont en jeu, émettre un avis sur le sujet. Ainsi, le traité confirme-t-il, s'il en faut, l'interdépendance des interventions de chacun des deux Comités.

# Fiche 22 La Banque centrale européenne

La Banque centrale européenne est créée en tant qu'**institution propre de l'Union économique et monétaire,** dont la réalisation progressive était prévue par le traité de Maastricht. Elle se substitue à l'Institut monétaire européen depuis le 1er janvier 1998, au moment de l'institution de l'euro, initialement en qualité seulement d'une unité de comptes.

D'après le traité de Lisbonne, la BCE devient une institution principale de l'Union européenne (article 282 et s., protocole 4), incarnant clairement sa volonté d'indépendance monétaire (I -). Ses attributions correspondent à l'intention du pouvoir constituant, détenu par les États membres, de consacrer un pouvoir monétaire fort au profit de la BCE, mais sans emprise réelle sur le pouvoir économique (II).

## I - INSTITUTION PRINCIPALE DE L'UNION EUROPÉENNE, INCARNANT SA VOLONTÉ D'INDÉPENDANCE MONÉTAIRE

La BCE occupe donc la place centrale au sein de l'Union monétaire (A). Son indépendance est garantie à travers la composition et le fonctionnement de la Banque (B).

### A - La place centrale de la BCE au sein de l'Union monétaire

Pour tenir compte du fait que certains des États membres ne font pas partie de la zone euro, les traités consacrent la distinction entre le Système européen des banques centrales (SEBC) et l'Euro-système, en fonction logiquement des adhésions à la monnaie unique (2.). La BCE est cependant l'institution centrale de chacun de ces deux systèmes qui se superposent.

#### 1. L'Euro-système et le SEBC

L'Euro-système n'est pas initialement prévu par les traités. Le traité de Lisbonne rectifie cette lacune, en consacrant explicitement son existence. À l'heure actuelle, **l'Euro-système ne**

**regroupe autour de la BCE que les banques centrales des 17 États participant à la zone euro**. Ce sont ces derniers auxquels s'applique la politique monétaire de l'Union.

Pour sa part, **le SEBC regroupe, toujours autour de la BCE, les banques centrales de l'ensemble des États membres de l'Union, y compris des États n'ayant pas adhéré à l'Union monétaire**. Le SEBS est fortement centralisé, les banques centrales nationales agissent conformément aux seules orientations et instructions de la BCE. Il contribue à la politique monétaire menée par la BCE au sein de l'Euro-système et apporte, sans préjudice de cet objectif, son soutien à la politique économique de l'Union.

### 2. L'adhésion à la monnaie unique

**L'adhésion à la monnaie unique est réservée aux seuls États qui respectent les critères de convergence**, établis à Maastricht. La Slovénie, Chypre, Malte et la Slovaquie et, depuis le 1er janvier 2011, l'Estonie, sont les seuls parmi les nouveaux États membres à les satisfaire. Trois des anciens États membres, le Royaume Uni, le Danemark et la Suède, ne veulent toujours pas adopter la monnaie unique. Conformément au traité de Lisbonne, les deux premiers États bénéficient de régime dérogatoire. La Suède pour sa part s'est engagée à terme à adhérer à la zone euro dès qu'elle satisfera les critères de convergence. Mais, elle reste toujours globalement hostile à une telle adhésion.

Logiquement, ces États qui n'en font pas partie, n'assument aucun droit ni obligation dans le cadre de l'Euro-système et leurs droits de vote sont suspendus par le traité pour toute décision prise au niveau de la zone euro. Tous les deux ans ou à la demande d'un État faisant l'objet de dérogation, sa situation fait l'objet d'un réexamen par le Conseil UE, en vue de son éventuelle **intégration dans la zone euro**, à condition qu'il remplisse les critères de convergence et que sa législation soit compatible avec les statuts de la SEBC et la BCE. Parallèlement, le Conseil UE devrait fixer irrévocablement le taux auquel l'euro remplacerait la monnaie nationale.

## B - La composition et le fonctionnement de la BCE

### 1. La composition

**Les organes de décision de la BCE** sont le Directoire et le Conseil des gouverneurs. Le Directoire est composé d'un président, vice-président et de quatre membres, tous nommés pour un mandat de 8 ans, non renouvelable. Jusqu'alors cette nomination avait lieu sur commun accord des chefs d'États et de gouvernement des

États membres sur recommandation du Conseil UE, après consultation du Parlement et du Conseil des gouverneurs de la BCE. D'après le traité de Lisbonne, le Conseil UE procède désormais à la nomination à la majorité qualifiée. Les membres du Directoire doivent avoir la nationalité des États membres et justifier d'une autorité et d'une expérience professionnelle dans le domaine bancaire et monétaire. S'ils ne remplissent plus les conditions exigées pour exercer leur mandat, leur démission d'office peut être prononcée par la CJUE à la requête du Conseil des gouverneurs ou du Directoire.

Les postes des quatre membres ordinaires du **Directoire** sont pour l'heure détenus par les quatre grands États membres de la zone euro, l'Allemagne, la France, l'Italie et l'Espagne. Organe administratif de la BCE, le Directoire exécute les orientations et les décisions arrêtées par le Conseil des gouverneurs. Il donne à cet égard des instructions aux banques centrales.

Pour sa part, le **Conseil des gouverneurs** réunit, outre les membres du Directoire, également les gouverneurs des banques centrales des États dont la monnaie unique est l'euro. Il est l'organe décisionnel de la BCE en ce qui concerne la définition de la politique monétaire de la zone euro et des missions de l'Euro-système. Il est compétant pour les décisions sur les taux directeurs de la BCE et l'approvisionnement en réserves de change au sein de l'Eurosystème. Il adresse au Directoire des orientations concernant l'exécution de ses décisions.

Enfin, **le Conseil général de la BCE** représente, à titre transitoire, un troisième organe décisionnel, propre au SEBC. Il se compose du président et du vice-président de la BCE, ainsi que des gouverneurs des banques centrales de l'ensemble des États membres de l'Union. Sans pouvoir décisionnel, il doit surtout compléter l'action du Conseil des gouverneurs pour tenir compte des intérêts des États faisant l'objet de dérogation. À ce titre, il examine la situation de ces derniers dans le but de préparer leur future adhésion à la monnaie unique.

Le Conseil général apporte en outre **une contribution globale aux activités de la BCE**, comprenant la collecte des informations statistiques, l'établissement des rapports annuels, la normalisation des procédures comptables et de déclaration relatives aux opérations des banques nationales, les fonctions consultatives de la BCE elle-même, le recrutement du personnel et la définition de la clé de répartition pour la souscription au capital de la BCE.

## 2. Le fonctionnement

**La BCE est indépendante**, à la fois par rapport aux États et aux Institutions. Le traité lui-même affirme l'engagement de ces derniers à respecter cette indépendance.

La BCE possède **une personnalité juridique, ainsi qu'une capacité décisionnelle** – à la fois normative et répressive – placée sous le seul contrôle de légalité opéré par la Cour de justice. Institution principale de l'Union, la BCE est habilitée à prendre des actes juridiquement contraignants, règlements et décisions, mais aussi infliger des sanctions aux acteurs économiques, dans le domaine de l'Union monétaire. Devant la CJUE, elle peut faire l'objet de recours en annulation et carence, ou bien intenter elle-même de tels recours, destinés à la sauvegarde de ses prérogatives, ainsi que d'un renvoi préjudiciel. De plus, conformément au traité de Lisbonne, la Cour peut être saisie, à la place de la Commission, par le Conseil des gouverneurs de la BCE d'un recours en manquement à l'encontre des banques centrales ayant manqué à leurs obligations en vertu des traités et des statuts de la BCE et du SEBC.

La BCE possède son **propre capital**, déposé auprès des banques centrales des États membres, selon une clé de répartition, en fonction de leur population et la part dans le produit intérieur de l'Union.

C'est l'Allemagne qui avait récupéré, en toute logique au moment de la création de la BCE, le **siège de cette dernière, installé à Francfort**.

Organisme collégial, **le Conseil des gouverneurs statue à la majorité simple ou qualifiée**, en quel cas un système de pondération s'applique, en tenant compte du poids à la fois démographique et économique des États. Il se réunit à huis clos, en principe le premier et le dernier jeudi de chaque mois. En raison des particularités du fonctionnement des marchés financiers à l'échelle mondiale, caractérisées surtout par leur extrême volatilité, et en s'inspirant sans doute du modèle de la réserve fédérale américaine, chaque réunion est suivie d'une conférence de presse dans laquelle les décisions prises font l'objet d'un commentaire de la part du Président de la BCE.

À noter la **participation de la BCE, par le biais de son président aux réunions du Conseil UE**, lorsque ce dernier statue sur des sujets qui relèvent du SEBC et plus particulièrement de l'Eurogroupe, réunissant les seuls États membres de la zone euro. Inversement, les présidents du Conseil et de la Commission participent, eux-aussi, sans voix délibérative, aux réunions du Conseil des gouverneurs. Le président du Conseil peut toutefois soumettre une motion à la délibération du Conseil des gouverneurs.

La BCE transmet des **rapports annuels** concernant les activités du SEBC et la politique monétaire aux institutions du triangle décisionnel, ainsi qu'au Conseil européen. Le président de la Banque présente ce rapport au Conseil et au Parlement, pouvant donner lieu à un débat général. Encore, peut-il être entendu, tout comme les autres membres du Directoire, par les commissions du Parlement, à la demande de ce dernier ou de leur propre initiative.

# II - UN POUVOIR MONÉTAIRE FORT, MAIS SANS EMPRISE SUR LE POUVOIR ÉCONOMIQUE

Les compétences de la BCE lui confient la responsabilité directe et exclusive de la politique monétaire au niveau de la zone euro (A). Elle est en revanche démunie pour intervenir au niveau de la politique économique de l'Union, laquelle demeure toujours de la compétence des États (B).

## A - La responsabilité directe et exclusive de la politique monétaire de l'Union

La BCE se voit doter de véritables pouvoirs régaliens d'une banque centrale d'un État fédéral, exercés au niveau de la seule zone euro, sans intervention ni contrôle de la part d'aucune autre institution de l'Union ou autorité nationale. Ses pouvoirs portent sur l'émission monétaire (1.), la définition et la mise en œuvre des taux directeurs (2.) la conduite des opérations de change et la promotion du bon fonctionnement des systèmes de paiement (3.).

### 1. L'émission monétaire

Aux termes du traité, **la BCE est en effet la seule compétente en matière d'émission des billets en euro**. Elle peut procéder elle-même à cette émission ou autoriser une banque centrale à le faire. Ces billets sont les seuls à avoir cours légal dans l'Union. En revanche, pour ce qui est de l'émission des pièces en euro, la BCE ne fait qu'approuver le volume de l'émission, décidée par les États membres. Le Conseil UE, sur proposition de la Commission et après consultation du Parlement et de la BCE, peut procéder à l'harmonisation des valeurs unitaires et des spécifications techniques des pièces, afin d'assurer leur circulation à l'intérieur de l'Union.

### 2. La définition et la mise en œuvre des taux directeurs

Il s'agit d'une compétence de la BCE, qui correspond à l'objectif de **la stabilité des prix à travers la lutte contre l'inflation**. Celle-ci constitue une règle de base de l'orthodoxie monétaire qui préside à la mise en place de l'Union monétaire elle-même. Le traité de Maastricht garde le silence au sujet du seuil maximum d'inflation, compatible avec la préservation de la stabilité des prix et dont le dépassement justifierait le cas échéant l'intervention de la Banque. C'est donc cette dernière qui va elle-même décider, en s'inspirant de la pratique antérieure en la matière de la Banque de France et de la Bundesbank, que la stabilité des prix est préservée lorsque la progression sur un an de l'indice des prix à la consommation harmonisé reste inférieure à 2 %.

La BCE peut alors décider d'intervenir, en jouant sur le taux d'intérêts ou bien sur les volumes de l'argent prêté. Cela, afin d'influencer le taux moyen de crédit, en rendant l'argent plus ou moins cher ou disponible. La BCE joue ici sur **trois taux d'intérêts**. Le plus important, le taux de refinancement (Rifi) est encadré, d'une part par le taux de facilité de dépôt ou de rémunération des dépôts, en tant que taux plancher et, d'autre part par le taux de facilité de prêt ou d'escompte en tant que taux plafond. Il s'agit des taux directeurs servant de base au calcul des intérêts, auxquels les banques commerciales peuvent emprunter aux banques centrales de leurs pays respectifs, en répercutant ensuite le coût du crédit sur leurs propres clients.

Dans la période de crise financière que traverse à l'heure actuelle l'Union et face aux attaques que connaît sur les marchés financiers l'euro, le maintien des taux directeurs élevés ou bien leur relèvement par la BCE entend donc **conjurer les risques inflationnistes** à court terme. Mais la BCE a été contrainte par la politique agressive de la Réserve fédérale américaine de suivre l'abaissement des taux d'intérêt décidé par cette dernière. Les États et la doctrine restent partagés en ce qui concerne le respect de l'orthodoxie financière par le maintien des taux directeurs élevés. Cependant, depuis le début même de la crise, le taux de change euro-dollar baisse continuellement pour aller de 1,6 dollar contre 1 euro en 2008 à presque 1,2 contre 1 fin 2012.

### 3. La conduite des opérations de change et la promotion du bon fonctionnement des systèmes de paiement

Les banques centrales des États membres participant à la zone euro, apportent à la BCE des **réserves de change**, à concurrence d'environ 40 milliards d'euro. La contribution de chaque banque centrale est fixée proportionnellement à sa part dans le capital souscrit auprès de la BCE. En contrepartie, chaque banque centrale reçoit de la BCE une créance en euro, équivalente à sa contribution. L'or constitue un certain pourcentage des réserves, le reste étant constitué de dollars américains et de yens japonais. Les réserves de change sont utilisées par la BCE, conformément aux traités, pour conduire des opérations de change de la zone euro et gérer les réserves de change des États participants à la monnaie unique.

La BCE dispose également de **plusieurs instruments lui permettant d'influencer les systèmes de paiement**, tels que les opérations dites d'*open market*, l'offre des facilités permanentes et l'assujettissement des banques à la constitution des réserves obligatoires.

## B - Absence de capacité d'intervention au niveau de la politique économique de l'Union

L'absence de compétence de la BCE au niveau de la politique économique de l'Union exprime le décalage qui existe, au niveau de l'UEM, entre la politique monétaire conduite par la BCE d'une part et, d'autre part la politique économique, qui demeure entre les mains des États. La crise grecque démontrera, en raison de ce décalage, une certaine fragilité du pouvoir monétaire (1.) et reposera la question d'une gouvernance économique (2.).

### 1. La fragilité du pouvoir monétaire mise en évidence

À noter d'abord que, selon les traités, **ni la BCE, ni les banques centrales des États membres ne peuvent accorder des découverts ou tout autre type de crédit** aux institutions, organes ou organismes de l'Union, ainsi qu'aux autorités publiques des États membres. Le traité interdit également l'acquisition directe des instruments de la dette de l'ensemble de ces acteurs.

Cependant, à l'occasion de la crise provoquée par la dette grecque, **la BCE sera obligée à renoncer à l'orthodoxie monétaire** et risquer une remise en cause de la stabilité des prix. Ainsi, sous la pression politique, face à la crise financière que traverse l'Union et aux attaques subies par la monnaie unique sur les marchés financiers, elle va finir par permettre aux banques centrales de la zone euro d'acheter de la dette publique et privée sur les marchés financiers.

Fiche 23

# Les sources du droit de l'Union européenne

Le droit de l'Union européenne est à la fois autonome et intégré aux systèmes juridiques des États membres. Il connaît de **multiples sources des droits et obligations** pour l'ensemble des sujets de l'ordre juridique qu'il construit. Même si globalement ces sources restent inchangées, le traité de Lisbonne apporte des précisions importantes en ce qui concerne leur nomenclature et leur hiérarchie. Il abandonne en même temps les appellations, retenues par le traité constitutionnel, de lois et lois-cadres européennes en matière législative, ainsi que règlements et décisions européens en matière infra-législative, pour revenir à l'ancienne typologie du droit dérivé communautaire.

Les sources du droit de l'Union font l'objet de différentes classifications. Du point de vue de leur hiérarchie et de manière commune, il est possible de distinguer entre les sources supra-législatives d'une part (I -), législatives et infra-législatives d'autre part (II -).

## I - LES SOURCES SUPRA-LÉGISLATIVES

Cette catégorie, placée au sommet de la hiérarchie normative de l'ordre juridique de l'Union, comprend, d'une part les sources écrites (A) et d'autre part les sources non-écrites (B).

### A - Les sources écrites

En fait partie d'abord le droit primaire (1.), ensuite le droit conventionnel de l'Union (2.).

#### 1. Le droit primaire

Le droit primaire ou originaire est placé au sommet de la hiérarchie normative du droit de l'Union. La CJUE est chargée de faire respecter cette hiérarchie, grâce aux différents recours institués par le TFUE, tels que le recours en annulation (article 263) ou le renvoi préjudiciel (article 267). Mais la Cour de justice affirme aussi clairement sa nature constitutionnelle. Ainsi, dans l'avis consultatif relatif à l'espace économique européen du 14 décembre 1991, la Cour de justice qualifie-t-elle le traité CE de **charte constitutionnelle d'une communauté de droit**.

Le droit primaire de l'Union comprend d'abord **les traités fondateurs**, ayant la double nature à la fois d'acte constitutif et d'accord entre les parties. À ce dernier titre, leur adoption reste entre les mains des États.

Le droit primaire comprend ensuite **l'ensemble des traités de révision**, s'agissant à la fois des révisions d'ensemble, dont le dernier, le traité de Lisbonne, porte adoption des TUE et TFUE, et des révisions ponctuelles ou sectorielles, à l'instar du traité de fusion des exécutifs du 8 avril 1965. S'y ajoutent également **les accords d'adhésion, mais aussi les protocoles annexés aux traités**, portant précisions techniques ou instituant des régimes spécifiques, ayant la même valeur juridique que les traités *stricto sensu*. En revanche les déclarations annexes n'ont pas de force juridique contraignante. Elles indiquent une intention ou précisent les positions des États.

Enfin, différents **actes de l'Union, le plus souvent soumis à l'approbation des États** sont assimilés au droit originaire, à l'instar de la décision du Conseil du 20 septembre 1970 sur les ressources propres ou celle du 20 septembre 1976 sur l'élection des représentants à l'Assemblée au suffrage universel direct.

Les traités règlent **les éventuelles incompatibilités avec des engagements internationaux pris par les États membres** (article 351 TFUE). Seuls ceux des engagements conclus antérieurement avec des États tiers restent en vigueur, préservant ainsi les droits accordés à ces derniers. Mais les États membres ont l'obligation de prendre toute mesure nécessaire pour mettre fin à l'incompatibilité, ayant si besoin recours à la renégociation. Pour ce qui est des accords conclus entre les États membres, ils cessent de s'appliquer s'ils sont incompatibles avec les traités.

## 2. Le droit conventionnel

Il reste lui-même hétérogène. Le droit conventionnel comprend, dans un premier temps, **les accords internationaux auxquels la Communauté et désormais l'Union est partie intégrante**. L'article 216 TFUE précise que ces accords lient les institutions et les États membres. Il en va de même des actes unilatéraux pris par les organes de certains accords auxquels fait partie l'Union, à l'instar du Conseil des ministres de la Convention de Cotonou du 23 juin 2000, conclue entre l'Union et ses États membres d'une part et, d'autre part les pays de l'Afrique, des Caraïbes et du Pacifique en voie de développement.

Dans l'ordre juridique de l'Union, **ces accords sont introduits par une décision, publiée au JOUE, accompagnée, en annexe, de l'accord lui-même**. Ils sont inférieurs aux traités et aux principes généraux du droit de l'Union, mais supérieurs aux actes du droit communautaire dérivé.

**Pour leur part, les accords internationaux conclus entre les États membres**, dans les domaines de compétence nationale réservée, mais qui servent les objectifs de l'Union, font partie du **droit complémentaire de l'organisation**. L'Union peut parfois se charger de leur élaboration, l'adoption se faisant alors, sauf exception, par les États membres. À noter les conventions que l'Union pouvait établir dans le domaine de l'ancien troisième pilier, relatif aux Affaires intérieures et justice, puis à la seule coopération policière et judiciaire en matière pénale. À la suite de leur adoption par le Conseil, elles étaient ensuite soumises à la signature et la ratification par les États membres, pouvant entrer en vigueur dès la réunion du minimum de ratifications exigé.

Le droit complémentaire entretient des **relations spécifiques avec le droit de l'Union**. Souvent, le développement du processus d'intégration permet sa communautarisation. Les conventions de Schengen de 1985 et de 1990 sur l'établissement d'un espace commun de liberté, sécurité et justice apportent un exemple à cet égard. Elles seront intégrées par le traité d'Amsterdam dans le premier pilier – communautaire – de l'Union.

**Les traités et les principes généraux du droit de l'Union priment sur le droit conventionnel complémentaire**. Pour leur part, les relations entre le droit dérivé et le droit complémentaire non-conventionnel sont régies selon la matière concrètement concernée.

## B. Les sources non-écrites

Elles comprennent **les principes généraux du droit de l'Union**. La CJUE joue un rôle clé dans le processus de leur révélation, bien que sa jurisprudence en soi ne puisse constituer une source de droit. Construction jurisprudentielle originale (1.), les principes serviront notamment à l'introduction des droits et libertés fondamentaux en droit de l'Union (2.). Les traités reprennent directement l'acquis jurisprudentiel ou affirment, à l'instar de l'article 6 du TUE, que les droits fondamentaux, tels que garantis par la Convention EDH et résultant des traditions constitutionnelles communes aux États membres, font partie du droit de l'Union en tant que principes généraux.

### 1. Une construction jurisprudentielle originale

Seul le traité CEE avait prévu à l'origine dans son article 215 que la responsabilité extracontractuelle de la Communauté s'établit conformément aux principes généraux communs aux droits des États membres. Mais avant même son entrée en vigueur, **la Cour de justice avait déjà affirmé pouvoir s'inspirer des règles reconnues par les législations, la doctrine et la jurisprudence des États membres** (Algera, 12 juillet 1957).

Les systèmes juridiques nationaux constituent par conséquent une première source des principes généraux pour la CJUE. Il s'agit évidemment des **principes communs à l'ensemble ou du moins à un nombre significatif d'États membres**. Tels sont, parmi d'autres, la sécurité juridique et la confiance légitime, la continuité du service public, le principe de précaution, etc.

**Les traités eux-mêmes constituent également, directement ou indirectement, une source des principes généraux du droit de l'Union**. Ainsi, la non-discrimination en raison de la nationalité sera consacrée par le traité lui-même, alors que l'effet direct, la primauté et l'équilibre institutionnel seront déduits par la CJUE de la nature même des Communautés, de l'économie du système établi et des objectifs assignés aux institutions.

Enfin, **c'est aussi au droit international que la CJUE pourra emprunter certains principes**, tels que *pacta sunt servanda* ou effet utile. Mais, il ne peut s'agir que de principes compatibles avec la nature spécifique de la construction communautaire. Ainsi, la Cour écartera-t-elle par exemple le principe de réciprocité dans l'exécution des obligations étatiques.

## 2. La consécration des droits et libertés fondamentaux à travers les principes généraux du droit de l'Union

Rapidement, des réserves seront exprimées, notamment par les juridictions constitutionnelles allemandes et italiennes, concernant l'absence de protection des droits de l'homme par le droit communautaire (*Solange* I du 29 mai 1974 et Frontini e Pozzani c/Ministère des Finances du 27 décembre 1973). Elles seront ressenties comme une menace à la spécificité et à l'unicité de l'ordre juridique communautaire. Le principe de primauté sera contesté tout particulièrement. Dans l'arrêt Stauder du 12 novembre 1969, la CJCE fera une première référence générale à la notion des droits de l'homme. Puis, dans l'arrêt Internationale Handelsgesellshaft du 17 décembre 1970, elle affirmera que **le droit communautaire ne saurait être indifférent, mais offre une protection des droits de l'homme**, analogue à celle en droit constitutionnel des États membres. Cela, à travers les droits fondamentaux en tant que partie intégrante des principes généraux du droit communautaire, dont elle assure le respect.

Pour définir les principes généraux du droit communautaire protégeant les droits de l'homme, **la CJUE s'inspire des traditions constitutionnelles communes aux États membres, ainsi que des instruments internationaux, auxquels les États membres ont coopéré ou adhéré** (Nold, 14 mai 1974). À la suite de la ratification par la France de la Convention EDH en 1974, la Cour inclura la Convention parmi les instruments internationaux de référence (arrêt Rutili du 28 octobre 1975), puis transformera logiquement cette dernière en sa première source internationale en matière de protection des droits de l'homme.

Parmi les principes concernés figurent l'égalité de traitement, le respect des biens, la liberté d'entreprendre, le respect de la vie privée, etc. Dans une deuxième décision *Solange* II du 22 octobre 1986, le Tribunal constitutionnel allemand accepte de ne plus contrôler le respect en droit communautaire des droits fondamentaux, tels que consacrés par la constitution allemande, aussi longtemps que le droit communautaire offrira **une protection globalement équivalente** à celle de la loi fondamentale allemande.

# II - LES SOURCES LÉGISLATIVES ET INFRA-LÉGISLATIVES

Quantitativement, c'est la partie la plus importante du droit de l'Union. Elle est constituée de l'ensemble des actes unilatéraux adoptés par les institutions. Cette adoption se faisant sur le fondement et dans les conditions fixées par les traités, il s'agit du droit dérivé de l'organisation (A). Ce dernier est complété aussi par des actes qui relèvent des sources complémentaires du droit de l'Union (B).

## A - Le droit dérivé de l'Union

La pratique dégage un certain nombre de caractéristiques communes à l'ensemble du droit dérivé de l'Union (1.). Quant à la typologie des normes que ce dernier comprend, elle restera inchangée dans le traité de Lisbonne (2.).

### 1. Les caractéristiques communes

À l'origine, seuls le Conseil et la Commission pouvaient adopter des actes du droit dérivé. Désormais **les principaux sont adoptés conjointement par le Conseil et le Parlement**. De même, une certaine compétence législative sera reconnue à la BCE. Après l'entrée en vigueur du traité de Lisbonne, la PESC et la PSDC restent les seuls domaines excluant l'adoption des actes législatifs et à connaître, par conséquent des instruments juridiques spécifiques.

**Le choix des actes à adopter n'est pas laissé à l'appréciation des institutions**. Conformément aux principes d'attribution et de spécificité, il est généralement fixé par les traités eux-mêmes. Ce n'est que lorsque les traités l'autorisent ou ne l'interdisent expressément, que les institutions retrouvent une liberté de choix. Encore, la nature juridique d'un acte résulte-t-elle moins de sa qualification que de son contenu. Ainsi, la Cour n'hésite-t-elle à requalifier un acte dont l'appellation ne correspond pas au contenu.

**Les actes unilatéraux doivent être motivés**, notamment au regard du respect des principes de subsidiarité et proportionnalité. Le non-respect de cette exigence formelle constitue un vice de forme, sanctionné par la CJUE.

Le traité de Lisbonne reprend du traité constitutionnel la distinction entre les actes législatifs, adoptés selon la procédure législative ordinaire ou spéciale et les actes non-législatifs. Ces derniers incluent à la fois des **actes délégués et des actes d'exécution** (articles 289 et s. TFUE). C'est la Commission qui peut se voir attribuer la compétence déléguée. Les objectifs, le contenu, la portée et la durée de la délégation sont délimités par les actes législatifs et la délégation ne peut porter sur les éléments essentiels d'un domaine de compétence de l'Union. L'exécution peut être, elle-aussi, confiée à la Commission, mais aussi au Conseil en matière de la PESC. Dans les deux cas, le qualificatif délégué ou d'exécution est inséré dans l'intitulé de l'acte respectivement concerné.

## 2. La typologie des actes du droit dérivé (article 288)

– Le règlement. Qualifié d'acte parfait, il est proche des lois ou des règlements nationaux. Il a une portée générale et s'adresse à des catégories de destinataires envisagées de manière abstraite. Ainsi, concerne-t-il tout sujet de droit de l'Union. Le règlement est obligatoire dans tous ses éléments et il est directement applicable dans chacun des États membres. Ainsi, ces derniers n'ont-ils pas à prendre des mesures d'application, sauf si le règlement lui-même ne l'impose.

  Le règlement entre en vigueur à la date fixée par lui-même, ou bien, à défaut, le vingtième jour suivant sa publication dans le JOUE. Son champ d'application est très vaste, mais il est surtout utilisé dans les domaines de compétences exclusives. Le principe de proportionnalité demande toutefois l'adoption par les institutions de la mesure la moins contraignante possible, ces dernières devant alors préférer de statuer si possible par voie de directive-cadre à la place du règlement, y compris en matière de compétences exclusives.

– **La décision.** À la différence du règlement, acte impersonnel, la décision a des destinataires précis, toujours visés par l'article final. Ceux-ci peuvent être des États, mais aussi d'autres sujets de droit de l'Union, les entreprises, les collectivités locales, voire les personnes physiques.

  Les décisions entrent en vigueur par la notification faite à leur destinataire. Cependant, elles sont publiées dès lors qu'elles ont été adoptées conformément à la procédure prévue par les traités.

- La directive. Instrument législatif original et sans doute le plus utilisé, la directive s'adresse aux seuls États membres, tous ou certains seulement. Elle lie quant au résultat à atteindre, tout en laissant aux instances nationales le choix quant à la forme et aux moyens. Selon la jurisprudence, ces dernières doivent toutefois garantir une réelle transparence et une sécurité juridique suffisante. Ainsi, une simple pratique administrative ou une circulaire ne permettent-elles pas d'assurer la mise en œuvre correcte de la directive. Celle-ci est un acte médiat, fondé sur la coopération entre les États membres et les institutions. Elle est l'instrument privilégié en matière d'harmonisation législative.

  Les directives sont publiées au JOUE, à l'exception de celles qui ne s'adressent qu'à un ou plusieurs États précis, en quel cas, elles sont notifiées à leur destinataire. Surtout, les directives fixent un délai, à l'expiration duquel les États destinataires doivent avoir mis leur droit en conformité avec les exigences de la directive. En cas de mauvaise transposition ou non-transposition, l'État concerné peut faire l'objet d'un recours en manquement. Dans ce cas, la directive peut en outre bénéficier d'effet direct conditionnel et limité. Conformément à la jurisprudence, elle doit être claire, précise et inconditionnelle, pour créer en elle-même des droits que des particuliers pourraient faire valoir contre le seul État défaillant. Encore, pendant le délai de transposition, les États sont-ils tenus par l'obligation de s'abstenir de prendre des dispositions de nature à compromettre sérieusement le résultat prescrit par la directive. Enfin, ils doivent fournir à la Commission la liste des mesures prises en application de la directive, afin d'en faciliter le contrôle.
- **Les recommandations et les avis.** Également cités par l'article 288, ils ne sont pas, contrairement aux actes précédents, juridiquement obligatoires. La CJUE leur reconnaît cependant une certaine valeur interprétative. Le traité prévoit le recours dans certains domaines aux recommandations destinées à fixer les grandes orientations d'une politique commune, par exemple en matière de politique économique.

## B - Les actes qui relèvent des sources complémentaires du droit de l'Union

Ils comprennent les actes hors-nomenclature (1.) et les actes atypiques (2.). Le traité de Lisbonne poursuit, entre autres, l'objectif de réduire le recours à de tels actes.

### 1. Les actes hors-nomenclature

**Leur adoption n'est pas expressément prévue par les traités.** La catégorie sans doute la plus connue comprend les règlements intérieurs de chacune des institutions, obligatoires pour leurs auteurs. Actes internes à celles-ci, les particuliers en principe ne peuvent pas s'en prévaloir. En outre, les institutions prennent de multiples décisions destinées à régir leur vie interne.

Jusqu'au traité de Lisbonne, la pratique institutionnelle avait développé le recours à des **accords interinstitutionnels**. Non-prévus par les traités, mais utilisés en tant que code de bonne conduite, particulièrement en matière budgétaire, ils s'étaient progressivement généralisés. Conformément à la déclaration 3, annexée au traité de Nice, ces accords, conclus entre les institutions du triangle décisionnel ne pouvaient ni modifier ni compléter les dispositions des traités. Désormais, le traité de Lisbonne permet aux institutions du triangle décisionnel de conclure des accords interinstitutionnels (article 295) à caractère obligatoire, dans le but d'organiser d'un commun accord leur collaboration. Mais, après avoir inscrit l'adoption du cadre financier pluriannuel dans le TFUE, il précise que, contrairement à la pratique antérieure, désormais cette adoption fera l'objet d'un règlement et non plus d'un accord interinstitutionnel

## 2. Les actes atypiques

Ces actes comprennent les conclusions, communications, résolutions, déclarations, programmes d'action et autres codes de conduite adoptés par les institutions. **Ces actes ne sont pas en principe juridiquement contraignants**. Ils ne peuvent donc pas créer des droits et obligations. Selon certains auteurs, c'est l'expression d'un *soft law* au sein de l'Union.

Cependant, conformément à la jurisprudence, **il s'agit de règles de conduite que l'administration s'impose à elle-même**. En particulier, elle ne saurait s'en écarter qu'en précisant les raisons qui l'ont amenée à le faire. La CJUE apprécie en outre les effets juridiques éventuels de tels actes au regard de leur contenu et non pas de leur intitulé, quitte à procéder à leur requalification. La question s'est tout particulièrement posée au sujet des communications, adoptées par la Commission en droit de la concurrence, certaines établissant clairement des droits et obligations au chef de leurs destinataires.

# Fiche 24 Le processus décisionnel

À l'origine, cette appellation était réservée à la prise de décision au sein du triangle décisionnel des Communautés, Conseil, Commission, Assemblée, devenue Parlement. Traduisant l'approche fonctionnelle à l'intégration, le processus décisionnel incarnait l'originalité de l'ordre juridique communautaire. À l'heure actuelle, il renvoie à l'adoption du droit de l'Union *stricto sensu*, à l'exclusion du processus nominatif. Il peut être de nature soit supranationale (I -), soit intergouvernementale (II -). Le processus budgétaire, bien que soumis, aux termes de l'article 314 du TFUE, à la procédure législative spéciale, reste à part.

## I - LE PROCESSUS DÉCISIONNEL DE TYPE SUPRANATIONAL

Les traités fixent le rôle assumé par chacune des institutions du triangle décisionnel dans la prise des décisions (A). Progressivement élargi à de nouveaux domaines du droit de l'Union, ce processus décisionnel est désormais explicitement fondé sur une procédure législative par le traité de Lisbonne (B).

### A - La participation des institutions du triangle décisionnel à la prise des décisions

Elle connaît la redistribution des pouvoirs au profit du Parlement. La Commission dispose toujours du monopole de proposition législative (1.) alors que le Conseil et le Parlement deviennent codétenteurs du pouvoir législatif, en qualité de représentants respectivement des gouvernements (2.) et des peuples des États membres (3.). Dans certains domaines, les traités instituent l'obligation de consultation du Comité des régions et du Comité économique et social.

#### 1. La Commission et le monopole de proposition législative

Les détenteurs du pouvoir décisionnel, le Conseil et le Parlement, ne peuvent décider sans proposition de la Commission, ni sur d'autres bases que la proposition présentée. **La Commission détient ainsi un pouvoir d'initiative législative exclusif et contraignant**. Ce **pouvoir** est renforcé du fait qu'elle peut retirer ou modifier sa proposition tant que le Conseil n'a pas statue, alors que si le Conseil adopte sa proposition telle quelle à la majorité qualifiée, il ne peut s'en écarter qu'à l'unanimité.

Cependant, conformément à l'article 289, dans des cas spécifiques prévus par les traités, les actes législatifs peuvent être aussi adoptés à **l'initiative d'un groupe d'États membres ou du Parlement, sur recommandation de la BCE ou à la demande de la CJUE ou de la BEI**. Et, désormais un million de citoyens de l'Union, ressortissants d'un nombre significatif d'États membres, peuvent inviter la Commission à soumettre une proposition d'acte législatif.

**Le pouvoir général de la Commission de formuler des avis et faire des recommandations** complète son monopole de proposition. Les traités prévoient en outre la consultation de la Commission dans certains domaines institutionnels. C'est le cas en particulier des décisions d'admission de nouveaux membres au sein de l'Union (art. 49 FUE).

## 2. Le Conseil, codétenteur du pouvoir législatif en tant que représentant des gouvernements des États membres

En sa qualité de législateur, le Conseil **adopte, en commun avec le Parlement, les actes contraignants du droit dérivé de l'Union**. Malgré l'accroissement considérable des pouvoirs du Parlement, il préserve toujours le dernier mot dans les domaines qui touchent aux intérêts nationaux les plus sensibles. Le Conseil peut aussi adopter des recommandations non contraignantes et émettre des résolutions. Il peut enfin déléguer à la Commission, conjointement ou non avec le Parlement, l'adoption des actes non-législatifs, à portée générale.

Le Conseil décide selon **différentes modalités de vote, à la majorité simple, à la majorité qualifiée et à l'unanimité**. Avant le passage au vote, l'obtention de la majorité la plus large possible est toujours recherchée. À rappeler que le compromis de Luxembourg de 1966 lui impose, sans faire formellement partie des traités, de rechercher le consensus, autant que possible.

Conformément aux traités, le Conseil **se prononce à la majorité qualifiée en cas de recours à la procédure législative ordinaire**, sauf lorsque, en cours de cette dernière, il souhaite imposer des modifications frappées de l'avis négatif de la Commission. **En cas de recours à la procédure législative spéciale, il statue en principe à l'unanimité**.

Quand le Conseil statue en qualité de législateur de l'Union, désormais conformément au **principe de transparence**, non seulement son vote, mais aussi ses délibérations sont publiques.

### 3. Le Parlement, codétenteur du pouvoir législatif, en tant que représentant des peuples des États membres

Avant même l'entrée en vigueur du traité de Lisbonne, l'accroissement de ses pouvoirs législatifs place le Parlement sur un pied d'égalité avec le Conseil dans la plupart des domaines d'action communautaire, conformément à la procédure de codécision. Celle-ci s'applique à 32 bases juridiques dans le traité CE, à l'exception de la PAC et de la PCC. Le traité de Lisbonne parachève cette évolution, en consacrant **le rôle de co-législateur du Parlement, en cas de recours à la procédure législative ordinaire**.

Antérieurement, les traités instituaient également d'autres modalités de participation du Parlement au pouvoir législatif, la consultation, la concertation, l'avis conforme et la coopération. À l'heure actuelle, seules sont préservées **la procédure d'avis conforme, devenue procédure d'approbation et celle de consultation simple**. Dans ce dernier cas, le Conseil doit requérir l'avis du Parlement avant décision définitive. Cette consultation est obligatoire en ce sens que son absence rend l'acte illégal. Mais le Conseil n'est pas tenu de suivre l'avis du Parlement. Toutefois, s'il entend modifier substantiellement l'acte proposé, il est tenu de le consulter à nouveau. Le Parlement continue à ne bénéficier que d'un pouvoir consultatif dans les domaines les plus sensibles pour les États membres, où le Conseil continue à statuer à l'unanimité, tels que la politique fiscale.

En matière législative, **le Parlement se prononce en principe à la majorité absolue des suffrages exprimés**. Il fixe le quorum lui-même, sur la base de son règlement intérieur. Toutefois, lorsqu'au cours de la procédure législative ordinaire, il entend rejeter ou bien modifier la position du Conseil, il doit se prononcer à la majorité des membres qui le composent.

**La procédure d'approbation, applicable en matière législative**, par exemple en matière d'établissement des fonds structurels, permet au Parlement d'examiner un projet d'acte normatif transmis par le Conseil et l'approuver ou rejeter en bloc, sans pouvoir toutefois l'amender.

## B - La procédure législative

Le traité de Lisbonne ne retient pas les qualifications de lois européennes et de lois-cadres européennes, ainsi que celle des actes règlementaires européens, consacrées par le traité constitutionnel, pour revenir à l'ancienne nomenclature du droit dérivé, incluant les règlements, les directives et les décisions. Il reprend en revanche, la distinction entre la procédure législative ordinaire (1.) et spéciale (2.).

## 1. La procédure législative ordinaire

Toujours fondée sur une proposition de la Commission, aux termes de l'article 294 du TFUE, elle comprend **les étapes** suivantes :

Au cours d'**une première lecture**, le Parlement arrête sa position et la transmet au Conseil. Si le Conseil approuve cette position, l'acte concerné est adopté conformément à la position du Parlement. Dans le cas contraire, il adopte sa propre position et la transmet au Parlement, accompagnée de ses motivations. La Commission informe pleinement le Parlement de sa propre position.

**Lors d'une deuxième lecture**, le Parlement peut, dans un délai de trois mois, approuver la position du Conseil ou ne pas se prononcer. Dans ce cas, l'acte concerné est adopté conformément à la position du Conseil. Le Parlement peut aussi rejeter définitivement, à la majorité des membres qui le composent, la position du Conseil. Enfin, il peut proposer, toujours à la même majorité, des amendements à la position du Conseil. Le texte amendé est alors transmis au Conseil et à la Commission, laquelle émet un avis sur les amendements. Si, dans un délai de trois mois après réception des amendements du Parlement, le Conseil, statuant à la majorité qualifiée, les approuve, l'acte concerné est réputé adopté. Dans le cas contraire, les présidents des deux institutions convoquent un comité de conciliation dans un délai de six semaines. Le Conseil statue à l'unanimité sur les amendements ayant fait l'objet d'un avis négatif de la Commission.

**Le comité de conciliation** réunit les membres du Conseil ou leurs représentants et autant de membres représentant le Parlement. Il a pour mission d'adopter un projet commun à la majorité qualifiée des membres du Conseil ou de leurs représentants et à la majorité des membres représentant le Parlement, dans un délai de six semaines à partir de sa convocation, sur la base des positions établies en deuxième lecture. La Commission participe aux travaux du comité en vue de rapprocher les positions du Parlement et du Conseil. Si, le comité de conciliation n'approuve pas de projet commun, l'acte proposé est réputé non adopté.

Dans le cas contraire, **une troisième lecture** peut avoir lieu. Le Parlement et le Conseil disposent alors d'un délai de six semaines pour adopter l'acte, le Parlement statuant à la majorité des suffrages exprimés et le Conseil à la majorité qualifiée. À défaut, l'acte proposé est réputé non adopté. Les différents délais prévus peuvent être prolongés d'un tiers à l'initiative du Parlement ou du Conseil.

Le traité prévoit enfin le déclenchement de la procédure législative ordinaire à l'initiative d'un groupe d'États membres, sur recommandation de la BCE ou sur demande de la CJUE. Le rôle de la Commission est alors renforcé.

### 2. La procédure législative spéciale

Conformément à l'article 289 du TFUE, **une procédure législative spéciale est mise en place dans des domaines plus sensibles pour les États membres**. Elle permet l'adoption des actes, toujours sur proposition de la Commission, par le Parlement avec la participation du Conseil (réservée à l'exercice des prérogatives du Parlement) ou par celui-ci avec la participation du Parlement.

Dans le cadre de la procédure législative spéciale, lorsque le Conseil garde le dernier mot, la prise de décision exige, à quelques exceptions près, la consultation, voire l'approbation du Parlement. Une telle exception, lorsque ni l'avis, ni l'approbation de ce dernier ne sont requis, existe par exemple en matière de négociation des accords commerciaux par le Conseil (article 207-3 du TFUE) ou bien d'établissement du tarif extérieur commun (article 31 du TFUE).

# II - LE PROCESSUS DÉCISIONNEL DE TYPE INTERGOUVERNEMENTAL

Contrairement au processus législatif, le processus décisionnel de type intergouvernemental, renvoie au TUE, tel que modifié par le traité de Lisbonne. Deux principales catégories de dispositifs sont concernées. La première comprend les domaines où l'intervention étatique est requise (A.). La deuxième touche à l'action extérieure de l'Union et à la PESC, y compris la PSDC (B).

## A - Le processus décisionnel qui exige l'intervention étatique

Il s'agit de la révision des traités d'une part (1.) et, d'autre part de l'engagement des coopérations renforcées (2.).

### 1. La révision des traités

**Consacrée à l'article 48 du TUE, elle prévoit le recours soit à** une procédure de révision ordinaire, soit à des procédures de révision simplifiées.

Pour ce qui est de **la révision ordinaire**, l'initiative peut provenir des États membres, du Parlement ou de la Commission. Le projet de révision est soumis au Conseil, puis, transmis par ce dernier au Conseil européen et notifié aux parlements nationaux.

Après consultation du Parlement et de la Commission, le Conseil européen décide, à la majorité simple, la convocation soit d'**une conférence intergouvernementale** sur le projet de révision, soit, au préalable si les modifications proposées le justifient, d'**une Convention** composée de représentants des parlements nationaux, des chefs d'État ou de gouvernement des États membres, du Parlement et de la Commission. La Convention examine le projet de révision et adopte par consensus une recommandation à la conférence intergouvernementale. La BCE est consultée en cas de modifications institutionnelles dans le domaine monétaire. Le traité de révision est signé par les États membres, puis soumis à leur ratification, conformément à leurs règles constitutionnelles respectives.

Enfin, comme c'était le cas à la fois pour le traité constitutionnel et le traité de Lisbonne, **le Conseil européen peut être appelé à résoudre des problèmes de ratification** rencontrés par un ou plusieurs États membres.

Pour ce qui est de la **révision simplifiée**, l'initiative appartient toujours aux États membres, au Parlement et à la Commission. Ils soumettent au Conseil européen des projets de révision. Ceux-ci ne peuvent cependant porter que sur la troisième partie du TFUE, relative aux politiques et actions internes de l'Union.

**Le Conseil européen adopte alors lui-même la décision de modification du traité**, à l'unanimité, après consultation du Parlement, de la Commission ainsi que de la BCE, en cas de modifications institutionnelles dans le domaine monétaire. Mais, la décision de modification doit toujours être approuvée par les États membres. Le traité précise également que la révision simplifiée ne peut pas accroître les compétences attribuées à l'Union par les traités.

Le traité assimile à la révision simplifiée le recours à la **clause dite de passerelle**. En vertu de celle-ci, le Conseil européen, statuant à l'unanimité, après approbation du Parlement peut autoriser le Conseil à statuer à la majorité qualifiée à la place de l'unanimité. Cela, dans un domaine qui relève du TFUE ou encore du titre V du TUE relatif à l'action extérieure de l'Union et à la PESC, à l'exclusion des décisions ayant des implications militaires ou dans le domaine de la défense. Le Conseil européen peut aussi autoriser le recours à la procédure législative ordinaire à la place de la procédure législative spécialisée.

Tout parlement national bénéficie en cas de recours à la clause passerelle, d'un **pouvoir d'opposition**. Ce n'est qu'en l'absence d'une telle opposition, que le Conseil européen peut décider.

**Les traités d'adhésion**, dont l'adoption est prévue à l'article 49 du TUE comportent également des modifications des traités. Il s'agit à tout le moins de certains ajustements techniques apportés au fonctionnement des institutions en raison de l'augmentation du nombre d'États membres. Le retrait volontaire d'un État de l'Union emporte, lui-aussi, de tels ajustements (article 50 TFUE).

## 2. Les coopérations renforcées

**L'initiative** pour instaurer une coopération renforcée appartient aux seuls États membres qui le souhaitent. Une coopération renforcée ne peut toutefois être créée dans un domaine des compétences exclusives de l'Union.

Le processus débute par la demande adressée par les États membres concernés à la Commission. Celle-ci peut alors saisir le Conseil d'une proposition. À défaut, elle doit motiver son refus. L'autorisation de procéder à une coopération renforcée est accordée par le Conseil à l'unanimité, après approbation du Parlement lorsqu'il établit que les objectifs recherchés par cette coopération ne peuvent être atteints dans un délai raisonnable par l'Union dans son ensemble et à condition qu'au moins 9 États membres y participent.

C'est toujours **le Conseil qui peut instaurer une coopération renforcée dans le domaine de la PESC**. Cependant, ici il est saisi directement par les États membres. Le Conseil décide après avis de la Commission et du Haut représentant pour les affaires étrangères et la politique de sécurité. La demande d'instaurer la coopération renforcée est transmise au Parlement pour information.

En matière de la PDSC, le Conseil peut notamment confier des missions précises ou encore établir des coopérations structurées permanentes impliquant uniquement des États membres qui le souhaitent et disposent des capacités nécessaires. Leur gestion est définie en commun avec le Haut représentant pour les affaires étrangères et la politique de sécurité. Le Conseil statue à la majorité qualifiée, après consultation du Haut représentant.

Si, dans le cadre d'une coopération renforcée, tous les membres du Conseil peuvent participer aux délibérations, **seuls les représentants des États participant à cette coopération renforcée prennent part au vote**.

**Lorsqu'un État membre souhaite rejoindre une coopération renforcée** déjà engagée, il notifie son intention au Conseil et à la Commission. La Commission prend sa décision dans un délai de 4 mois. Soit elle confirme la participation de l'État concerné à la coopération renforcée, après avoir constaté qu'il remplit les conditions à cet égard et établit si nécessaire des mesures transitoires lui permettant d'adopter l'acquis en la matière, soit elle indique les mesures à prendre pour remplir ces conditions et fixe un délai pour réexaminer sa demande. L'adhésion postérieure d'un État membre à une coopération renforcée dans le domaine de la PESC fait intervenir le Haut représentant.

**Les dépenses relatives à la mise en œuvre d'une coopération renforcée**, autres que les coûts administratifs occasionnés pour les institutions, restent à la charge des États participants, à moins que le Conseil, statuant à l'unanimité, après consultation du Parlement, ne décide autrement.

## B - Le processus décisionnel propre à l'action extérieure et à la PESC, y compris la PSDC

Dans ce domaine, depuis le traité de Maastricht **le processus décisionnel exprime une forme spécifique de coopération intergouvernementale par le biais de l'action des institutions**. Ce n'est plus en revanche le cas de l'ancien troisième pilier, consacré à la coopération policière et judiciaire en matière pénale, dans la mesure où il fut communautarisé par le traité de Lisbonne.
La spécificité du processus décisionnel applicable apparaît à la fois en ce qui concerne l'action extérieure de l'Union en général (1.) et la PESC en particulier (2.).

### 1. Le processus décisionnel en matière d'action extérieure

C'est d'abord le Conseil européen qui fixe le cadre général de l'action extérieure de l'Union. Il procède ainsi à l'identification **des intérêts et des objectifs stratégiques**, prévus par le TUE. Ses décisions en la matière portent à la fois sur la PESC et sur les relations de l'Union avec un pays ou une région ou encore sur des thématiques particulières.

En l'espèce, **le Conseil européen statue à l'unanimité sur recommandation du Conseil**, celle-ci adoptée selon les modalités propres à chaque domaine d'intervention. Ses décisions sont mises en œuvre selon les procédures prévues par les dispositions concrètes des traités qui relèvent de l'action extérieure.

Le Conseil veille, en commun avec la Commission et avec l'aide du Haut représentant pour les affaires étrangères et la politique de sécurité, à **la cohérence de l'action menée dans les différents domaines qui relèvent de l'action extérieure, ainsi qu'à leur cohérence avec les autres politiques de l'Union**.

### 2. Le processus décisionnel en matière de la PESC

**Le Conseil européen et le Conseil partagent le pouvoir décisionnel en matière de définition et de mise en œuvre de la PESC**, soumise à des règles et des procédures spécifiques. Celles-ci excluent l'adoption de tout acte législatif. En l'espèce, le Conseil européen statue à l'unanimité sur proposition du Conseil.

C'est au niveau politique que **le Conseil identifie les intérêts stratégiques de l'Union, fixe les objectifs et définit les orientations générales de la PESC**, y compris pour les questions ayant des implications en matière de défense.

Sur cette base, **le Conseil définit et met en œuvre la PESC**, y compris les actions opérationnelles qui engagent les États membres. Il statue à l'unanimité, en adoptant des positions ou actions communes. Cependant, le Conseil européen peut à l'unanimité autoriser le Conseil à décider à la majorité qualifiée.

**Le Conseil et le Haut représentant** veillent à l'unité, à la cohérence et à l'efficacité de l'action de l'Union. Encore, chaque État membre, ainsi que le Haut représentant avec ou sans le soutien de la Commission, peuvent saisir le Conseil de toute question relevant de la PESC, ou bien lui soumettre des initiatives ou des propositions à cet égard.

La PESC est exécutée par les États membres et le Haut représentant. Ce dernier peut, en particulier, d'office ou à la demande d'un État membre, convoquer une réunion d'urgence en 48 heures, voire en cas d'absolue nécessité, dans des délais plus brefs, une réunion extraordinaire du Conseil. Le Haut représentant peut également proposer au Conseil de nommer un représentant spécial sur telle ou autre question particulière du domaine de la PESC. Le représentant spécial agit sous la responsabilité du Haut représentant lui-même.

Le traité établit **l'obligation étatique de coordonner leur action internationale**, notamment au sein des organisations internationales et de défendre les positions de l'Union.

**Une obligation d'information générale du Parlement** est instituée, ainsi que le pouvoir de consultation de ce dernier par le Conseil ou le Haut représentant.

Le Conseil est assisté par **un comité politique et de sécurité**, agissant sous la responsabilité du Conseil et du Haut représentant. Il peut, en particulier se voir confier la direction stratégique des opérations de gestion de crise.

**La PSDC se définit en tant que partie intégrante de la PESC**, dont le but est d'assurer à l'Union une capacité opérationnelle, en s'appuyant sur des moyens civils et militaires, incluant la définition progressive d'une politique de défense commune, conduisant à une défense commune. En l'espèce, le Conseil statue à l'unanimité. Il est assisté par une Agence européenne de défense.

# Fiche 25 Le système financier de l'Union européenne

**Le système financier de l'Union, désormais unique et exclusive, exprime bien l'originalité d'une communauté supranationale**. Il dote l'organisation des moyens financiers nécessaires à son fonctionnement. Depuis 1999, il est fondé sur l'euro, en tant qu'unité de comptes exclusive, même si certaines transactions peuvent s'effectuer dans d'autres monnaies.

Le traité de Lisbonne supprime l'une des principales ambiguïtés de l'Union en trois piliers, mise en place par le traité de Maastricht. L'Union en effet n'avait pas de budget propre, contrairement à la Communauté. Les actions du deuxième et du troisième piliers étaient alors financées soit directement par les États, soit encore à partir du budget communautaire. Désormais, **l'Union dispose d'un budget propre et unifié**. Les disposions financières sont réunies dans le TFUE.

L'originalité du système financier de l'Union s'exprime au niveau de ses moyens (I -), ainsi que de son mécanisme (II -).

## I - LES MOYENS DU SYSTÈME FINANCIER DE L'UNION

Ils comprennent les recettes (A.) et les dépenses de l'Union (B.).

### A - Les recettes

À l'origine, le budget communautaire est financé par des contributions versées par les États selon une clé de répartition fixée par les traités. Depuis la décision du 21 avril 1970, ces contributions sont remplacées par le système des ressources propres (1.). Réparties en différentes catégories (2.), ces dernières constituent, à quelques exceptions près, l'ensemble des recettes du budget de l'Union.
Les exceptions portent sur les taxes sur les rémunérations des fonctionnaires européens, les contributions des pays tiers à certains programmes de l'Union et les amendes infligées au titre du droit de la concurrence. À mentionner aussi **les contributions étatiques affectées** au financement, hors budget, du Fonds européen de développement à destination des pays ACP (Afrique, Caraïbes et Pacifique), ainsi que de certaines dépenses de la PESC, y compris la PSDC. Par ailleurs, les emprunts contractés par l'Union ne peuvent pas compléter ses recettes budgétaires, mais sont affectés à des prêts extérieurs.

## 1. Recettes constituées des ressources propres

Dans l'absence d'un impôt européen, dont l'instauration a été pourtant demandée à plusieurs reprises, les recettes budgétaires de l'Union sont formées, aujourd'hui encore, par des contributions étatiques. Il s'agit globalement des ressources prélevées sur les opérateurs économiques par les États membres pour le compte de l'Union. Mais, **ces ressources sont automatiquement mises à la disposition de l'organisation, sans que les États puissent s'y opposer**.

En 2012, leur montant total s'élève à **quelque 129 milliards d'euros (en crédit de paiement), soit 0,98 % seulement du revenu national brut de l'Union** à 27 États membres, représentant environ 500 millions de citoyens de l'Union. Il ne doit pas excéder 1,23 % du RNB de l'Union. La part de chaque État est proportionnelle à sa richesse et à son niveau de développement. L'Allemagne, l'Autriche, le Danemark, la Finlande, la France, les Pays-Bas, le Royaume-Uni et la Suède deviennent des contributeurs nets du budget de l'Union. Instauré en 1985, un mécanisme spécifique de compensation en faveur du Royaume Uni permet de corriger le déséquilibre entre sa contribution aux recettes et sa part dans les dépenses de l'Union. Cette ristourne fait partie du système des ressources propres.

L'article 311 du TFUE précise que, sans préjudice des autres recettes, le budget de l'Union est intégralement financé par des ressources propres. **L'adoption de ces dernières relève, dans un premier temps, de la compétence du Conseil, statuant conformément à une procédure législative spéciale, à l'unanimité et après consultation du Parlement**. La décision du Conseil peut notamment établir de nouvelles catégories de ressources propres ou abroger une catégorie existante. Toutefois, pour entrer en vigueur, elle est soumise à l'approbation des États, conformément à leurs règles constitutionnelles. En dernier lieu, les règles fondamentales du système des ressources propres des Communautés ont été révisées par décision du Conseil du 7 juin 2007.

Dans un deuxième temps, **c'est toujours le Conseil qui adopte conformément à une procédure législative spéciale, après approbation du Parlement, les mesures d'exécution du système de ressources propres de l'Union**. Il statue par voie de règlement.

## 2. Les différentes catégories des ressources propres

À l'heure actuelle, **quatre ressources propres financent le budget de l'Union**. Ce sont, d'une part, les droits de douane et les prélèvements agricoles, qualifiés de ressources traditionnelles, créées encore par la décision du Conseil du 21 avril 1970. Ce sont, d'autre part, la ressource TVA et une ressource complémentaire d'équilibre dite ressource PNB, qualifiées de nouvelles.

**Les droits de douanes** sont perçus sur les importations en provenance de pays tiers, en application du tarif douanier commun. Les accords de réduction ou de suppression des droits de douane, conclus dans le cadre de l'OMC ou encore les préférences commerciales accordées aux pays en voie de développement, diminuent l'importance de cette ressource, évaluée à l'heure actuelle à quelque 15 % des ressources propres (2012).

**Les prélèvements agricoles**, actuellement cotisations sucre, sont versés par les producteurs de sucre pour financer les restitutions à l'exportation de sucre. Leur montant est à l'heure actuelle pratiquement négligeable (1,2 % en 2012).

**La ressource TVA** représente une contribution des États membres correspondant au montant d'une TVA perçue au taux de 0,5 % sur une assiette harmonisée au niveau de l'Union. L'assiette de TVA prise en compte pour chaque État a été plafonnée à 50 % de son PNB. La ressource TVA représente quelque 11,2 % des ressources propres (2012).

Enfin, **la ressource complémentaire d'équilibre dite ressource RNB** représente un prélèvement sur le revenu national brut des États membres. En croissance constante, cette ressource ne devait à l'origine être perçue que si les autres ressources propres s'avéraient insuffisantes pour couvrir les dépenses. Elle représente 72,6 % des ressources propres (2012).

## B - Les dépenses de l'Union

Dans le budget annuel de l'Union, elles comportent différents postes d'affectation, regroupés autour des dépenses de fonctionnement (1.) et des dépenses opérationnelles (2.).

### 1. Les dépenses de fonctionnement

**Elles portent sur les salaires et les retraites versés aux fonctionnaires européens, ou encore sur les différentes acquisitions immobilières et mobilières de l'Union**. Ces dépenses ne représentent actuellement qu'environ 5 % de la totalité des dépenses de l'Union.

### 2. Les dépenses opérationnelles

Également qualifiées de **dépenses d'intervention**, elles représentent environ 95 % du total. Les principaux postes d'affectation sont la croissance durable, la conservation et gestion des ressources naturelles, l'Union acteur mondial, la citoyenneté, liberté, sécurité et justice. Jusqu'en 2009, ce dernier poste comprenait également les compensations, accordées à la Bulgarie et à la Roumanie, permettant de financer notamment les contrôles aux frontières extérieures de l'Union.

Conformément aux engagements pris par le Conseil européen en pleine crise du traité constitutionnel, **la croissance durable devient la priorité de l'Union** dans le cadre des perspectives financières pour 2007-2013. Elle regroupe les interventions visant à favoriser la compétitivité et la cohésion pour la croissance et l'emploi, conformément à la stratégie de Lisbonne. C'est désormais la première dépense d'intervention, portant sur 45,9 % du budget en 2012. Elle comprend surtout les engagements pris au titre des fonds structurels et de cohésion, ainsi que les dépenses pour la recherche, l'innovation, la compétitivité, les réseaux transeuropéens de transports et d'énergie et l'éducation.

L'ancien poste de dépense prioritaire, consacrée à **la conservation et gestion des ressources naturelles**, représente encore 40,8 % du budget en 2012. Il comprend les dépenses au titre de la PAC, y compris en matière de protection de l'environnement.

Le poste de dépense consacré à l'**Union, acteur mondial**, constitue environ 6,4 % du budget en 2012. Il vise le financement des politiques de coopération au développement, de voisinage et de partenariat, de préadhésion, d'aide humanitaire, de démocratie et des droits de l'homme, mais aussi de la PESC.

Le poste **citoyenneté, liberté, sécurité et justice** représente 1,4 % du budget pour 2012. Il vise la protection des droits fondamentaux, la justice, la sécurité et la protection des libertés, ainsi que la gestion des flux migratoires. Il vise aussi une meilleure compréhension de l'Union et à ce titre permet le développement des programmes d'information et de communication, ainsi que des mesures visant à favoriser la culture et la diversité européennes.

# II - LE MÉCANISME FINANCIER DE L'UNION

Il porte sur la définition et l'adoption du budget annuel (A). Depuis 1988, ce dernier est élaboré sur la base d'un cadre financier pluriannuel (B).

## A - Le budget annuel (article 313 et s. du TFUE)

Le traité de Lisbonne parachève l'évolution permettant de placer le Conseil et le Parlement sur un pied d'égalité en matière d'adoption du budget annuel. À cet effet, **il supprime la distinction entre les dépenses obligatoires et non-obligatoires**. Cette suppression simplifie l'exercice budgétaire.
La procédure budgétaire conduit à l'adoption (2.) et précède l'exécution (3.) du budget de l'Union. Elle se déroule dans le respect d'un certain nombre de principes de base, consacrés par le traité (1.).

## 1. Les principes budgétaires

Ils sont les suivants :

**L'annualité**. Conformément à ce principe, le budget de l'Union est établi sur une base annuelle. Ainsi, les recettes et les dépenses sont-elles votées pour un exercice qui commence le 1er janvier et se termine au 31 décembre.

**L'équilibre**. Le budget de l'Union ne peut être ni déficitaire ni excédentaire. L'Union ne peut recourir à l'emprunt pour couvrir ses dépenses. L'un des principaux objectifs du cadre financier pluriannuel, mis en place depuis 1988, à savoir le renforcement la discipline budgétaire, contribue à l'équilibre budgétaire. À cet effet, le cadre financier fixe un taux d'augmentation maximum des dépenses pour les années à venir, par institution et poste de financement. Toutefois, le principe de l'équilibre budgétaire ne s'oppose pas à l'adoption des budgets supplémentaires ou rectificatifs.

**L'unité**. Conformément à ce principe, l'ensemble des dépenses et des recettes pour toutes les institutions est regroupé dans un seul document budgétaire.

**L'universalité.** Les recettes ne sont pas affectées à des postes de dépenses précis et préétablis. Aucun État ne peut non plus demander à ce que sa participation au budget de l'Union soit consacrée, entièrement ou partiellement, à telle ou autre politique ou à une action particulières.

**La spécialité**. Une fois établi, chaque crédit ne peut être utilisé que conformément à son affectation particulière.

Enfin, l'exercice budgétaire doit être conduit dans **le respect de la bonne gestion financière et en toute transparence**.

## 2. La procédure budgétaire

Elle comprend **la préparation et l'adoption du budget**.

**Avant 1970**, le Parlement n'ayant qu'un rôle consultatif, le Conseil, après avoir arrêté le projet de budget, le transmettait pour avis au Parlement. Même si l'avis du Parlement comportait des propositions de modifications et à la suite d'une deuxième lecture, **le Conseil arrêtait seul le budget définitif**.

Les traités du 22 avril 1970 et du 22 juillet 1975 accroissent les pouvoirs budgétaires du Parlement, en lui accordant, respectivement, le dernier mot sur les dépenses dites non-obligatoires et le pouvoir de rejeter, pour des motifs importants le budget dans l'ensemble. Désignées par opposition aux dépenses obligatoires, seules à être explicitement définies par le traité CE, les dépenses non-obligatoires portaient sur approximativement la moitié du budget communautaire et étaient considérées comme les dépenses les plus dynamiques, faisant évoluer le financement de l'Union. Le deuxième traité confie en outre au Président du Parlement le pouvoir d'arrêter définitivement le budget.

Fixée dans le TFUE, **la procédure budgétaire comporte différentes étapes, chacune soumise à des délais précis**.

À l'heure actuelle, elle commence par l'établissement, avant le 1er juillet, par chacune des institutions (à l'exception de la BCE) d'un état prévisionnel des dépenses sans dépasser le plafond établi par le cadre financier pluriannuel, sauf accord entre le Parlement et le Conseil. Sur cette base, la Commission élabore **l'avant-projet du budget**, faisant l'état prévisionnel des recettes et des dépenses.

**Elle présente ensuite le projet de budget au Parlement et au Conseil** au plus tard le 1er septembre. La Commission peut toutefois le modifier au cours de la procédure, jusqu'à la convocation du comité de conciliation.

Le Conseil adopte en **première lecture** sa position et la transmet au Parlement au plus tard le 1er octobre. Lors de sa première lecture et dans un délai de 42 jours après transmission, le Parlement peut soit approuver la position du Conseil, soit décider de ne pas statuer, en quel cas le budget sera considéré comme étant définitivement adopté. Mais le Parlement peut aussi adopter des amendements. Le projet amendé est transmis au Conseil et à la Commission. Le président du Parlement, en accord avec le président du Conseil, convoque alors sans délai un comité de conciliation. Ce dernier ne se réunit pas si, dans un délai de 10 jours après cette transmission, le Conseil approuve les amendements.

**Le comité de conciliation** réunit autant de membres du Conseil ou leurs représentants que parlementaires. Il a pour mission d'aboutir, dans un délai de 21 jours et sur la base des positions du Parlement et du Conseil, à un accord sur un projet commun. L'accord doit être voté à la majorité qualifiée des membres du Conseil ou de leurs représentants et à la majorité des membres représentant le Parlement. La Commission participe aux travaux du comité et prend des initiatives nécessaires au rapprochement des positions du Parlement et du Conseil.

Si le comité de conciliation ne parvient pas à un accord sur un projet commun, un nouveau projet de budget est présenté par la Commission. En revanche, s'il parvient à un accord sur un projet commun, le Parlement et le Conseil disposent chacun, lors d'**une lecture définitive**, d'un délai de 14 jours pour approuver le projet commun. Si dans ce délai, le Parlement et le Conseil approuvent tous deux le projet commun ou ne parviennent pas à statuer, ou si l'une de ces institutions approuve le projet commun tandis que l'autre ne parvient pas à statuer, le budget est réputé définitivement adopté conformément au projet commun. Si en revanche, le Parlement et le Conseil rejettent tous deux le projet commun, ou si l'une de ces institutions rejette le projet commun tandis que l'autre ne parvient pas à statuer, un nouveau projet doit être présenté par la Commission.

À la fin de la procédure budgétaire, **le président du Parlement constate l'adoption définitive du budget**.

Si, au début d'un exercice budgétaire, le budget n'a pas encore été adopté, l'Union fonctionne sur la base du régime dit des **douzièmes provisoires**, comprenant des crédits mensuels, égaux à des douzièmes du budget précédent.

### 3. L'exécution du budget

**Elle est assurée par la Commission**, en coopération avec les États membres. À la fin de l'exercice budgétaire, le Parlement, sur recommandation du Conseil, donne décharge à la Commission, après avoir examiné la totalité des comptes, le bilan financier, le rapport d'évaluation, le rapport annuel de la Cour des comptes, accompagné des réponses des institutions, la déclaration d'assurance, ainsi que tout rapport pertinent, établis par ce dernier. Il peut aussi entendre la Commission sur toute question pertinente lié à l'exécution du budget de l'Union.

## B - Le cadre financier pluriannuel (article 312 du TFUE)

Désormais intégré dans le TFUE, il a pour but de fixer les perspectives budgétaires pour les années à venir (1.). Le cadre financier pluriannuel actuellement en vigueur est toutefois fondé non pas directement sur les traités, mais sur un accord interinstitutionnel, adopté le 17 mai 2006 (2.).

### 1. Le cadre financier pluriannuel intégré dans le traité

Il doit assurer l'**évolution ordonnée des dépenses de l'Union dans la limite de ses ressources propres**. Il est établi pour une période d'au moins cinq ans.

Il est **adopté par voie de règlement**, **par le Conseil, statuant conformément à une procédure législative spéciale**. Le Conseil statue en l'espèce à l'unanimité, après approbation du Parlement, lequel se prononce à la majorité des membres qui le composent. Le Conseil européen peut toutefois adopter à l'unanimité une décision autorisant le Conseil à statuer en l'espèce à la majorité qualifiée. La Commission est associée à l'adoption du cadre financier.

L'objectif du cadre financier est surtout de **fixer les montants des plafonds annuels des crédits** pour engagement par catégorie de dépenses et du plafond annuel des crédits pour paiements. Les catégories de dépenses correspondent aux grands secteurs d'activité de l'Union. Le cadre financier prévoit aussi la possibilité d'adopter toute autre disposition utile au bon déroulement de la procédure budgétaire annuelle.

## 2. L'accord interinstitutionnel en vigueur

À la suite des crises budgétaires des années 1980, les institutions communautaires décident de passer des accords destinés à **améliorer le déroulement de la procédure d'élaboration du budget et à garantir l'encadrement des dépenses**. Dans ce cadre, elles déterminent les priorités budgétaires et conviennent des perspectives financières. Ces dernières proposent la composition des dépenses pour la période à venir, mais surtout établissent un plafond de dépassement maximal autorisé des dépenses.

Quatre accords institutionnels ont été adoptés depuis 1988, dont le dernier en 2006, établissant les perspectives financières pour la période 2007 – 2013. Le montant global du budget prévisionnel en crédits d'engagement est de 864,3 Mds d'euros, soit 1,045 % du PIB de l'Union. **L'actuel accord interinstitutionnel a pour objet de garantir la discipline budgétaire et la bonne gestion financière, d'améliorer le déroulement de la procédure budgétaire annuelle et la coopération entre les institutions** dans le domaine. Il établit les prévisions financières, comporte les engagements des institutions et détermine les modalités de la procédure budgétaire.

Surtout, les différentes rubriques de dépenses comportent **ledit plafond maximal contraignant, dont le respect s'impose à toutes les institutions**. Le tableau des perspectives financières, exprimé en pourcentage du PIB de l'Union, permet d'assurer la cohérence avec le plafond des ressources propres.

Les perspectives financières établies par l'accord interinstitutionnel ne constituent donc pas un simple exercice de programmation indicative. **Seule cependant la procédure budgétaire annuelle demeure obligatoire** pour fixer le niveau des dépenses et leur répartition sur les différents postes. En cas de nouveaux besoins initialement non prévisibles, les perspectives financières peuvent être ajustées, sans toutefois dépasser le plafond préétabli.

# Fiche 26 L'intégration du droit de l'Union européenne en droit national

Les arrêts fondateurs, Van Gend en Loos du 5 février 1963 et Costa contre ENEL du 15 juillet 1964, permettent à la CJCE d'affirmer **la spécificité de l'ordre juridique communautaire, à la fois autonome et intégré à l'ordre juridique des États membres**. Cet ordre juridique crée des droits et obligations non seulement au chef des États, mais aussi au chef des particuliers. Son respect doit être garanti par l'ensemble des autorités et en particulier des juridictions nationales.

En conséquence, le droit communautaire et désormais de l'Union, est en rupture par rapport aux règles classiques du droit international. Cette rupture est consacrée avant tout en termes d'intégration ou encore des rapports entre l'ordre juridique de l'Union et des États membres. Cela, concernant d'une part l'introduction (I) et d'autre part la place du droit de l'Union en droit national (II).

## I - L'INTRODUCTION DU DROIT DE L'UNION EN DROIT NATIONAL

Elle est régie d'abord par **le principe d'applicabilité immédiate**. Ce principe consacre l'incompatibilité du système dualiste des rapports entre le droit international et le droit national avec l'ordre juridique de l'Union. Il signifie que le droit de l'Union s'intègre automatiquement et de plein droit dans l'ordre juridique des États membres, sans nécessiter l'intervention d'une autorité nationale ni l'adoption d'une norme interne. Le droit de l'Union devient ainsi, dès son entrée en vigueur au niveau de l'Union, partie intégrante du droit national. La publication dans le JOUE est alors nécessaire et suffisante, celle dans les JO des États membres est inutile et prohibée.

L'introduction du droit de l'Union en droit national est régie ensuite par le principe d'effet direct (A). Ce dernier emporte aussi l'invocabilité du droit de l'Union au niveau interne (B).

### A - Le principe d'effet direct

Résultant d'une construction jurisprudentielle originale et prétorienne il signifie que le droit de l'Union est susceptible, lorsqu'il respecte certaines conditions, de créer des droits et obligations directement au chef des particuliers. Au regard de ces exigences, l'effet direct peut être automatique et total (1.), conditionnel (2.) ou encore conditionnel et limité (3.).

### 1. L'effet direct automatique et total

Actes parfaits du droit dérivé de l'Union, **les règlements** bénéficient de plein droit de l'effet direct. Ils peuvent être invoqués devant toute autorité publique interne ou personne privée, ainsi que dans tout type de litige.

Il en va de même pour **les décisions individuelles**. Adressées aux particuliers, ces dernières sont créatrices, par elles-mêmes, de droits et d'obligations pour leurs destinataires.

Enfin, **les principes généraux du droit de l'Union** bénéficient également de l'effet direct automatique et total. Ils sont créateurs de droits pour les individus, invocables sans condition et dans tout type de litiges. Il en va de même pour les droits fondamentaux, insérés en droit de l'Union par le biais de ces principes.

### 2. L'effet direct conditionnel

Pour bénéficier de l'effet direct, les autres normes du droit de l'Union doivent satisfaire certaines conditions. Pour la première fois, la CJCE va les poser dans l'arrêt fondateur Van Gend en Loos. Ainsi, **les normes concernées doivent-elles être claires, précises et non soumises à une condition particulière de mise en œuvre**, telle que l'intervention d'une autorité nationale ou bien d'une institution de l'Union. Ne correspond pas non plus à la triple condition posée, une norme dont l'exécution laisse à l'autorité concernée un choix de moyens ou formes d'action.

Certaines obligations consacrées par **les traités**, d'abord de ne pas faire et plus tard de faire, seront reconnues d'effet direct par la jurisprudence. Face aux retards accumulés par les institutions en matière d'adoption du droit dérivé, la Cour reconnaîtra l'effet direct de différents dispositifs des traités, concernant par exemple les quatre libertés de circulations (arrêt Reyners, du 1er juin 1974). En l'espèce, l'absence de toute marge d'appréciation laissée aux États, semble souvent être le critère décisif. Une fois reconnues d'effet direct, les normes issues des traités peuvent être invoquées dans des litiges aussi bien verticaux, opposant un individu à l'État, qu'horizontaux, opposant les individus les uns aux autres.

Enfin, **les dispositions des accords internationaux**, susceptibles de conférer des droits ou poser des obligations aux particuliers, peuvent être également reconnues d'effet direct, dans les mêmes conditions que les traités.

### 3. L'effet direct conditionnel et limité

**Les directives** peuvent se voir reconnaître ce type d'effet direct. Législation à deux étages, s'adressant exclusivement aux États membres, pour bénéficier de l'effet direct, les directives doivent, d'abord, ne pas être transposées dans le délai prescrit ou encore être mal transposées. Ensuite, seules leurs dispositions claires, précises et d'application inconditionnelle pourraient être d'effet direct. Enfin, ce dernier ne sera que vertical.

Il s'agit donc de situations exceptionnelles et anormales. **L'effet direct est lié à l'absence d'exécution, par l'État concerné, de ses obligations**. Cependant, la reconnaissance de l'effet direct à ses dispositions ne dispense pas ce dernier de prendre les mesures conformes à ses obligations. Un État ne peut pas, par conséquent, en cas de non-exécution de ses obligations, invoquer une directive à l'encontre d'un particulier (refus de l'effet direct inversé). Cela, en application du principe général de droit, que nul ne peut se prévaloir de sa propre faute. C'est bien la carence de l'État qui est sanctionnée.

La directive ne peut pas non plus être invoquée dans des litiges entre particuliers, mais uniquement vis-à-vis de l'État concerné. **Elle ne peut pas avoir donc d'effet direct horizontal**.

## B - L'invocabilité du droit de l'Union

Pour défendre les droits créés par le droit de l'Union au chef des particuliers, ces derniers doivent pouvoir les invoquer devant les autorités nationales. Mais l'invocabilité n'est pas un simple corolaire du principe d'effet direct, elle a aussi une portée plus large. C'est ce qu'il est possible de constater en termes d'invocabilité générale devant les autorités nationales (1.). Celle-ci est aussi complétée par l'invocabilité particulière devant le juge national (2.).

### 1. L'invocabilité générale

Cette invocabilité vise, d'une part, l'**interprétation conforme**. Le droit national doit ainsi être toujours interprété conformément aux normes du droit de l'Union, alors même que ces dernières ne bénéficient pas toujours d'effet direct, autrement dit même lorsqu'elles ne créent pas directement des droits et obligations au chef des particuliers. Le recours à l'interprétation conforme est particulièrement utile dans le cas des directives dont l'effet direct est limité et conditionnel.

L'invocabilité permet d'engager, d'autre part, **la responsabilité de l'État**, selon l'ensemble des voies contentieuses et non-contentieuses disponibles. Ainsi un particulier peut-il invoquer la non application ou la mauvaise application du droit de l'Union pour mettre en jeu la responsabilité de l'État, en raison du préjudice subi. En ce qui concerne les directives, la CJUE avait estimé qu'en cas de la mise en œuvre incorrecte d'une directive, la responsabilité de l'État pouvait être engagée à la double condition que le résultat prescrit comporte l'attribution de droits au profit des particuliers et que le contenu de ces droits puisse être identifié sur la base des dispositions de la directive elle-même.

### 2. L'invocabilité particulière devant le juge national

En plus de l'invocabilité générale, pleinement et surtout **mise en œuvre auprès du juge national**, elle permet à ce dernier d'écarter la disposition nationale contraire au droit de l'Union. Il s'agit, en l'espèce, d'une **invocabilité d'exclusion**.

En outre, lorsqu'il n'existe aucune mesure d'application d'une norme de l'Union qui ne bénéficie pas d'effet direct, dans la mesure où cette norme ne remplit pas les conditions de précision, de portée concrète et d'inconditionnalité, le particulier peut demander au juge national de lui reconnaître néanmoins des droits sur le fondement de la norme en question. Il s'agit alors d'une **invocabilité de substitution**.

# II - LA PLACE DU DROIT DE L'UNION EN DROIT DES ÉTATS MEMBRES

Cette question se pose en termes de hiérarchie normative. La réponse sera apportée par la CJUE à travers la consécration du principe de primauté, dans une construction prétorienne et originale (A). Cette consécration pose légitimement une deuxième question, celle des effets juridiques de la primauté (B).

## A - La consécration du principe

À l'origine et pendant longtemps elle reste donc exclusivement issue d'une construction jurisprudentielle (1.). Dans le cadre du processus de la constitutionnalisation de l'Union, le pouvoir constituant a voulu se saisir de la primauté à son tour, avec un résultat, aux termes du traité de Lisbonne, quelque peu décevant (2.).

### 1. Une construction jurisprudentielle

En effet, les traités constitutifs ne contiennent pas de clause générale portant consécration du principe de primauté du droit communautaire. C'est donc la CJCE qui, se fondant sur une interprétation globale du système communautaire, va affirmer **la supériorité absolue du droit de l'Union sur le droit national**.

Dans son arrêt Costa contre ENEL précité, **la CJUE lie le principe de primauté au principe d'applicabilité immédiate**. Ainsi, selon elle, l'intégration au droit de chaque pays membre de dispositions de source communautaire a pour corollaire l'impossibilité pour les États de faire prévaloir, contre un ordre juridique accepté par eux sur une base de réciprocité, une mesure unilatérale ultérieure. Celle-ci ne saurait être opposable à l'ordre juridique de l'Union.

Le principe de primauté vaut pour l'ensemble des sources du droit de l'Union, droit primaire et droit dérivé, accords internationaux conclus par l'Union et les principes généraux, le droit complémentaire. Il s'applique aussi au droit interne dans son ensemble, y compris aux dispositions d'origine privée telles que les contrats. La seule exception notable concerne **les engagements internationaux des États antérieurs aux traités constitutifs**. Même contraires au droit de l'Union, ces derniers restent en vigueur, notamment pour sauvegarder les intérêts et les droits des particuliers, mais l'État membre concerné a l'obligation générale de remédier par tout moyen au conflit normatif existant.

**L'affirmation de la primauté, plus particulièrement du droit dérivé de l'Union, n'a pas été cependant évidente**. En effet, il a été facilement mis en œuvre dans l'hypothèse de la contradiction avec une loi nationale antérieure, conformément à l'adage, *lex posterior derogat priori*. En revanche, s'agissant de la loi nationale postérieure, en France, en dépit du monisme et la supériorité des traités sur la loi, l'application de la doctrine Matter interdisait au juge interne d'écarter la loi nationale postérieure. Ce n'est que dans l'arrêt Société des cafés Jacques Vabres, que la Cour de cassation va accepter de faire prévaloir une norme communautaire sur une loi postérieure. Le Conseil d'État français ne se rallie à cette position que dans son arrêt Nicolo, du 20 octobre 1989.

Mais la difficulté principale se pose, aujourd'hui encore, au sujet **des rapports entre le droit de l'Union et le droit constitutionnel des États membres**. En l'espèce, la position du juge de l'Union est confrontée à celle du juge national. Selon le premier en effet, un État membre ne saurait se réfugier derrière une règle interne, même constitutionnelle, pour se soustraire à son obligation de respecter le droit de l'Union. Concrètement, dans l'arrêt Internationale Handelsgesselschaft du 17 décembre 1970, la CJUE affirmera qu'un État membre ne peut opposer à une norme communautaire une disposition de son droit national quelle qu'elle soit. Pour le juge interne en revanche, dans la mesure où il tient ses pouvoirs du droit constitutionnel national, aucune règle interne ne lui impose de reconnaître la primauté du droit de l'Union sur ce dernier. Toutefois, jamais une disposition constitutionnelle n'a entraîné la mise à l'écart d'une norme de l'Union. En France cependant, la seule possibilité de régler le problème se présente au moment de la ratification des traités. En cas de conflit entre ces derniers et la Constitution, dûment constaté par le Conseil constitutionnel, la révision préalable de celle-ci est indispensable pour que le traité puisse être ratifié et entrer en vigueur.

### 2. Le pouvoir constituant et le principe de primauté

Le traité constitutionnel consacre, pour la première fois, le principe de primauté. Cette consécration devait cependant être interprétée comme **une contrepartie à l'insertion dans le traité de l'obligation de l'Union de respecter l'identité nationale des États membres**, inhérente à leurs structures fondamentales politiques et constitutionnelles, y compris en ce qui concerne l'autonomie locale et régionale. Préalablement d'ailleurs à cette consécration, la CJUE avait déjà accepté de faire prévaloir le droit à la dignité humaine en tant que principe fondamental du droit constitutionnel allemand, inhérent à l'identité nationale, sur la libre circulation des services. Certes, en l'espèce, la Cour de justice s'était bien fondée sur l'une des exceptions prévues par le traité CE lui-même en matière de libre circulation (arrêt Omega du 14 octobre 2004).

Mais, contrairement à l'obligation de respecter l'identité nationale, reprise telle quelle par le traité de Lisbonne, **le principe de la primauté disparaît du corps même de ce dernier**. Seule une déclaration jointe au traité de Lisbonne rappelle, en faisant référence à l'avis rendu sur la question par le service juridique du Conseil, que le principe s'applique toujours, conformément à la jurisprudence de la CJUE.

## B - Les effets de la primauté

Ils sont **à considérer sous réserve de la limitation de la primauté**, consacrée par le traité de Lisbonne. La charge de la mise en œuvre du principe pèse sur les autorités des États membres et en premier lieu sur les juridictions nationales.
À cet égard, **la primauté apparaît étroitement liée à l'effet direct**. Les particuliers doivent en effet pouvoir se prévaloir d'une norme du droit de l'Union pour demander au juge interne d'écarter la disposition nationale contraire.
La Cour va préciser l'obligation qui pèse sur l'État au regard du principe de primauté, allant jusqu'à en **limiter l'autonomie procédurale** (arrêt Simmenthal, 9 mars 1978). Ses implications sont les suivantes :

### 1. La non application du droit national incompatible

Le juge national doit appliquer intégralement le droit de l'Union, en protégeant le cas échéant les droits que celui-ci confère aux particuliers. À cet effet, **il doit laisser au besoin inappliquée toute disposition nationale contraire**. Le juge national est même habilité à ne pas appliquer les règles du droit national qui limitent sa compétence à cet égard.

Pour mieux remplir son rôle, **le juge national peut être éventuellement autorisé à ordonner des mesures provisoires**, s'agissant par exemple de la suspension de l'application du droit national. Et, si le droit national ne fournit pas de base juridique nécessaire à l'exercice d'un tel pouvoir, le juge national est autorisé à fonder sa compétence directement sur le droit de l'Union (arrêt Factortame, 19 juin 1990).

## 2. L'interprétation conforme du droit national

Tout comme pour l'effet direct, ici encore **l'obligation existe pour toute autorité nationale d'interpréter la disposition de droit interne à la lumière du droit de l'Union**.

## 3. La répétition de l'indu et réparation des dommages causés aux particuliers

Les autorités nationales doivent effacer les conséquences financières d'une décision ou d'un acte national pris en contradiction avec le droit de l'Union. À de nombreuses reprises, la CJUE a rappelé l'obligation des États membres de rembourser toutes les sommes perçues par une autorité nationale en application d'un texte reconnu contraire au droit de l'Union. La Cour va ainsi consacrer un véritable **droit à la réparation**, en tant qu'inhérent à l'ordre juridique de l'Union.

**Le juge national sera ainsi habilité à condamner l'État à réparer** le préjudice subi par les particuliers, même lorsque le droit national ne lui fournit pas de base juridique à cet effet. La violation d'une règle supérieure de droit protégeant les particuliers doit être toutefois suffisamment caractérisée, qu'il s'agisse d'une responsabilité avec ou sans faute. Bien évidemment, le fait de conférer un caractère juridiquement obligatoire à la Charte des droits fondamentaux et reconnaître qu'elle a la même valeur juridique que les traités, ne pourra que renforcer cette pratique.

## 4. Le contrôle juridictionnel effectif de l'application du droit de l'Union

La CJUE rappelle d'abord que les modalités procédurales des recours en justice destinés à assurer la sauvegarde des droits que les justiciables tirent du droit de l'Union ne doivent pas être moins favorables que celles concernant des recours similaires de nature interne. Elle élargit ensuite son approche en imposant aux États d'assurer **un contrôle juridictionnel effectif**, de nature à permettre aux individus de faire contrôler le respect des dispositions du droit de l'Union. Selon la CJUE il s'agit bien d'un droit fondamental.

## 5. L'obligation générale des États membres de faire respecter le droit de l'Union par leurs ressortissants

Indépendamment du pouvoir de sanction directe exercé, dans certaines hypothèses, par les institutions de l'Union, **la Cour**

**demande aux États de contrôler et de sanctionner la non-application du droit de l'Union sur leur territoire**. À ce titre, les États doivent introduire des sanctions efficaces, dissuasives et proportionnelles, comparables à celles applicables aux violations du droit national de nature et d'importance comparables.

# Fiche 27 Le contentieux de l'Union européenne

Le contentieux de l'Union européenne englobe **l'ensemble des recours de l'ordre juridique de l'Union**, qui relèvent de la compétence exclusive de la CJUE. Il est confié à la Cour de justice, figurant parmi les institutions communautaires d'origine, au Tribunal, créé en 1988 et au Tribunal de la fonction publique créé en 2004. Conformément aux principes d'attribution et de spécialité, ce sont les traités eux-mêmes qui définissent la compétence de chacune de ces juridictions spécialisées, le juge commun du droit de l'Union restant le juge national.

En vertu du principe de la coopération loyale, **les États membres acceptent la juridiction obligatoire de la CJUE, ainsi que d'exécuter les arrêts rendus**. De par le caractère étendu et contraignant de ses interventions, la CJUE exerce un rôle sans précédant. Garante de l'État de droit au niveau de l'organisation grâce à sa jurisprudence, elle est un véritable moteur de l'intégration.

Le contentieux de l'Union comprend, d'une part l'ensemble des recours directs (I), et, d'autre part le seul recours indirect existant (II).

## I - LES RECOURS DIRECTS

Ces recours peuvent être dirigés soit contre les États (A), soit contre les Institutions (B).

### A - Le recours contre les États

Il s'agit du contentieux en constatation du manquement aux traités, commis par un État membre (articles 258 – 260 du TFUE). En termes à la fois de procédure (1.) et des effets juridiques (2.), ce recours témoigne de la difficulté qu'ont eue les États membres à accepter le contrôle par une juridiction supranationale indépendante de l'exécution de leurs obligations en vertu du droit de l'Union. Plusieurs procédures spéciales, en matière de concurrence, gestion de services publics, aide d'État, achèvement du marché intérieur, etc., rejoignent le recours en manquement général, consacré par le traité.

#### 1. La procédure

**Le manquement est imputable à un État membre**, du fait de l'action de ses divers pouvoirs ou organes. Il peut provenir à la fois d'une action positive et d'une abstention/omission, s'agissant par exemple de l'adoption d'un texte contraire au droit de l'Union, du refus d'abroger une mesure interne incompatible, du retard dans la transposition d'une directive, ou de l'absence de communication des mesures nationales d'exécution à la Commission. Dans ce dernier cas, depuis l'entrée en vigueur du traité de Lisbonne, la Cour de justice peut infliger directement une sanction pécuniaire à l'État ayant manqué à ses obligations.

Le recours en manquement peut être intenté soit par la Commission, soit par un État membre. Dans la pratique, **c'est généralement la Commission, dans son rôle de gardienne des traités, qui saisit la Cour de justice**, seule compétente actuellement pour ce type de contentieux. Lorsqu'un État membre initie la procédure, avant d'aller devant la Cour, il doit au préalable saisir la Commission.

La procédure comporte deux **phases, précontentieuse et contentieuse**. Lors de la première, dont le déclenchement relève de l'appréciation discrétionnaire de la Commission, celle-ci, saisie d'une plainte émanant d'un État ou d'un particulier ou encore agissant de son propre chef, procède à **la mise en demeure de l'État défaillant** de lui présenter ses observations sur le prétendu manquement. Cette mise en demeure à pour but de circonscrire l'objet du litige et indiquer à l'État concerné les éléments nécessaires à la présentation de sa défense.

Dans l'absence d'une réponse ou encore si celle-ci n'apporte pas des éléments suffisants permettant de constater l'absence du manquement, la Commission émet un **avis motivé**. Dans cet avis, elle demande à l'État concerné de se conformer à ses obligations, en lui fixant le cas échéant un délai dans lequel il devrait s'exécuter, ainsi que les mesures à prendre. L'avis motivé sert de fondement formel à la saisine de la Cour de justice. Il indique les seuls motifs que peut évoquer la Commission dans son recours.

La phase contentieuse s'ouvre avec **la saisine de la Cour de justice**, toujours laissée à l'appréciation discrétionnaire de la Commission et n'étant soumise à aucune exigence de délai. Même en cas d'exécution de son obligation par l'État mis en cause, la Commission pourrait conserver un intérêt pour agir, pour voir notamment si un manquement a été effectivement commis et/ou afin d'établir l'éventuelle responsabilité de l'État concerné. La procédure se termine par l'arrêt de la Cour, dans lequel celle-ci déclare qu'il y a eu ou non manquement au droit de l'Union. La Commission peut également saisir le président de la Cour par la voie du référé afin d'obtenir des mesures conservatoires ou des injonctions à l'égard de l'État concerné.

### 2. Les effets juridiques de l'arrêt en manquement

**Le recours en manquement revêt un caractère objectif**. Il permet de contrôler la conformité de l'action étatique au droit de l'Union et de déterminer la portée exacte des obligations des États en cas de divergence d'interprétation. Il n'est conditionné ni par l'existence d'un préjudice subi par les autres États membres, ni par une illégalité commise par l'État défaillant, ni enfin par l'absence de bonne foi. Son objectif n'est pas de sanctionner mais de garantir l'exécution des obligations étatiques. En outre, l'arrêt permet de donner une interprétation authentique du droit de l'Union et réunir les éléments d'une éventuelle responsabilité de l'État.

**L'arrêt en manquement a un caractère déclaratoire**. En effet, la Cour ne fait que constater le manquement, n'ayant ni la compétence de condamner l'État défendeur, ni non plus d'annuler la mesure nationale contestée. Seul l'État défaillant peut et doit tirer toute conséquence de l'arrêt rendu et supprimer, y compris avec effet rétroactif, les conséquences de l'infraction. Néanmoins, selon la Cour le principe de la responsabilité de l'État pour les dommages causés aux particuliers à la suite de la violation des traités est inhérent à l'ordre juridique de l'Union.

Le traité permet en outre à la Commission, lorsqu'elle estime qu'un État n'a pas pris les mesures nécessaires pour se conformer à un arrêt de la Cour, de lancer **une nouvelle procédure en manquement**. Elle peut dans ce cadre indiquer le montant de la somme forfaitaire ou de l'astreinte auxquelles la Cour pourrait condamner l'État concerné.

## B - Les recours contre les institutions

Deux principales catégories de recours en font partie. La première réunit les recours en annulation et en carence, permettant de sanctionner respectivement l'action ou l'abstention des institutions, entachées d'illégalité (1.). La seconde comprend le recours en indemnité, visant à obtenir des dommages-intérêts en cas d'engagement de la responsabilité extracontractuelle des institutions (2.).

### 1. Les recours en annulation et en carence

Les deux peuvent être formés par les États membres et les institutions, en tant que **requérants privilégiés** (institutionnels), ainsi que par les particuliers, en tant que **requérants ordinaires** (autres). Contrairement aux premiers, les seconds doivent être ainsi, sous peine d'irrecevabilité, soit destinataires, soit directement et individuellement concernés par l'action ou l'omission (acte que l'institution devait prendre et qu'elle n'a pas pris) contestées. La recevabilité est soumise à un délai de 2 mois, d'ordre public, dont la CJUE devait par conséquent contrôler d'office le respect.

**Pour le recours en annulation, l'acte mis en cause émane exclusivement des institutions et produit des effets de droit**, à l'exclusion par conséquent des recommandations et des avis. En l'espèce la dénomination même de l'acte importe peu, la CJUE s'étant reconnu rapidement le droit de requalifier l'acte dont elle est saisie, en fonction de son contenu et de ses effets. Seuls à l'origine les actes du Conseil et de la Commission pouvaient faire l'objet d'un recours en annulation. Cependant, après avoir admis la recevabilité des recours dirigés contre le Parlement (arrêt du 23 avril 1986, Parti écologiste « Les verts »), la Cour reconnaît rapidement le rôle de requérant actif de ce dernier, avant que le traité CE ne lui attribue une compétence plénière en matière de recours en annulation. En outre, la compétence de défendre leurs propres prérogatives sera reconnue à la Cour des comptes et à la BCE au titre des recours à la fois d'annulation et en carence en qualité de requérant et défenseur.

**Les motifs suivants peuvent fonder l'annulation** : l'incompétence, la violation des formes substantielles (vice de forme), la violation du traité ou de toute règle de droit relative à son application, y compris des principes généraux du droit communautaire, enfin, le détournement de pouvoir.

**La CJUE soit rejette le recours, soit annule directement l'acte contesté**, en précisant les effets de l'annulation prononcée. L'auteur de l'acte annulé doit tirer toutes les conséquences de l'arrêt rendu.

**Pour ce qui est du recours en carence**, à l'origine il ne pouvait être dirigé que contre le Conseil et la Commission. Il sera ensuite étendu au Parlement, séparément ou en commun avec le Conseil, en tant qu'**institutions pouvant adopter des actes juridiquement contraignants**. La Commission peut faire l'objet d'un recours en carence y compris lorsqu'elle s'abstient de formuler une proposition d'acte législatif, alors qu'elle en a l'obligation, en vertu de son monopole d'initiative législative.

Le recours en carence comprend d'abord une **phase administrative, suivie d'une phase juridictionnelle**. Lors de la première, le demandeur doit adresser à l'institution concernée une invitation d'agir motivée. Celle-ci dispose d'un délai de deux mois pour répondre. Le recours, ouvert lorsqu'elle s'abstient de prendre position, devrait être intenté sur la base de l'invitation susvisée et ne peut porter que sur les mesures invoquées dans celle-ci.

**Les motifs invoqués** peuvent être la violation du traité et de toute règle de droit relative à son application. Condamnée pour omission, l'institution défaillante est tenue de prendre les mesures que comporte l'exécution de l'arrêt rendu.

### 2. Le recours en indemnité

La jurisprudence de la CJUE affirme rapidement **l'autonomi ce recours par rapport aux autres voies de recours** en droit de l'Union, plus particulièrement par rapport au recours en annulation et en carence.

**Il est ouvert aux particuliers, qui se prétendent victimes d'un dommage causé par l'Union**, mais aussi, en principe, aux États membres eux-mêmes. Le requérant doit établir un intérêt d'agir. L'action est dirigée contre l'institution dont émane l'acte ou à laquelle appartient l'agent à l'origine du dommage subi, y compris la BEI et la BCE.

Le recours doit être intenté dans un **délai de cinq ans** à compter de la réalisation effective du dommage ou de l'apparition des effets dommageables de l'action illicite de l'Union.

Pour que le recours soit accepté, la CJUE demande **la réunion de trois conditions cumulatives**, à savoir l'illégalité du comportement reproché aux institutions, la réalité du dommage, enfin l'existence d'un lien de causalité entre le comportement et le préjudice causé.

L'illégalité d'abord ne peut provenir que d'une **violation suffisamment caractérisée d'une règle supérieure de droit protégeant les particuliers**. La responsabilité de l'institution défaillante peut être engagée même sans faute.

Ensuite, **le préjudice doit être certain, né et actuel**. Il comprend également les dommages imminents et prévisibles. Il peut s'agir d'une perte subie, mais aussi d'un gain manqué, voire d'un dommage moral.

Enfin, le requérant doit prouver **le lien de causalité entre le dommage subi et l'action de l'institution mise en cause**. Ce lien disparaît en cas d'éventuelles négligences ou imprudences imputables au demandeur.

## II - LE RECOURS INDIRECT

C'est sans doute le recours le plus original en droit de l'Union. Il incarne une **procédure de coopération entre le juge national et la CJUE**, fondée sur le renvoi préjudiciel. Ce dernier a pour objet une demande d'interprétation du droit de l'Union ou bien une appréciation de la validité du droit dérivé.

Dans le renvoi préjudiciel deux phases peuvent être distinguées, la phase nationale (A) et la phase supranationale (B).

## A - La phase nationale

Elle soulève des interrogations, concernant l'instance nationale compétente à effectuer le renvoi préjudiciel (1.) et l'obligation de saisir la CJUE (2.).

### 1. L'instance nationale compétente

Celle-ci doit être **une juridiction**, saisie d'un litige dans le cadre duquel sont soulevées des questions concernant le droit de l'Union. La jurisprudence de la CJUE apporte des précisions concernant ses principales caractéristiques. Telles sont son origine légal et sa permanence, la portée obligatoire des décisions rendues (autorité de chose jugée), le fait de statuer en droit et de se prononcer à la suite d'une procédure contradictoire. En toute logique, la CJUE développe une interprétation extensive de la notion.

### 2. L'obligation de saisir la CJUE

Conformément au traité, **les juridictions nationales peuvent s'adresser à la CJUE, à l'exception des juridictions suprêmes, tenues de saisir cette dernière**. Cette distinction est appelée à garantir à la fois l'autonomie du juge national et l'interprétation uniforme du droit de l'Union. La volonté des parties au litige est prise en compte, bien que ce soit au juge national d'apprécier l'opportunité d'effectuer le renvoi.

Toutefois, il existe quelques différences entre le recours en interprétation et le recours en appréciation de validité.

**L'appréciation de validité** relève ainsi de la compétence exclusive de la CJUE. Le juge national ne peut pas lui-même déclarer un acte de l'Union invalide. Il peut en revanche, dès lors que le renvoi reste facultatif à son niveau, conclure que l'acte en question est pleinement valide et par conséquent rejeter les moyens d'invalidité soulevés.

**En matière d'interprétation**, le juge national, compétent pour appliquer le droit de l'Union, l'est aussi pour l'interpréter. Seule l'exigence de garantir l'application uniforme du droit de l'Union peut imposer la saisine de la CJUE. Pour certaines juridictions nationales toutefois, y compris suprêmes, conformément à la théorie de l'acte clair, **le renvoi n'est pas systématiquement obligatoire**. Seul un doute absolu sur la norme qui relève du droit de l'Union peut l'imposer. La jurisprudence de la CJUE elle-même prévoit plusieurs situations, où le renvoi en interprétation n'est pas demandé. Tel est le cas, lorsque la question soulevée n'est pas pertinente, c'est à dire sans aucune influence sur la solution du litige. Il en va de même, lorsque la question soulevée est matériellement identique à une autre, ayant déjà fait l'objet d'une interprétation par la CJUE dans une espèce analogue. C'est enfin le cas, lorsque l'application correcte du droit de l'Union s'impose avec une telle évidence qu'elle ne laisse place à aucun doute raisonnable.

**Le moment du renvoi** est choisi par le juge national. Toutefois, la CJUE demande à ce que les faits de l'affaire soient établis et que les problèmes de pur droit national soient tranchés au moment du renvoi.

Enfin, aussi bien en matière d'appréciation de validité que d'interprétation, **la réponse de la CJUE doit être nécessaire à la solution du litige** dont le juge national est saisi. Ce dernier est le mieux placé pour apprécier la pertinence des questions de droit soulevées et la nécessité d'une décision préjudicielle pour qu'il soit en mesure de rendre son jugement. Il possède ainsi la maîtrise de la formulation, ainsi que de l'ordre des questions.

## B - La phase supranationale

À ce niveau se pose d'abord la question de la compétence de la CJUE (1.), ensuite celle de la portée de l'arrêt rendu (2.).

### 1. La compétence de la CJUE

Il s'agit bien d'une **compétence préjudicielle**. Celle-ci suppose, dans le cadre de la procédure de coopération, que la CJUE ne puisse refuser de répondre à une question qui relève de sa compétence, qu'elle ne juge pas de l'intérêt ou de la pertinence de la question posée et enfin, qu'elle se limite à fournir une réponse abstraite, en laissant le juge national à en tirer les conséquences.

Or, **la CJUE se réserve bien la compétence d'apprécier la pertinence des questions posées et l'utilité de la réponse** pour la solution du litige interne. De même, elle se sent libre de revoir la formulation, l'ordre, l'objet ou le contenu des questions posées, allant jusqu'à donner une appréciation de validité en réponse à une question d'interprétation. Surtout, la CJUE n'hésite pas à déterminer les effets exacts de l'interprétation ou de l'appréciation de validité effectuées, portant ainsi atteinte à la liberté du juge national.

Sa compétence préjudicielle demande à la CJUE de **ne pas se prononcer sur le droit national et sa compatibilité avec le droit de l'Union**. En revanche, dans ses réponses la CJUE sera amenée à en apprécier inévitablement la portée. En présence des questions formulées de manière impropre ou dépassant le cadre de sa compétence, elle n'hésite pas à extraire ainsi des questions posées uniquement les éléments portant effectivement sur le droit de l'Union et qui appellent, compte tenu de l'objet du litige, une interprétation ou une appréciation de validité.

## 2. La portée de l'arrêt rendu

**Les arrêts en interprétation d'abord sont revêtus de l'autorité relative de la chose interprétée** à l'égard de l'auteur du renvoi préjudiciel. Les autres juridictions des États membres peuvent évidemment en tenir compte, mais aussi solliciter de nouveau la CJUE, à l'occasion d'un nouveau litige.

Souvent cependant, la CJUE va au-delà de l'interprétation abstraite demandée et se reconnaît **le pouvoir de déterminer les effets de son interprétation dans le temps**. À travers sa jurisprudence, la CJUE affirme que son interprétation doit produire des effets rétroactifs, soit depuis la date du texte interprété. Mais elle se réserve aussi le droit de fixer, à titre exceptionnel, le point de départ de ces effets à la date de l'arrêt interprétatif lui-même.

**Les arrêts en appréciation de validité ensuite bénéficient de l'autorité absolue de la chose jugée**. La réponse fournie par la CJUE doit ainsi s'imposer à tout juge national, en lui interdisant notamment d'appliquer une norme du droit de l'Union déclarée invalide. À la suite d'ailleurs des renvois préjudiciels ayant abouti à cette dernière solution, la CJUE n'hésite pas à adresser des injonctions aux institutions de l'Union de remédier à l'illégalité constatée et à déterminer le droit applicable. En même temps, sa jurisprudence admet le pouvoir du juge national d'apprécier l'intérêt qu'il y aurait à soulever à nouveau une question tranchée déjà par la CJUE, pour en faire préciser les motifs, l'étendue ou les conséquences.

En ce qui concerne la rétroactivité de l'invalidité constatée, la CJUE suit globalement sa jurisprudence en matière d'interprétation. Elle se réserve néanmoins, au regard des circonstances de l'espèce, de moduler dans le temps la portée de l'arrêt.

# Fiche 28 Le Conseil de l'Europe et la protection des Droits de l'homme

Le statut de Londres du Conseil de l'Europe, adopté le 5 mai 1949, est l'achèvement majeur du Congrès de La Haye, réuni en 1948 par les mouvements paneuropéens. Il exprime la volonté de l'Europe occidentale de mettre en place une **organisation politique, fondée sur les principes de l'État de droit, de la démocratie et des droits de l'homme**.

Dès l'origine, le Conseil de l'Europe, réunissant désormais 47 États membres, manifeste **un intérêt prioritaire aux droits de l'homme**. Leur protection se fait en rapport direct avec la prééminence du droit. C'est ce qu'affirme l'article 3 du statut qui engage tout État membre à reconnaître ces deux principes. L'article 8 du statut permet pour sa part au Comité des ministres de suspendre le droit de représentation de tout État qui enfreint gravement les dispositions de l'article 3, voire de l'exclure de l'organisation.

Le Conseil de l'Europe développe la coopération politique entre ses États membres, soit par la voie d'actions communes, soit à travers la conclusion des accords européens. La protection des droits de l'homme constitue l'objectif prioritaire au niveau de chacun de ces deux moyens. Elle est ainsi de nature conventionnelle (I) et organique (II).

## I - LA PROTECTION CONVENTIONNELLE

Dans ce cadre, le rôle à la fois principal et originel joue la Convention pour la sauvegarde des droits de l'homme et libertés fondamentales, instrument de protection générale des droits de l'homme (A). Progressivement, elle sera complétée par de nombreux autres traités, visant à assurer une protection renforcée de certains aspects particuliers des droits de l'homme (B).

### A - Une protection générale

**Adoptée le 4 novembre 1950, la Convention EDH entre en vigueur le 3 septembre 1953**. La France joue un rôle actif lors de son élaboration et fait partie de ses signataires d'origine. Mais elle attend plus de 20 ans avant de la ratifier le 3 mai 1974. En comparaison, la ratification par le Royaume Uni intervient le 8 mai 1951 et celle de la Turquie le 18 mai 1954. Après la chute du mur de Berlin, l'adhésion à la

Convention sera érigée en obligation formelle pour les anciens États socialistes, candidats à l'adhésion au Conseil de l'Europe.

Aujourd'hui encore, la Convention reste un instrument unique. Sa spécificité tient à la fois à la valeur fondamentale du catalogue des droits et libertés consacrés (1.) et à la nature juridictionnelle de son mécanisme de garantie, permettant un accès direct de l'individu à la Cour EDH (2.).

## 1. La valeur fondamentale du catalogue des droits protégés

La Convention protège **des droits et libertés politiques et civils**, dits de première génération. Mais ces droits et libertés vont avoir progressivement pour corolaire des droits économiques et sociaux de la seconde, voire certains droits environnementaux et autres de la troisième génération.

Surtout, **la Convention consacre une sorte de *standard minimum*** commun. Son respect sera reconnu comme une condition intrinsèque de la qualité même d'État européen. Dans l'arrêt Loizidou contre la Turquie du 23 mars 1995 (exceptions préliminaires), la Cour conclut que la Convention, qui déborde la simple réciprocité internationale et crée des obligations objectives bénéficiant d'une garantie collective, est un instrument constitutionnel de **l'ordre public européen**. En droit européen, cette dernière notion ne suppose pas comme c'est le cas en droit interne, la compétence du juge de se saisir d'office de toute violation commise à son égard. Mais elle renvoie bien à certaines règles communes, indispensables à l'existence même des sociétés européennes.

Les droits et libertés consacrés par la Convention connaissent **un effort d'adaptation permanent**. Ainsi, différents protocoles additionnels élargissent son catalogue. Il s'agit d'une adaptation externe, dépendante des États parties. Mais la Convention connaît aussi une adaptation interne, œuvre de la Cour EDH elle-même. Comme le rappelle la Cour, la Convention est un instrument vivant qui tient compte de l'évolution des sociétés européennes.

## 2. La nature juridictionnelle du mécanisme de garantie, permettant un accès direct de l'individu à la Cour EDH

L'article 1er de la Convention engage les États parties à reconnaître les droits et libertés consacrés à toute personne relevant de leur juridiction. Pour contrôler le respect par les États de leurs obligations au regard de la Convention, celle-ci consacre un mécanisme de garantie particulier. Depuis le 1er novembre 1998, date de l'entrée en vigueur du protocole 11, adopté le 4 mai 1994, **ce mécanisme est entièrement juridictionnalisé**. Comprenant une Cour EDH unique et exclusive, il permet surtout, au niveau de sa compétence contentieuse, un accès direct de l'individu. Ce dernier peut ainsi saisir la juridiction supranationale contre tout

État partie, en cas de violation de ses droits et libertés consacrés par la Convention.

Les requêtes individuelles ne devaient jouer à l'origine qu'un rôle secondaire par rapport aux requêtes interétatiques. Mais **elles vont rapidement dominer l'activité de la Cour**. Leur nombre explose à la suite de l'adhésion des pays de l'Europe de l'Est et de l'ex-URSS. Victime de son propre succès, la Convention va ainsi se trouver au milieu des années 2000 au bord de l'asphyxie, en dépassant le seuil symbolique de 100000 requêtes en attente fin 2008. La Cour ainsi ne peut pas elle-même satisfaire l'exigence de délai raisonnable, pourtant imposée aux États. Le protocole 14 (adopté le 13 mai 2004, entré en vigueur le 1er juin 2010) devrait à la fois permettre d'accélérer le traitement des requêtes et améliorer l'efficacité du mécanisme de garantie. Réponse inévitable, bien que vivement critiquée pour certaines de ces dispositions, il ne pourra sans doute pas résoudre d'une manière définitive le problème d'encombrement de la Cour.

## B - La protection spécifique

Elle s'intéresse à la fois aux groupes de personnes vulnérables et aux droits sensibles (1). La distinction entre les deux reste relative. À quelques exceptions près, la majorité de conventions qui en font partie ne bénéficient que d'un mécanisme de garantie politique faiblement contraignant (2.).

### 1. La protection des groupes vulnérables et des droits sensibles

Dans la mesure où elle ne s'y intéresse pas spécifiquement, **la Convention EDH garantit une protection indispensable, mais insuffisante** à la fois au regard de la vulnérabilité de certains groupes ou catégories de personnes et de la sensibilité de certains droits. Ainsi, le Conseil de l'Europe sera-t-il amener à élaborer des textes visant à les protéger de manière spécifique et exclusive.

Parmi les groupes ou catégories de personnes faisant l'objet d'une telle protection peuvent être cités **les enfants**, visés par une série de conventions, dont la première, la Convention européenne en matière d'adoption des enfants sera signée encore le 24 avril 1967 révisée le 27 novembre 2008. Elle sera complétée par des conventions relatives au statut des enfants nés hors mariage, ainsi qu'aux décisions en matière de garde d'enfants et sur l'exercice des droits des enfants. En outre, des textes uniques s'intéressent à la protection des **minorités nationales** (Convention-cadre du 1er février 1995) ou bien des **victimes de la traite des êtres humains** (Convention du 16 mai 2005). Certains s'inscrivent dans le processus de formation de véritables principes coutumiers à l'échelle européenne.

Parmi les conventions qui protègent des droits sensibles figure par exemple la Convention sur **les droits de l'homme et la biomédecine** du 4 avril 1997. Elle sera complétée par plusieurs protocoles, dont celui relatif aux tests génétiques à des fins médicales du 27 novembre 2008, pas encore en vigueur.

En 1961, le besoin s'est-il fait sentir de compléter la protection des droits et libertés civiques et politiques par celle des droits économiques et sociaux. **La Charte sociale européenne** sera adoptée le 18 octobre 1961, puis refondée le 3 mai 1996. La Charte s'intéresse de manière spécifique aux droits de travail, à la grève ou à la protection sociale. Des protocoles additionnels ajoutent aux droits de base protégés par la Charte, des droits nouveaux, tels qu'à la dignité dans le travail, au logement, à la protection contre la pauvreté et l'exclusion sociale.

En tant que conventions qui relèvent de manière générale du droit international de coopération, elles connaissent souvent un **faible taux de ratifications**. Pour en faciliter l'adhésion, certaines conventions instituent ce qu'on appelle le mécanisme à la carte, à l'instar par exemple de la Charte européenne des langues régionales ou minoritaires du 25 juin 1992. Cette dernière permet aux États de choisir parmi ses dispositions relatives à l'usage des langues dans la vie publique un certain nombre d'obligations à respecter à l'égard des seules langues spécifiquement identifiées pour l'occasion.

## 2. Le mécanisme de garantie politique

Un défaut général de la majeure partie des conventions de protection spécifique des droits de l'homme constitue leur mécanisme de garantie politique. Ici, **le rôle de garant de l'exécution par les États de leurs obligations est exercé par le Comité des ministres**, lui-même représentant les États membres du Conseil de l'Europe. Les États parties à une convention s'engagent ainsi à lui transmettre de manière périodique des rapports concernant l'exécution de leurs obligations respectives. Dans cette transmission intervient un Comité d'experts, chargé d'émettre des avis consultatifs sur les rapports étatiques. Indépendant, le Comité peut enquêter sur les violations commises. Il engage surtout en pratique une véritable négociation avec les États dans le but d'améliorer leur droit interne et leur pratique administrative. Le rapport étatique, l'avis consultatif, ainsi que l'éventuelle réponse étatique à ce dernier seront transmises au Comité des ministres, lequel clôturera le cycle de suivi par une résolution relative au respect par l'État de ses obligations.

Ce n'est que dans certains cas, que le Conseil de l'Europe a pu imposer **des formes de contrôle plus contraignantes**, coexistant avec le mécanisme de suivi politique. Tel est en premier lieu le cas de la Charte sociale européenne, laquelle, en plus du mécanisme de garantie politique, instaure aussi un **mécanisme quasi-juridictionnel de garantie**, comprenant un système de réclamations collectives, ouvert aux organisations internationales ou nationales d'employeurs et de travailleurs, ainsi qu'aux ONG, dotées de statut consultatif auprès du Conseil de l'Europe. Ces réclamations ne portent toutefois pas sur des situations individuelles, mais permettent de vérifier la conformité de la législation étatique à la Convention. Un Comité européen des droits sociaux se prononce sur la base d'une procédure contradictoire d'abord sur la recevabilité de la réclamation, puis sur son bien-fondé et donc sur la conformité du droit interne et la politique administrative de l'État concerné à la Charte. Le tout est transmis finalement au Comité des ministres, lequel adopte soit résolution de conformité, soit recommandation de non-conformité...

# II - LA PROTECTION ORGANIQUE

L'ensemble des organes, statuaires ou non du Conseil de l'Europe, intervient au niveau de la protection générale des droits de l'homme, multiple et diversifiée (A). Mais, en rapport avec l'élargissement à l'Est et pour les seuls anciens pays socialistes, l'organisation développera en plus une autre forme – spécifique – de protection organique, en application du principe de conditionnalité politique (B).

## A - Une protection générale multiple et diversifiée

Contrairement à la protection conventionnelle, la protection organique générale a pour objectif non seulement d'obliger l'État membre de l'organisation à remplir les obligations contractées, mais aussi de l'assister pour qu'il puisse effectivement garantir le respect des droits de l'homme. La distinction entre les actions de contrainte (1.) et les actions d'assistance (2.) reste toutefois relative.

### 1. Les actions de contrainte

Compte tenu de la nature intergouvernementale du Conseil de l'Europe, **la contrainte reste à la fois limitée et faible**. Compétent pour agir au nom de l'organisation, le Comité des ministres est le seul parmi ses organes, qui dispose d'un véritable pouvoir de sanction en cas de violations particulièrement graves et massives, déjà mentionné en vertu de l'article 8 précité du statut. À ce jour, un seul État en effet, **la Grèce, sera menacé d'exclusion de l'organisation**, en raison d'une incompatibilité substantielle avec le régime juridique de la Convention EDH et le non-respect persistant de celle-ci, à la suite du coup d'État des colonels noirs, ayant supprimé la démocratie parlementaire. Face à cette menace, la Grèce avait préféré prendre les devants et se retirer de l'organisation en application de l'article 7 du statut le 12 décembre 1969. Après le rétablissement du régime démocratique, la Grèce sera invitée à réintégrer le Conseil de l'Europe le 28 novembre 1974.

Pour le reste, les deux organes statutaires et à compétence générale, **le Comité des ministres et l'Assemblée parlementaire, possèdent un pouvoir général d'observation et de surveillance quant au respect des droits de l'homme** par les États membres. À la fois dans l'examen général et le traitement des problèmes particuliers rencontrés dans tel ou autre État membre, le Comité des ministres et l'Assemblée parlementaire sont assistés par le Secrétariat de l'organisation et plus particulièrement par le Comité directeur des droits de l'homme. L'Assemblée parlementaire tente d'exercer des pressions destinées à contraindre les États au respect des droits de l'homme. À cet effet, elle utilise l'ensemble des moyens de contrôle parlementaire, mis à sa disposition, lui permettant de dépasser de fait sa compétence purement consultative.

Le Comité des ministres et l'Assemblée parlementaire sont destinataires des multiples rapports et recommandations faites en la matière par l'ensemble les organes spécialisés du Conseil de l'Europe. Si chacun de ces derniers intervient dans son domaine de compétence spécifique, **ils restent néanmoins tous confrontés, de manière récurrente, à la question du respect des droits de l'homme** dans les États membres.

## 2. Les actions d'assistance

Ces actions connaissent un développement rapide, surtout dans les années 1990 à destination des pays de l'Europe de l'Est et de l'ex-URSS. En effet, à la suite de la chute du mur de Berlin ces pays subissent **un processus d'apprentissage accéléré au respect des droits de l'homme**. Le Conseil de l'Europe jouera un rôle clé dans ce processus.

**La création même des différents organes spécialisés** du Conseil de l'Europe s'inscrit dans ce contexte. Elle correspond à l'accroissement général des activités de l'organisation. Seule précède la chute du mur de Berlin, la création en 1957 de la Conférence des pouvoirs locaux, transformée en **Congrès des pouvoirs locaux et régionaux en Europe** en 1994. Dans l'exercice de ses missions, le Congrès contribue naturellement à promouvoir le respect des droits de l'homme au niveau de la démocratie locale.

Parmi ces organes, spécifiquement dédié à la promotion du respect des droits de l'homme, le poste du **Commissaire aux droits de l'homme** sera créé en 1999 pour aider les États membres à mettre en œuvre les normes du Conseil de l'Europe, conseiller et informer, ainsi que promouvoir l'éducation et la sensibilisation aux droits de l'homme. Il complète, sans concurrencer l'action de la Cour EDH. Il peut désormais présenter des observations écrites et prendre part aux audiences devant une Chambre ou la Grande chambre de cette dernière. Le Commissaire oriente très spécifiquement son activité vers les ombudsmans et autres structures nationales, chargées de la protection des droits de l'homme.

**La Commission pour la démocratie par le droit**, dite Commission de Venise, créée en 1990, exerce une compétence d'ingénierie constitutionnelle et législative pour assister les États dans l'élaboration des catalogues constitutionnels ou encore des lois de protection des droits et libertés. La mission particulière de **la Commission contre le racisme et l'intolérance** relève quant à elle directement du respect des Droits de l'homme.

Enfin, l'assistance au respect des droits de l'homme constitue l'objet des multiples et diverses **actions communes menées par l'organisation et gérées au niveau de son secrétariat**. Dans ce cadre, est à souligner la contribution apportée par les différents programmes intergouvernementaux, lancés au sein de l'organisation, tels les mesures de confiance dans la société civile, les activités pour le développement et la consolidation de la stabilité démocratique ou encore les programmes communs Conseil de l'Europe/Commission européenne.

## B - Une protection spécifique appliquée en rapport avec le principe de conditionnalité

Après la chute du mur de Berlin, **l'organisation va succomber à la tentation de s'élargir à tout prix**. Elle passe ainsi rapidement à 47 États membres. Seule parmi les pays de l'Europe orientale, à l'heure actuelle la Biélorussie n'en fait pas partie, considérée comme ne pouvant garantir la primauté du droit et le respect des droits de l'homme. Ainsi, son statut d'observateur, préalable à toute adhésion, fut-il suspendu. Le Conseil de l'Europe se transforme alors dans les années 1990 – 2000, selon l'expression de certains auteurs, d'un club des démocraties en un club d'apprentissage à la démocratie. Cela, dans la mesure où l'organisation accepte comme membres des pays, lesquels, au sortir des régimes communistes, n'ont encore qu'une vague idée de la démocratie, de l'État de droit et du respect des droits de l'homme.

Pourtant, conformément au principe de conditionnalité, le respect des droits de l'homme sera clairement posé en tant que condition à l'adhésion devant tout pays candidat (1.) À la suite de l'adhésion, un mécanisme de monitoring spécifique et innovant, appliqué pendant un certain temps à l'égard des nouveaux États membres en prendra en quelque sorte le relais (2.).

## 1. Le respect des droits de l'homme dans les pays candidats

Le Conseil de l'Europe conditionne l'adhésion des pays de l'Europe de l'Est et de l'ex-URSS à l'acceptation d'un certain nombre d'obligations et d'engagements préétablis. Ces obligations et engagements portent sur **le respect de l'État de droit, de la démocratie et des droits de l'homme** et renvoient à la base normative du Conseil de l'Europe lui-même, mais aussi, plus globalement, au droit international.

Parmi **les obligations formelles** prises par tout État candidat figure en premier lieu l'adhésion à la Convention EDH dans un délai de 6 mois au plus tard après l'adhésion. **Les engagements** pour leur part tiennent compte de la situation concrète de chaque candidat. Ils peuvent porter sur l'adhésion à telle ou autre convention ou encore sur l'adoption au niveau du droit interne et de la pratique administrative de différentes mesures, tenant notamment à garantir le respect efficace des droits de l'homme.

Conformément au statut, la décision finale relative à l'adhésion appartient au Comité des ministres. L'Assemblée parlementaire quant à elle devait être simplement consultée sur les candidatures. Elle transformera cependant ce simple avis en véritable avis conforme, mettant en place **une procédure et un mécanisme formels d'évaluation**. Au fur et à mesure des adhésions, ces derniers seront précisés et consolidés. Tout État nouvellement admis devait s'acquitter des obligations et engagements contractés dans un délai de deux ans au plus.

Bien que les conditions aient été clairement posées, dans la pratique **la réticence de l'État candidat d'assumer les obligations et les engagements posés n'était pas de nature à retarder indéfiniment l'adhésion**. L'ajournement de l'adhésion croate, décidé par le Comité des ministres en 1996 en raison de l'absence de mise en œuvre des accords de paix et le non-respect de ses engagements en matière des libertés individuelles, n'avait duré que quelque mois.

## 2. Le suivi en matière de respect des droits de l'homme dans les nouveaux États membres

La décision de faire adhérer certains États de l'Europe de l'Est et de l'ex-URSS, avant même que ces derniers aient rempli les conditions posées, sera justifiée par l'Assemblée parlementaire par la possibilité d'aider le pays devenu membre de l'organisation à accélérer son processus de démocratisation, tout en le plaçant sous surveillance. Un processus de **monitoring institutionnel** sera mis en place. Son but sera d'évaluer dans quelle mesure les nouveaux membres s'acquittent des obligations et engagements pris préalablement à l'adhésion.

Le processus de monitoring sera pluriel. À ce titre, il sera exercé par **les principaux organes du Conseil de l'Europe et certains de ses organes spécialisés**, tel le Congrès des pouvoirs locaux et régionaux, dans son domaine de compétence relatif à la démocratie locale. Il comprendra un suivi à la fois général et spécialisé. Le premier vise l'évaluation globale de la situation dans l'État concerné afin d'établir dans quelle mesure ce dernier se conforme aux principes de l'État de droit, de la démocratie et du respect des droits de l'homme. Le second pour sa part se déclenche à l'occasion de la survenance d'un ou plusieurs problèmes particuliers graves, y compris en matière de respect des droits de l'homme.

À ce dernier titre, le Conseil de l'Europe peut décider de lancer le monitoring, si besoin, également à l'égard d'un **ancien État membre**. Pour la première fois, cette solution sera expérimentée de 1996 à 1998 à l'égard de la Grèce, en rapport avec une réforme législative que ce dernier pays s'était engagé à conduire.

**La décision de suspendre – provisoirement ou définitivement – la surveillance** à l'égard de tel ou autre nouvel État membre est prise par le Conseil de l'Europe en tenant compte des progrès accomplis en matière de respect des conditions posées antérieurement à l'adhésion. Ainsi, l'organisation rétablit-elle l'égalité entre les nouveaux et les anciens États membres.

**Cette égalité permet aux nouveaux États membres de faire jouer leur souveraineté** à l'intérieur même du Conseil de l'Europe. Un exemple dans ce sens fournit le blocage, pendant plus de 4 ans de l'entrée en vigueur du protocole 14 précité à la Convention EDH par la Russie, rendu possible en raison de l'exigence de sa ratification unanime par tous les États parties.

Fiche 29

# L'Union européenne et la protection des Droits de l'homme

En raison de la nature purement économique de la construction européenne à l'origine de l'intégration, **les Communautés européennes ne s'intéressent pas aux droits de l'homme**. Les individus ne sont appréhendés que comme un facteur purement économique. La liberté de circulation des personnes ne constitue en conséquence, au même titre que la liberté de circulation des marchandises, des services et des capitaux, qu'un moyen de réaliser le Marché commun.

Désormais fondée, au sens de l'article 2 TUE, sur les valeurs de la démocratie, l'État de droit et le respect des droits de l'homme, communes aux États membres, l'Union connaît une évolution spectaculaire en matière de protection des droits de l'homme. Cette évolution est issue, dans un premier temps, d'une œuvre originale et prétorienne de la CJUE (I). L'acquis jurisprudentiel sera, dans un deuxième temps, repris par le pouvoir constituant et appliqué par les institutions de l'Union (II).

## I - UNE ŒUVRE ORIGINALE ET PRÉTORIENNE DE LA CJUE

C'est donc la CJUE qui intègre le respect des droits de l'homme parmi les principaux généraux du droit de l'Union (A). Cette intégration sera pour sa part suivi d'un mouvement de constitutionnalisation appuyé par la CJUE (B).

### A - L'intégration des droits de l'homme parmi les principes généraux du droit de l'Union

Le revirement jurisprudentiel remonte aux années 1970 (1.). Consacrée par le traité, l'acquis jurisprudentiel en la matière connaît depuis des conséquences importantes en termes d'application du droit de l'Union (2.).

#### 1. Le revirement jurisprudentiel

Rapidement la CJCE sera confrontée aux **réserves exprimées surtout par les juridictions constitutionnelles allemandes et italiennes en ce qui concerne l'absence de protection des droits**

**de l'homme par le droit communautaire**. Dans un célèbre arrêt *Solange* I du 29 mai 1974, le Tribunal constitutionnel allemand se réserve le droit d'écarter une norme de droit communautaire pour cause de violation des droits fondamentaux, aussi longtemps que (*So lange* en allemand) ce dernier ne garantit pas une protection globale équivalente. Dans le même sens s'était exprimé également la Cour constitutionnelle italienne (Frontini e Pozzani c/Ministère des Finances, 27 décembre 1973).

Cette réserve sera ressentie comme une **menace à la spécificité et à l'unicité de l'ordre juridique communautaire**. Concrètement, elle risquait de mettre en cause sa primauté.

C'est dans l'arrêt Stauder du 12 novembre 1969 que la CJCE fera une première référence générale à la notion des droits de l'homme. Mais c'est surtout l'arrêt Internationale Handelsgesellshaft du 17 décembre 1970 qui permet à la CJCE de poser sa nouvelle jurisprudence en la matière. En l'espèce, elle refusera toute remise en cause du droit communautaire au regard du droit constitutionnel d'un État, en matière de protection des Droits de l'homme. À l'égard de celle-ci, le droit communautaire lui-même ne saurait être indifférent. Au contraire, il offre une protection analogue, puisque **les droits fondamentaux font partie intégrante des principes généraux du droit communautaire, dont elle assure le respect**.

Pour les définir, la Cour s'inspire des **traditions constitutionnelles communes** aux États membres, ainsi que **des instruments internationaux** concernant la protection des droits de l'homme, auxquels les États membres ont coopéré ou adhéré (Nold, 14 mai 1974). À la suite de la ratification par la France de la Convention EDH en 1974, dans l'arrêt Rutili du 28 octobre 1975 la CJCE pourra inclure expressément cette dernière parmi les instruments internationaux de référence. La Convention EDH devient depuis la première source internationale en matière de protection des droits de l'homme pour la CJUE.

Dans une deuxième décision *Solange* II du 22 octobre 1986, **le Tribunal fédéral allemand tiendra compte de la nouvelle jurisprudence**. Ainsi, acceptera-t-il de ne plus contrôler les normes européennes par rapport aux droits fondamentaux allemands, aussi longtemps que le droit communautaire offre une protection des droits fondamentaux globalement équivalente à celle de la loi fondamentale allemande. La décision lui permet sur le principe de se plier à la suprématie du droit de l'Union, mais en conservant en pratique la possibilité d'écarter toute règle contrevenant au droit constitutionnel allemand.

La CJUE rendra hommage à cette approche dans l'arrêt Omega du 14 octobre 2004. Elle y reconnaît le droit des États membres d'écarter l'application du principe de libre circulation lorsqu'un droit fondamental constitutionnel est en jeux, en l'espèce le droit à la dignité humaine. Il s'agit d'une application anticipée du principe, inscrit désormais à article 4 du TUE, selon lequel **l'Union respecte l'identité nationale des États membres**.

### 2. La dynamique ultérieure

En 1992, le traité de Maastricht intègre l'acquis jurisprudentiel en matière de protection des droits de l'homme. Il confirme que **l'organisation respecte les droits fondamentaux**, tels que garantis par la Convention EDH et résultant des traditions constitutionnelles communes, en tant que principes généraux du droit communautaire. L'article 6 du traité de Lisbonne reprend cette confirmation.

Selon la CJUE, les droits fondamentaux s'imposent aux États lorsqu'ils appliquent le droit de l'Union et leur respect constitue **une condition de légalité des actes de l'Union** (Grant, 17 mars 1998). Et, la définition des droits fondamentaux se fait exclusivement eu égard aux objectifs propres de l'organisation et leur exercice respecte sa structure et ses compétences.

Parallèlement, la Cour enrichit la liste des droits fondamentaux reconnus au titre des principes généraux du droit de l'Union. Plus particulièrement, **ces derniers intègrent en substance les droits et libertés de la Convention EDH**. Pourtant, dans un avis consultatif du 28 mars 1996, la CJCE rejette l'éventuelle adhésion de l'Union ou de la Communauté à cette dernière, en raison, d'une part, de l'absence de base légale à cet égard dans les traités et, d'autre part, de l'incompatibilité entre les deux systèmes juridictionnels. Lorsque dans les années 2000, le traité constitutionnel prend l'engagement de l'adhésion, la CJUE profite de l'occasion pour s'appuyer directement sur le dispositif de la Convention.

## B - La contribution de la CJUE à la constitutionnalisation de l'Union

D'une part, la Cour anticipe l'intégration de la Charte des droits fondamentaux dans le droit primaire de l'Union (1.). D'autre part, elle se place en position d'une Cour constitutionnelle pour définir les rapports entre le droit international général et le droit de l'Union en matière des droits de l'homme (2.).

### 1. L'intégration anticipée de la Charte des droits fondamentaux

Dès sa proclamation et nonobstant sa valeur déclarative, la Charte se transforme en outil de travail pour la CJUE. Progressivement, celle-ci impose l'idée que **la Charte constitue en fait une codification des principes généraux du droit qu'elle applique déjà**.

Plus concrètement, **la CJUE utilisera la Charte** d'abord de manière implicite, en se référant au principe général de la dignité de la personne humaine, que celle-ci consacre directement et explicitement (Pays-Bas c/Conseil, 9 oct. 2001). Ensuite, c'est à la lumière de la Charte que la Cour interprétera directement un texte communautaire, relatif en l'espèce au droit au regroupement familial (Parlement c/Conseil, 17 juin 2006). Enfin, en rapport avec l'adoption du traité de Lisbonne elle fondera directement ses décisions sur la Charte (Viking, 11 décembre 2007 ; Laval, 18 décembre 2007). Mais, depuis l'entrée en vigueur du traité de Lisbonne le 1er décembre 2009, c'est désormais en qualité de droit primaire que la Charte sera interprétée et appliquée par la CJUE.

## 2. La précision des rapports avec le droit international général

**L'arrêt Kadi du 3 septembre 2008** donne à la CJUE cette opportunité. En l'espèce, en application d'une décision contraignante du Conseil de sécurité des Nations Unies, prise dans le cadre de la lutte contre le terrorisme, le Conseil avait adopté un règlement relatif au gel des avoirs financiers de plusieurs personnes et entités, en raison de leur association présumée avec le réseau terroriste Al Qaida. Devant le Tribunal de première instance d'abord le requérant faisait valoir que le règlement en question violait ses droits fondamentaux à un procès équitable, à un contrôle juridictionnel effectif et de propriété, ainsi que le principe de proportionnalité. La décision prise par le Tribunal le 21 septembre 2005 rejetant ses griefs avait fait l'objet de pourvoi devant la Cour de justice.

Soucieuse de préserver le cadre constitutionnel de l'Union, la Cour de justice précisera d'abord que les rapports entre droit international et ordre juridique communautaire doivent être régis par ce dernier. Et, **le droit international ne peut interagir avec l'ordre juridique communautaire qu'aux seules conditions fixées par les principes constitutionnels de l'Union**.

Après s'être déclaré compétente pour contrôler le règlement attaqué, la Cour de justice annulera ce dernier pour violation des droits fondamentaux. Sa position équivaut de fait à la réserve *Solange*, puisque implicitement la Cour de justice, agissant comme une véritable Cour constitutionnelle, se réserve le droit, sans remettre formellement la primauté du droit international, d'en écarter l'application sur le plan interne en cas de contradiction avec **les règles constitutionnelles propres de l'Union, touchant le cas échéant à la protection des droits fondamentaux**.

# II - L'INTERVENTION DU POUVOIR CONSTITUANT

La vocation politique de l'Union affirmée dans le traité de Maastricht, rendait cette intervention incontournable, à la fois pour combler l'absence dans les traités des dispositions de protection générale des droits de l'homme et pour lutter contre le déficit démocratique. Ainsi, sur le plan interne le pouvoir constituant inscrira-t-il l'acquis jurisprudentiel dans un effort de constitutionnalisation des droits de l'homme (A) Mais c'est aussi sur le plan externe, que l'Union conduira une véritable politique de protection des droits de l'homme (B).

Mais, aux termes de l'article 3 du TUE, **la protection des droits de l'homme d'une manière générale ne fait toujours pas partie des buts de l'Union sur le plan interne**. En revanche, elle est inscrite parmi les objectifs de l'organisation sur le plan externe. Différents dispositifs des traités reprennent cet objectif et organisent l'exercice de la compétence de l'Union à cet égard.

## A - La constitutionnalisation des droits de l'homme sur le plan interne

À ce titre, un premier pas sera franchi par le traité de Maastricht, lequel consacre, parallèlement à la réaffirmation de l'acquis jurisprudentiel en la matière, le respect des droits de l'homme parmi les principes fondamentaux de l'Union, au même titre que la démocratie et l'État de droit. Le traité d'Amsterdam reprend ce dispositif. Il institue en outre, aux termes de l'article 7 du traité, une procédure politique qui peut conduire à terme à la suspension de certains droits d'un État membre, y compris de son droit de vote au sein du Conseil UE, en cas de violations graves des principes fondamentaux de l'Union. Il confie en parallèle à la CJCE une compétence – certes encadrée – au regard de l'article 6 § 2 du traité UE. Repris par le traité de Lisbonne, ce dispositif ouvre la voie à l'adoption en droit primaire de l'organisation d'un catalogue des droits et libertés fondamentaux (1.). Mais c'est aussi au niveau des différentes politiques de l'Union que celle-ci peut concourir à la protection des droits de l'homme (2.). Enfin, une place à part à ce niveau occupe la consécration de la citoyenneté de l'Union, en tant que porteuse en elle-même des droits et libertés (3.).

### 1. L'adoption d'un catalogue des droits et libertés fondamentaux de l'Union

Deux **voies parallèles** ont été explorées, celle d'abord de l'adoption de la Charte des droits fondamentaux de l'Union, celle ensuite de l'adhésion à la Convention EDH.

**La Charte** est élaborée selon la méthode originale de la Convention, composée des représentants des États, des Parlements nationaux et du Parlement européenne et de la Commission et proclamée par les présidents du Parlement européen, du Conseil et de la Commission le 7 décembre 2000. Elle ne devient cependant juridiquement contraignante, après une adaptation le 12 décembre 2007, qu'à la suite de l'entrée en vigueur du traité de Lisbonne, le 1er décembre 2009. Désormais, l'Union reconnaît les droits, les libertés et les principes énoncés dans la Charte, ayant la même valeur juridique que les traités constitutifs (article 6 du TUE). Elle ne vise pas à étendre les compétences de l'Union et engage les États uniquement lorsqu'ils mettent en œuvre le droit de l'Union. En ce qui concerne l'application de la Charte, la Pologne, le Royaume Uni et postérieurement la République Tchèque bénéficient d'une clause *opting out*, n'étant liés par son dispositif que dans la mesure où, globalement, le juge interne de ces pays connaît et applique déjà les droits et libertés consacrés.

Les droits et libertés que contient la Charte sont regroupés en six chapitres : la dignité, la liberté, l'égalité, la solidarité, la citoyenneté et la justice. **Le catalogue ainsi consacré est à la fois complet et moderne**. Les droits et libertés qu'il contient sont repris d'une part du dispositif que le traité lui-même consacre à la citoyenneté de l'Union et d'autre part de la Convention EDH. Ils sont parfois précisés et complétés. En témoigne l'inclusion dans le chapitre consacré à la dignité, du droit à l'intégrité de la personne, par lequel l'Union cherche à répondre aux nouveaux défis posés par la bioéthique. La Charte consacre également des droits sociaux, repris, d'une part et globalement de la charte des droits sociaux fondamentaux des travailleurs, proclamée en 1989 et d'autre part et pour certains droits spécifiques du droit primaire ou dérivé, tel que l'égalité entre hommes et femmes. Enfin, la Charte établit, sous forme de principes ou objectifs à atteindre, des droits nouveaux, tels que la liberté des arts et des sciences, l'accès aux services d'intérêt économique général ou encore la protection des consommateurs.

**Il reste encore à l'Union d'adhérer à la Convention EDH**. Prévue par le traité de Lisbonne (article 6), et acceptée par les États parties de la Convention aux termes du protocole 14 de la Convention EDH, entré en vigueur le 1er juin 2010, l'adhésion doit encore faire l'objet d'un accord formel, prévu par le protocole n° 8 au traité de Lisbonne et en cours de finalisation. Sans modifier pour autant les compétences de l'Union telles que définies par les traités, en soumettant l'organisation au contrôle de la Cour EDH, elle permettra la mise en place d'un système unique et hiérarchisé de protection des droits de l'homme à l'échelle européenne. La Charte des droits fondamentaux prend soin de préciser, pour éviter toute incompatibilité avec la Convention, que dans la mesure où elle contient des droits ou libertés correspondant à ceux de la Convention, leurs sens et portée seront les mêmes.

## 2. Les politiques de l'Union qui concourent à la protection des droits de l'homme

Dès l'origine, le traité CEE inclut, au niveau de la politique sociale, **la lutte pour l'égalité homme – femme**. Celle-ci ne sera cependant traitée que sous l'angle exclusif de l'égalité en matière des rémunérations. L'objectif de lutte pour l'égalité homme - femme sera progressivement généralisé, pour devenir, aux termes de l'article 8 TFUE un engagement global visant à l'élimination des inégalités et à la promotion de l'égalité dans toutes les actions de l'Union. En reconnaissance de l'importance prise par cette question, un Institut européen pour l'égalité homme – femme sera créé à Vilnius en 2007.

C'est le traité de Maastricht qui va consacrer de manière autonome l'objectif de **lutte contre les discriminations**, repris par l'actuel article 19 TFUE et réaffirmé à travers l'engagement de l'organisation de lutter contre toute forme de discrimination dans l'ensemble de ses politiques et actions. Le dispositif du traité de Maastricht servira de base à l'adoption, en 2000, de deux directives anti-discrimination, l'une générale et l'autre visant plus particulièrement à combattre la discrimination dans le domaine de l'emploi. Il donnera lieu à la naissance d'un Observatoire des phénomènes racistes et xénophobes, chargé de la collecte et l'analyse de données relatives aux droits de l'homme en vue de définir la politique de l'Union dans ce domaine. En 2003, l'Observatoire devient **Agence des droits fondamentaux** au mandat et aux compétences élargies.

## 3. Les droits et libertés des citoyens de l'Union

Consacrée désormais à l'article 20 et suivants du TFUE, la citoyenneté de l'Union ne saurait directement fonder des droits et libertés, de nature politique qu'au profit des seuls **ressortissants des États membres**. Tel est le droit de vote et d'éligibilité aux élections au Parlement, ainsi qu'aux élections municipales dans tout État membre de leur résidence, le droit à la protection diplomatique et consulaire, le droit de pétition devant le Parlement et le droit de recours au Médiateur européen, ainsi que le droit de s'adresser et recevoir des réponses la part des institutions et organes consultatifs de l'Union dans toute langue officielle de l'organisation. Aux termes du traité de Lisbonne, l'exercice de ces droits politiques s'inscrit explicitement parmi les principes démocratiques de l'Union. À ce titre, l'article 11, relatif à la démocratie représentative reconnaît les principes de participation des citoyens à la vie démocratique de l'Union, de leur représentation par le Parlement et de l'expression de leur volonté par les parties politiques à l'échelle européenne. Se rattache également à la citoyenneté de l'Union, la liberté de circulation, comprise désormais comme un droit de tout citoyen de l'Union. L'ensemble de ces droits et libertés est à lire en commun avec le principe de non-discrimination en raison de nationalité.

Mais la citoyenneté ouvre en plus, indirectement ou par ricochet, toute une série de droits aux **ressortissants tiers**, personnes aussi bien physiques que morales. Tel est le cas des droits à la bonne administration, d'accès aux documents, de recours au Médiateur et de plainte auprès du Parlement. Par ricochet, la liberté de circulation elle-même bénéficie aussi à des ressortissants tiers se trouvant légalement sur le territoire de l'Union.

## B - La protection des droits de l'homme sur le plan externe

L'inscription du respect des droits de l'homme en droit primaire de l'Union européenne, parallèlement à l'affirmation de la vocation politique de l'organisation, ouvrent la voie à une politique de protection et promotion des droits de l'homme sur le plan extérieur à la fois étendue et structurée. Celle-ci comporte trois principaux domaines : celui de la reconnaissance d'États (1.), celui de l'adhésion/association (2.) et celui des relations extérieures (3.).
Dans la conduite de cette politique, l'Union applique **le principe de conditionnalité**. Principe d'action politique, il permet de subordonner l'établissement, le maintien et l'intensité des relations établies avec des États au respect des droits de l'homme. Son application pose de manière récurrente la question du respect de l'égalité souveraine et celle de la non-ingérence dans les affaires intérieures.

### 1. La protection des droits de l'homme et la reconnaissance d'États

La pratique de l'Union à cet égard est peu concluante, dans la mesure surtout où la reconnaissance relève toujours de la compétence souveraine des États membres. Elle se résume d'abord à la tentative de mettre en place, en 1991 et au niveau des Communautés **une démarche commune en matière de reconnaissance des nouveaux États issus de l'ex-Yougoslavie et l'ex-URSS**. Ainsi, pour être reconnu, ces derniers devaient-ils satisfaire un certain nombre de conditions, dont le respect des droits de l'homme et la protection des minorités. Pour l'ex-Yougoslavie, un organe d'évaluation même, la Commission d'arbitrage a été instituée pour donner des avis sur la satisfaction des conditions posées. Dans la pratique cette tentative de reconnaissance concertée avait échoué.

Une deuxième tentative de mise en place d'**une démarche commune a lieu à la suite de la proclamation de l'indépendance du Kosovo**, le 17 février 2008. Les conclusions adoptées par le Conseil UE le lendemain de la proclamation, affirment – dans un souci évident de conjurer la contagion à l'échelle des Balkans, mais aussi au-delà – que le Kosovo constitue un cas *sui generis*, lequel ne remet pas en question, les principes de souveraineté et d'intégrité territoriale. Parallèlement, l'Union met l'accent sur l'engagement pris par le Kosovo de respecter les principes de la démocratie et de l'égalité de tous ses citoyens, à protéger les Serbes et les autres minorités, ainsi que le patrimoine culturel et religieux, et de se soumettre à une supervision internationale. Mais, sur la reconnaissance, ses États membres restent profondément divisés.

Sans doute la plus réussie, **une troisième tentative pose la question de la reconnaissance de l'Abkhazie du Nord et de l'Ossétie du Sud** – Républiques sécessionnistes de fait de la Géorgie, amenées vers l'indépendance par la Russie. Dans ses conclusions du 1<sup>er</sup> septembre 2008, le Conseil européen condamne la décision de la Russie, prend l'engagement de ne pas reconnaître ces indépendances et appelle à une solution pacifique et durable du conflit, fondé sur le respect des principes d'indépendance, de souveraineté, de l'intégrité territoriale. Il lie la poursuite des négociations d'un accord de partenariat avec la Russie au retrait des troupes russes des territoires géorgiens. Sans obtenir le résultat escompté, il reprend les négociations quelques semaines après.

## 2. La protection des droits de l'homme dans le processus d'association/adhésion

Dans la perspective de l'élargissement de l'Union aux pays de l'Europe de l'Est, le traité de Maastricht pose, aux termes de l'article 49 TUE, **le respect des principes inscrits à l'article 6 § 1, y compris le respect des droits de l'homme, en tant que condition politique à l'adhésion**.

Le Conseil européen de Copenhague de juillet 1993 complète ces conditions politiques par des conditions économiques et légales. Surtout, le respect des conditions politiques sera consacré comme **un préalable à l'ouverture même des négociations**.

Sur cette base l'Union mettra en place un **mécanisme d'évaluation des États candidats, permanent et contraignant**. C'est à partir de 1997 que la Commission procédera à l'examen des progrès réalisés par les pays candidats sur la voie de l'adhésion. À travers ces rapports, elle tiendra compte à la fois de l'adhésion aux textes européens pertinents, de l'adoption d'une législation permettant de rendre cette protection efficace, ainsi que – globalement – de la situation concrète qui caractérise la protection des droits de l'homme et des minorités au sein de tout État candidat.

Préalables à l'adhésion, **les accords d'association dits européens**, conclus avec les pays de l'Europe centrale, la Bulgarie et la Roumanie, faisant partie de la première vague d'élargissement à l'Est dans la perspective, explicitement posée de la future adhésion, vont reprendre les conditions ainsi définies. Les accords d'association et de stabilisation les adaptent au contexte particulier des pays de l'Europe du Sud-est. Sur cette base et en application de la conditionnalité politique, l'Union pourra accélérer ou retarder le processus d'adhésion, renforcer ou bien suspendre l'assistance prévue, conformément aux conclusions du sommet de Thessalonique sur les Balkans occidentaux de 2003. Ce dernier avait en effet rappelé que les progrès de chaque pays sur la voie de l'intégration européenne dépendent des efforts déployés par celui-ci pour respecter les critères de Copenhague et la conditionnalité du processus d'association et de stabilisation.

Mais la conditionnalité politique développée par l'Union connaît aussi des précédents. Déjà au début des années soixante-dix, la CEE avait ainsi rejeté les demandes d'association présentées par l'Espagne et le Portugal, estimant qu'elle ne pouvait s'associer qu'avec des pays qui jouissent d'institutions et régimes politiques comparables à ceux des États fondateurs. À l'époque déjà, la CEE avait énoncé que ses conditions politiques d'association/adhésion seront les mêmes que celles du Conseil de l'Europe, ayant trait à l'État de droit, la démocratie pluraliste et le respect des droits de l'homme. À rappeler aussi le gel de l'accord d'association avec la Grèce en 1967 après le coup d'État que ce pays connaît et jusqu'au retour de la démocratie. Un dernier exemple à cet égard fournit la suspension de fait de l'association avec la Turquie après le coup d'état militaire de 1981, l'exécution de l'accord depuis cette date étant réduite pendant des années à une simple gestion administrative.

## 3. La protection des droits de l'homme dans les relations extérieures

Elle sera progressivement inscrite dans les traités au niveau de différentes politiques communautaires. À l'heure actuelle, conformément aux articles 3 (buts généraux) et 21 TUE (buts et principes de l'action extérieure), la protection des droits de l'homme préside, sauf exception, à l'ensemble des politiques et actions touchant aux relations extérieures de l'Union. C'est le cas des politiques de coopération au développement (article 208), de coopération économique, financière et technique avec les pays tiers (article 212) et d'aide humanitaire (article 214), mais aussi de la PESC (article 24). En cas de non respect des droits de l'homme en particulier, le traité prévoit en outre la possibilité d'interrompre ou réduire, partiellement ou totalement les relations économiques et financières avec un ou plusieurs pays tiers, par le biais d'une clause passerelle avec la PESC à la suite d'une action commune ou position commune adoptée par l'Union.

Plus de 50 traités conclus avec les pays ou groupes de pays tiers reprennent systématiquement la clause relative au respect des droits de l'homme, la démocratie et l'État de droit. Celle-ci devient ainsi **à la fois condition de passation d'un accord commercial et de coopération et fondement de la politique de conditionnalité**, conduite par la Communauté/Union et leurs États membres. En témoignent en particulier les conventions de coopération au développement, que ces derniers concluent avec les pays ACP, depuis celle de Lomé IV, conclue en 1989 et révisée en 1997. Par comparaison, la Convention précédente de Lomé III de 1984 ne fait aucune allusion aux principes démocratiques mais dispose strictement que les États ACP déterminent souverainement les principes, stratégies et mobiles de développement de leurs économies et de leurs sociétés.

Dans **la Convention de Cotonou** actuellement en vigueur, conclue en 2000 et révisée en 2007, le respect des Droits de l'homme, la démocratie et l'État de droit est consacré en tant qu'élément essentiel de l'accord. Il s'agit d'une qualification formelle permettant, sur le fondement de l'article 31 de la Convention de Vienne de 1969 sur le droit des traités, de suspendre ou résilier un traité ou partie d'un traité international. Sur cette base, les articles 8, 96 et 97 de la Convention appliquent le mécanisme de la conditionnalité politique, mise en œuvre en cas de violation des éléments essentiels, tout comme d'ailleurs l'élément fondamental de l'accord, s'agissant de la bonne gouvernance des affaires publiques. La pratique de l'Union en la matière devient conséquente au fil des années.

# Fiche 30 L'Union européenne et la Convention EDH

Œuvre du Conseil de l'Europe, la Convention EDH impose à l'échelle européenne un *standard minimum* juridiquement contraignant en matière de protection des droits de l'homme. Comme le reconnaît l'arrêt Loizidou contre la Turquie du 23 mars 1995 (exceptions préliminaires), elle se transforme en un élément clé de l'ordre public européen en voie de formation. Ainsi, la Convention EDH devient-elle aussi une référence incontournable pour les Communautés européennes, dès que ces dernières commencent à affirmer leur intérêt pour le respect des droits de l'homme. Des liens indirects entre le droit communautaire et le droit de la Convention EDH seront progressivement construits par les juges des deux ordres juridiques, pourtant autonomes (I). Le travail juridictionnel prépare pour sa part l'adhésion future à la Convention EDH de l'Union, décidée par le pouvoir constituant de cette dernière (II).

## I - LES LIENS INDIRECTS ENTRE LE DROIT COMMUNAUTAIRE ET LA CONVENTION EDH, CONSTRUITS PAR LA JURISPRUDENCE

Une construction prétorienne et originale aboutit à l'intégration du respect des droits de l'homme parmi les principes généraux du droit communautaire. La Convention EDH devient rapidement source principale de ce processus. Elle connaît alors une application substantielle de la part du juge communautaire (A). À la suite, la question se pose également du respect de la Convention EDH par les Communautés/l'Union (B).

### A - L'application de la Convention EDH par le juge communautaire

Son point de départ constitue l'intégration des droits et libertés consacrés par la Convention, au niveau des principes généraux du droit communautaire, dont la CJUE garantit le respect (1). Cette première approche sera récemment dépassée par la référence directe à la Convention EDH, établie par la jurisprudence de la CJUE (2).

## 1. L'intégration des droits et libertés consacrés par la Convention EDH au niveau des principes généraux du droit communautaire

Dans l'arrêt Stauder du 12 novembre 1969 et Internationale Handelsgesellshaft du 17 décembre 1970, pour la première fois **la CJCE intègre les droits de l'homme parmi les principes généraux du droit communautaire** à partir des traditions communes des États membres. Dans l'arrêt Nold, un pas supplémentaire sera franchi et le juge communautaire affirmera qu'il pourra également s'inspirer à cet effet des instruments internationaux concernant la protection des droits de l'homme, auxquels les États membres ont coopéré ou adhéré (Nold, 14 mai 1974). Et, à la suite de la ratification par la France de la Convention EDH en 1974, il inclut expressément cette dernière parmi les instruments internationaux de référence (Rutili, 28 octobre 1975). Rapidement, la CJCE va lui reconnaître une signification particulière.

En effet, face à la difficulté d'apprécier l'unicité des traditions constitutionnelles des États membres, parmi les traités internationaux auxquels ces derniers coopèrent ou ont adhéré, **la Convention EDH deviendra la première source des droits et libertés que la CJUE intègre en droit communautaire**. Cependant, dans l'absence de toute contrainte conventionnelle, la CJCE garde son pouvoir d'appréciation et n'accepte de consacrer parmi les principes généraux du droit communautaire que ceux qu'elle estimera compatibles avec les caractéristiques propres de la Communauté.

## 2. Une référence directe à la Convention EDH

Plus récemment, **la CJCE décide de s'appuyer directement sur la Convention EDH**, telle qu'interprétée à travers la jurisprudence de la Cour EDH – expressément citée – sans prendre la précaution de passer par les principes généraux du droit. Elle affirmera même explicitement devoir tenir compte de la jurisprudence de la Cour EDH. Elle va ainsi emprunter à cette dernière certains qualifications et régimes juridiques, tels concernant la satisfaction équitable ou bien le principe de légalité des délits et des peines.

Cela permet à la CJCE progressivement de **revenir sur certaines divergences d'interprétation avec la Cour EDH**. Dans la mesure où à l'origine le droit communautaire ne vise pas à protéger les droits de l'homme, mais réaliser un marché commun ou bien encore un grand marché intérieur, le juge communautaire ne saurait témoigner du même niveau de sensibilité que la Cour EDH à l'égard de certains droits et libertés, en faisant dépendre leur interprétation de la logique économique de l'intégration.

Tel sera le cas plus particulièrement du **droit au respect du domicile**. Contrairement à la Cour EDH, à l'origine le juge communautaire refusait d'en étendre le bénéfice à des locaux professionnelles des personnes morales, mais avait finalement accepté de s'aligner sur l'interprétation contraire donnée par la Cour EDH (Roquette frères SA, 22 octobre 2002).

Parallèlement, il consacrera **la constitutionnalité des droits fondamentaux**, inscrits dans la Convention EDH. Cela, en les faisant même primer, dans certains cas particuliers sur des principes clé du droit communautaire/droit de l'Union lui-même, tels que la liberté de circulation.

## B - Le contrôle du respect de la Convention EDH par les Communautés et l'Union

Au cours du processus de constitutionnalisation de l'Union, développé dans les années 2000, la CJUE semble manifester de plus en plus son intention d'aligner scrupuleusement sa jurisprudence sur celle de la Cour EDH. La question cependant de la compatibilité entre les deux ordres juridiques reste posée. En effet, il n'existe toujours pas, à l'heure actuelle de recours possible contre les Communautés et désormais l'Union exclusive et unique devant la Cour EDH en cas de violation par celles-là des droits et libertés garanties par celle-ci (1.). Pour compenser cette insuffisance, la Cour EDH développera un contrôle indirect sur la compatibilité du droit communautaire/droit de l'Union avec la Convention (2.).

### 1. Impossibilité de traduire la Communauté/l'Union devant la Cour EDH

La jurisprudence constante de la Cour EDH rappelle que, dans la mesure où ni la Communauté, ni l'Union ne sont parties à la Convention EDH, **les recours dirigés contre l'organisation sont irrecevables**, indépendamment de la violation commise des droits et libertés garantis. Accepter un tel recours équivaudrait en effet à l'adhésion forcée de l'organisation à la Convention. La Cour EDH déclare irrecevables également les recours dirigés au lieu et à la place de la Communauté/Union contre l'ensemble de leurs États membres (Sénateur Lines GmbH c/États membres de l'UE, 10 mars 2004).

De fait, il n'existe aucune contrainte externe, permettant de modifier le droit communautaire, à l'origine d'éventuelles violations des droits et libertés garantis par la Convention. Autrement dit, **il n'existe aucune possibilité de corriger directement d'éventuelles incompatibilités d'interprétation et d'application des droits et libertés dans les deux ordres juridiques**.

### 2. Le contrôle indirect, exercé par la Cour EDH sur la compatibilité du droit communautaire avec la Convention

**La Cour EDH accepte en revanche les requêtes dirigées contre les États membres de l'Union**, lorsque ces derniers commettent des violations des droits de l'homme garantis par la Convention dans l'application du droit communautaire. En effet, conformément à une jurisprudence constante de la Cour EDH, les États parties ne peuvent, du fait de leur participation à une organisation internationale, se délier des obligations contractées au niveau de la Convention EDH elle-même (Bankovic c/17 États membres de l'OTAN, 19 décembre 2001). Toutefois, la Cour ne saurait retenir le recours, lorsque l'application d'un acte communautaire ne laisse aucune marge d'appréciation effective à l'État concerné, étant d'effet direct et satisfaisant les exigences de précision, clarté et inconditionnalité.

**La possibilité de développer un contrôle indirect sur le respect en droit communautaire des droits et libertés garantis par la Convention**, sera précisée dans l'arrêt fondateur Bosphorus contre l'Irlande du 30 juin 2005. Dans cette affaire, il est question de la saisie d'un appareil de la compagnie aérienne yougoslave en vertu d'une décision obligatoire du Conseil de sécurité des Nations Unies. La Commission européenne adopte des mesures d'exécution à cet égard, mises en œuvre par la défenderesse, l'Irlande. Celle-ci est jugée responsable au regard de la Convention EDH, dans la mesure où elle dispose d'une certaine marge d'appréciation lors de l'application du droit communautaire. La Cour EDH retient par conséquent sa compétence en l'espèce, même si, en définitive, elle constate l'absence de violation des dispositions de la Convention EDH.

Dans le même arrêt, la Cour réaffirmera également **la présomption de compatibilité** du droit communautaire avec la Convention EDH. Cette présomption, indispensable pour concilier les deux ordres juridiques n'est cependant pas irréfragable.

## II - L'ADHÉSION DE L'UNION À LA CEDH, ŒUVRE DU POUVOIR CONSTITUANT

Le lien indirect développé par la CJUE avec la Convention EDH et la jurisprudence de la Cour EDH apparaît toutefois insuffisant dans le contexte de la constitutionnalisation de l'Union, dont la protection des droits de l'homme constituait un élément central. Envisagée en parallèle à l'adoption de la Charte des droits fondamentaux, l'adhésion de l'Union à la Convention EDH apparaît donc comme une nécessité, à laquelle répondront à la fois le traité sur l'UE et la Convention EDH (A). Il reste cependant encore à définir l'ensemble des modalités et conditions de cette adhésion (B).

## A - Une adhésion nécessaire, prise en compte par le traité constitutif

C'est d'abord la CJCE qui affirmera, saisie de la question d'adhésion, que celle-ci ne pouvait se faire que dans le cadre d'une révision des traités (1.). Diverses raisons justifient, plus particulièrement à l'heure actuelle, cette adhésion (2).

### 1. La révision des traités préconisée par la CJCE

À la suite de l'adoption du traité de Maastricht, le Conseil UE décide de solliciter **l'avis de la CJCE sur l'éventuelle adhésion de l'Union/Communauté européennes à la Convention EDH**. Dans son avis 2/94, rendu le 28 mars 1996, le juge communautaire conclut qu'en l'état actuel du droit communautaire, ni la Communauté, ni l'Union n'ont compétence pour adhérer à la Convention. En effet, pour la Cour, aucune disposition du traité CE ne confère aux institutions communautaires, de manière générale, le pouvoir d'édicter des règles, ni conclure des conventions internationales en matière de protection des droits de l'homme. Pour sa part, l'Union n'a pas la personnalité juridique nécessaire à l'adhésion. La CJCE souligne en outre que l'adhésion à la Convention EDH entraînerait un changement substantiel du régime communautaire actuel de protection des droits de l'homme, en ce qu'elle comporterait l'insertion de la Communauté dans un système institutionnel international distinct, ainsi que l'intégration de l'ensemble des dispositions de la Convention EDH, dans l'ordre juridique européen.

Ainsi, la CJCE rejette-t-elle dans l'immédiat l'adhésion en raison à la fois de l'incompétence de la Communauté/Union et de l'incompatibilité des ordres juridictionnelles communautaire et de la Convention EDH. La réponse toutefois à la question posée sera rapidement interprétée comme **une invitation lancée au pouvoir constituant de réviser les traités** afin de permettre l'adhésion.

C'est ainsi qu'à la suite du feu traité constitutionnel, **le traité de Lisbonne consacre, à l'article 6 § 2 TUE l'engagement de l'Union d'adhérer à la Convention EDH**. L'article ajoute toutefois que cette adhésion ne modifie pas les compétences de l'organisation, telles que définies par les traités. Et, le protocole 14 à la Convention EDH, entrée en vigueur le 1er juin 2010, consacre également la possibilité d'adhésion.

### 2. Les raisons de l'adhésion de l'Union à la Convention EDH

Selon la doctrine, l'adhésion de l'Union à la Convention EDH était indispensable pour permettre **la mise en place d'un système unique et hiérarchisé de protection des droits de l'homme à l'échelle européenne**, avec au sommet la Convention EDH. La Cour EDH devrait pour sa part devenir compétente pour se prononcer directement sur toute violation par l'Union des droits et libertés consacrés par la Convention EDH. En particulier, l'adhésion devrait permettre d'éliminer toute divergence possible entre les deux systèmes juridictionnels. De manière générale, elle seule serait en mesure de rendre véritablement effective la protection juridictionnelle des particuliers dans le champ d'intervention du droit de l'Union, grâce justement à la mise en place d'un contrôle juridictionnel direct, extérieur à cette dernière. L'adhésion à la Convention EDH démontrera aussi que l'Union accepte les règles du jeu de l'État de droit, protecteur des droits de l'homme.

## B - Les modalités et les conditions d'adhésion restant à définir

À cet égard, l'engagement contenu à l'article 6 § 2 du TUE nécessite l'adoption d'un accord, actuellement en cours de finalisation (1.), précisant donc l'ensemble des conditions et des modalités de la future adhésion (2.).

### 1. La nécessité d'un accord d'adhésion, en cours de finalisation

L'exigence est posée par le protocole n° 8 du traité de Lisbonne. Il insiste en outre sur la nécessité de préserver la spécificité de l'Union et de son système juridique. À ce titre, il rappelle que l'adhésion ne saurait affecter ni les compétences de l'Union, ni les attributions de ses institutions. Elle ne saurait non plus modifier ni le statut de ses États membres en tant que parties de la Convention EDH, ni les conditions de leur adhésion à cette dernière et notamment les réserves formulées. En particulier, le futur accord ne saurait non plus porter atteinte à l'engagement pris par les États membres à ne soumettre leurs différends relatifs à l'interprétation et l'application des traités qu'aux seuls modes de règlement que ceux-ci prévoient.

Enfin, une déclaration relative à l'adhésion rappelle, elle-aussi, l'objectif de la préservation des spécificités de l'ordre juridique de l'Union. Elle constate en outre l'existence d'un dialogue régulier entre la CJUE et la Cour EDH. L'adhésion devrait contribuer à son renforcement.

L'Union et le Conseil de l'Europe confient la négociation de l'accord respectivement à la Commission européenne et au Comité directeur des droits de l'homme. Saisis depuis le 7 juillet 2010, ces derniers adoptent un projet, publié le 14 octobre 2011, accompagné de son rapport explicatif et d'un projet de règle à ajouter aux règles du Comité des ministres du Conseil de l'Europe pour la surveillance de l'exécution des arrêts et des termes des règlements amiables. Après interruption, une décision du Comité des ministres du 13 juin prévoit la reprise des négociations.

Du côté de l'Union, l'accord doit être ensuite adopté conformément à la procédure de l'article 218 du TFUE, comprenant une décision à l'unanimité du Conseil prise après approbation du Parlement. L'article prévoit également une saisine éventuelle de la CJUE d'un avis consultatif, désormais effectivement sollicité pour se prononcer sur la compatibilité de l'accord avec les traités. À rappeler qu'un avis négatif imposerait une modification de l'accord d'adhésion ou bien une révision des traités. Ensuite, l'ensemble des États membres de l'Union doivent ratifier l'accord, conformément à leurs procédures constitutionnelles respectives. Du côté du Conseil de l'Europe s'y ajoutent la signature et la ratification par les États parties à la Convention. Des difficultés et surtout des retards au niveau de l'entrée en vigueur sont alors à craindre.

## 2. Un accord précisant les conditions et les modalités de l'adhésion

L'adhésion est fondée sur le principe d'assimilation de l'Union aux autres parties contractantes. Cependant, des aménagements ont été rendus nécessaires au regard de l'ordre juridique spécifique de l'Union en tant qu'organisation supranationale d'intégration. Les principales dispositions du projet d'accord d'adhésion ont pour but d'éviter d'éventuels conflits de compétence entre les deux juridictions et surtout de garantir l'égalité de protection des droits et libertés consacrés de tous les requérants devant la Cour.

Ainsi, le juge de l'Union bénéficiera du même mandat que celui de tout autre juge à la Cour EDH. Il sera cependant élu par l'Assemblée parlementaire du Conseil de l'Europe avec la participation des députés du Parlement européen dont le nombre devrait être égal à celui de l'État le plus important, disposant des droits de vote pour l'élection sur la même base et dans les mêmes conditions que les juges des États parties. Des aménagements devraient être cependant prévus afin d'éviter que le juge d'un État membre de l'Union et le juge de ce dernier ayant la même nationalité ne siègent sur la même affaire impliquant ledit État.

Le projet consacre évidemment la participation de l'Union au Comité des ministres, lorsque ce dernier statue sur des textes en rapport avec la Convention ou encore agit dans son rôle de garant de l'exécution des arrêts de la Cour, toutefois selon des modalités spécifiques.

La contribution de l'UE aux frais de fonctionnement de la Convention est fixée à 34 % de la contribution la plus élevée de l'année précédente, apportée par tout État membre contribuant au budget du Conseil de l'Europe.

Le projet prévoit l'adhésion de l'Union, pour l'heure, uniquement aux protocoles 1 et 6. L'Union garde la possibilité d'adhérer aux autres protocoles additionnels dans les conditions que ces derniers établissent eux-mêmes.

Un nouveau mécanisme de codéfendeur devrait permettre aux requérants de saisir la Cour EDH à la fois contre l'Union et un ou plusieurs de ses États membres. Sans doute l'un des plus discuté, ce mécanisme doit répondre à la situation unique pour le système de la Convention, lorsqu'un acte juridique est adopté par une partie contractante (l'Union) et mis en œuvre par une autre (le ou les États membres). Il est ainsi appelé à satisfaire à l'exigence posée par le protocole 8, à savoir que les recours soient dirigés correctement contre les États membres et/ou l'Union selon le cas. Il ne peut être activé automatiquement, mais uniquement sur demande d'un État membre ou de l'Union. L'acceptation de cette demande relève cependant de la compétence souveraine de la Cour EDH.

Si la règle d'épuisement des voies de recours ne semble poser aucun problème en ce qui concerne les recours directs en droit de l'Union, tel ne semble pas être le cas du renvoi préjudiciel. Ce dernier d'ailleurs ne saurait être considéré comme un recours à épuiser au sens de la Convention EDH. En particulier, une déclaration commune sans précédent du 27 juin 2011 des deux présidents de la Cour EDH et de la CJUE, reprise par le projet d'accord, insiste sur la nécessité de garantir à cette dernière, la possibilité d'effectuer un contrôle interne sur l'acte litigieux, préalablement à l'intervention de la Cour EDH lorsqu'une juridiction nationale renonce à effectuer un renvoi préjudiciel concernant un acte de l'Union que l'on prétend contraire à la Convention EDH. Le contrôle interne en question respecte le principe de subsidiarité du mécanisme de garantie de la Convention EDH. Afin de respecter le délai raisonnable, une procédure accélérée pourrait être éventuellement mise en place.

# Fiche 31 Le mécanisme de garantie et ses révisions avant le protocole 14

Dans son préambule, la Convention EDH affiche une prétention universelle, celle d'assurer la garantie collective des droits et libertés énoncés par la Déclaration universelle des droits de l'homme. À ce titre, elle consacre une protection supranationale, juridictionnelle et directement accessible non seulement pour l'État, mais aussi pour l'individu. Son mécanisme de garantie constitue sa principale originalité. Bien qu'il ait fait l'objet de différents amendements au cours des années, ce n'est que le protocole 11, le premier à opérer une révision d'ensemble (II), qui l'éloigne sensiblement de sa conception d'origine (I).

## I - LE MÉCANISME DE GARANTIE À L'ORIGINE

Son adoption même réalise une avancée sans précédent dans la protection des droits de l'homme. Le mécanisme de garantie, tel qu'il a été conçu en 1950, reste centré sur l'État. En conséquence, d'une part, il n'est pas encore entièrement juridictionnalisé, mais associe des éléments juridictionnels et politiques (A). D'autre part, l'exercice du droit de recours individuel reste limité (B).

### A - Un mécanisme qui associe des éléments juridictionnels et politiques

Dans l'esprit de ses auteurs et pour ménager la susceptibilité des États, la Cour EDH ne devait ni exercer un rôle exclusif, ni maîtriser l'ensemble de la procédure. C'est d'abord une Commission EDH, à compétences à la fois quasi-juridictionnelles et politiques, qui était chargée d'effectuer un premier filtrage de l'ensemble de requêtes, étatiques ou individuelles, présentées au titre de la Convention EDH (1.). Pour sa part, l'organe décisionnel du Conseil de l'Europe, le Comité des ministres, constituait une voie de règlement des litiges, politique et alternative à la Cour EDH (2.).

#### 1. Le rôle de filtrage attribué à la Commission EDH

Saisie d'un recours interétatique ou individuel, la Commission EDH devait, d'abord et avant tout statuer sur la **recevabilité**. Lorsqu'elle déclarait une requête recevable, elle examinait **les faits de la cause**. La Commission disposait à cet égard de véritables pouvoirs d'instruction, lui permettant de conduire des enquêtes sur place et ordonner, d'office ou sur demande des parties, l'audition de témoins ou d'experts. À la suite, elle proposait **un règlement amiable** du litige. Si elle y parvenait, elle rédigeait un rapport constatant ce règlement, apportant ainsi un caractère définitif à ce dernier.

En cas d'échec et sauf radiation du rôle, la Commission dressait un rapport mettant fin à la procédure de conciliation. Ce rapport contenait surtout un **avis motivé de violation** de la Convention, transmis à la fois au Comité des ministres et aux parties. Faiblesse largement commentée, cet avis logiquement ne pouvait revêtir l'autorité de la chose jugée, n'ayant pas force obligatoire à l'égard des parties.

### 2. La voie de règlement des litiges par le Comité des ministres, politique et alternative à la Cour EDH

Toute affaire pouvait être déférée à la Cour EDH dans un délai de trois mois à compter de la transmission du rapport de la Commission au Comité des ministres, soit par la Commission elle-même, soit encore par un État partie. Cette deuxième possibilité était ouverte à la fois à l'État ayant saisi au préalable la Commission, à l'État mis en cause dans le litige et enfin à l'État de la victime. **Si dans ce délai la Cour n'était pas saisie, il appartenait au Comité des ministres de trancher définitivement**. La décision relative à la violation ou à la non-violation de la Convention devait être prise à la majorité de deux tiers des représentants des États membres.

En cas de violation, l'État défendeur devait prendre des mesures d'**exécution de la décision du Comité**, le cas échéant dans un délai prescrit par ce dernier. En cas de non-exécution, le Comité publiait le rapport et décidait à la même majorité de deux tiers de l'exécution des suites de sa décision initiale.

Le règlement politique du litige par le Comité constituait bien une alternative au règlement juridictionnel par la Cour EDH. Dans la pratique cependant, **cette dernière s'est imposée rapidement**, face aux défauts inhérents à la voie de recours politique.

## B - Les limites à l'exercice du droit de recours individuel

À l'origine, le recours interétatique était donc appelé à jouer le rôle principal pour la protection des droits et libertés consacrés. Le recours individuel était alors considéré comme secondaire. Les contraintes à son exercice s'exprimaient en termes à la fois d'une participation restreinte du particulier à la procédure (2.) et des conditions auxquelles devait satisfaire la saisine individuelle des organes de garantie (1.).

## 1. Une saisine des organes de garantie conditionnée

Les conditions posées concernaient la saisine à la fois de la Commission et de la Cour. Pour ce qui est de la Commission d'abord, l'accès du particulier à celle-ci était soumis à l'acceptation préalable, par tout État partie concerné, de sa compétence. **La déclaration d'acceptation** pouvait être faite pour une durée déterminée, le cas échéant renouvelable ou bien indéterminée. En outre, la Commission ne devait pouvoir exercer sa compétence par rapport aux requêtes individuelles, que lorsque six États parties au moins se trouvaient ainsi liés.

Pour ce qui est ensuite de la Cour, la juridiction même de celle-ci pour toute affaire concernant l'interprétation et l'application de la Convention devait faire l'objet d'une acceptation formelle par tout État mis en cause. L'acceptation de cette **clause facultative de juridiction obligatoire** pouvait être faite pour une durée déterminée et, le cas échéant, sous réserve de réciprocité par un État partie à l'égard de tout autre État partie.

Toutefois, **la pratique relativise les deux dispositifs**. Ainsi, l'acceptation de la compétence de la Commission à l'égard des recours individuels devient inhérente à toute nouvelle adhésion à la Convention. De même, dans la mesure où tous les États parties acceptent rapidement la compétence de la Cour, la clause facultative de juridiction obligatoire devient obsolète.

## 2. Une participation à la procédure restreinte

La restriction tenait au fait que le requérant individuel ne pouvait se présenter que devant la Commission, privé de tout accès direct à la Cour. En effet, seule la Commission, ainsi que les États, traités à cet égard en tant que requérants privilégiés, pouvaient se présenter devant cette dernière. Il appartenait donc à la Commission de défendre objectivement, en instruisant la requête, les intérêts des requérants ordinaires.

Le protocole 9 à la Convention, adopté le 6 novembre 1990 se proposait de remédier à l'inégalité ainsi constitué entre le requérant individuel et l'État défendeur. Il ouvrait à l'individu la possibilité, lorsque la requête individuelle était déclarée recevable par un Comité de trois juges, de saisir lui-même directement la Cour contre tout État ayant ratifié le protocole additionnel.

En tout état de cause, les particuliers restaient privés également de participation à la procédure alternative devant le Comité des ministres. Au contraire, tout État partie, requérant ou même défendeur – auteur de la violation commise, participait de plein droit à ce stade du règlement du litige. Politique, ce règlement ne bénéficiait d'aucune garantie d'impartialité, ni d'indépendance. Seule la suppression du Comité des ministres en tant que voie alternative de règlement des litiges pouvait y remédier.

## II - LA RÉVISION D'ENSEMBLE OPÉRÉE PAR LE PROTOCOLE 11

Progressivement la jurisprudence de la Cour va imposer **une lecture restrictive des contraintes** contenues dans la version d'origine de la Convention. Surtout, la multiplication des requêtes individuelles – de fait placées au cœur du dispositif – et les premières adhésions des pays de l'est dans les années 1990, imposent une révision du mécanisme de garantie.

C'est dans un **souci à la fois d'adaptation à l'évolution des sociétés européennes et d'efficacité**, que le premier sommet du Conseil de l'Europe, organisé à Vienne en 1993, décide l'élaboration d'un nouveau protocole 11 à la Convention. Adopté le 11 mai 1994 et entré en vigueur le 1er novembre 1998, après sa ratification par l'ensemble des États parties, ce dernier va d'une part entièrement juridictionnaliser le mécanisme de garantie (A) et d'autre part permettre un accès direct à la Cour EDH aux requérants individuels (B).

### A - La juridictionnalisation du mécanisme de garantie

Le protocole 11 supprime la clause facultative d'acceptation de la juridiction de la Cour et ainsi rend obligatoire sa compétence. Il remet en cause le compromis initial, ayant confié un rôle politique à la Commission et au Comité des ministres au sein du mécanisme de garantie (1.). Ce qui nécessite, pour sa part, une réorganisation de la Cour (2.).

#### 1. La remise en cause du compromis initial

**Le protocole 11 supprime l'ancienne Commission EDH**, faisant l'objet de nombreuses critiques en raison de sa nature mixte, politique et juridictionnelle à la fois, et du double emploi de la décision de recevabilité. En effet, la Commission était la seule expressément habilitée par la Convention à prendre cette dernière. Cependant, dans l'arrêt De Wilde, Ooms et Versyp contre la Belgique du 18 juin 1971, la Cour EDH s'était déclarée compétente pour statuer à son tour sur la recevabilité, quitte à remettre en cause la décision prise antérieurement par la Commission. À l'époque, la Cour avait subi de nombreuses pressions pour renoncer à sa jurisprudence, dans la mesure où l'État recevait ainsi une deuxième possibilité de contester la recevabilité prononcée par la Commission d'une requête. Inversement, lorsque la Commission déclarait une requête irrecevable, le particulier n'avait aucun moyen pour contester.

Encore, **le protocole 11 faisait-il sortir le Comité des ministres du mécanisme de garantie**, en tant que voie de recours alternative à la Cour EDH. Cette dernière devenait par conséquent exclusivement et de plein droit compétente pour tout litige qui lui était soumis au titre de la Convention. Le protocole 11 satisfaisait désormais l'exigence de la prééminence du droit, dans la mesure où antérieurement devant le Comité chaque État était juge de sa propre cause. Le Comité des ministres ne devait continuer qu'à jouer le rôle de garant politique de l'exécution des arrêts de la Cour EDH.

### 2. La réorganisation de la Cour

À la suite de la suppression de la Commission EDH et de la sortie du Comité des ministres du mécanisme de garantie, la **Cour devient permanente et exclusive**. Elle reste également **unique**, nonobstant l'ajout de nouvelles formations. Parmi ces dernières, plus particulièrement, le Comité des trois juges doit procéder, à la place de l'ancienne Commission, au filtrage des requêtes individuelles. De même, un nouveau Collège de cinq juges est compétent pour se prononcer sur le renvoi des requêtes de la Chambre devant la Grande chambre.

La création du **Comité des trois** devait permettre à la **Chambre** et à **la Grande Chambre** de se concentrer sur le traitement des requêtes sur le fond. **L'Assemblée plénière** de la Cour restait, quant à elle, chargée des seules questions administratives.

**La juridictionnalisation du mécanisme de garantie** contribue à simplifier et clarifier la procédure. Seule la Cour est désormais compétente pour statuer sur les violations des droits et libertés consacrés par la Convention. La procédure est aussi unifiée, puisque la Cour maîtrise toutes ses phases du traitement des litiges dès leur soumission, de la décision sur la recevabilité à l'arrêt sur le fond et la satisfaction équitable, en passant par le règlement amiable, la décision sur les exceptions préliminaires et les éventuelles mesures provisoires, ainsi que la possible radiation du rôle.

## B - L'accès direct de l'individu à la Cour EDH

Le protocole 11 place en effet le requérant individuel au cœur du système de protection (1.). Toutefois, le statut de requérant privilégié de l'État n'est pas remis en cause (2.).

### 1. Le particulier placé au cœur du système de protection

La suppression de la Commission d'une part et celle de la déclaration facultative de juridiction obligatoire de la Cour EDH d'autre part, ouvrent au particulier **l'accès direct et de plein droit à cette**

**dernière**. Pour les États parties à la Convention, tous ayant déjà souscrit à ladite déclaration facultative, cette suppression avait une valeur plutôt symbolique. Elle visait donc surtout à garantir à ce que tout nouvel État partie soit lié, dès son adhésion, par le caractère obligatoire du recours individuel.

Le requérant individuel peut désormais jouer un **rôle actif au sein du mécanisme de garantie**. Ce rôle fait cependant exploser le nombre de requêtes individuelles, dans le contexte de l'élargissement du Conseil de l'Europe. Celui-ci se traduit d'ailleurs par l'adhésion à la Convention EDH des États, lesquels à la sortie des régimes totalitaires, n'ont encore qu'une vague idée du respect effectif des droits de l'homme, assuré dans des conditions de prééminence de droit.

## 2. Le statut de requérant privilégié de l'État préservé

**Le rôle et la place de l'État au sein du mécanisme de garantie ne subissent pas de modifications sensibles**. Toutefois, sur le plan procédural, les requêtes interétatiques ne passent pas par le filtrage du Comité des trois, mais sont soumis directement à la Chambre, laquelle se prononce sur leur recevabilité.

Sur le fond, l'État continue à pouvoir exercer **un recours objectif**, expression par excellence de la garantie collective, mise en œuvre par les auteurs de la Convention. Ainsi, tout État partie peut-il saisir la Cour d'une violation, par tout autre État partie des droits et libertés consacrés, sans avoir à prouver un intérêt personnel et direct pour agir, ni même un lien direct avec la ou les victimes de la violation. Le protocole 11 supprime en outre la condition de réciprocité, que les États parties pouvaient poser antérieurement, à l'acceptation de la juridiction obligatoire de la Cour. En dépit des possibilités ainsi offertes aux États et face aux attentes dont il faisait l'objet à l'origine, certains auteurs constatent la faillite manifeste du recours interétatique. En raison de sa rareté, ce dernier marque cependant la jurisprudence de la Cour, faisant ressortir l'importance de ce moyen de défense des droits de l'homme.

# Fiche 32 Le protocole 14 et les réponses à la menace d'asphyxie du mécanisme de garantie de la Convention EDH

Malgré la réforme effectuée par le protocole 11 à la Convention EDH, le nombre des requêtes individuelles explose à la suite de l'adhésion des pays de l'Europe de l'Est et de l'ex-URSS. Victime de son propre succès, **la Convention se trouve ainsi au bord de l'asphyxie**. Avec plus de 130 000 requêtes pendantes fin 2011, la Cour ne peut plus elle-même satisfaire à l'exigence de délai raisonnable, pourtant imposée aux États parties.

La réflexion conduite au sein du Conseil de l'Europe au début des années 2000 sur les moyens de préserver cet instrument supranational unique de protection des droits de l'homme, retient l'idée d'un nouveau protocole 14 à la Convention EDH. Adopté le 13 mai 2004 et en vigueur depuis le 1er juin 2010, il a pour but d'amender le mécanisme de garantie (I). Son entrée en vigueur est cependant fortement retardée (II).

## I - L'AMENDEMENT DU MÉCANISME DE GARANTIE PAR LE PROTOCOLE 14

Contrairement au protocole 11, le nouveau protocole n'entend pas réaliser une réforme d'ensemble du mécanisme de garantie. En reprenant notamment l'acquis jurisprudentiel de la Cour EDH elle-même, le dispositif du protocole 14 tient seulement à accélérer le traitement des requêtes individuelles (A) et à améliorer l'efficacité du mécanisme de garantie (B). Pourtant, au cours même de son adoption, des doutes ont été exprimées au sujet des effets à plus ou moins long terme de l'amendement ainsi réalisé (C).

### A - Une accélération du traitement des requêtes

Elle provient en tout premier lieu de la création d'une nouvelle formation de la Cour EDH, celle du juge unique (1.). Mais l'ajout de cette formation implique aussi une répartition différente des missions entre l'ensemble des formations (2.).

### 1. La nouvelle formation du juge unique

C'est désormais **le juge unique** qui sera compétent pour déclarer, par décision définitive, une requête individuelle irrecevable ou encore rayer cette dernière du rôle. Il ne pourra cependant déclarer irrecevables que les seules requêtes ne nécessitant pas d'examen complémentaire.

Par souci d'impartialité et d'indépendance, **il ne pourra examiner une requête introduite contre l'État partie, dont il est originaire**. Le protocole prévoit dès lors que des rapporteurs, issus du greffe et connaissant la langue et le système juridique de cet État, assistent le juge unique.

### 2. La différente répartition des missions entre les formations existantes

À la suite de la création du juge unique, le protocole renforce le rôle du **Comité des trois juges**. Ce dernier pourra toujours déclarer une requête irrecevable ou la rayer du rôle à l'unanimité. Mais désormais, il lui appartient également de rendre des arrêts sur le fond, conjointement à la décision de recevabilité, sous réserve que l'affaire fasse l'objet d'une jurisprudence bien établie. Il statue selon une procédure à la fois simplifiée et accélérée. Et, avancée importante sur le plan de l'impartialité de la Cour, la présence du juge de l'État défendeur n'est pas de droit dans la formation du Comité des trois. Ce dernier pourra alors simplement l'inviter à remplacer l'un de ses juges, mais sans en avoir l'obligation.

Compte tenu du nouveau rôle du Comité des trois, **les Chambres** devraient pouvoir se concentrer sur l'examen des affaires nouvelles, en statuant désormais conjointement, sauf décision contraire prise par les Chambres elles-mêmes, sur la recevabilité et le fond de l'affaire. De surcroît, à la demande de l'Assemblée plénière de la Cour, la Comité pourra, par décision unanime et pour une période déterminée, réduire de 7 à 5 le nombre de juges composant la Chambre.

**La multiplication des différentes formations de la Cour** pouvant rendre des décisions définitives doit incontestablement accélérer le traitement des affaires individuelles. La doctrine attire cependant l'attention sur le fait qu'elle peut en même temps aboutir à des interprétations divergentes de la Convention, préjudiciables à la protection uniforme des droits et libertés garantis.

## B - Une amélioration de l'efficacité du mécanisme de garantie

Elle résulte, d'une part, de certains aménagements introduits au niveau de la procédure et de la composition de la Cour (1.) et d'autre part, du durcissement des conditions de recevabilité (2.).

### 1. Les aménagements de la procédure et de la composition de la Cour

C'est ainsi que dans toute affaire devant une Chambre ou la Grande Chambre, **le Commissaire aux droits de l'homme du Conseil de l'Europe** pourra désormais présenter des observations écrites et prendre part aux audiences. Cette présence relève d'une décision autonome du commissaire lui-même et non pas d'une invitation de la Cour.

Afin d'en faciliter l'exécution, **le Comité des ministres** reçoit la compétence de demander à la Grande chambre l'interprétation d'un arrêt définitif de la Cour EDH, si la surveillance de son exécution est entravée par une difficulté d'interprétation. Surtout, le Comité des ministres peut déclencher, toujours devant la Grande chambre, une nouvelle procédure en manquement contre l'État qui n'a pas respecté ses obligations de se conformer à l'arrêt rendu par la Cour. En l'espèce, la saisine de la Cour intervient après mise en demeure de l'État concerné. Elle nécessite une décision du Comité des ministres prise à la majorité qualifiée de deux-tiers de ses membres.

Enfin, dans un souci de plus grande indépendance vis-à-vis des États, **le protocole modifie la durée du mandat des juges** de la Cour EDH. Désormais, ces derniers ne seront plus élus, comme auparavant pour 6 ans rééligibles, mais pour 9 ans non-rééligibles, toujours sans dépasser 70 ans.

### 2. Le durcissement des conditions de recevabilité

Le terme, largement adopté par la doctrine, n'est peut-être pas le plus approprié, puisqu'il ne s'agit pas d'une modification des conditions de recevabilité des requêtes individuelles déjà existantes, mais de **l'introduction d'une nouvelle condition restrictive de nature subjective**. Ainsi, la Cour peut-elle déclarer irrecevable une requête individuelle, lorsqu'elle estime que le requérant n'a subi aucun préjudice important. La nouvelle condition est toutefois assortie de deux garde-fous, ne pouvant pas s'opposer à la recevabilité d'une telle requête, soit lorsque l'affaire n'a pas été dûment examinée par un tribunal interne, soit lorsque le respect des droits de l'homme exige en soi un examen de fond.

Le but de la nouvelle condition paraît clair, désengorger la Cour de l'examen parfois fastidieux des requêtes superficielles. Avant l'entrée en vigueur du protocole 14, cette **mesure, accusée de remettre en cause le droit de recours individuel**, a suscité une vive contestation. Les effets de la nouvelle disposition controversée dépendront évidemment de la définition de la notion de préjudice important, que devra apporter la Cour. Une première décision d'irrecevabilité sur le fondement de cette condition fut d'ailleurs rendue par la Cour EDH le 1er juin 2010, dans l'affaire A. M. Ionescu contre la Roumanie.

## C - Les effets de l'amendement du mécanisme de garantie

Au cours même du processus d'adoption du protocole 14, des doutes ont été exprimé au sujet de la capacité de ce dernier de résorber définitivement le retard accumulé dans le traitement des requêtes par la Cour (1.). Ainsi, la question des solutions alternatives, écartées au début des années 2000 au profit justement du protocole 14 était-elle déjà reposée (2.). Par la même occasion, la nécessité de mettre l'accent sur les mesures d'accompagnement de la réforme opérée a été soulignée (3.).

### 1. L'impossible résorption du retard accumulé

Le protocole 14 constitue une réponse inévitable à l'encombrement de la Cour. **Il ne sera sans doute pas en mesure de résoudre d'une manière définitive le problème d'encombrement de la Cour**. En effet, le rapport du groupe des sages au Comité des ministres du 15 novembre 2006 sur l'efficacité à long terme du mécanisme de contrôle de la Convention EDH avait conclu que le protocole 14 peut tout au plus augmenter de quelque 20 à 25 % le nombre des requêtes traitées.

### 2. Des solutions alternatives écartées

Mentionnées dans le rapport explicatif au protocole 14 lui-même, **ces solutions pourraient peut-être redevenir d'actualité**, en cas d'accumulation toujours continue des affaires pendantes. Il s'agit notamment de l'idée de créer, dans le cadre d'un système global de la Convention, des cours régionales de première instance. Cette idée fut écartée en raison du risque de jurisprudences divergentes et donc de l'application de la Convention à plusieurs vitesses, mais aussi du coût élevé de la mise en place de telles juridictions. Une autre idée, également rejetée, portait sur la création d'une nouvelle procédure de recours préjudiciel auprès de la Cour EDH à la demande des juridictions nationales, jugée finalement comme pouvant aboutir plutôt à alourdir le travail de la juridiction européenne.

Deux autres propositions ont été rejetées, parce qu'elles auraient apporté des **restrictions au droit de requête individuelle**. Telle était la proposition d'attribuer à la Cour un pouvoir discrétionnaire pour décider d'examiner ou non une requête à l'instar de la procédure *de certiorari* de la Cour suprême des États-Unis ou encore celle, visant à obliger les requérants à être représentés par un avocat ou autre expert juridique dès l'introduction de la requête.

### 3. Les mesures d'accompagnement

Dans le contexte de l'adhésion à la Convention EDH des pays de l'Europe de l'Est et de l'ex-URSS, le renforcement du recours individuel transforme la Cour EDH de plus en plus dans l'esprit des personnes en une juridiction d'appel ou de cassation de toute décision nationale contestée. Or, la Convention est pensée lors du sommet de La Haye de 1948 plutôt comme **un outil pédagogique** permettant aux États de faire l'apprentissage de la démocratie et de l'État de droit par le biais des droits de l'homme. À cet effet, la Convention était reconnue d'applicabilité directe et son mécanisme de garantie était consacré comme étant subsidiaire par rapport à l'action étatique Le sommet de Varsovie du Conseil de l'Europe appelle en 2005 à un retour à cet esprit d'origine de la Convention, présenté également comme la seule solution permettant de désengorger la Cour.

En amont, il s'agissait de renforcer l'engagement des États parties de prendre des **mesures de prévention et de sanction plus efficaces** au niveau national des violations des droits et libertés consacrés par la Convention, tout en améliorant les procédures internes. En aval, les États devaient s'engager à garantir **une meilleure et plus rapide exécution des arrêts de la Cour** au niveau national, de même que la réparation des violations commises.

## II - L'ENTRÉE EN VIGUEUR RETARDÉE DU PROTOCOLE 14

Ce retard tenait au fait que le protocole 14, tout comme le protocole 11 exigeait la ratification unanime de la part de tous les États parties. De ce fait, ayant rencontré des problèmes de ratification, apparus insurmontables à un moment donné et faisant dès lors craindre que son entrée en vigueur ne puisse jamais avoir lieu (A), des solutions transitoires ont été envisagées (B).

## A - Les problèmes de ratification

À la suite de l'appel en faveur de l'accélération du processus de ratification, lancé par le deuxième sommet du Conseil de l'Europe, tenu à Varsovie en mai 2005, fin 2006 le protocole 14 avait déjà réuni 46 ratifications sur les 47 requises. Un seul État, la Russie bloquait alors son entrée en vigueur (1.). Ce blocage, dont il paraît intéressant d'envisager les causes (2.) s'est poursuivi jusqu'au 18 janvier 2010, date à laquelle ce dernier État partie avait décidé finalement de ratifier le protocole.

### 1. Le blocage de l'entrée en vigueur du protocole par la Russie

En décembre 2006, le Parlement russe, la Douma, avait refusé d'autoriser la ratification du protocole 14, pour le motif que **les amendements apportés au mécanisme de contrôle de la Convention par ce protocole ne correspondaient pas aux principes fondamentaux de la Convention elle-même**. La Russie n'était pas la seule dans ce cas, d'autres États ayant, eux-aussi formulé des critiques similaires, mais sans aller jusqu'à refuser la ratification du protocole.

### 2. Les causes du refus de ratification

Selon certains auteurs, **la Russie craignait surtout l'augmentation significative de ses condamnations** pour violation des droits et libertés consacrés. Selon les statistiques réunies par le Greffe de la Cour, depuis plusieurs années elle occupait toujours l'une des premières places par le nombre d'arrêts la concernant constatant au moins une violation de la Convention. En 2009, les États ayant commis le plus de violations de la Convention étaient : la Turquie, avec 341 arrêts, suivie par la Russie, avec 210 arrêts et la Roumanie avec 153 arrêts.

D'ailleurs, à un moment donné, **la Russie voulait contester devant la CIJ la compétence obligatoire de la Cour EDH**. Cela, au nom de l'interdiction absolue de toute ingérence dans les affaires intérieures. Encore, avait-elle envisagé de soumettre au Comité des ministres une proposition de renégociation de l'autorité de la chose jugée des arrêts de la Cour.

## B - Les solutions transitoires

Dans le but de prévenir l'asphyxie de la Cour, les deux solutions transitoires mises en place en 2009 permettaient l'entrée en vigueur anticipée de certaines seulement des dispositions du protocole 14. Il s'agissait du protocole 14 bis à la Convention, adopté le 27 mai 2009 et entré en vigueur le 1er octobre 2009 et de l'accord de Madrid du 12 mai 2009, à contenu identique (1.) et aux modalités d'application qui se superposent (2.).

## 1. Le contenu identique

Aussi bien le protocole 14 bis, que l'accord de Madrid avaient donc repris en termes identiques les seules dispositions du protocole 14 visant à conférer au juge unique **le pouvoir de rejeter les requêtes clairement irrecevables**, et celles élargissant en conséquence les compétences du Comité des trois juges.

En revanche, la partie la plus contestée du protocole 14 établissant la nouvelle condition de recevabilité n'était pas concerné par les solutions transitoires. **L'application de la nouvelle condition d'irrecevabilité** ne pouvait se faire qu'à la suite de l'entrée en vigueur effective du protocole 14 lui-même.

## 2. Les modalités d'application superposées

L'entrée en vigueur du protocole 14 bis était facilitée, puisqu'elle ne nécessitait désormais que la **ratification par trois États parties**. En outre, conformément à l'article 25 de la Convention de Vienne sur le droit des traités de 1969, le protocole prévoyait la possibilité d'une entrée en vigueur provisoire à l'égard des seuls États parties l'ayant accepté, en attendant l'entrée en vigueur du protocole 14 lui-même. Dans les deux cas, les requêtes pendantes mettant en cause les États concernés, devaient être soumises immédiatement à la nouvelle procédure.

Aux termes de l'accord de Madrid, un État partie pouvait toujours souscrire à l'**application provisoire des mêmes dispositifs que le protocole 14 bis** à son égard. L'engagement ainsi pris devait logiquement cesser au moment de l'entrée en vigueur du protocole 14 bis lui-même.

Sans doute, l'accélération du traitement des requêtes par la Cour EDH ainsi engagée n'a pas eu le temps de produire l'effet escompté. Ainsi, avant l'entrée en vigueur du protocole 14 bis, **seuls 10 États parties avaient-ils souscrit aux solutions transitoires** présentées. Toutefois, l'accord de Madrid et le protocole 14 bis visaient sans doute à exercer également un certain effet incitatif sur la ratification par la Russie elle-même du protocole 14.

# Fiche 33 La Cour européenne des Droits de l'homme

**La Cour EDH se met effectivement en place en 1959**, après l'acceptation par huit États parties de sa juridiction obligatoire. Elle siège de façon habituelle à Strasbourg, mais peut aussi exercer ses fonctions dans d'autres lieux sur le territoire des États parties.

Désormais, **la Cour EDH est unique, exclusive et permanente**. Elle est surtout au centre du mécanisme de garantie de la Convention, **entièrement juridictionnalisé et ouvrant l'accès direct à l'individu** depuis sa révision d'ensemble, opérée par le protocole 11. L'entrée en vigueur du protocole 14 devra lui permettra de gagner en efficacité et rapidité, sans que cela puisse, semble-t-il, résorber le nombre impressionnant des affaires en retard.

L'organisation de la Cour d'une part (I) et d'autre part sa compétence (II) correspondent globalement à celles de toute autre juridiction. Mais elles reflètent également la spécificité d'une Cour, chargée de la protection des droits de l'homme au niveau supranational.

## I - L'ORGANISATION DE LA COUR

Appréhendées dans leur évolution, la composition de la Cour d'une part (A) et, d'autre part ses différentes formations (B) attestent d'un souci d'émancipation face à l'État. La présence de ce dernier reste malgré tout incontournable.

### A - La composition de la Cour

En toute logique, la Cour se compose des juges eux-mêmes, élus (1.) et exerçant leurs fonctions dans des conditions définies avec précision (2.). La Convention stipule également que dans l'exercice de sa mission la Cour est assistée par le service du greffe (3.)

#### 1. L'élection des juges

**L'élection des juges pour 9 ans non-renouvelables**, introduite par le protocole 14, tient à garantir leur indépendance face aux États, dans la mesure où la question d'un second mandat ne se pose plus. C'était bien le cas auparavant, s'agissant d'une élection pour 6 ans renouvelables.

L'élection se fait par l'Assemblée parlementaire du Conseil de l'Europe, sur une liste de 3 candidats présentée par chaque État. Mettant en place une véritable procédure de sélection formelle, l'Assemblée parlementaire n'hésite plus à rejeter les candidats nationaux qui ne satisfont pas les conditions d'exercice.

Le président de la Cour est élu par l'Assemblée plénière, ainsi que ses deux vice-présidents et les présidents des sections, pour trois ans au maximum. Le président dirige le travail de la Cour, ainsi que ses services. Il représente la Cour.

### 2. Les conditions d'exercice du mandat des juges

Constituée à l'origine d'une manière formellement paradoxale d'un nombre de juges égal à celui d'États membres du Conseil de l'Europe, à la suite de l'entrée en vigueur du protocole 11 la Cour comprend désormais un nombre de juges égal à celui des États parties à la Convention elle-même. **Les juges de la Cour EDH** siègent à titre individuel. Les exigences d'indépendance, d'impartialité et de disponibilité pour une activité à plein temps justifient l'incompatibilité avec l'exercice de certains types d'activités politiques et administratives, imposée par la Convention. Les juges doivent jouir de la plus haute considération morale et réunir les conditions requises pour l'exercice des hautes fonctions judiciaires ou encore être des jurisconsultes à compétence notoire. Ils bénéficient enfin des prérogatives et d'immunités étendues.

**La Cour elle-même établit son règlement intérieur**. En font également partie intégrante les règles de procédure. La nouvelle version de ce règlement est entrée en vigueur le 1er juin 2010, parallèlement au protocole 14.

Lorsqu'il ne répond plus aux conditions requises, **un juge peut être relevé de ses fonctions** par décision des autres juges prise à la majorité des deux-tiers.

### 3. Le service du greffe

La Cour dispose d'**un greffe**, dirigé par un greffier et un greffier adjoint. Ces derniers sont élus pour une période de cinq ans au maximum et restent rééligibles après consultation du Secrétaire général de l'organisation. Les tâches et l'organisation du greffe sont fixées par le Règlement intérieur de la Cour.

**La Cour est assistée par des référendaires**. Ceux-ci sont affectés à la Cour en général et non pas à un juge précis. Pour la formation du juge unique, la fonction du référendaire cède place à celle du rapporteur.

## B - Les formations de la Cour

La Cour fonctionne en sections (1.) et en formations (2.). Elle reste néanmoins un organe unique.

## 1. Les sections de la Cour

**La dénomination de section** se substitue, aux termes du règlement intérieur de la Cour à celle de chambre, pourtant prévue par la Convention elle-même, article 26b. Au moins quatre sections de 10 juges chacune sont constituées par l'Assemblée plénière pour une période de 3 ans. Chaque juge est membre d'une section. Leur composition assure à la fois l'équilibre géographique et la représentation équilibrée des sexes. Elle tient enfin compte des différents systèmes juridiques existants dans les États parties.

**Toute requête introduite devant la Cour est attribuée à l'une des sections**, laquelle centralise, par conséquent, son traitement. C'est à partir des sections que seront constituées par la suite, sur décision des présidents des sections, les différentes formations contentieuses de la Cour, à l'exception de la Grande chambre.

## 2. Les formations de la Cour

Depuis le protocole 14, la Cour siège en **4 formations contentieuses**.

La première est celle du **juge unique**, créée par le protocole 14. Elle ne traite que des requêtes individuelles. Le juge unique a pour seule compétence de rejeter celles qui sont manifestement irrecevables ou encore de les rayer du rôle.

La formation du **Comité des trois juges** conserve toujours sa compétence de rejeter à l'unanimité les requêtes individuelles irrecevables. Mais, depuis le 1er juin 2010, le Comité se prononce en outre et toujours à l'unanimité sur la recevabilité et le fond des requêtes individuelles, faisant l'objet d'une jurisprudence bien établie, essentiellement répétitives ou ayant une cause structurelle identique à une précédente, faisant l'objet le cas échéant d'un arrêt pilote portant constat de violation. Enfin, il statue s'il y a lieu sur la satisfaction équitable. Désormais le juge élu au titre de l'État défenseur n'est plus membre de droit du Comité. Il peut toutefois être invité à y siéger.

La formation contentieuse ordinaire de la Cour, **la Chambre**, composée de 7 juges, devait pouvoir se concentrer avec l'entrée en vigueur du protocole 14 sur l'examen des affaires nouvelles. Elle est la première formation à pouvoir traiter les requêtes interétatiques. À l'égard de celles-ci et des requêtes individuelles déclarées recevables par le Comité, les Chambres exercent une compétence de pleine juridiction. Pour chaque affaire, la Chambre comprend de droit le président de la section et le juge élu au titre de l'État défenseur. La composition de la Chambre est fixée au niveau de la section et ne peut faire l'objet de modifications pour la durée de sa constitution. Le Comité des ministres peut enfin par décision unanime ramener à cinq le nombre des juges de la Chambre à la demande de l'Assemblée plénière et pour une durée déterminée.

**La Grande chambre** de 17 juges est la formation supérieure de la Cour. À compétence de pleine juridiction, elle est constituée pour trois ans. Sa composition peut varier, dans la mesure où à part ses membres de droit que sont le président et les deux vice-présidents de la Cour, les présidents de section et le juge siégeant au titre de l'État partie, les autres membres sont désignés au cas par cas, sur la base d'une rotation. La Convention interdit aux juges d'une Chambre de siéger dans la Grande chambre, lorsque celle-ci est saisie à la suite d'un arrêt rendu par celle-là. Cette règle connaît toutefois une exception, que la doctrine continue à critiquer, en tant qu'entorse au principe d'impartialité, puisque la Grande chambre comprend toujours le président de la section dont elle-même est issue, de même que le juge de l'État partie.

Une formation intermédiaire *ad hoc*, **le Collège de cinq juges** effectue le filtrage des requêtes transmises par la Chambre à la Grande chambre. Chargé à ce titre de se prononcer sur les demandes de réexamen, le Collège n'accepte une requête que lorsqu'une question grave relative à l'interprétation ou à l'application de la Convention se pose ou encore, lorsqu'il s'agit d'une question grave à caractère général. Le réexamen à la fois de fait et dans l'intérêt du droit n'est pas automatique.

La Cour connaît enfin une formation administrative, **l'Assemblée plénière**. Celle-ci élit le président de la Cour et les présidents des chambres, ainsi que le greffier. Elle constitue des chambres et adopte le règlement intérieur.

# II - LA COMPÉTENCE DE LA COUR

Dès l'origine, la Cour est dotée d'une compétente à la fois contentieuse (A) et consultative (B). En cas de contestation, c'est la Cour qui décide souverainement de sa propre compétence.

## A - Compétence contentieuse

Il s'agit d'une compétence à la fois obligatoire (1.) et plénière (2.).

### 1. Une compétence obligatoire

Atteinte importante à la souveraineté internationale des États, **la compétence contentieuse de la Cour** est rendue obligatoire par le protocole 11. Ce dernier avait en effet supprimé l'acceptation facultative de la juridiction obligatoire de la Cour, rendant la reconnaissance de la compétence de la Cour automatique pour tout État qui adhère à la Convention EDH. Sans oublier que la compétence obligatoire de la Cour s'était déjà imposée dans la pratique. Et, avant même l'entrée en vigueur du protocole 11, les États candidats de l'Europe de l'Est et de l'ex-URSS devaient s'engager à l'accepter avec l'adhésion à la Convention EDH elle-même.

À noter également que dans le silence de la Convention, dans l'affaire Loizidou contre la Turquie du 23 mars 1995 (exceptions liminaires), **la Cour interdira la formulation des réserves portant limitation territoriale de la compétence de la Cour,** tout comme celle de l'ancienne Commission des droits de l'homme.

## 2. Une compétence plénière

La compétence contentieuse de la Cour est plénière. **Elle s'étend à toute question, susceptible de se poser en rapport avec l'interprétation et l'application de la Convention**. Depuis la suppression de la Commission EDH et l'éviction du Comité des ministres du mécanisme de garantie, la Cour maîtrise seule tous les stades de la procédure juridictionnelle. Elle décide ainsi de la recevabilité de la requête, établit les faits, tente une conciliation, puis à la suite d'un examen contradictoire prend une décision au fond et accorde, s'il y a lieu la satisfaction équitable. Dans l'exercice de sa mission juridictionnelle, elle peut décider également d'auditionner des témoins, nommer des experts et diligenter des enquêtes sur place.

Dans le silence de la Convention, la Cour se reconnaît, à la suite de la Commission, **le pouvoir de décider des mesures provisoires**, destinées à empêcher, avant le jugement sur le fond, que les prétendues violations des droits et libertés consacrées ne deviennent irréversibles. Considérées à l'origine comme purement indicatives (Cruz-Varas c/Suède, 20 mars 1991), depuis l'arrêt Mamatkulov et Askarov contre la Turquie du 4 février 2005, ces mesures s'imposent à la partie défenderesse pour garantir l'effet utile de la Convention. Leur inobservation constitue désormais en soi une violation de la Convention, passable de sanction pécuniaire devant la Cour EDH elle-même (Olaechea Cahuas c/Espagne, 10 août 2006).

Parmi les différentes formations de la Cour toutefois, **seules la Chambre et la Grande chambre possèdent une compétence véritablement complète**. En effet, le juge unique reste compétent pour les seules questions de recevabilité. Pour sa part, le Comité des trois, s'il possède une compétence plénière dans les moyens mis à sa disposition, son action reste limitée du point de vue du type d'affaires jugées.

## B - Compétence consultative

Dans l'ensemble, définie de manière restrictive par la Convention et le règlement intérieur et désormais précisée par la Cour (1.), cette compétence ne peut connaître qu'un exercice extrêmement marginal (2.).

### 1. Une définition restrictive

Les tentatives d'ouvrir à d'autres acteurs nationaux ou européens la possibilité de saisir la Cour EDH d'une demande d'avis consultatif ayant toutes échouées, celle-ci continue à s'exercer **seulement à l'égard du Comité des ministres**. Elle porte sur les questions juridiques concernant l'interprétation de la Convention et ses protocoles additionnels.

Sur le fond, la compétence consultative de la Cour EDH se trouve **limitée à double titre**. D'une part, la Cour ne peut être saisie que des questions de droit. D'autre part, elle ne peut se prononcer ni sur des questions concernant le contenu et l'étendue des droits garantis, ni sur d'autres questions ayant fait l'objet d'un recours au titre de la Convention.

Dans sa **décision du 2 juin 2004**, relative à sa compétence pour rendre des avis consultatifs, la Grande chambre avait d'ailleurs précisé que la priorité ainsi reconnue à la compétence contentieuse sur la compétence consultative s'étend non seulement aux recours déjà déposées, mais aussi aux recours susceptibles de l'être. Cela, afin d'éviter que l'avis consultatif éventuel puisse préjuger de l'examen ultérieur d'une requête individuelle ou interétatique, présente ou future.

Cette définition restrictive contraste d'ailleurs sensiblement avec celle de **la compétence consultative de la Cour interaméricaine des droits de l'homme**, donnant lieu quant à elle à une pratique abondante. La Cour interaméricaine avait en particulier considéré que sa compétence consultative constituait ni plus ni moins qu'une méthode judiciaire alternative à la compétence contentieuse. La base juridique, ainsi que le cercle des titulaires du droit de saisine de la Cour interaméricaine se trouvent également élargis. La procédure est ouverte de manière générale à tout État membre de l'OEA et non seulement à ceux devenus parties de la Convention. Et, la compétence consultative de la Cour interaméricaine couvre tout traité international protecteur des droits de l'homme sur le territoire d'un État américain.

### 2. Un exercice marginal

À ce jour, seuls **deux avis consultatifs** ont été rendus par la Cour EDH.

Dans le premier, daté du 2 juin 2004, celle-ci s'est déclarée **incompétente pour connaître une question posée au sujet des**

**conditions de recevabilité**, car justement susceptible d'interférer au niveau de l'exercice futur par la Cour de sa compétence contentieuse. En l'espèce, la question était de savoir si la Commission instituée par la Convention des droits de l'homme, dans le cadre de la CEI et liant certains des États parties à la Convention EDH elle-même, pouvait être considérée – au sens de la Convention EDH – comme une autre instance internationale d'enquête ou de règlement, ayant été antérieurement saisie d'une requête déposée devant la Cour EDH et déterminant de ce fait l'irrecevabilité de ladite requête.

En revanche, dans son deuxième avis consultatif, rendu le 25 janvier 2010, la Cour ouvre peut-être une porte vers une utilisation plus importante de sa compétence. Ainsi, se déclare-t-elle **compétente pour connaître à ce titre du processus d'élection des juges à la** Cour. Plus particulièrement, l'avis consultatif porte sur la modification par un État membre, de la liste des candidats, intervenue en cours d'examen par l'Assemblée plénière.

# Fiche 34 Les conditions de recevabilité de la requête

Il appartient d'abord et avant tout aux États d'assurer la protection des droits et libertés consacrés par la Convention et le cas échéant réparer les violations commises. Conformément au **principe de subsidiarité**, la Cour EDH ne doit intervenir qu'en sus de l'intervention étatique, permettant de corriger, mais sans se substituer à l'action étatique.

Pour mieux garantir l'application de ce principe, la Convention EDH est reconnue d'**applicabilité directe**. Elle confère par conséquent directement des droits et libertés aux particuliers. En résulte aussi son invocabilité directe devant le juge interne, consacré en qualité de juge ordinaire de la Convention.

Pour garantir l'effectivité de ces deux principes, l'article 35 de la Convention établit une série de conditions de recevabilité des requêtes posées, d'abord au regard de la phase nationale de protection des droits et libertés (I). S'y ajoutent des conditions qui visent directement la phase supranationale (II). La Cour EDH rejette toute requête considérée comme irrecevable au regard de ces deux séries de conditions et la décision de rejet peut intervenir à tout stade de la procédure.

## I - CONDITIONS POSÉES AU REGARD DE LA PHASE NATIONALE

Parmi ces conditions, certaines s'intéressent au fond de la violation des droits et libertés commise (A), d'autres posent des exigences concernant la procédure interne (B).

### A - Les conditions de fond

Une requête ne sera déclarée recevable au regard de la Convention que si le requérant invoque au préalable en substance, devant le juge interne, les griefs concernant la violation des droits et libertés, qu'il fera ensuite valoir devant la Cour EDH (1.). Le protocole 14 ajoute à cette première condition de fond, celle relative au préjudice important (2.).

#### 1. L'invocation en substance

La logique de cette condition est de laisser la Cour EDH examiner sur le fond des seules violations des droits et libertés que les autorités nationales n'ont pas elles-mêmes redressées. Il est par conséquent nécessaire que **les autorités nationales se prononcent sur les mêmes prétendues violations que celles sur lesquelles sera appelée à statuer la Cour EDH**.

La Cour admet qu'il suffit pour le requérant d'avoir clairement invoqué devant les juridictions nationales des **dispositions de droit interne équivalentes**, sans avoir à se référer expressément aux dispositions et articles de la Convention. En revanche, elle refuse que cette invocation puisse n'être qu'implicite. La Cour ne va pas non plus jusqu'à instituer au chef du juge national l'obligation de rechercher lui-même si les violations des Droits de l'homme étaient en rapport avec la Convention EDH ou pas, toute en se réservant, depuis l'arrêt Cardot contre la France du 19 mars 1991, la possibilité d'assouplir cette dernière position, compte tenu des circonstances de l'espèce.

Nonobstant la condition d'invocation en substance, la Cour se réserve, depuis l'arrêt Guzzardi contre l'Italie du 6 novembre 1980, **le droit de donner aux faits une qualification juridique différente** de celle avancée par le requérant, en se basant notamment sur le principe d'interprétation évolutive de la Convention.

### 2. Le préjudice important

L'introduction, par le protocole 14 à la Convention, de cette nouvelle condition de recevabilité, sera largement critiquée par la doctrine, en tant que **remise en cause du droit de recours individuel**. Désormais, la Cour peut donc déclarer irrecevable toute requête individuelle, lorsqu'elle estimera que le requérant n'a subi aucun préjudice important. La nouvelle condition est toutefois assortie de deux garde-fous. Ainsi, ne peut-elle pas s'opposer à la recevabilité d'une requête lorsque l'affaire n'a pas été dûment examinée par un tribunal interne, ou bien encore lorsque le respect des droits de l'homme exige un examen de fond.

En fait, le protocole 14 ne fait que constitutionnaliser **une condition, déjà consacrée par la jurisprudence**. Elle est de nature subjective, dans la mesure où il appartiendra encore à la Cour de définir la notion même de préjudice important. Surtout, la condition relative au préjudice important n'a pas d'alternative dans le contexte actuel, pour tenter de désengorger la Cour EDH.

## B - Les conditions concernant la procédure interne

Pour être déclarée recevable, toute requête doit au préalable épuiser les voies de recours internes (1.). En outre, elle doit être déposée dans un délai de 6 mois suivant la date de la décision interne définitive (2.).

## 1. L'épuisement des voies de recours internes

Expression directe du principe de subsidiarité, cette condition impose au requérant **l'obligation d'exercer au préalable tous les recours disponibles en droit interne**. Mais, la Cour précisera que cette condition ne vaut que pour des recours utiles, efficaces et adéquats.

Ainsi, d'abord, le requérant peut-il délaisser **des recours manifestement inadaptés** au redressement de la violation des droits et libertés commise à son encontre. Sont considérés comme inadaptés les recours qui tendent seulement à atténuer les effets d'une violation des droits de l'homme par des dommages-intérêts, sans en supprimer la cause.

Un **recours inefficace** est le recours devant une autorité qui n'a pas le pouvoir de redresser la violation considérée, car dotée seulement d'une compétence consultative.

Enfin, **le recours inutile** est le recours porté devant une juridiction dont la jurisprudence bien établie ne laisse entrevoir aucune chance de succès.

Face à la multiplication du nombre de requêtes, ces dernières années la Cour EDH entend renforcer la condition de recevabilité relative à l'épuisement des voies de recours internes. Il reste que face au danger de rendre irréversible la violation des droits et libertés, tel en cas d'allégations sérieuses de torture, soulevées par exemple dans l'arrêt Selmouni contre la France du 29 juillet 1999, **la Cour peut dispenser le requérant de l'obligation d'épuiser les voies de recours interne**. Et, le requérant peut aussi épuiser les voies de recours internes par le relais d'une association, mieux armée pour faire face à la complexité du litige.

L'épuisement des voies de recours interne vaut aussi bien pour les recours individuels qu'étatiques. Pour ce qui est des **recours étatiques** toutefois, si l'État requérant dénonce non pas des violations individuelles, mais une incompatibilité générale de la législation nationale ou des pratiques administratives avec la Convention, cette condition de recevabilité ne saurait lui être opposée, ni celle d'ailleurs relative à l'obligation de déposer le recours dans les 6 mois à compter de la décision nationale définitive, comme le prouve l'arrêt Irlande contre le Royaume Uni du 18 janvier 1978. La Cour précise toutefois dans l'arrêt Chypre contre la Turquie du 10 mai 2001 qu'afin d'exclure l'application de la règle d'épuisement des voies de recours internes, l'État requérant doit démontrer, au-delà de tout doute raisonnable, l'existence de telles législation ou pratique administrative, contraires à la Convention.

### 2. Le délai de 6 mois

L'exigence de présenter la requête devant la Cour EDH dans un délai maximum de **6 mois à compter de la date à laquelle la décision interne incriminée devient définitive** est liée directement à celle d'épuisement des voies de recours internes, puisque la décision définitive est celle ayant épuisée les voies de recours disponibles dans l'ordre juridictionnel de l'État mis en cause. Ici, une question se pose au sujet des recours jugés inutiles. Selon la Cour, cette condition ne peut profiter qu'au requérant. Ainsi, dans l'arrêt B contre la France du 25 mars 1992, la Cour rejette-t-elle l'argument développé par l'État défenseur, prétendant que le demandeur aurait dû introduire sa requête dans les 6 mois de l'arrêt de la Cour d'appel compétente au lieu de former un pourvoi en cassation, dont le rejet ne pouvait faire l'objet d'aucun doute, vu la jurisprudence en la matière de la Cour de cassation. En effet, selon la Cour EDH, le pourvoi en cassation figure bien parmi les recours utiles à épuiser, conformément à l'article 35, l'introduction d'un tel pourvoi ayant à tout le moins pour effet de reporter le point de départ du délai de 6 mois.

Encore, **la Cour assouplira-t-elle la condition du délai**, par exemple dans l'arrêt Burden et autres contre le Royaume Uni du 12 décembre 2006, pour les victimes potentielles, seulement susceptibles de subir les effets d'une disposition interne les concernant. Il en va de même d'une situation qui perdure et contre laquelle il n'existe aucun recours.

## II - CONDITIONS POSÉES DIRECTEMENT AU REGARD DE LA PHASE SUPRANATIONALE

À l'origine, à la fois la Commission et la Cour ne pouvaient être saisies d'une requête individuelle contre un État partie que si ce dernier avait au préalable accepté, respectivement en vertu de l'article 25 et 46 de la Convention, la compétence obligatoire de la Commission et de la Cour. En outre, nonobstant **l'acceptation facultative de la juridiction obligatoire** de la Cour, même si sa requête était déclaré recevable, un particulier ne pouvait participer directement à la procédure devant la Cour, ses intérêts étant alors défendus par la Commission. Seules évidemment les requêtes individuelles étaient soumises à cette exigence liminaire posée en termes de compétence.

Le protocole 11 ayant supprimé cette clause, au regard de la phase supranationale se posent désormais deux séries de conditions de recevabilité. Les premières posent des exigences formelles (A), alors que les secondes s'intéressent au contenu de la requête (B).

# A - Les conditions formelles de recevabilité

L'article 35 précise d'abord que la Cour ne saurait retenir une requête anonyme. Cette interdiction est sans préjudice du droit du requérant de préserver pour des motifs sérieux son anonymat au cours de la procédure. Surtout, seront écartées, d'une part, les requêtes déjà traitées sur le plan interne ou externe ou bien en cours de traitement sur le plan externe (1.) et, d'autre part, les requêtes incompatibles avec les dispositions de la Convention elle-même (2.).

## 1. Les requêtes déjà traitées ou en cours de traitement

Le principe permet à la Cour d'écarter les requêtes qui sont essentiellement les mêmes que celles précédemment examinées par la Cour ou bien déjà soumises à une autre instance internationale dite d'enquête ou de règlement.

La Cour peut toutefois retenir une requête en cas d'**apparition des faits nouveaux**. Précisée par la jurisprudence, cette exception renvoie plus particulièrement à la prolongation d'une situation attentatoire aux droits et libertés consacrés. Il en va de même pour ce qui est de l'entrée en vigueur à l'égard de l'État mis en cause d'un nouveau protocole à la Convention EDH.

La référence à **une instance internationale d'enquête ou de règlement** vise implicitement – avant tout, mais pas exclusivement – le Comité des droits de l'homme des Nations Unies. Ce dernier constitue un mécanisme quasi juridictionnel de garantie du Pacte international des droits civiles et politiques, pouvant être saisi d'une communication individuelle contre un État ayant adhéré au protocole facultatif du Pacte. Le Pacte institue certes un mécanisme de garantie moins contraignant et efficace que la Convention EDH. En revanche, il comporte un catalogue des droits et libertés plus large que cette dernière.

Le respect du principe n'est exigé que de la part des requérants individuels. L'hypothèse d'une **opposition entre les mêmes États pour les mêmes prétendues violations** des droits et libertés protégés à la fois par la Convention EDH et par exemple le Pacte international des droits civils et politiques existe néanmoins, même si elle paraît peu probable. Dans un tel cas, le Comité des ministres du Conseil de l'Europe demandera aux États membres d'accorder la priorité au mécanisme européen de garantie.

## 2. L'incompatibilité avec les dispositions de la Convention

La règle d'incompatibilité avec les dispositions de la Convention, mais également avec celles de ses protocoles additionnels, vise à écarter **des requêtes qui ne sont pas de la compétence de la Cour**. L'incompétence de la Cour peut être *ratione materiae*, *temporis*, *personae* et *loci*.

Conformément au principe de non-rétroactivité, posé par la Convention de Vienne sur le droit des traités de 1969, **la compétence *ratione temporis*** de la Cour ne peut ainsi porter que sur les faits postérieurs à l'entrée en vigueur de la Convention à l'égard de l'État partie mis en cause.

**La compétence matérielle** de la Cour, telle que déterminée par les dispositions substantielles de la Convention et ses protocoles additionnels ne lui permet pas de statuer sur les prétendues violations des droits que cette dernière ne consacre pas, tel par exemple le droit des peuples à l'autodétermination. La restriction de la compétence matérielle de la Cour peut également provenir d'une réserve étatique formulée au moment de son adhésion à la Convention.

Les faits et les personnes concernés doivent relever bien de la juridiction d'un État partie à la Convention. Au sens de l'article 1er de la Convention, à l'heure actuelle **seul l'État partie peut faire l'objet d'un recours devant la Cour EDH**. La juridiction de l'État partie est essentiellement territoriale. Mais la Cour va également admettre la juridiction extraterritoriale, en rapport avec leur responsabilité internationale étatique. Ainsi, peut-il s'agir d'actes émanant de l'État partie et dont les effets se produisent en dehors de son territoire (Soering c/Royaume Uni, 7 juillet 1989). Et, dans des circonstances exceptionnelles, même les actes accomplis et ayant produit leurs effets en dehors du territoire de l'État partie peuvent engager sa responsabilité. Tel sera le cas lorsque ce dernier exerce, ne serait-ce que temporairement un contrôle effectif global sur une partie du territoire de l'État tiers (Ilascu et al. c/Russie et Moldavie, 8 juillet 2004).

Enfin, **la participation d'un État partie à une organisation internationale** ne saurait l'exonérer de sa responsabilité au regard de la Convention (Bankovic c/17 États membres de l'OTAN, 12 décembre 2001). Même lorsque l'État mis en cause exécute les décisions d'une telle organisation, la Cour peut retenir, au regard des circonstances de l'espèce, sa responsabilité. En revanche, les recours dirigés contre l'organisation internationale elle-même, même si déguisés en recours contre l'ensemble des États membres, ne sauraient être admis par la Cour.

Tel est toujours le cas de **l'Union européenne**. Le traité de Lisbonne, entrée en vigueur le 1er décembre 2009 et le protocole 14 prévoient son adhésion à la Convention EDH. Un accord, prévu par le protocole 8 au traité de Lisbonne, doit encore définir l'ensemble des conditions d'adhésion et des modalités de participation de l'Union au mécanisme de garantie. Les négociations entre celle-ci et le Conseil de l'Europe en vue de l'élaboration dudit accord ont commencé le 7 juillet 2010. Une fois adopté par les deux organisations, l'accord devra encore passer l'épreuve des ratifications.

## B - Les conditions de recevabilité touchant au fond de la requête

Elles permettent à la Cour d'écarter les requêtes manifestement mal fondées (1.) ou bien abusives (2.). Seules les requêtes individuelles sont cependant soumises à l'examen de recevabilité au regard de ces deux conditions.

### 1. Les requêtes manifestement mal fondées

La Cour doit dire en l'espèce si les faits allégués sont susceptibles de constituer, au premier abord, une violation de la Convention. Il ne s'agit pour la Cour que de relever une potentialité. Cependant, en dehors de **l'absence évidente d'une violation de la Convention ou d'un commencement de preuve**, cette condition de recevabilité peut en fait demander à la Cour de se livrer à un véritable examen de fond. La confusion entre examen de recevabilité et de fond apparaît ainsi, alors que normalement la décision sur la recevabilité et l'arrêt sur le fond restent distincts.

Ce rapport de la condition relative au défaut manifeste de fondement au fond de la requête suscite des controverses. Il peut être en tout cas **préjudiciable aux requêtes individuelles**, dans la mesure où la décision d'irrecevabilité, prise par une formation inférieure de la Cour est définitive, tandis que celle de recevabilité peut toujours être remise en cause par la formation supérieure.

### 2. Les requêtes abusives

À l'origine, cette notion, établie pour sanctionner **l'abus du droit**, sera interprétée comme destinée à empêcher que le droit de recours individuel ne soit utilisé à des fins politiques. Elle va cependant progressivement évoluer. Ainsi, est-il désormais admis qu'une requête inspirée par des motifs de propagande politique, n'est pas nécessairement abusive.

Toutefois, la notion de requête abusive sert toujours à écarter **les requêtes contenant des propos insultants, provocatrices ou encore fantaisistes**. Correspond à ce dernier cas l'exemple d'un requérant condamné pour avoir grillé un feu rouge et qui estimait contraire à la dignité humaine et dégradant au sens de l'article 3 de la Convention de contraindre des êtres humains à obéir aveuglement à ces choses inanimées que sont les feux de signalisation tricolores.

# Fiche 35 La notion de victime

La notion de victime, consacrée par la Convention EDH et interprétée de manière autonome par la jurisprudence fait appel à deux questions fondamentales. Ces questions se posent de manière successive, d'abord et avant tout en termes de recevabilité du recours. La première est celle du requérant prétendant à la qualité de victime d'une violation de la Convention (I). La deuxième concerne les conditions que doit remplir ce requérant pour se voir reconnaître la qualité de victime (II).

## I - LA QUALITÉ DE VICTIME

En effet, pour pouvoir saisir la Cour EDH, aux termes de l'article 34 de la Convention, le requérant individuel doit se voir reconnaître la qualité de victime de violation d'un ou plusieurs droits ou libertés consacrés (B). En revanche, l'article 33 ne pose aucune exigence de cette nature devant le requérant étatique (A).

### A - Le requérant étatique

En le dispensant de l'obligation de se prévaloir de la qualité de victime, la Convention EDH consacre son rôle privilégié (1.). Ce privilège se justifie au regard de la Convention (2.), mais ne connaît finalement qu'une utilisation limitée (3.).

#### 1. Un rôle privilégié

L'État partie n'a donc pas à se prévaloir d'un lien, le cas échéant de nationalité, avec la personne dont les droits et libertés garantis par la Convention ont été violés. L'État partie peut par conséquent saisir la Cour de toute violation commise sous la juridiction de tout autre État partie.

#### 2. Un privilège justifié au regard de la Convention

Le rôle de requérant étatique privilégié sera consacré dès l'origine dans la Convention EDH, même si la saisine de la Cour EDH à la fois par l'État et le particulier restait jusqu'à l'entrée en vigueur du protocole 11, formellement conditionnée par **l'acceptation de la compétence de la Cour par l'État partie** mis en cause. L'acceptation pouvait être de surcroît faite pour une durée déterminée et sous réserve de réciprocité. À rappeler que la pratique avait rapidement rendu obsolètes ces restrictions.

La volonté des auteurs de la Convention de mettre en place une garantie collective efficace des droits de l'homme justifie l'institution ainsi faite d'une sorte d'***actio popularis* au profit de tout État partie**. Nous sommes alors face à un recours objectif visant à garantir la protection universelle des droits et libertés consacrés par la Convention. Sans oublier que le rôle central et privilégié au sein du mécanisme de garantie accordé à l'État partie se justifiait aussi par une certaine méfiance par rapport au requérant individuel.

## 3. L'utilisation limitée

Peu nombreux, les recours interétatiques expriment souvent une instrumentalisation de la protection des droits et libertés, en l'inscrivant dans un contexte plus vaste de différends politiques, opposant le ou les États requérants à l'État défenseur. Tel sera le cas, par exemple, de l'affaire opposant l'Autriche à l'Italie au sujet du Tyrol du sud (décision de la Commission EDH sur la recevabilité du 11 janvier 1961, décision de non-violation du Comité des ministres du 23 octobre 1963) ; l'Irlande au Royaume Uni au sujet de l'Irlande du Nord, donnant lieu au premier arrêt de la Cour dans une affaire interétatique, rendu le 18 janvier 1978 ; plusieurs pays contre la Grèce à la suite du coup d'État des colonels noires de 1967 et contre la Turquie à la suite de l'intervention de cette dernière en Chypre du Nord en 1974 ou encore à la suite du coup d'État en Turquie en 1980.

Jusqu'à l'entrée en vigueur du protocole 11 à la Convention, les requêtes interétatiques déclarées recevables par la Commission EDH étaient systématiquement transmises au Comité des ministres. Dans leur traitement, ce dernier faisait preuve de faiblesse propre à un organe politique. Ainsi, hormis les rares décisions portant publication du rapport de la Commission constatant la violation par l'État défendeur de la Convention, une seule fois, le 15 avril 1970, le Comité des ministres condamne-t-il explicitement pour violation un État partie, la Grèce, dans les conditions très particulières du coup d'État que ce pays connaît en 1967. À rappeler qu'à la suite de cette condamnation et face à la menace imminente de la suspension des droits de la Grèce en tant que membre du Conseil de l'Europe, celle-ci préfère prendre les devants en dénonçant en 1969 à la fois du statut du Conseil de l'Europe et la Convention EDH.

Deux requêtes seulement donnent lieu à des arrêts de la Cour EDH sur le fond, celle de l'Irlande contre le Royaume Uni précité et celle de Chypre contre la Turquie (arrêt du 10 mai 2001). À noter aussi la requête de la Géorgie contre la Russie au sujet de l'arrestation, détention et expulsion collective de ressortissants géorgiens. Dans sa décision du 30 juin 2009, la Cour déclara la requête recevable, après avoir joint au fond la question relative au respect du délai de six mois et celle relative à l'épuisement des voies de recours internes. Une deuxième affaire, opposant toujours la Géorgie à la Russie pour des faits commis lors du conflit entre les deux pays en 2008, fut, elle-aussi, déclarée recevable par la Cour le 13 décembre 2011.

## B - Le requérant individuel

Cette catégorie des requérants qui doit donc satisfaire à l'exigence relative à la qualité de victime comprend les personnes physiques (1.), les organisations non-gouvernementales (2.) et les groupes de particuliers (3.). À travers leur définition, la jurisprudence élargit sensiblement le cercle des titulaires individuels du droit de saisine de la Cour EDH.

**La qualification de victime** se fait non seulement au niveau de la recevabilité, mais aussi de l'examen de fond, car requise à l'établissement des faits. Et, la qualité de victime ne doit disparaître à aucun stade de la procédure.

### 1. La personne physique

Au sens de l'article 1er de la Convention, il s'agit de **tout particulier se trouvant sous la juridiction d'un État partie**, indépendamment de sa nationalité, capacité, état civil ou encore domiciliation. L'État ne saurait contrôler le bien fondé, ni d'ailleurs l'opportunité même du recours individuel, en exerçant le cas échéant des pressions pour que ce dernier soit retiré.

### 2. L'organisation non-gouvernementale

Au sens de la Convention, **la notion d'organisation non-gouvernementale** recouvre toute personne morale, à l'exception des celles constituant l'émanation de l'autorité publique. Seules donc à ne pas être admises à requérir sont les organisations proprement gouvernementales ou les émanations du pouvoir central, telles que les collectivités locales. La Cour va repréciser cette notion au sens d'une personne morale de droit public, gérant des biens et des droits collectifs dans l'intérêt général de ses habitants (Section de commune d'Antilly c/France, 23 novembre 1999).

En revanche, **l'exercice d'une activité lucrative reste pleinement compatible, au regard de la Convention, avec la qualité d'ONG**. Peuvent ainsi prétendre à la qualité de victime les sociétés commerciales, bénéficiaires par exemple du droit au respect du domicile (Ste Colas c/France, 16 avril 2002). Il en va de même des associations à but social ou caritatif, telles les organisations religieuses, voire les villages de minorités (Handölsdalen Sami Village et al. c/Suède, 10 mars 2010). La Cour exige seulement que les personnes morales en question ne poursuivent aucun but d'administration publique et disposent d'une autonomie complète (Les Saints Monastères c/Grèce, 9 décembre 1994). Une entreprise privée exerçant une mission de service public peut elle-aussi être admise à requérir (Société Radio France et al. c/France, 23 décembre 2003).

#### 3. Le groupe des particuliers

Selon **la définition** donnée par la Cour EDH dans l'affaire linguistique belge, jugée le 23 juillet 1968, le groupe de particuliers constitue comme telle une association informelle, le plus souvent temporaire de deux ou plusieurs personnes, partageant des intérêts identiques et se prétendant victimes d'une même violation de la Convention. Cette définition sera reprise dans l'arrêt rendu le 5 février 2002, dans l'affaire Conka contre la Belgique, à propos de l'expulsion de plusieurs ressortissants slovaques d'origine rom de Belgique.

## II - LA CONDITION DE VICTIME

Pour se voir reconnaître la condition de victime, le requérant individuel doit, contrairement donc au requérant étatique, prouver son intérêt personnel et direct pour agir. À ce titre, la Cour précisera d'abord la notion de victime directement et personnellement touchée dans l'exercice de ses droits et libertés (A). Elle y apportera ensuite quelques assouplissements (B).

### A - La notion de victime directement et personnellement touchée par la violation des droits et libertés protégés

À travers sa jurisprudence, la Cour dégage des solutions en ce qui concerne à la fois les actes étatiques à l'origine de la qualité de victime (1.) et la disparition de la qualité de victime (2.)

#### 1. Les actes étatiques touchant personnellement et directement la victime

Contrairement à l'État, le requérant individuel ne peut pas demander à la Cour de procéder à l'examen de la conformité à la Convention d'un acte de nature générale, loi, règlement ou pratique administrative. Il ne peut en effet contester qu'une **mesure particulière, qui le touche spécifiquement** (De Wilde, Ooms et Versyp c/Belgique, 18 juin 1971). À la fois un acte et une omission peuvent constituer une telle mesure, mais il importe que le requérant ait souffert personnellement de la prétendue violation. De même, la Cour exclut en principe la reconnaissance de la qualité de victime en cas de simple menace.

**L'existence ou pas d'un préjudice est sans pertinence** sur la condition de victime. En effet, cette question se pose non pas en termes de recevabilité, mais de satisfaction équitable.

L'intérêt direct et personnel pour agir implique également que **la violation touche une personne morale elle-même en tant que telle** et non ses membres pris individuellement. La Cour précisera dans l'arrêt Grande Oriente d'Italie contre l'Italie du 31 mai 2007 que la menace de perte des membres et l'atteinte au prestige de l'organisation peuvent constituer une telle violation.

Certains auteurs insistent cependant sur **un possible revirement de la jurisprudence** inauguré par l'arrêt Collectif stop MELOX et MOX contre la France du 28 mars 2006. En l'espèce, la Cour reconnaît la qualité de victime d'une association anti-nucléaire, alors que celle-ci prétend plutôt défendre l'intérêt général. Effectivement, le lien personnel et direct avec la violation prétendue des droits et libertés consacrés semble plus distendu. Il n'empêche qu'au regard de ses buts et objet, l'association apparaît bien comme une victime potentielle d'une mesure étatique la concernant.

### 2. La disparition de la qualité de victime

La Cour reconnaît d'abord la possibilité, pour le requérant individuel de **perdre sa qualité de victime**. Celle-ci ne peut toutefois survenir que lorsque les autorités nationales d'abord reconnaissent, explicitement ou en substance, puis réparent la violation de la Convention (Ludi c/Suisse, 15 juin 1992). Une mesure favorable à l'intéressé, telle la reconnaissance du droit du requérant à une indemnisation n'est pas suffisante, s'il n'y a pas de réparation effective de la violation. Ainsi, dans l'arrêt Amuur contre la France du 25 juin 1996 la Cour juge-t-elle insuffisant le fait que le requérant, menacé d'expulsion vers la Syrie, obtient auprès du juge interne gain de cause, puis réparation financière, compte tenu de l'exécution préalable de la mesure contestée.

Mais le requérant peut aussi renoncer de son propre chef à sa qualité de victime. Cette **renonciation**, constatée par la Cour, doit cependant être à la fois licite et non-équivoque.

## B - Les assouplissements apportés

Ces assouplissements permettent d'étendre la qualité de victime à la fois à la victime indirecte ou par ricochet (1.), et à la victime potentielle (2.).

## 1. La victime indirecte ou par ricochet

Pour se voir reconnaître la qualité de **victime indirecte**, il faut d'abord qu'il y ait une victime directe et qu'en suite la victime indirecte maintient des liens personnels et étroits avec la victime directe. Celle-ci peut alors présenter une requête en son propre nom, indépendamment de la requête introduite par celle-là.

Tel sera notamment le cas à la suite du décès du requérant individuel, ses héritiers pouvant se prétendre victimes de la violation alléguée, à titre d'ayant cause (X c/France, 11 mars 1992). Il en va de même pour la mère, l'épouse ou la veuve, pouvant agir en raison de la violation alléguée des droits de son fils ou époux et lorsque ce dernier ne peut agir par lui même (Natchova c/Bulgarie, 26 février 2004).

## 2. La victime potentielle

Pour ce qui est de la **victime potentielle**, la Cour reconnaîtra la qualité de victime en cas de risque imminent de violation de ses droits et libertés. Un tel risque existe lorsque dans le pays d'accueil, le requérant, faisant l'objet d'une décision d'expulsion, risque de subir des traitements inhumains et dégradants (Soering c/Royaume Uni, 7 juillet 1989).

Enfin, dans certains cas exceptionnels, l'existence même d'**une législation contraire à la Convention** peut donner lieu à la reconnaissance de la qualité de victime et ce, en l'absence de tout acte individuel d'application. Ainsi, dans une affaire ayant marqué la jurisprudence de la Cour EDH, celle-ci décidera qu'une femme en âge de procréer pouvait se prétendre victime d'une législation interdisant le droit de recevoir des informations relatives à l'avortement (Open Door et Dublin Well Woman c/Irlande, 29 octobre 1992). Encore, lorsqu'une loi impose de manière générale des restrictions à des homosexuels, ces derniers peuvent-ils également prétendre à la qualité de victime (Dudgeon c/Royaume Uni, 22 octobre 1981). Et, lorsqu'en raison de son caractère secret, un requérant n'est pas en mesure d'établir que la législation incriminée lui a été effectivement appliquée, il peut néanmoins prétendre à la qualité de victime (Klass c/RFA, 6 septembre 1978).

# Fiche 36 L'arrêt de la Cour européenne des Droits de l'homme

Cette notion regroupe en fait les jugements par lesquels se termine la procédure pour une affaire déclarée recevable, sauf radiation du rôle. C'est, d'une part l'arrêt sur le fond (I -) et d'autre part l'arrêt sur la satisfaction équitable (II -).

Par souci d'accélérer le traitement des requêtes et alléger son travail, la Cour se prononce désormais le plus souvent au principal et sur la satisfaction équitable par **un seul et même arrêt final**. Cette solution, parfois critiquée par la doctrine, ne remet pas en cause le constat qu'il s'agisse, au sens de la Convention, de deux jugements distincts. C'est ce que prouve l'affaire Avellar Cordeiro Zagallo contre le Portugal, faisant l'objet d'abord d'un arrêt au principal le 13 janvier 2009 et d'un arrêt sur la satisfaction équitable le 8 juin 2010.

## I - L'ARRÊT SUR LE FOND

À rappeler qu'il est rendu par une juridiction supranationale, statuant *in concreto* sur les litiges qui lui sont soumis. À ce titre, l'arrêt sur le fond possède une série de caractéristiques propres, dont certaines ont pour objet d'encadrer strictement ses effets juridiques (A). La Cour EDH en réalise un certain dépassement, en se fondant sur l'obligation de conformité imposée à l'État (B).

### A - Les caractéristiques propres de l'arrêt et l'encadrement de ses effets juridiques

L'arrêt bénéficie de l'autorité de la chose jugée (1.). Celle-ci n'est cependant que relative et l'arrêt n'est que déclaratif (2.).

#### 1. Un arrêt définitif

L'arrêt rendu devient donc définitif, dans la mesure où il ne peut plus faire l'objet de contestations ou modifications ultérieures.

Cette autorité était réservée antérieurement aux seuls arrêts de la Chambre et de la Grande Chambre. Conformément à l'article 28 de la Convention, désormais possèdent l'autorité de la chose jugée également **les arrêts de fond rendus par le Comité des trois juges**. Ce dernier peut en effet à la suite de l'entrée en vigueur du protocole 14, rendre conjointement à la décision de recevabilité, un arrêt sur le fond lorsque l'affaire fait l'objet d'une jurisprudence constante. Dans les deux cas, le Comité doit se prononcer à l'unanimité. À rappeler que seules les requêtes individuelles relèvent de sa compétence.

Contrairement aux arrêts de la Grande Chambre, d'emblée revêtus de l'autorité de la chose jugée, aux termes de l'article 44 de la Convention, le **caractère définitif de l'arrêt pris par la Chambre est suspendu à l'éventuelle demande de réexamen**. À la suite de l'arrêt rendu par cette dernière, les parties peuvent en effet demander, dans un délai de trois moi le renvoi de l'affaire devant la Grande Chambre. Encore, la demande de réexamen peut-elle être rejetée par le Collège de cinq juges, lorsque celui-ci estime que l'affaire ne soulève aucune question grave relative à l'interprétation ou à l'application de la Convention ou de ses protocoles ou encore une question grave de caractère général. Si la demande de réexamen aboutit, seul l'arrêt de la Grande chambre devient définitif.

L'autorité de la chose jugée ne remet pas en cause la possibilité pour un requérant de demander auprès de la Cour EDH elle-même **la révision ou l'interprétation** d'un arrêt rendu. Faisant l'objet d'une jurisprudence rare et restrictive, les demandes de révisions ne seront reconnues recevables qu'en cas de découverte d'un fait nouveau de nature à exercer une influence décisive sur la solution rendue. Un nouveau délai de 6 mois commence à courir à partir de la découverte de ce fait nouveau. L'interprétation d'un arrêt rendu est également entourée de restrictions, mais peut être demandée dans le délai d'un an.

## 2. Un arrêt déclaratoire, revêtu de l'autorité relative de la chose jugée

Dans son arrêt sur le fond, la Cour se limite à déclarer s'il y a eu violation de la Convention ou pas. **La Cour constate simplement, mais ne peut pas condamner l'État**. Elle n'a pas la compétence ni d'abroger une décision interne, ni de mettre fin à une pratique administrative étatique contraires.

Les arrêts, tout comme d'ailleurs les décisions sur la recevabilité, sont **motivés**. Conformément à ce que prévoit aussi le statut de la CIJ, l'article 45 de la Convention permet à tout juge, dont l'arrêt n'exprime pas en tout ou en partie l'opinion, de formuler **une opinion séparée**, partiellement concordante, totalement ou partiellement dissidente. Celle-ci fait l'objet de publication jointe à celle l'arrêt lui-même.

Conformément à l'article 46 de la Convention, l'arrêt sur le fond ne bénéficie pas de l'autorité absolue de la chose jugée. Par conséquent, **il n'oblige que les parties au litige et au regard de la seule solution donnée par la Cour** à celui-ci. Il appartient au seul État défenseur de mettre un terme à la seule violation constatée en l'espèce.

## B - Un arrêt obligatoire

L'article 46 de la Convention fait peser sur les États l'obligation de se conformer aux arrêts rendus. Cela implique de la part de ces derniers de prendre des mesures à portée à la fois individuelle (1.) et générale (2.). La Cour encadre de plus en plus cette double obligation, allant jusqu'à formuler de véritables injonctions à l'encontre des États.

### 1. Les mesures à portée individuelle

Les mesures à portée individuelle visent **la réparation du préjudice subi**. Elles sont soumises à la règle de *restitutio in integrum*. La réparation doit ainsi permettre d'effacer complètement le préjudice subi, en restituant les choses en l'état antérieur. Les mesures individuelles doivent être proportionnelles et adéquates par rapport au préjudice, mais dépendent de l'objet même du litige, ainsi que de la nature et de la gravité de la violation commise. Ainsi, peut-il s'agir de l'abrogation ou du retrait de l'acte juridique à l'origine de la violation, ou encore de sa modification, accompagnés éventuellement d'une réparation pécuniaire. Celle-ci peut aussi s'avérer, par exemple en matière d'expropriation irrégulière, la mesure la plus adéquate pour assurer la réparation complète.

À ce titre, **la Cour encadre de plus en plus le choix des moyens que l'État entend mettre en œuvre**. Dans sa jurisprudence, elle ira jusqu'à se reconnaître un véritable pouvoir d'injonction. C'est ainsi qu'en cas de violation du droit à un procès équitable, elle n'hésitera pas à indiquer à l'État condamné, par exemple en cas de condamnation pénale prononcée par un Tribunal qui ne satisfait pas l'exigence d'impartialité et d'indépendance, que seule la réouverture du procès permet de se conformer à l'arrêt rendu (Ocalan c/Turquie, 12 mai 2005).

Cette solution soulève le problème de **remise en cause de l'autorité de la chose jugée de l'arrêt rendu par la juridiction interne de dernière instance**. Pour se conformer à la jurisprudence de la Cour, alors même que la Convention ne contient aucune obligation à cet égard, certains États parties ont adopté des procédures spécifiques de réformation de tels arrêts, parfois étendues aussi au-delà du seul domaine pénal. La loi française du 15 juin 2000 institue en effet une telle procédure de réexamen des décisions pénales consécutivement à un arrêt de la Cour EDH. Strictement encadrée, cette possibilité de révision ne s'applique pas au contentieux civil et administratif. Encore, en matière pénale, la nouvelle peine infligée peut-elle s'avérer alourdie.

### 2. Les mesures à portée générale

Pour la Cour, de l'obligation de réparation individuelle découle logiquement une obligation de prendre également des mesures à portée générale. Et, au-delà des mesures individuelles prises, celles-ci doivent permettre **d'effacer les causes structurelles à l'origine de la violation**. Ici encore, la Cour va jusqu'à indiquer aux États les mesures à prendre, ce qui remet en cause la liberté de choix des moyens dont disposent ces derniers, face à l'obligation de résultat posée par l'arrêt de la Cour.

La Cour EDH consacrera, dans l'arrêt Broniowski contre la Pologne du 22 juin 2004, une nouvelle **procédure, dite d'arrêt pilote**. Celle-ci permet le traitement des groupes d'affaires identiques tirant leur origine d'un même problème sous-jacent. Ainsi, lorsque la Cour est saisie d'un nombre important de requêtes découlant de la même cause, elle peut décider de ne traiter en priorité qu'une ou plusieurs d'entre-elles. L'arrêt pilote ainsi rendu identifie justement, au-delà du cas d'espèce, les dysfonctionnements structurels internes et indique à l'État condamné comment les éliminer. La Cour ajourne ensuite l'examen des affaires identiques jusqu'à ce que l'État prenne des mesures requises, puis procède à leur radiation du rôle (G. v. Pologne et 175 autres applications, 23 sept. 2008).

Depuis l'arrêt Dudgeon contre Royaume Uni du 22 octobre 1981, la Cour n'hésite plus à **condamner systématiquement un État partie pour la même violation que celle précédemment constatée à l'égard d'autres États parties**. Ces derniers ne s'y sont pas trompés, comme l'atteste la réaction très médiatique à l'arrêt rendu par la Chambre le 3 novembre 2009, dans l'affaire Lautsi contre l'Italie, relative à la présence de crucifix dans les salles de classe des écoles publiques italiennes et portant condamnation de l'Italie pour violation du droit à l'instruction conjointement avec la liberté de pensée, de conscience et de religion de la requérante.

En dépassant l'autorité relative de la chose jugée des arrêts sur le fond, la Cour exerce une sorte d'**action préventive**, destinée, en définitive, à désengorger le mécanisme de garantie de la Convention. Par delà, c'est l'**effet pédagogique** de cette dernière qui se voit renforcé.

## II - ARRÊT SUR LA SATISFACTION ÉQUITABLE

Consacré à l'article 41 de la Convention, l'arrêt sur la satisfaction équitable est également déclaratoire et revêtu, comme l'arrêt sur le fond, de l'autorité de la chose jugée relative. En pratique cependant, son caractère obligatoire semble mieux affirmé, le cas échéant face aux réticences étatiques traditionnelles. De nature particulière (A), l'arrêt sur la satisfaction équitable connaît également des effets juridiques spécifiques (B).

## A - La nature particulière de l'arrêt sur la satisfaction équitable

Elle tient avant tout à son caractère corollaire et subsidiaire (1.), mais aussi aux conditions que doit remplir la victime pour pouvoir en bénéficier (2.).

### 1. Le caractère corollaire et subsidiaire

L'arrêt sur la satisfaction équitable est **corollaire** à celui portant constatation de violation des droits et libertés protégés. Il est aussi **subsidiaire**, puisque la Cour ne saurait intervenir que si l'État condamné lui-même n'est pas en mesure de garantir pleinement la réparation. Ainsi, la Cour décide-t-elle de la satisfaction équitable en fonction de la capacité et la volonté étatique de procéder au *restitutio in integrum*, moyennant l'adoption des mesures individuelles, destinées à faire effacer complètement les effets de la violation commise.

Comme pour l'arrêt sur le fond, en matière de satisfaction équitable la Cour va également introduire la nouvelle **procédure d'arrêt pilote**. L'objectif reste le même, accélérer le traitement des requêtes et alléger le travail de la Cour. Cela, en transférant vers l'État un nombre important d'affaires à trancher – en l'espèce sous l'angle de l'article 41 de la Convention – et dont le règlement devra suivre à l'identique le ou les arrêts pilotes rendus par la Cour EDH elle-même. Le caractère subsidiaire du mécanisme de garantie se voit ainsi réaffirmé.

À rappeler cependant la nouvelle condition de recevabilité des requêtes individuelles, relative au **préjudice important**, prévue par le protocole 14, désormais en vigueur. Elle déplace en quelque sorte la question du préjudice et son évaluation au stade même de la recevabilité.

### 2. Les conditions de la satisfaction équitable

Il s'agit de conditions classiques du **contentieux d'indemnisation**, mais qui renvoient, du moins partiellement, à la qualité de victime elle-même. Ainsi, pour pouvoir bénéficier de la satisfaction équitable, lorsque la réparation par l'État condamné pour violation des droits et libertés protégés fait défaut, la victime doit avoir subi personnellement le préjudice. Cela n'empêche, conformément à une jurisprudence constante, que ce préjudice soit reconnu à la victime par ricochet ou indirecte, autrement dit aux ayants droit de la victime directe.

Ensuite, un **lien direct de cause à effet** doit être prouvé entre la violation commise et le préjudice. Ce lien peut même résulter d'une perte de chances réelles, par exemple en raison du non-respect du droit du requérant à une défense concrète et effective au titre de son droit au procès équitable, justifiant ainsi l'octroi de la satisfaction équitable (Goddi c/Itale, 9 avril 1984).

Enfin, **le préjudice doit être réel**. Il peut être cependant non seulement matériel, mais aussi moral (Keegan c/Irlande, 26 mai 1994). Enfin, le préjudice potentiel pourrait être également reconnu, si sa survenance est certaine et imminente (Soering c/Royaume Uni, 7 juillet 1989).

## B - Les effets juridiques

L'arrêt sur la satisfaction équitable, prise à la suite d'une violation de la Convention, consiste essentiellement en une réparation pécuniaire (1.). L'évaluation du préjudice, le cas échéant chiffrée, s'avère parfois difficile à réaliser (2.).

### 1. Une réparation essentiellement pécuniaire

Contrairement au *restitutio in integrum* qui pèse sur l'État, depuis le premier arrêt rendu en la matière (Bozano c/France, 18 décembre 1986), la Cour EDH accorde une **satisfaction équitable essentiellement pécuniaire**. Seule exception, parfois la Cour estime que le constat de violation, par exemple du droit à l'instruction du requérant, constitue en soi une satisfaction équitable suffisante aux fins de l'article 41 de la Convention (Folgero et al. c/Norvège, 29 juin 2007).

La nature essentiellement pécuniaire de la réparation a permis à la Cour de mettre en place certaines garanties, tenant à renforcer le caractère **obligatoire de l'arrêt sur la satisfaction équitable**. L'objectif est d'inciter, voire forcer l'État concerné à exécuter rapidement et complètement le dispositif de l'arrêt sur la satisfaction équitable.

Ainsi, depuis le début des années 1990 la Cour accorde-t-elle à ce dernier un **délai de trois mois** pour indemniser le requérant. Pour renforcer davantage la contrainte de l'arrêt rendu la Cour décidera à partir du milieu des années 1990 d'ordonner systématiquement le versement d'intérêts moratoires à compter de l'expiration dudit délai et jusqu'au versement effectif de la somme requise (Grande Oriente d'Italia di Palazzo Giustiniani c. Italie, 31 mai 2007).

### 2. L'évaluation du préjudice

**Elle est subjective**, dépendant de la seule appréciation souveraine de la Cour. Souvent, dans l'absence d'une base de calcul, celle-ci statuera en équité sur le préjudice à la fois moral et matériel. L'évaluation du montant de l'indemnisation dépendra alors de toute une série de critères, pris dans leur contexte, telles la nature du droit violé, la gravité et la durée de la violation, la situation de détresse du requérant, etc..

Il est constant que dans ses griefs, le requérant demande une satisfaction équitable, en chiffrant concrètement le préjudice matériel et moral subi. **Ce montant n'est toutefois accordé qu'exceptionnellement en totalité par la Cour**. Souvent, la satisfaction équitable équivaut au seul dédommagement des frais et dépenses de procédure du requérant.

Mais la Cour n'hésitera pas non plus à infliger parfois de **véritables sanctions pécuniaires lourdes** aux États ayant violé la Convention, leur montant pouvant avoisiner, par exemple en cas d'attente au droit au respect des biens, un million d'euros (Merger et Cros c/France, 22 déc. 2004). De telles violations peuvent d'ailleurs donner lieu à une réparation pécuniaire nettement supérieure à celle accordée par exemple en cas de violation des droits intangibles, tel le droit à la vie ou l'interdiction de la torture et des traitements et peines inhumains et dégradants.

**Fiche 37**

# Les réserves à la Convention et leur interprétation

Aux termes de la Convention de Vienne sur le droit des traités de 1969, **la réserve** se définit comme une déclaration unilatérale, faite par un État au moment où il exprime son consentement à être lié par un traité et par laquelle il vise à exclure ou à modifier l'effet juridique de certaines dispositions de ce traité dans leur application à son égard. Elle est à distinguer de **la déclaration interprétative**, laquelle n'entend que préciser le sens de certaines dispositions du traité. La Convention pose le principe de liberté en matière de formulation, d'acceptation et de retrait des réserves.

Certains traités internationaux interdisent de manière générale les réserves, soit explicitement, à l'instar du statut de la Cour pénale internationale du 17 juillet 1998, soit implicitement, telles les Conventions de l'OIT, eu égard à la spécificité de leur objet, uniformisation des conditions de travail dans le monde. La Convention EDH accepte les réserves étatiques, mais en les soumettant à un régime juridique particulier (I). De surcroît, celui-ci sera interprété de manière globalement restrictive par la Cour EDH (II).

## I - LE RÉGIME JURIDIQUE PARTICULIER DES RÉSERVES

La spécificité de la Convention, à la fois traité international et instrument supranational de protection des droits de l'homme à l'échelle européenne justifie ce régime juridique particulier (A). Il consiste, pour la Convention EDH d'encadrer l'émission des réserves (B).

### A - Ses justifications

La Convention EDH devait à la fois prévoir la possibilité pour les États parties d'émettre les réserves (1.) et restreindre leur liberté en la matière (2.).

#### 1. La nécessité de permettre les réserves

En droit international la pratique des réserves permet aux États dits minoritaires d'adhérer à des traités, auxquels ils n'auraient jamais adhéré sans se voir reconnaître la possibilité de moduler leur participation. Les réserves permettent ainsi de réaliser **un compromis entre l'universalité et l'intégrité du traité**.

La protection des droits de l'homme a un **caractère objectif**, s'agissant de la protection de tout individu, du seul fait de sa qualité d'être humain. Au regard de cette finalité, les traités de protection des droits de l'homme ne sauraient être efficaces si l'on maintenait le principe de réciprocité. Ce dernier constitue pourtant le fondement même du droit international des traités. Atteste d'ailleurs de ce fondement l'article 55 de la Constitution française, stipulant que les traités régulièrement ratifiés ou approuvés priment sous réserve précisément de réciprocité sur les lois. Les auteurs attirent à juste titre l'attention sur l'inapplicabilité de cette disposition aux traités de protection des droits de l'homme.

L'inapplicabilité de la réciprocité justifie en soi, au moment de l'adoption de la Convention EDH, le fait que **ses auteurs admettent la possibilité pour les États de moduler leur engagement**. Comme le prouvera d'ailleurs l'adhésion tardive et quand même conditionnelle de la France à la Convention en 1974, il était difficile d'opter pour un traité instituant des obligations objectives de protection des droits de l'homme interdisant purement et simplement les réserves. Cette solution complétait aussi sur le plan matériel, la modulation de l'engagement étatique réalisée sur le plan procédural par le biais des clauses d'acceptation facultative de la compétence obligatoire de la Commission et de la Cour.

## 2. La nécessité de restreindre la liberté des États en la matière

S'il paraissait inévitable, surtout au moment de l'adoption de la Convention EDH, de permettre aux États d'émettre des réserves à cette dernière, il ne fallait pas non plus leur laisser la liberté complète en la matière. C'est toujours le caractère objectif de la protection des droits de l'homme qui implique aussi qu'**un État ne puisse pas moduler à sa guise les obligations consacrées**.

La restriction de la liberté des États va dans le sens de la protection universelle, uniforme et égale des droits et libertés de tout individu, placé sous la juridiction de tout État partie. Éviter une protection à plusieurs vitesses s'inscrit bien dans le processus de réalisation d'**un ordre public européen**, dont le respect des droits de l'homme constitue un élément essentiel.

La possibilité d'émettre des réserves consacrée par la Convention EDH n'a jamais été remise en cause. Cependant, progressivement l'interprétation faite par la Cour dans l'intérêt de l'application efficace et uniforme de cet instrument inédit sur le plan à la fois matériel et procédural, impose **une réduction sensible de la marge dont disposent les États parties en la matière**.

## B - Une émission des réserves encadrée

Cet encadrement résulte d'abord du principe général, posé par la Convention de Vienne sur le droit des traités, que les réserves doivent respecter l'objet et le but du traité (1). Les réserves doivent en outre satisfaire certaines conditions spécifiques (2).

### 1. Le respect de l'objet et des buts de la Convention

La jurisprudence de la Cour EDH reconnaît donc pleinement la pertinence au regard de la Convention du **principe relatif au respect de l'objet et des buts du traité**.

De cette exigence, la Cour va tirer la conséquence que **seules les réserves aux dispositions matérielles de la Convention sont compatibles avec celle-ci**. Ainsi et avant même l'entrée en vigueur du protocole 11, la Cour avait-elle déjà invalidé les réserves ayant pour but de limiter *ratione loci* ou *materiae* la compétence de la Commission EDH et de la Cour. Cela, alors même que la Convention contenait à l'époque une clause facultative d'acceptation du recours individuel devant les organes de la Convention. La Cour craignait surtout que de telles réserves n'affaiblissent l'efficacité de la Convention, en tant qu'instrument constitutionnel de l'ordre public européen (Loizidou c/Turquie, 23 mars 1995).

**Toutes les dispositions matérielles ne sont pas non plus susceptibles de réserves**. La règle reste celle d'interdiction explicite, comme le prouve le protocole 6 à la Convention, portant interdiction du recours à la peine capitale en temps de paix. En revanche, la Cour ne s'oppose pas *a priori* à la formulation des réserves à certains droits intangibles, au sens de l'article 15 de la Convention. Cette position permet de valider par exemple et parmi d'autres la réserve de Malte à l'article 2 de la Convention, selon laquelle le recours à la légitime défense, rendu absolument nécessaire et ayant causé la mort, s'étend également à la défense des biens, conformément à la législation maltaise en vigueur.

En revanche, si l'article 56 de la Convention permet aux États d'étendre l'application de la Convention à des territoires dont ils assurent les relations internationales, **aucune disposition n'autorise les États à adopter des réserves qui introduisent des restrictions territoriales** à la protection des droits et libertés garantis. En toute logique, selon la Cour de telles réserves ne respectent pas l'objet et les buts de la Convention EDH, en tant qu'instrument visant à assurer une protection universelle des droits de l'homme (Ilascu et al. c/Moldavie et Russie, 4 juillet 2001).

### 2. Les conditions spécifiques posées en matière de réserves

Suivant **l'article 57 de la Convention**, une réserve doit être formulée au moment de la signature ou l'adhésion à la Convention, au sujet d'une disposition particulière et concernant une loi déjà en vigueur. Pour des raisons de sécurité juridique et en raison du contentieux qu'elles peuvent susciter, les réserves doivent en outre contenir un exposé de la loi en cause.

Enfin, l'article 57 **interdit explicitement les réserves à caractère général**. Pour être compatible avec la Convention, une réserve doit être, par conséquent, claire et précise, et porter sur des dispositions concrètes, facilement identifiables.

Longtemps entretenue par certains auteurs, une polémique existait au sujet du respect des conditions ainsi posées par l'article 57, par les réserves formulées par la France aux différentes dispositions de la Convention. Plus particulièrement, elle concernait la réserve française à l'article 15 § 1 de la Convention relative à la possibilité de déroger à certains droits et libertés protégés, en cas de guerre ou autre danger menaçant la vie de la nation. Cette réserve avait pour but d'affirmer, d'une part la compatibilité du droit français avec les circonstances exceptionnelles citées à l'article 15. D'autre part, ces dernières ne devaient limiter les pouvoirs exceptionnels que détient le Président de la République en vertu de l'article 16 de la Constitution française en période de crise.

## II - L'ÉVALUATION RESTRICTIVE DES RÉSERVES PAR LES ORGANES DE GARANTIE

Deux questions consécutives se posent à cet égard, celle d'abord de la compétence des organes de la garantie de la Convention à statuer sur les réserves étatiques (A), celle ensuite de l'appréciation de leur validité (B).

### A - La compétence à statuer

Cette compétence constitue une exception par rapport au droit international général (1). Elle est désormais pleinement affirmée dans la pratique (2).

#### 1. Une exception par rapport au droit international général...

Conformément aux dispositions de la Convention de Vienne sur le droit des traités, **il appartient aux États de statuer sur les réserves** formulées par leurs paires. L'acceptation, l'objection et le retrait des réserves se posent au niveau des relations synallagmatiques entre les États parties d'un traité. Seule exception, s'agissant des réserves au statut d'une organisation internationale, celle-ci reçoit également un certain droit de regard en la matière.

La possibilité pour l'organe de garantie d'un traité de protection des droits de l'homme de statuer sur une réserve n'allait pas de soi. Elle se justifie pourtant au regard de **l'effet utile**. Ainsi, la garantie collective des droits et libertés n'aurait-elle jamais pu être pleinement assurée en l'absence d'une telle possibilité. La compétence des organes de garantie de statuer sur les réserves se déduit également de **la théorie des pouvoirs implicites** d'une organisation internationale. Celle-ci d'ailleurs justifie certaines pratiques de la Cour EDH, telle que, par exemple, l'introduction de la procédure de l'arrêt pilote.

### 2. ... pleinement affirmée dans la pratique de la Convention EDH

Après hésitation, ce n'est que dans les années 1980, que les organes de garantie de la Conventions EDH se reconnaîtront la compétence de statuer sur les réserves étatiques. L'ancienne **Commission EDH** sera la première à s'exprimer sur la question, dans sa décision dans l'affaire Temeltash du 5 mai 1982. En l'espèce, la Commission reconnaît sa compétence pour se prononcer sur la conformité à la Convention des réserves et des déclarations interprétatives. Elle déduit cette compétence de la nature particulière de la Convention en tant que traité international de protection des droits de l'homme à caractère objectif.

**La Cour EDH va suivre**, dans un arrêt du 29 avril 1988, Belilos contre Suisse. Elle confirme et renforce sa jurisprudence dans l'affaire Loizidou contre la Turquie précitée.

Par ailleurs, la même année que la Commission EDH, **la Cour interaméricaine des droits de l'homme** dans un avis consultatif du 24 sept 1982 se prononcera sur l'effet des réserves à la Convention américaine des droits de l'homme, en précisant que le dispositif en matière des réserves du droit international général ne s'applique pas complètement au droit international des droits de l'homme.

## B - L'appréciation de la validité

Si la réserve étatique est invalidée (1), cela ne préjuge pas de l'obligation générale de l'État de respecter ses obligations en vertu de la Convention, ni d'ailleurs de sa qualité d'État partie à cette dernière (2).

### 1. La déclaration de non validité

Accusé par certains auteurs d'être essentiellement formel, **le contrôle exercé par la Cour EDH** en matière de validité des réserves étatiques s'intéresse pourtant à l'ensemble des éléments consacrés par l'article 57 de la Convention et, au-delà, à la compatibilité des réserves avec l'objet et les buts de cette dernière.

Dans **l'arrêt Belilos** précité, la Cour requalifiera d'abord la déclaration interprétative suisse en réserve au regard de son contenu matériel. Cette réserve visait à soustraire à la garantie du procès équitable certains litiges en Suisse, dont le règlement se faisait exclusivement par voie administrative, passible uniquement de pourvoi en droit. En l'espèce, la Cour qualifiera la réserve suisse trop vague et imprécise, ne permettant pas d'apprécier au juste la portée de l'engagement étatique. D'où son incompatibilité avec la Convention. La réserve ne satisfaisait pas non plus l'exigence de contenir un bref exposé de la loi en cause.

De même, dans **l'arrêt Ilascu** précitée, la Cour EDH invalide la réserve formulée par la Moldavie, selon laquelle cette dernière n'est pas en mesure d'assurer le respect de la Convention sur le territoire de la République autoproclamée de Transnistrie et ce jusqu'à la solution définitive du conflit dans la région. La réserve est déclarée non valide, car trop générale, dans la mesure où à la fois elle ne se rapporte pas à une disposition spécifique de la Convention et ne se réfère pas non plus à une loi spécifique en vigueur en Moldavie. Elle aurait ainsi pour effet de priver totalement et pour une période indéterminée de la protection de la Convention des personnes se trouvant sur le territoire en question.

## 2. La déclaration de non-validité, sans préjudice quant aux obligations assumées et à la qualité d'État partie à la Convention

Dans l'arrêt Belilos précitée, la Cour s'exprime également sur le fait que, selon la Suisse, l'invalidation de sa réserve pouvait remettre en cause son intention même de rester engagée avec la Convention EDH. **La Cour détachera la réserve suisse de son engagement de continuer à rester lié par cette dernière**.

**L'arrêt Loizidou** précité permet à la Cour de réitérer sa position. En l'espèce, c'est une réserve turque tenant à limiter au seul territoire métropolitain la compétence obligatoire de la Commission et de la Cour, reconnue en vertu de la clause facultative de la Convention (anciens article 25 et 46), qui est en cause. Prononcée par la Cour, la non-validité de cette réserve, tenant en fait à exclure la possibilité pour la Commission et la Cour de statuer sur les faits concernant le respect des droits et libertés au Chypre du Nord, n'affecte pas l'engagement de la Turquie à rester lié, tant par la compétence de la Commission que de la Cour EDH, ainsi que, d'une manière générale, par la Convention elle-même.

# Fiche 38 Les principes d'interprétation de la Convention

L'article 32 de la Convention EDH attribue à la Cour EDH la compétence pour toute question relative à son application et son interprétation. La Cour exerce cette compétence en s'inspirant des principes généraux d'interprétation, définies par la Convention de Vienne sur le droit des traités de 1969. En se fondant sur le préambule de la Convention EDH, lequel érige non seulement la sauvegarde, mais aussi le développement des droits de l'homme en moyen de réaliser une union plus étroite entre les membres du Conseil de l'Europe, elle se fixe pour but d'élargir la portée de la Convention. Cela, afin d'assurer **une protection de plus en plus efficace des droits de l'homme consacrés**.

Plusieurs principes d'interprétation permettent à la Cour EDH de s'acquitter de cette mission, dont en particulier les principes d'interprétation évolutive (I -) et d'interprétation autonome (II). Ils permettent d'attribuer à la Convention des effets qui n'étaient pas envisagés à l'origine. Il reste que la Cour veille en permanence à préserver l'équilibre entre l'intérêt particulier du requérant et l'intérêt général, dont la défense revient à l'État.

## I - L'INTERPRÉTATION ÉVOLUTIVE DE LA CONVENTION

Permettant à la fois d'étendre et de renforcer la protection des droits et libertés consacrés, l'application du principe a donné lieu à des revirements, parfois spectaculaires, de la jurisprudence de la Cour EDH (A). Ces revirements conservent malgré tout un caractère exceptionnel (B).

### A - Un principe donnant lieu à des revirements jurisprudentiels

Assez tôt, la Cour définira et justifiera le recours à l'interprétation évolutive (1.). Celle-ci s'étendra alors rapidement à la quasi-totalité des articles de la Convention (2.).

#### 1. La justification et la définition de l'interprétation évolutive

L'interprétation de la Convention ne reste pas figée, elle se fait, conformément à la jurisprudence constante de la Cour, **à la lumière des conditions d'aujourd'hui**. Cela permet de protéger des droits et libertés non pas théoriques ou illusoires, mais concrets et effectifs (Airey c/Irlande, 9 oct. 1979). Il s'agit donc d'adapter en permanence la Convention à l'évolution sociale.

L'idée du revirement de la jurisprudence a été théoriquement admise dans l'arrêt Cossey contre le Royaume Uni du 27 septembre 1990. Cet arrêt avait affirmé que **la Cour ne se sentait pas toujours liée par ses décisions antérieures**. Désormais l'article 30 relatif au renvoi devant la Grande Chambre y fait référence explicitement. En effet, l'un des motifs de renvoi constitue justement le revirement jurisprudentiel à l'égard des faits déjà interprétés par la Cour.

## 2. La portée de l'interprétation évolutive

Rapidement, la Cour élargit ainsi le champ d'application à la fois matériel et personnel de la Convention. Mais l'interprétation évolutive va également toucher à la garantie des droits elle-même.

Pour ce qui est du **champ matériel** de la Convention, on peut citer le droit à un environnement sain, introduit sous l'angle du droit à la vie et du droit au respect de la vie privée, s'agissant concrètement de l'obligation étatique d'informer le requérant des risques environnementaux existants (Oneryildiz c/Turquie, 30 nov. 2004). Il en va de même de l'interdiction, sous l'angle de l'article 3 de le Convention, de l'extradition d'un étranger vers son pays d'origine, dans la mesure où il risque d'y subir des traitements inhumains et dégradants (Soering c/RU, 7 juillet 1989). Encore, dans l'arrêt Chapman contre le Royaume Uni du 18 janvier 2001, la Cour va-t-elle constater le consensus se faisant jour parmi les États européens en ce qui concerne l'obligation de reconnaître le mode de vie particulier des tsiganes, traditionnellement lié au voyage.

L'élargissement, pour sa part, **du champ d'application personnel** de la Convention permet à la Cour de consacrer de nouvelles catégories de personnes protégées. Tel sera par exemple le cas des transsexuels, protégés désormais sous l'angle du respect de la vie privée et familiale (Christine Goodwin c/RU, 11 juillet 2002). La protection du domicile fut également étendue au bureau professionnel d'une personne en profession libérale ou encore au siège social, à l'agence et à des locaux professionnels d'une personne morale (Société Colas Est et al. c/France, 16 avril 2002).

Enfin, l'extension de **la garantie des droits** peut s'appuyer par exemple sur la consécration de l'interdiction de la peine capitale en temps de paix par la jurisprudence, parallèlement à la voie légale (Ocalan c/Turquie, 12 mai 2005). De même, dans l'arrêt Selmoni contre France du 29 juillet 1999, la Cour va estimer que certains actes méritent désormais, sous l'angle de l'article 3 de la Convention, la qualification de torture, alors qu'auparavant ils étaient qualifiés de traitements inhumains et dégradants.

D'une manière générale, le mouvement visant à étendre la protection des droits de l'homme n'est bien évidemment pas terminé.

## B - Le caractère malgré tout exceptionnel des revirements jurisprudentiels

Les affaires qui donnent lieu à des revirements jurisprudentiels sont sans doute les mieux connues. Mais, sur l'ensemble des requêtes examiné sur le fond – soit 5 % de la totalité des requêtes déposées devant la Cour EDH et qui ne résultent pas des mêmes causes structurelles que celles pour lesquelles la Cour aurait déjà rendu un arrêt constatant violation de la Convention – seules quelques unes peuvent éventuellement donner lieu à un tel revirement. Le caractère plutôt exceptionnel de ce dernier s'impose à la fois en raison de la prudence à laquelle s'oblige la Cour EDH (1.) et des limites conventionnelles qu'en principe elle ne doit pas franchir (2.).

### 1. La prudence jurisprudentielle

En effet, pour des raisons de sécurité juridique, en rapport avec à la fois la prévisibilité de la loi et l'égalité devant la loi, **la Cour estime ne pas pouvoir s'écarter sans motif valable d'une interprétation déjà établie**. Cette attitude tient tant à sa nature de juridiction spécialisée, instituée à l'échelle européenne, qu'à la subsidiarité du mécanisme de garantie de la Convention.

Dans un premier temps, **l'interprétation évolutive se fait au regard des changements des mœurs et des mentalités, des progrès techniques et médicaux, des transformations sociales, que reflète le droit interne des États parties**. Le consensus européen peut émerger sur cette base au sujet de l'interprétation du dispositif de la Convention. La Cour peut s'en rendre compte soit directement, soit en posant la question de l'adhésion unanime des États européens à tel ou autre traité, essentiellement européen. Elle analysera attentivement l'évolution en cours et s'autorisera d'aller au-delà du sens jusqu'alors admis d'une disposition donnée de la Convention. Mais elle peut aussi anticiper le consensus en train de se faire jour parmi les États parties. Il peut alors subsister des législations divergentes avec la nouvelle règle, consacrée par la jurisprudence.

Dans un second temps, **la Cour EDH s'oblige en principe à tenir compte de la marge nationale d'appréciation**, laissée aux États parties. L'évolution de la jurisprudence réduit nécessairement cette dernière. Ainsi, la Cour EDH se gardera bien d'imposer en permanence de nouvelles interprétations qui empiéteront plus particulièrement sur l'application de la Convention par le juge national, application faite au regard des systèmes internes de protection des droits et libertés.

### 2. Les limites conventionnelles de l'interprétation évolutive

Globalement **elles renvoient à la lettre de la Convention**, que la Cour EDH est tenue à respecter. Ainsi, l'article 12 relatif au droit de se marier et de fonder une famille ne peut fonder un droit au divorce, diamétralement opposé (Johnston c/Irlande, 18 déc. 1986).

De même, la Cour ne s'estime toujours pas en mesure de déduire un droit de mourir dignement du **droit à la vie**, garanti à l'article 2 de la Convention. Ou bien encore, le droit à la vie est interprété au sens physique, et non pas social, en excluant par conséquent le droit à un certain niveau de vie. En revanche, le montant totalement insuffisant d'une pension et d'autres prestations sociales pour maintenir un niveau de vie minimum est susceptible de porter atteinte à l'interdiction absolue des traitements et des peines inhumains et dégradants (Larioshina c/Russie, 23 avril 2002).

En dehors cependant des cas où la lettre de la Convention s'oppose explicitement ou implicitement à la consécration de nouveaux droits ou régimes juridiques, **les limites posées ne restent ni absolues, ni intangibles**. Elles sont au contraire relatives et contingentes, face à l'évolution des sociétés européennes qui peut les rendre obsolètes. Logiquement leur appréhension par la Cour EDH évoluera, elle-aussi. Mais elle pourra aussi anticiper et encourager une telle évolution.

# II - L'INTERPRÉTATION AUTONOME DE LA CONVENTION

Ce principe permet avant tout d'imposer une lecture uniforme de la Convention (A). Au-delà, il contribue aussi à étendre la protection des droits et libertés consacrés (B).

## A - La lecture uniforme de la Convention

La réalisation de cette lecture, grâce à la liberté d'interprétation laissée à la Cour, s'avère en effet indispensable (1.). Mais celle-ci entend aussi l'imposer en tant que lecture conforme au niveau de l'ensemble des États parties (2.).

### 1. Une réalisation indispensable

Les auteurs rappellent l'impossibilité pour les États parties de se mettre d'accord, au moment de l'élaboration de la Convention, sur la signification précise de chaque terme utilisé. La Convention fait en outre recours, parfois involontaire, parfois délibéré, à des notions vagues ou floues. Cela laisse à la Cour une liberté d'interprétation certaine, destinée à combler tout éventuel vide juridique. Mais **en exerçant cette liberté, la Cour ne peut pas se tourner systématiquement vers le droit national**, dans la mesure où souvent il n'existe pas d'uniformité de qualifications et de régimes juridiques au niveau des États parties. Ces divergences se renforcent à la suite de l'adhésion à la Convention des pays de l'Europe centrale et orientale et de l'ex-URSS.

**La Cour interprète ainsi la Convention au regard de ses seuls buts et objet**. Le recours à l'interprétation autonome, tout comme à l'interprétation évolutive, est guidé par le souci de ne pas priver les différentes dispositions de leur effet utile. Le mouvement, enclenché par les organes de garantie de la Convention dès l'origine, n'est bien évidemment pas terminé. Il suffit de rappeler la notion de préjudice important, insérée dans la Convention par le protocole 14. Antérieurement dégagée par la jurisprudence, la signification de cette nouvelle condition de recevabilité désormais conventionnellement consacrée, attend d'être reprécisée par la Cour.

### 2. Une lecture conforme au niveau des États parties

La pénétration en droit interne de l'ensemble des États parties de la lecture de la Convention par la Cour s'avère en effet indispensable pour **éviter le risque d'une protection de l'individu à plusieurs vitesses** d'un État partie à l'autre.

Cependant, **l'imposition de la lecture uniforme de la Convention n'est pas toujours évidente**. En effet, les arrêts de la Cour ne bénéficient pas de l'autorité de la chose jugée absolue. La Convention ne consacre pas non plus formellement la règle du précédent. Et, conformément au principe de subsidiarité, le juge national dans son rôle de juge ordinaire de la Convention garde une autonomie certaine en matière d'interprétation.

Mais, à défaut d'adopter la lecture de la Convention proposée par la Cour à l'occasion d'un litige donné, les États parties s'exposent au risque d'être systématiquement condamnés pour violation des droits et libertés consacrés. De plus, les injonctions de plus en plus souvent adressées par la Cour aux États parties contribuent largement à uniformiser la lecture de la Convention.

## B - La protection des droits et libertés étendue

La Cour réalise cette extension à l'aide d'une interprétation plus large que les interprétations nationales à la fois sur le plan terminologique (1.) et au regard des régimes juridiques des différents droits et libertés, prévus par la Convention (2.). Par ailleurs, l'approche de la Cour EDH est rejointe par celle des autres instances internationales chargées de la protection des droits de l'homme, tels le Comité des droits de l'homme des Nations Unies ou la Cour interaméricaine des droits de l'homme.

## 1. Une interprétation plus large sur le plan terminologique...

L'élargissement concerne **toutes les définitions consacrées par la Convention**. Surtout, l'interprétation autonome dégagée par la Cour revêt une importance particulière en ce qui concerne les notions telles que la victime, la détention, le tribunal, l'organisation non-gouvernementale ou encore la loi.

Ainsi est-il de **la notion d'organisation non-gouvernementale**, étendue par la Cour jusqu'aux personnes morales à but lucratif, ce dernier étant sans pertinence pour l'application de la Convention. Cela, à la condition qu'elles ne constituent pas une émanation du pouvoir public et à ce titre ne poursuivent aucun but d'administration publique et enfin disposent d'une autonomie complète. Cette dernière condition n'empêche pas la reconnaissance de la qualité de victime en tant qu'organisation non-gouvernementale même à des entreprises privées chargées d'une mission de service public (Société Radio France et al. c/France, 23 décembre 2003).

De même, la Cour apportera une définition autonome de **la notion de loi**, plus particulièrement dans le célèbre arrêt Sunday Times sur la liberté de parole, rendu le 26 avril 1979. Selon la Cour, désormais la loi comprend toute règle, y compris d'origine jurisprudentielle, suffisamment accessible, précise et prévisible pour fonder le comportement des citoyens.

## 2. ... et au regard des régimes juridiques établis

La lecture proposée par la Cour EDH du **droit au procès équitable**, garanti **à l'article 6 de la Convention**, illustre sans doute le mieux cet élargissement. L'interprétation autonome permettra à la Cour d'étendre la garantie reconnue dans ses deux volets – relatifs aux accusations en matière pénale et aux contestations sur les droits et obligations de caractère civil – à une majeure partie du contentieux administratif et commercial, ainsi qu'aux sanctions fiscales et disciplinaires, ces dernières y compris au niveau des forces armées et de l'ordre.

Un autre exemple apporte le **droit au respect de la vie privée et familiale**, étendu rapidement aux étrangers et aux personnes morales. De même, **le droit au recours effectif**, consacré à l'article 13 accède à une certaine autonomie depuis l'arrêt Kudla contre la Pologne du 26 octobre 2000, en se détachant de l'article 6 § 1 relatif au procès équitable. Dans cet arrêt, grâce à l'article 13 la Cour va poser la question du traitement national des questions de dépassement du délai raisonnable, sans doute en ayant présent à l'esprit le caractère subsidiaire du mécanisme de garantie de la Convention.

Comme en apporte la preuve ce dernier exemple, la lecture faite par la Cour peut à son tour changer, rejoignant le cas échéant l'interprétation évolutive.

# Fiche 39 Les concepts amplificateurs

Selon **la conception traditionnelle**, qui prévalait à l'époque de l'adoption de la Convention EDH, les droits civils et politiques consacrés par cette dernière, n'impliquaient, de la part des pouvoirs publics que la seule obligation d'abstention ou de ne pas faire. De même, puisque la Convention n'autorisait que le recours contre les États parties, elle ne devait pas s'appliquer dans les relations entre particuliers.

L'interprétation prétorienne de la Cour EDH permet de dépasser cette double vision étroite. La construction jurisprudentielle applique en l'espèce ce que nous pouvons qualifier de concepts amplificateurs. Elle s'appuie en parallèle sur les méthodes d'interprétation évolutive et autonome. L'objectif reste le même, garantir l'efficacité de la Convention et renforcer la protection des droits et libertés garantis. Les concepts amplificateurs permettent à la Cour de compléter, d'une part, les obligations négatives par des obligations positives, directement mises à la charge des États parties (I). D'autre part, la Cour parvient à étendre l'application de la Convention, en ajoutant à l'application verticale directe aussi bien une application horizontale indirecte (II).

## I - DES OBLIGATIONS NÉGATIVES AUX OBLIGATIONS POSITIVES À LA CHARGE DES ÉTATS PARTIES

Le recours aux obligations positives permet donc à la Cour de réaliser une rupture avec la conception traditionnelle des droits civils et politiques (A). Il est désormais généralisé (B).

### A - La rupture avec la conception traditionnelle des droits civils et politiques

La Cour s'appuie notamment sur la présence explicite, dans le texte de la Convention, de certaines obligations positives (1.). Mais elle déduit surtout ce dernier concept de l'économie même de la Convention (2).

#### 1. Les obligations positives directement consacrées par la Convention

Telle est notamment **l'obligation d'indemniser la victime d'une arrestation ou détention arbitraires**, consacrée à l'article 5, relatif au droit à la liberté et à la sûreté. Dans le cadre du droit au procès équitable, l'article 6 de la Convention consacre également **l'obligation étatique d'assurer gratuitement à un accusé qui n'en a pas les moyens les services d'un avocat et/ou d'un interprète** (article 6).

C'est en s'appuyant sur ce dernier dispositif, que la Cour développe le concept des obligations positives dans l'un de ses premiers arrêts sur la question, l'arrêt Airey contre Irlande du 9 octobre 1979. En tenant compte de l'impossibilité de la requérante d'accéder à la justice et plus particulièrement à l'office d'un avocat, en raison de sa situation personnelle difficile, la Cour avait estimé que l'article 6 et l'article 13 de la Convention mettaient à la charge de l'État non seulement l'obligation négative de ne pas entraver ledit accès à la justice, mais aussi **l'obligation positive de prendre des mesures appropriées pour lui garantir l'exercice effectif de ce droit**, le cas échéant par le biais de la prise en charge de ses frais de justice au titre d'une aide juridictionnelle.

## 2. Les obligations déduites de l'économie de la Convention

Au-delà de la nécessité de remédier aux imprécisions de la Convention, la Cour utilise les obligations positives pour **compléter et rendre plus efficace la protection des droits et libertés consacrés**. La Cour va fonder son raisonnement, d'une manière globale, sur l'article 1er de la Convention et l'engagement des États parties de reconnaître les droits et libertés consacrés à toute personne se trouvant sous leur juridiction (Golder c/Royaume Uni, 21 févr. 1975). Dans l'arrêt Ilascu et autres contre la Roumanie et la Russie du 8 juillet 2004, la Cour réaffirme le concept, en se fondant sur le lien entre juridiction et responsabilité étatiques. Cela, pour conclure à l'obligation positive d'un État partie, même en cas d'absence de contrôle effectif sur une portion de son territoire, d'agir par tout moyen, notamment diplomatique, pour lutter et réparer les violations des droits et libertés commises sur ladite portion de territoire.

La Cour fait aussi découler les obligations positives de **la substance même des droits et libertés protégés**. En raison de leur importance dans l'économie de la Convention, les droits intangibles et plus particulièrement le droit à la vie (article 2) et l'interdiction de la torture, des peines et des traitements inhumains et dégradants (article 3), paraissent fournir un terrain favorable à un tel développement. Ainsi, dans l'arrêt Renolde contre France du 16 octobre 2008, la Cour conclura-t-elle que les autorités ont manqué à leur obligation positive à la fois de protéger lors de la détention la vie du requérant et de tenir compte de ses troubles mentaux pour renoncer à son placement en cellule disciplinaire.

Enfin, d'une manière générale, l'ensemble des droits et libertés civils et politiques consacrés trouvent des **prolongements sociaux, économiques et culturels**. De cette manière, les obligations positives permettent de bien insérer l'exercice des droits et libertés dans leur environnement économique et social, comme le prouve l'arrêt Airey précité, ou encore culturel.

## B - Le recours généralisé aux obligations positives

Désormais l'application efficace de l'ensemble des droits et libertés consacrés, impose nécessairement des obligations positives à la charge des États parties (1.). La question des limites reste cependant posée (2.).

### 1. L'extension des obligations positives à l'ensemble des droits et libertés

Pour réaliser cette extension, la Cour dispose d'**un choix large de fondements**. Certes, elle préfère s'appuyer surtout sur le consensus dégagé à l'échelle européenne se traduisant au niveau des systèmes juridiques nationaux. Mais elle n'hésite pas non plus à faire également référence à la pratique, telle que développée par le Comité des droits de l'homme des Nations Unies, la Cour interaméricaine des droits de l'homme, ou encore le Tribunal pénal international, voire, d'une manière souvent peu précise, à l'évolution sociale en général.

Les obligations positives impliquent, selon la Cour, d'abord **des mesures substantielles**. Dans l'arrêt Lopez Ostra contre l'Espagne du 9 décembre 1994, la Cour conclura, que lorsque les autorités nationales savaient ou auraient dû savoir qu'il existait un risque réel d'atteinte à la vie du fait de la pollution par une usine chimique, elles étaient tenues de prendre dans le cadre de leurs pouvoirs les mesures nécessaires et suffisantes pour palier ce risque. En l'espèce, la Cour mettra en avant l'obligation positive d'information sur les dangers, dont seules les autorités avaient connaissance et qu'elles devaient mettre en œuvre, sans attendre d'éventuelles plaintes de la part des requérants.

Cependant, les obligations positives comprendront rapidement aussi **un volet procédural**. Selon l'arrêt MC contre la Bulgarie, rendu le 4 décembre 2003, au sujet d'une affaire de viol, les autorités avaient l'obligation positive de prévenir et réprimer de tels comportements dans les relations entre particuliers. Cette obligation implique à la fois la conduite d'une enquête effective, permettant en particulier l'examen d'une manière non-restrictive des faits et la mise en place d'un système pénal permettant de punir efficacement toute forme de violences sexuelles. Ce dernier exemple montre également **le lien étroit entre les obligations positives et l'application horizontale de la Convention**.

Selon la Cour, les obligations positives peuvent comprendre à la fois des **obligations de résultat et de moyens**.

### 2. Les limites à l'extension des obligations positives

C'est d'abord le texte même de la Convention qui limite, ici encore, **le développement du concept même des obligations positives**. Certes, les droits civils et politiques retrouvent sous l'angle des obligations positives, des prolongements sociaux, économiques et culturels. Mais la Cour ne saurait consacrer par ce biais de nouveaux droits et libertés sociaux, économiques et culturels, en dépassement du cadre même de la Convention.

**La portée des obligations positives** reste, elle-aussi limitée sur le principe. Dans l'arrêt Kudla contre la Pologne du 26 octobre 2000, la Cour va définir au-delà de l'obligation négative de l'État partie de ne pas infliger des traitements inhumains et dégradants à une personne placée en détention, également son obligation positive de prendre des mesures pour concilier les conditions de détention avec le respect de la dignité humaine, en tenant compte du niveau inévitable de souffrance inhérent à la détention. Concrètement, l'État devra en l'espèce garantir à l'intéressé des soins adéquats, compatibles toutefois avec les exigences pratiques de la détention. L'obligation positive impose à l'État l'adoption des seules mesures adéquates et raisonnables pour protéger le droit ou liberté consacrés.

# II - DE L'APPLICATION VERTICALE À L'APPLICATION HORIZONTALE DE LA CONVENTION

Une construction jurisprudentielle originale permet à la Convention de descendre donc dans les relations entre particuliers (A). Le recours à l'application horizontale est, lui-aussi, généralisée (B).

## A - L'application de la Convention dans les relations entre les particuliers

Cette application signifie que la responsabilité de l'État peut désormais être engagée non seulement pour les faits qui lui sont imputables directement, mais aussi indirectement pour les faits des particuliers

(1.). Souvent rattachée au concept d'obligations positives, l'application horizontale préserve pourtant son autonomie (2.).

### 1. La responsabilité étatique pour les faits des particuliers

Certains auteurs estiment qu'en l'espèce la Cour EDH s'inspire de **la théorie de Drittwirkung des effets vis-à-vis des tiers**. Conformément à cette théorie, les particuliers peuvent se prévaloir en justice des droits et libertés fondamentaux (consacrés par la loi fondamentale), à la fois à l'encontre des pouvoirs publiques et d'autres particuliers.

Pour la première fois, la Cour EDH suivra cette approche dans **l'arrêt Young, James et Webster contre le Royaume Uni du 13 août 1981**. Elle affirmera dans cet arrêt fondateur en matière d'application horizontale, que l'article 11 de la Convention, relatif à la liberté de réunion et d'association, impose notamment à l'État partie d'en concilier l'exercice avec le respect de la vie privée.

L'application horizontale ne remet pas en cause le principe que, conformément à l'article 1er de la Convention, **l'État demeure le seul débiteur des droits et libertés consacrés**. Mais, la garantie de ces derniers au chef de toute personne sous la juridiction d'un État partie n'aurait pu être complète sans ce volet interpersonnel. La nature de certains droits et libertés se prête tout particulièrement à une telle application, laquelle tient l'État pour responsable pour des faits commis par des particuliers (arrêt Osman c/Royaume Uni du 28 oct. 1998). Il s'agit d'une responsabilité étatique indirecte, laquelle s'ajoute à la responsabilité étatique directe pour toute violation commise du fait de l'autorité publique elle-même.

### 2. Un concept autonome au regard des obligations positives

Certains auteurs contestent l'autonomie de l'application horizontale. Selon eux, **il s'agirait plutôt de l'effet horizontal de la Convention**, rattaché à la mise en œuvre, par la Cour EDH, du concept des obligations positives.

Il est vrai que le plus souvent l'application horizontale implique l'ingérence étatique dans les relations entre les particuliers, visant à assurer le respect des droits et libertés garantis. Cette ingérence constitue en soi une obligation positive. Tel n'est cependant plus le cas lorsque ce sont **le droit interne ou la pratique administrative d'un État qui favorisent eux-mêmes les atteintes à la Convention, commises par les individus**. En ce sens peut être interprétée par exemple l'absence d'une législation pénale suffisamment dissuasive, permettant d'assurer une protection efficace contre l'état de servitude, dans lequel une personne aurait été tenue par des tiers (Siliadin c/France, 26 juillet 2005).

## B - Le recours généralisé à l'application horizontale

Tout comme pour les obligations positives et le plus souvent en rapport avec ces derniers, l'application horizontale gagne rapidement les différentes dispositions substantielles de la Convention (1.). Pourtant la Cour hésite à retenir systématiquement la responsabilité étatique pour les faits des particuliers (2.).

### 1. L'extension de l'application horizontale

À la suite de sa première consécration au début des années 1980, la responsabilité de l'État pour le fait d'un particulier s'étend rapidement aux **différents domaines de la vie privée**. Elle pénètre plus particulièrement au niveau des relations interfamiliales. Dans l'arrêt Maire contre le Portugal du 26 juin 2003, la Cour estimera que ce dernier n'a pas déployé des efforts suffisants pour faire respecter le droit du requérant au retour de son enfant, protégé par l'article 8 de la Convention.

De même, **l'arrêt A. contre le Royaume-Uni du 23 septembre 1998**, permet à la Cour de révéler l'incapacité de la législation nationale de garantir une protection suffisante des personnes maltraitées dans leur cadre familial. En l'espèce, elle se base sur l'article 3 combiné avec l'article 1er de la Convention, pour consacrer l'obligation étatique d'empêcher les traitements inhumains ou dégradants, bien qu'administrés entre particuliers.

Enfin, dans deux arrêts du 22 novembre 1995, S. W. contre le Royaume-Uni et C. R. contre le Royaume-Uni, la Cour conclut à **l'inapplicabilité du principe de non-rétroactivité de la loi pénale** consacré à l'article 7 de la Convention, en matière de viol entre époux. En l'espèce, la Cour confirme que les poursuites engagées contre le mari pour le viol de sa femme sont conformes à la fois à la notion civilisée du mariage et aux objectifs fondamentaux de la Convention dont l'essence même est le respect de la dignité et de la liberté humaines.

Au-delà des relations interfamiliales, la Cour étend l'application horizontale de la Convention au **respect du droit de propriété, aux relations sur le lieu de travail, au droit à l'image et au respect de la liberté d'information**.

### 2. Les hésitations de la Cour

L'applicabilité horizontale de la Convention connaît davantage d'incertitudes que les obligations positives. Ainsi, bien qu'elle étende le concept à la quasi-totalité des droits et libertés consacrés, **la Cour hésite à imposer aux États parties des obligations trop poussées** en matière des relations interpersonnelles.

Dans l'arrêt Botta contre l'Italie du 24 février 1998, la Cour demande, plus particulièrement, pour admettre la recevabilité de la requête dirigée contre un État partie, pour le fait d'un particulier, la présence d'un **lien direct et immédiat** entre, les mesures réclamées par le requérant et le respect de sa vie privée et familiale.

Ici encore, la Cour revient à la notion de mesures adéquates et raisonnables. Celles-ci définissent la portée de l'obligation étatique en cas d'abstention d'agir ou omission, lorsque l'action de l'État est nécessaire pour garantir le respect des droits et libertés consacrés dans les relations entre particuliers. Dans l'arrêt Odièvre contre France, du 13 février 2003, lorsque l'intérêt de l'enfant de connaître ses racines est confronté à celui de la mère, souhaitant préserver son anonymat, l'intervention de l'État se limite à l'obligation positive de mettre en place des moyens alternatifs permettant à une autorité indépendante de trancher la question de paternité à bref délai et partant, établir un juste équilibre entre les intérêts en présence.

# Fiche 40 La marge nationale d'appréciation

La marge nationale d'appréciation est **un principe transversal**, sous-jacent à l'ensemble des dispositions substantielles de la Convention. Il s'agit d'une notion prétorienne, dégagée à l'origine par la Commission EDH (décision Grèce c/Royaume Uni, 2 juin 1956), avant d'être reprise par la Cour EDH elle-même (Handyside c/Royaume Uni, 7 déc. 1976).

C'est donc à travers la pratique des organes de garantie de la Convention et essentiellement la jurisprudence de la Cour que la marge nationale d'appréciation accède à une existence effective (I). Mais son exercice reste encadré (II).

## I - L'EXISTENCE EFFECTIVE DE LA MARGE NATIONALE D'APPRÉCIATION

Pour confirmer cette existence, il nous appartient d'abord de définir la marge nationale d'appréciation (A), avant d'envisager ses justifications (B).

### A - La définition

La marge nationale d'appréciation apparaît, au regard du mécanisme de garantie de la Convention, comme un concept modérateur (1.). Elle renvoie à une compétence nationale non liée par le dispositif de la Convention (2.).

#### 1. Un concept modérateur

**La marge nationale d'appréciation œuvre à la sauvegarde de l'intérêt général**, dont la défense est assurée par l'État. Ses effets sont par conséquent à l'opposé de ceux des concepts amplificateurs, obligations positives et application horizontale et des principes d'interprétation évolutive et autonome. Ces derniers élargissent la protection des droits et libertés de l'individu. La marge nationale d'appréciation permet de limiter ces derniers et ainsi modère objectivement les effets des principes susvisés.

Conceptuellement, **la marge nationale d'appréciation ne saurait porter atteinte à la substance des droits et libertés garantis**. Elle touche par conséquent au seul exercice de ces derniers. Mais, la marge nationale d'appréciation ne saurait non plus conférer aux autorités un pouvoir discrétionnaire dans la mise en œuvre des limitations des droits et libertés garanties. En effet, un tel pouvoir discrétionnaire semble incompatible avec la nature même de la Convention.

### 2. Un concept qui renvoie à la compétence nationale dans un domaine où celle-ci n'est pas liée par le dispositif de la Convention

Selon certains auteurs, **la marge nationale d'appréciation constitue l'expression jurisprudentielle du principe de subsidiarité**. À rappeler, que conformément à ce dernier, il appartient avant tout aux États d'assurer la garantie effective des droits et libertés consacrés par la Convention, la Cour EDH n'intervenant qu'en sus de l'intervention étatique. La subsidiarité permet bien à la Cour EDH de corriger, nécessairement dans un domaine qui relève de la Convention, l'action étatique là où la protection des droits et libertés au niveau national échoue ou s'avère insuffisante.

En revanche, si la marge nationale d'appréciation renvoie bien à l'exercice de la compétence nationale, **elle vise les domaines où la compétence nationale n'est pas, ou n'est pas encore liée par le dispositif de la Convention**. D'où, logiquement la Cour EDH se réfugie derrière la marge nationale d'appréciation pour ne pas imposer tel ou autre élément de protection. Ainsi en est-il de l'impossibilité de consacrer l'interdiction de l'euthanasie sous l'angle de l'article 2 de la Convention, relatif au droit à la vie.

## B - Les justifications de la marge nationale d'appréciation

L'introduction de la marge nationale dans l'exercice des différents droits et libertés garantis, répond d'abord à une exigence pragmatique (1.). Ensuite, elle doit contribuer au respect du pluralisme national (2.)

### 1. Une exigence pragmatique

À travers sa jurisprudence constante, la Cour EDH rappelle que ce sont **les États qui ont la meilleure connaissance des circonstances et des conditions locales** d'application de la Convention. Cela, grâce à leurs contacts directs et constants avec les forces vives du pays. Ils sont alors les mieux placés pour apprécier et mettre en œuvre toute garantie de l'intérêt général.

À ce titre, la Convention elle-même autorise les États, en se fondant sur leur marge nationale d'appréciation, à **apporter des restrictions ou encore définir les conditions d'exercice des différents droits et libertés sur leur territoire**. Il s'agit notamment de tenir compte de l'ensemble des besoins sociaux qui justifient l'ingérence étatique, tels que le respect de l'ordre public et la prévention du crime, la défense de la sécurité nationale, la protection de la santé et de la morale, la protection des droits d'autrui. Un exemple de recours à la marge nationale d'appréciation en rapport avec le respect de l'ordre public est apporté par l'arrêt Leyla Sahin contre la Turquie du 10 novembre 2005, relatif à l'interdiction du port du voile islamique à l'école. Un autre exemple en rapport avec la protection de la morale est apporté par l'arrêt Handyside contre le Royaume Uni du 7 décembre 1976, relatif à l'interdiction de l'édition des livres pornographiques pour la jeunesse.

Plus globalement, **la définition même de certains régimes juridiques nationaux** relève toujours, en application de la marge nationale d'appréciation, de la compétence étatique. Elle reste compatible avec la Convention, malgré les restrictions qu'une telle définition peut apporter à l'exercice des droits et libertés. Tel est le cas, par exemple, de la privation de propriété pour des motifs d'utilité publique, que l'État partie est le seul à même de définir (James et autres c/Royaume Uni, 21 févr. 1986).

Mais les États disposent d'une marge d'appréciation non seulement au niveau de l'exercice des droits dits conditionnels. Ainsi, dans l'arrêt Vo contre France du 8 juillet 2004, la Cour se réfugie derrière le concept pour ne pas se prononcer sur l'épineuse question de la reconnaissance du droit à la vie avant naissance.

## 2. Le respect du pluralisme national

La Cour doit respecter **la diversité que connaissent les États européens** pour des raisons historiques, politiques, culturelles et que traduisent leurs systèmes juridiques. La marge nationale d'appréciation permet justement la protection de cette diversité. Dans l'arrêt Sunday Times contre le Royaume Uni du 26 avril 1979, la Cour affirme ainsi qu'elle ne saurait ignorer les différentes caractéristiques de fond et de procédure des droits internes respectifs. De même, elle reconnaît l'absence à l'échelle européenne d'une conception unique de la morale, ainsi que d'une vision commune concernant le rôle et la place de la religion dans la société. Dans certains cas, la Cour peut aller jusqu'à s'imposer le respect des particularismes et des besoins locaux spécifiques.

Pour ces raisons, **la Cour se gardera bien d'imposer une uniformité absolue**. Ainsi, déclarera-t-elle conforme à la Convention une législation restrictive sur le remariage après divorce, existant pourtant dans un seul État partie. Cela, dans la mesure où elle concerne un domaine étroitement lié aux traditions culturelles et historiques de chaque société, ainsi qu'aux conceptions profondes de celle-ci sur la cellule familiale (Gitonas c/Grèce, 1er juillet 1997).

Mais, la Cour ne saurait non plus permettre à cette diversité de **mettre en danger l'application uniforme de la Convention**, dont dépend la protection égale des droits garantis dans tout État partie. Ce qui justifie l'encadrement de l'exercice de la marge nationale d'appréciation.

# II - L'ENCADREMENT DE L'EXERCICE DE LA MARGE NATIONALE D'APPRÉCIATION

L'encadrement renvoie au contrôle exercé par les organes de garantie de la Convention EDH et désormais par la seule Cour EDH (A). Soumise à ce contrôle, la marge nationale d'appréciation ne reste pas figée (B).

## A - Le contrôle exercé par la Cour

Pour apprécier la compatibilité de l'exercice de la marge nationale d'appréciation avec la Convention, la Cour prend en compte un ensemble d'éléments qui caractérise l'application de cette dernière (1.). Surtout, la marge nationale d'appréciation doit respecter le principe de proportionnalité (2.).

### 1. Les critères du contrôle

Conformément à une jurisprudence traditionnelle, le contrôle exercé par la Cour varie d'abord en fonction **des circonstances de l'espèce**. Plus particulièrement, la Cour se montre plus rigoureuse lorsqu'elle constate l'existence d'un large consensus parmi les États européens. Tel est le cas par exemple de la liberté de la presse, qualifiée de chien de garde d'une société démocratique (Observer et Guardian c/Royaume Uni, 26 nov. 1991). Au contraire, dans des domaines où il n'existe pas de tel consensus européen, elle admet une marge d'appréciation nationale plus large. Ainsi dans l'arrêt fondateur Open Door et Dublin Well Woman Society contre l'Irlande du 29 octobre 1992, elle condamne certes l'État irlandais pour atteinte au droit à l'information, mais refuse de sanctionner le choix de l'Irlande d'interdire l'avortement, en tenant compte justement de la marge nationale d'appréciation laissée aux États en la matière. Ce refus de sanction sera confirmé encore dans l'arrêt Vo contre la France du 8 juillet 2004.

Un autre critère dont la Cour tient compte est **la nature des droits garantis ou des activités en jeu**. Ainsi, la Cour réduira-t-elle au maximum la marge nationale d'appréciation pour sanctionner l'ingérence étatique dans l'intimité de la vie privée (Dudgeon c/ Royaume Uni, 23 oct. 1981). En revanche, les activités liées à la concurrence déloyale, ou bien encore à la politique d'urbanisme justifient la reconnaissance par la Cour aux États d'un pouvoir d'appréciation quasi discrétionnaire.

Le contrôle exercé par la Cour est enfin fonction de **la portée de l'obligation qui pèse sur l'État**. Ainsi, sera-t-il plus rigoureux quant à l'obligation étatique négative de ne pas porter atteinte aux droits garantis. Au contraire, en cas d'obligation positive, l'État bénéficie d'une marge d'appréciation plus large. La Cour établit la même distinction entre l'application verticale et l'application horizontale de la Convention. Ainsi, dans l'arrêt Odièvre contre la France, du 13 février 2003, s'agissant de l'établissement du lien de filiation à l'égard d'une mère biologique en cas de naissance sous X, la Cour constate qu'au regard de la diversité des systèmes et traditions juridiques, celui mis en place par la France permet effectivement de trouver le juste équilibre et de concilier les intérêts en présence.

## 2. Le respect du principe de proportionnalité

Pour la Cour, il faut que les mesures prises au niveau national se justifient dans leur principe et soient conformes au but légitime poursuivi, en application du principe de proportionnalité. Partant, la Cour vérifie le choix des moyens mis en œuvre par l'État pour imposer des restrictions aux dispositions de la Convention. Compte tenu de cette **exigence d'adéquation des moyens aux résultats poursuivis**, l'ingérence étatique doit se limiter à ce qui est strictement nécessaire pour garantir la sauvegarde de l'intérêt général. Elle doit aussi causer le moins de perturbations possibles dans l'exercice des droits et libertés garantis.

En outre, selon la Cour, **les motifs invoqués à l'appui de l'ingérence étatique doivent être pertinents et précis**. La question se pose de savoir si, plus globalement, une obligation de motivation générale peut être déduite de la pratique de la Cour. À cet égard, la Cour impose le critère relatif à la justification objective et raisonnable de l'ingérence étatique.

Dans l'arrêt Amihalachioaie contre la Moldavie du 20 avril 2004, à propos des critiques adressées par le Président de l'union des avocats à la Cour constitutionnelle du pays, la Cour consacre **le critère relatif à l'existence d'un besoin social impérieux, justifiant l'ingérence**. Dans l'affaire Plon contre la France du 18 mai 2004, au sujet de la publication du livre Grand secret, sur le cancer de François Mitterrand, par son médecin personnel 10 jours à peine après le décès de l'ancien président, la Cour se base sur ce même critère pour approuver la mesure temporaire concernant l'interdiction de la diffusion, justifiée par le trouble manifestement illicite de l'ordre public, ainsi que l'atteinte aux droits d'autrui. Elle sanctionne en revanche, au-delà des mesures provisoires ordonnées par le juge des référés, le jugement de fond interdisant définitivement la publication, ne correspondant plus à un besoin impérieux d'ingérence dans l'exercice de la liberté d'expression.

# B - L'évolution de la marge nationale d'appréciation

Dans la mesure où le contrôle exercé par la Cour change en fonction des critères précités, la marge nationale d'appréciation peut évoluer. Comme l'affirme la Cour dans l'arrêt Rasmussen contre Danemark du 28 novembre 1984, cette évolution est fonction des circonstances, du domaine et du contexte de l'espèce (2.). Malgré cela, la marge nationale d'appréciation demeure incontournable (2.).

## 1. Les circonstances de l'évolution de la marge nationale d'appréciation

Globalement, **la marge nationale d'appréciation tend à se réduire au fur et à mesure que la Cour renforce la garantie des droits et libertés consacrés**. Sont concernés plus particulièrement les domaines dans lesquels les États disposent traditionnellement d'une marge d'appréciation suffisamment large. En la matière, la Cour peut aller jusqu'à forcer la main des États. Ainsi, dans l'arrêt Goodwin contre le Royaume Uni du 11 juillet 2002, consacre-t-elle l'obligation étatique de reconnaître juridiquement au niveau du statut civil la conversion sexuelle.

En revanche, il peut aussi arriver que **la marge d'appréciation nationale s'élargisse dans des domaines où elle a été ordinairement réduite**. Ainsi, en matière de liberté d'expression, la Cour justifie-t-elle désormais les sanctions étatiques imposées à des personnes ayant critiqué des décisions de justice, mettant en cause leur impartialité. La Cour EDH choisit donc de valider la décision nationale de sanctionner des propos jugés excessifs en raison d'un manque de base factuelle (Prager et Oberschkick c/Autriche, 26 avril 1995).

## 2. Le caractère incontournable de la marge nationale d'appréciation

La marge nationale d'appréciation préserve toute sa place dans l'économie de la Convention, en tant que **fondement incontournable de la restriction de l'exercice des droits et libertés garantis**. C'est ainsi que, malgré les avancées réalisées en la matière, la Cour va conclure que l'article 12 d'une part relatif au droit au mariage et, d'autre part l'article 8 combiné avec l'article 14, n'oblige toujours pas les États à ouvrir le droit au mariage aux couples homosexuels (Schalk et Kopf c/Autriche, 24 juin 2010).

Le constat reste valable également en ce qui concerne **l'exercice des droits intangibles**. Ainsi, la Cour ne retient pas la qualification de traitements inhumains et dégradants, même en cas d'isolement et d'emploi de la force physique à l'encontre d'un détenu, dans la mesure où la gravité de l'infraction et la dangerosité de ce dernier justifient la mise en place des standards de détention très sévères, à la seule condition toutefois d'être compatibles avec la dignité humaine (Ramirez Sanchez c/France, 4 juillet 2006).

Enfin, l'insuffisance du contrôle exercé par la Cour sur la marge d'appréciation nationale suscite parfois des **critiques de la part de la doctrine**. Ainsi est-il de l'arrêt Laskey, Jaggard et Brown contre le Royaume Uni du 19 février 1997, relatif à des pratiques sexuelles sadomasochistes.

Il en va de même de l'**arrêt Frette contre la France du 26 février 2002**, concernant le droit des homosexuels d'adopter, dans lequel la Cour se réfugie, une fois de plus, derrière la marge d'appréciation nationale. Vivement critiquée, la position de la Cour sera confirmée dans l'arrêt **B. contre France du 22 janvier 2008** relatif à la demande d'adoption par une personne vivant en couple homosexuel. En l'espèce, la Cour condamne certes l'État partie de ne pas avoir accédé à la demande de la requérante. Cependant, la décision de la Cour ne consacre aucun nouveau droit des couples homosexuels d'adopter. Elle s'appuie sur le droit à l'adoption par une mère célibataire que la législation française reconnaît elle-même. La requérante peut exercer ce droit sans discrimination en raison notamment de sa vie en couple homosexuel.

# Fiche 41 Les droits intangibles

À l'instar des autres instruments internationaux de protection des droits de l'homme, la Convention EDH comporte un certain nombre de droits et libertés qualifiés d'intangibles. Il est aussi d'usage de les qualifier d'indérogeables, dans la mesure où **ces droits et libertés ne peuvent souffrir, aux termes de l'article 15, paragraphe 2 de la Convention, d'aucune dérogation même en cas de circonstances exceptionnelles**. Cette dernière disposition précise que les États parties ne sauraient déroger aux obligations prévues par les articles 2, relatif au droit à la vie, sauf pour le cas de décès résultant d'actes licites de guerres ; 3, interdisant la torture, les traitements et les peines inhumains et dégradants ; 4 (paragraphe 1), interdisant l'esclavage, la servitude et 7 lequel consacre le principe de la légalité des délits et des peines, en emportant aussi celui de la non-retroactivité de la loi pénale. L'ensemble de ces dispositions sera qualifié de noyau dur de la Convention.

**Cependant, de nouveaux droits et libertés peuvent également être consacrés en tant qu'intangibles**, au-delà de l'énumération limitative contenue à l'article 15, paragraphe 2. D'abord, une telle consécration peut toujours emprunter la voie légale, comme le montre l'exemple de la règle *non bis in idem*, consacrée à l'article 4 du protocole additionnel 7 de la Convention. Ensuite, la pratique de la Cour milite aussi en faveur d'une consécration jurisprudentielle. En témoigne l'interdiction de l'expulsion des étrangers, résidant régulièrement sur le territoire d'un État partie, sauf en exécution d'une décision prise conformément à la loi.

Parmi les droits et libertés intangibles, le droit à la vie (I -) et l'interdiction de la torture, des peines et des traitements inhumains et dégradants (II) ressortent au premier plan.

## I - LE DROIT À LA VIE

Affirmé solennellement à l'article 2 paragraphe 1 de la Convention, le droit de toute personne à la vie est protégée par la loi. Valeur fondamentale des sociétés démocratiques qui forment le Conseil de l'Europe, il est une condition et un préalable nécessaire à l'exercice des autres droits garantis. Il nous appartient d'examiner d'abord la question du titulaire du droit à la vie (A), avant de se pencher sur son contenu (B).

## A - Le titulaire du droit à la vie

De prime abord, la réponse à la question du titulaire du droit à la vie paraît évidente. Tout être humain doit pouvoir en bénéficier. Mais, la Cour n'a toujours pas tranché les questions délicates de savoir à partir de quel moment et jusqu'à quand le droit à la vie doit être protégé. La Cour a préféré se réfugier derrière la marge nationale d'appréciation ne pouvant trancher les questions délicates de l'avortement (2.) et de l'euthanasie (1.).

### 1. La question de l'euthanasie

Dans l'arrêt Pretty contre le Royaume Uni du 29 avril 2002, la Cour s'est contentée à constater **l'absence d'un consensus parmi les États européens sur l'autorisation ou l'interdiction de l'euthanasie**.

**En France**, la législation interdisait pendant longtemps purement et simplement toute assistance à des personnes leur permettant de mourir dans la dignité. Une loi adoptée en avril 2005 à la suite de l'affaire d'un jeune paraplégique aidé à mourir par sa mère et son médecin, permet désormais de mettre fin, de manière strictement encadré, à l'acharnement thérapeutique. **En Allemagne**, même si l'euthanasie constitue toujours un délit, les peines sont atténuées. **Dans d'autres États parties**, tels que la Belgique ou les Pays-Bas, l'euthanasie encadrée est légalisée.

Pour l'heure donc la Cour continue à affirmer **l'impossibilité d'interpréter la Convention comme consacrant un droit diamétralement opposé au droit à la vie, le droit de mourir**, que ce soit de la main d'un tiers ou avec l'assistance d'une autorité publique. Le principe d'interprétation évolutive de la Convention ne saurait être appliqué, en l'absence du consensus parmi les États européens sur la question.

### 2. La question de l'avortement

En l'espèce, la Cour devait se pencher sur la question de savoir **si l'être humain avant sa naissance bénéficie du droit à la vie** et le cas échéant à partir de quel moment. Contrairement à la Convention interaméricaine, laquelle impose explicitement la protection de la vie dès la conception, la Convention EDH ne contient aucune indication à cet égard.

La Cour constate, ici encore, **l'absence d'un consensus parmi les États parties en matière d'avortement**. Les pratiques vont de l'interdiction pure et simple de ce dernier, comme en Irlande, jusqu'à l'autorisation de l'interruption volontaire de grossesse (aussi IVG de convenance), même en dehors des considérations purement thérapeutiques, comme en France. Dans ses décisions Boso contre l'Italie du 5 septembre 2002, relative à l'IVG, et Vo contre France du 8 juillet 2004, la Cour préfère réaffirmer le pouvoir d'appréciation des États dans ce domaine délicat. Mais la marge d'appréciation laissée aux États n'exclut toutefois pas complètement la possibilité de faire bénéficier le seul fœtus humain (à l'exclusion de l'embryon) d'une certaine protection au regard de l'article 2 de la Convention.

## B - Le contenu du droit à la vie

Le droit à la vie est d'abord à comprendre au **sens physique du terme et non pas social**. En effet, l'article 2 n'emporte pas le droit à un certain niveau de vie, indépendamment du fait que des conditions insuffisantes pour maintenir un niveau de vie minimum sont susceptibles de soulever des questions au titre de l'article 3 (Larioshina c/ Russie, 23 avril 2002).
La jurisprudence de la Cour va d'abord préciser la portée de l'obligation étatique (1.) Même s'il constitue un droit intangible et à ce titre ne peut souffrir d'aucune dérogation, l'article 2 prévoit lui-même deux exceptions d'atteinte à la vie, compatibles avec la Convention. La première vise le cas d'exécution d'une sentence capitale (2.) et la seconde, la mort infligée en cas de recours à la force meurtrière rendue absolument nécessaire (3.).

### 1. Le contenu de l'obligation étatique

À l'origine **seule l'atteinte intentionnelle à la vie semble interdite** par l'article 2, consacrant ainsi une obligation purement négative. La jurisprudence de la Cour va pourtant faire évoluer cette interprétation.

D'emblée, l'obligation négative posée par l'article 2 va être interprétée comme une **obligation négative élargie**. Ainsi, l'interdiction s'appliquera-t-elle à l'égard non seulement d'une atteinte ayant causé la mort, mais aussi d'une atteinte contre l'intégrité physique, constitutive d'une menace à la vie, telle que la stérilisation thérapeutique.

Progressivement, **une obligation positive** complétera l'obligation négative. S'agissant plus particulièrement des personnes privées de liberté, l'État devra ainsi prendre toutes les mesures qu'on pouvait raisonnablement attendre de sa part, pour prévenir des tentatives de suicide. Il doit notamment dispenser des soins de santé, qui tiennent compte des conditions de privation de liberté (A.A. et autres c/Turquie, 27 juillet 2004).

La jurisprudence va aussi rapidement étendre l'application de l'article 2 aux relations entre les particuliers. **L'application horizontale** suppose l'intervention de l'État pour prévenir par exemple toute atteinte à la vie des détenus (Osman c/Royaume Uni, 28 oct. 1998). L'obligation d'agir ne sera toutefois reconnue que si le risque est certain et immédiat pour la vie de la personne, lorsque les autorités avaient eu ou devait avoir connaissance dudit risque et enfin, si elles n'avaient pas pris les mesures qu'on pouvait raisonnablement attendre d'elles pour en empêcher la matérialisation.

## 2. La première exception : la mort en exécution d'une sentence capitale

Empreinte de son époque, l'article 2, paragraphe 1 prévoit donc expressément **la possibilité d'infliger la mort de manière intentionnelle**, en exécution d'une sentence capitale. Celle-ci doit être prévue par la loi et prononcée par un tribunal, satisfaisant une série de conditions établies par la jurisprudence.

La Cour aura l'occasion de se pencher sur la question dans **l'arrêt Ocälan contre la Turquie du 12 mars 2003**. Dans cette affaire, la Turquie condamne d'abord l'intéressé à la peine capitale, avant de commuer cette dernière en réclusion criminelle à perpétuité, à la suite de l'abolition de la peine de mort en temps de paix par une loi du 9 août 2002. Dans son arrêt, la Cour constatera, que le traitement juridique de la peine capitale a considérablement évolué en Europe et que les États parties présentent une zone exemptée de la peine capitale en temps de paix. Ces derniers auraient déjà adhéré au protocole 6 à la Convention portant abolition de la peine capitale en temps de paix, à la seule exception de la Russie, laquelle cependant avait établi dès 1996 un moratoire sur l'exécution de la peine de mort, confirmé par la Cour constitutionnelle du pays en 2009. La peine de mort devient ainsi en temps de paix une sanction incompatible avec la Convention.

Dans l'arrêt Öcalan, la Cour va aussi faire référence au protocole additionnel 13, portant interdiction de la peine capitale en toute circonstance. Ratifiée fin juillet 2012 par 43 États parties – la dernière étant la Lettonie le 26 janvier 2012 –, il confirme l'existence à l'échelle européenne d'une **tendance à l'abolition totale de la peine capitale**.

Toujours dans le même arrêt, la Cour confirme enfin qu'il serait contraire à la Convention, même si l'article 2 de celle-ci devait être interprété comme autorisant toujours la peine capitale, d'exécuter celle-ci à l'issue d'un procès inéquitable, emportant **violation de l'article 3 de la Convention**.

## 3. La deuxième exception : la mort en cas de recours à la force meurtrière rendu absolument nécessaire

L'article 2, paragraphe 2 prévoit en effet le cas de **la mort non-intentionnelle**, infligée suite au recours à la force meurtrière rendu absolument nécessaire, soit pour assurer la défense de toute personne contre la violence illégale, soit pour effectuer une arrestation régulière ou empêcher l'évasion d'une personne régulièrement détenue, soit enfin pour réprimer, conformément à la loi, une émeute ou une insurrection.

En l'espèce, la Cour va surtout renforcer **le contrôle sur le critère de nécessité et sur les conditions de recours à la force meurtrière**. L'arrêt MacCann contre le Royaume Uni du 27 septembre 1997 pose les bases de la jurisprudence de la Cour en matière de lutte contre le terrorisme et criminalité en rapport avec le recours à la force rendu absolument nécessaire. Il affirme une obligation étatique à double sens, comprenant à la fois celle de prendre des mesures préventives appropriées à la situation générale pour protéger la population contre les actes terroristes et celle de ne pas infliger la mort aux auteurs des actes terroristes sauf en cas d'absolue nécessité.

Le critère appliqué par la Cour est celui **de proportionnalité** du recours à la force meurtrière au regard de l'ensemble des circonstances de l'espèce. Ainsi, dans l'arrêt Natchova contre la Bulgarie du 26 février 2004, la Cour va considérer qu'au regard de la mort infligée lors de l'arrestation de deux hommes d'origine rom, le recours à la force meurtrière n'était pas inévitable.

À l'égard des exceptions concernant la mort infligée de manière non-intentionnelle, **la Cour va compléter l'obligation positive matérielle de l'État par une obligation procédurale**. L'État doit ainsi conduire une enquête effective, complète, impartiale et approfondie, ainsi que transparente et adéquate, sur l'ensemble des circonstances ayant conduit à la mort (Velikova c/Bulgarie, 18 mai 2000). Le droit interne doit aussi permettre l'identification et la punition des auteurs des atteintes à la vie, ainsi qu'une réparation des victimes. Cette dernière obligation se résume à l'instauration d'un système judiciaire efficace permettant à la victime ou ses ayants droit d'établir les responsabilités et selon les circonstances, d'engager des poursuites pénales.

La valeur fondamentale du droit à la vie sera rappelée en particulier après l'adhésion des pays de l'Europe de l'Est. Dans certains arrêts, tels que Bazorkina contre la Russie du 27 juillet 2006, la Cour va aller jusqu'à présumer la causalité entre le placement en garde à vue et l'atteinte à la vie du requérant, en l'absence d'explications plausibles relative la disparition d'une personne, fournies par les autorités. Bref, **il va renverser la charge de la preuve**, demandant à l'État de prouver l'absence d'atteinte au droit à la vie. La Cour retiendra aussi comme circonstance aggravante les motifs racistes à l'origine de la violence meurtrière, en demandant à cet égard une vigilance particulière de la part de l'État.

## II - L'INTERDICTION DE LA TORTURE, DES PEINES ET DES TRAITEMENTS INHUMAINS ET DÉGRADANTS

Valeur fondamentale des sociétés démocratiques, **cette interdiction absolue ne souffre d'aucune exception**, contrairement au droit à la vie. C'est ce que la Cour va affirmer dans l'arrêt Al-Adsani contre le Royaume Uni du 21 novembre 2001. En l'espèce, elle va aussi qualifier l'interdiction de la torture de règle impérative du droit international (*jus cogens*).

La Cour va d'une part s'employer à qualifier et distinguer les différents actes interdits par l'article 3 (A). D'autre part et sur cette base, elle élargira la portée des obligations étatiques (B).

### A - La qualification et la distinction des actes interdits

La torture est la première à être visée par l'interdiction posée à l'article 3 de la Convention (1.). Une distinction est ensuite établie entre celle-ci et les peines et les traitements inhumains et dégradants (2.).

#### 1. La torture

La qualification de torture se fait sur la base de **trois éléments constitutifs** : intensité des souffrances, intention délibérée et but déterminé. En l'espèce, la Cour s'appuie sur la définition donnée par la Convention des Nations Unies sur la torture, adoptée en 1984.

La qualification de torture se fera donc d'abord en **dépassement d'un seuil de gravité** que constitue l'intensité des souffrances subies. L'appréciation de ce seuil reste à la fois subjective et circonstancielle, fonction de la durée du traitement subi, de ses effets physiques et mentaux, ainsi que parfois du sexe, de l'âge et de l'état de santé de la victime. La qualification de torture sera alors réservée à des traitements inhumains délibérés, provoquant de fort graves et cruelles souffrances. Mais, il faut également que ces traitements, ayant dépassé le seuil de gravité, soient **infligés d'une manière intentionnelle et dans un but déterminé**. Dans l'arrêt fondateur Selmouni contre la France du 28 juillet 1999, la Cour sera particulièrement précise. Il s'agit de sévices ayant un caractère répété et prolongé. Ces sévices constituent des actes de violence physique et morale, qui provoquent des douleurs et des souffrances aiguës et revêtent un caractère particulièrement grave et cruel. Ils sont enfin infligés à une personne placée en garde à vue afin d'extorquer ses aveux.

En l'espèce, la Cour va abaisser le seuil de gravité pour procéder à la **requalification des faits** de traitements inhumains et dégradants en torture.

## 2. Les traitements et les peines inhumains et dégradants

Distinctes de la torture, les traitements et les peines inhumains et dégradants, impliquant un degré de souffrance moindre, ont **leur propre champ d'application**. Plus particulièrement, la notion de traitements inhumains apparaît dans la jurisprudence de la Cour comme une notion intermédiaire.

L'article 3 sera globalement mis en œuvre dès les années 1970, dans plusieurs affaires portant sur des **châtiments corporels** (Tyrer c/Royaume Uni, 25 avril 1978), ainsi que sur les **traitements infligés en détention** (Irlande c/Royaume Uni, 18 janvier 1978). Dans les affaires portant sur des châtiments corporels, la Cour va notamment développer le concept de la gravité de l'humiliation subie par la victime, permettant de définir un traitement dégradant. Ce traitement constitue alors une humiliation grossière de l'individu devant autrui, ou qui le pousse à agir contre l'individu ou sa conscience.

L'arrêt Soering contre le Royaume Uni du 7 juillet 1989 figure parmi les exemples ayant marqué la jurisprudence de la Cour sur l'article 3 de la Convention, s'agissant d'un étranger, menacé d'extradition vers un pays où il serait exposé à la peine de mort. Ici la Cour considère que **la menace même d'une future attente de l'exécution dans le couloir de la mort** constitue en soi une peine inhumaine et dégradante. Outre le lien établi entre l'article 2 et l'article 3 de la Convention, la Cour se prononce dans cet arrêt indirectement sur la coopération judiciaire avec des pays qui appliquent encore la peine capitale, exportant ainsi l'esprit abolitionniste de l'article 2, via l'article 3, au-delà de l'Europe.

Le dispositif de l'article 3 est appelé à jouer un rôle accru en cas des brutalités policières sur des personnes privées de liberté. La Cour utilise pour qualifier de tels traitements d'inhumains et dégradant, **le critère de proportionnalité**. Dans l'arrêt Tomasi contre la France, du 27 août 1992 (violences au cours de la garde à vue sur une personne soupçonnée d'avoir perpétré un attentat terroriste), la Cour va qualifier de traitement inhumain, portant atteinte à la dignité humaine, l'usage de la force physique par les forces de police qui n'est pas strictement nécessaire au regard du comportent du requérant.

La Cour va enfin jusqu'à affirmer que l'absence d'une véritable intention d'humilier ou de rabaisser l'intéressé n'exclut pas forcement une violation de l'article 3, s'il s'agit de **conditions de détention objectivement inacceptables** conduisant au même résultat (Kalashnikov c/Russie, 15 juillet 2002).

## B - L'élargissement de la portée des obligations étatiques

Les exemples précités mettent en place différents types d'obligations étatiques. Ces dernières sont élargies, d'une part grâce à l'ajout au volet substantiel d'un volet procédural (1.) et d'autre part, de manière traditionnelle, à travers le recours aux concepts amplificateurs (2.).

### 1. Le volet substantiel et le volet procédural de l'obligation étatique

La Cour distingue ici entre l'**obligation de ne pas porter atteinte à l'intégrité physique et morale de la personne d'une part et, d'autre part celle de procéder à une enquête officielle approfondie et effective** en vue d'identifier et punir les responsables, chaque fois que des motifs raisonnables permettent de croire que des traitements contraires à l'article 3 aient été commis par l'État.

L'objet de l'article 3 est de faire bénéficier l'intégrité physique de la personne d'une garantie absolue. **La Cour va notamment renverser la charge de la preuve**, pour présumer la causalité entre les blessures subies par le requérant et les violences commises par les détenteurs d'autorité. Il appartient à l'État de fournir une explication plausible sur l'origine des blessures ou encore apporter la preuve que l'usage de la force a été rendu absolument nécessaire et n'a pas été excessif. En l'absence de telle explication, la Cour estime que les séquelles constatées par des rapports médicaux à l'issue d'une arrestation, garde à vue ou détention, ont pour origine un traitement contraire à l'article 3 (Rivas c/France, 1er avril 2004).

Tout comme pour l'article 2, ici encore la Cour va retenir comme circonstance aggravante le fait d'avoir infligé des traitements inhumains et dégradants en rapport avec **une discrimination raciale**.

### 2. La mise en œuvre des concepts amplificateurs

D'une manière similaire à l'article 2, la jurisprudence de la Cour va progressivement établir à la charge de l'État, au-delà de **l'obligation négative** de ne pas infliger de traitements interdits par l'article 3 de la Convention, également **l'obligation positive** de protéger l'intégrité physique des personnes privées de liberté, en raison de leur situation de vulnérabilité. Dans l'arrêt Ilhan contre la Turquie du 27 juin 2000, la qualification de torture vient sanctionner non seulement des violences physiques ayant entraîné des lésions cérébrales, mais aussi une absence de soins médicaux pendant 36 heures. Les obligations positives destinées à satisfaire le droit de demander l'examen par un médecin de son choix, l'accès à un avocat et à un membre de la famille, le droit à une prompte intervention judiciaire, seront considérés comme des garanties permettant de prévenir des mauvais traitements.

Toujours à l'instar de l'article 2, ici encore la Cour va compléter l'**application verticale** de la Convention, par une **application horizontale**. Ainsi l'État aura-t-il l'obligation d'empêcher à ce qu'un détenu soit maltraité par ses codétenus (arrêt Pantea c/ Roumanie, 3 juin 2003). De plus, il assume l'obligation procédurale d'adopter et appliquer efficacement une législation pénale permettant d'enquêter et de punir de tels comportements.

La jurisprudence citée permet à la Cour d'affirmer l'obligation générale à la charge de l'État de garantir **le droit d'être détenu dans des conditions compatibles avec le respect de la dignité humaine**. Cette obligation joue tant sur le plan vertical qu'horizontal. L'article 3 s'oppose ainsi d'une manière générale à ce que les requérants soient soumis à une détresse ou à une épreuve d'une intensité qui excède le niveau inévitable de souffrance inhérent à la détention (Kudla c/Pologne, 26 oct. 2000).

# Fiche 42 Les droits conditionnels

La Convention EDH établit la distinction entre les droits et libertés dits intangibles et les droits conditionnels. Globalement l'exercice de ces derniers est affecté d'un certain coefficient de relativité. Au sens de l'article 15, paragraphe 2, contrairement aux premiers, les seconds sont susceptibles, d'abord et avant tout, de dérogations en cas de circonstances exceptionnelles (I). En plus, certains droits et libertés conditionnels peuvent faire l'objet de restrictions en temps normal, dans l'intérêt général d'une société démocratique (II).

La consécration des droits et libertés conditionnels pose la question de l'existence au sein de la Convention EDH d'**une certaine hiérarchie**, dans la mesure où les droits et libertés intangibles ne sont pas affectés du même coefficient de relativité. Une telle hiérarchie ne serait-elle pas contraire au concept d'indivisibilité et d'universalité – emportant aussi l'équivalence – des droits de l'homme, en tant que droits que l'individu possède dès la naissance, du seul fait qu'il s'agisse d'un être humain ?

Pour concilier les deux concepts, on pourrait se référer à **la distinction entre la substance et l'exercice des droits et libertés**, essentielle dans l'économie de la Convention. D'un point de vue substantiel, les droits de l'homme seraient indivisibles et équivalents, bien que leur exercice connaisse une certaine hiérarchisation.

## I - LES DÉROGATIONS AUX DROITS ET LIBERTÉS EN CAS DE CIRCONSTANCES EXCEPTIONNELLES

L'article 15 de la Convention consacre une série de conditions de légalité de ces dérogations, dont la Cour logiquement surveillera le respect (A). En outre, c'est au regard des critères de nécessité et de proportionnalité dégagés par la jurisprudence elle-même que s'exercera le contrôle de la Cour sur les atteintes portées aux droits et libertés conditionnels (B).

### A - La légalité des mesures dérogatoires

Elle s'apprécie d'abord au regard de l'objet des mesures dérogatoires prises par l'État (1.) et ensuite des modalités de leur mise en œuvre (2.).

## 1. L'objet des mesures dérogatoires

L'article 15 précise que ce n'est qu'en cas de **guerre ou autre danger public menaçant la vie même de la nation**, qu'un État partie peut prendre des mesures dérogeant aux obligations qui lui incombent en vertu de la Convention. À rappeler que cet article fait l'objet d'une réserve de la part de la France dans le but de préserver les pouvoirs exceptionnels reconnus au Président de la République par l'article 16 de la Constitution, mis en œuvre lorsque l'indépendance de la nation ou l'intégrité territoriale du pays sont menacés.

La Cour confirme régulièrement **l'existence d'une marge nationale d'appréciation** en la matière, dans la mesure où l'État concerné est le mieux placé pour définir les conditions et prendre la décision de recourir à l'article 15 de la Convention.

C'est encore à l'occasion de la première affaire dont elle sera saisie, **Lawless contre l'Irlande du 1er juillet 1961**, que la Cour se prononce sur les circonstances exceptionnelles ayant justifié l'introduction des mesures dérogatoires. Elle considère ainsi que l'Irlande est bien confrontée à une situation de type de celle que vise l'article 15, définie comme une situation de crise ou de danger exceptionnel et imminent qui affecte l'ensemble de la population et constitue une menace pour la vie organisée de la communauté composant l'État. À différentes reprises, la Cour aura la possibilité de revenir sur le cas de l'IRA sous l'angle de l'article 15, comme dans l'affaire Irlande contre le Royaume Uni du 18 janvier 1978 et dans l'affaire Branningan et Mc Bride du 26 mai 1993. Dans l'affaire Danemark, Norvège, Suède et Pays-Bas contre la Grèce du 4 octobre 1976, mettant en cause la dictature des colonels noirs, la Commission avait à l'époque estimé que les conditions d'application de l'art. 15 n'étaient pas réunies.

## 2. Les modalités de mise en œuvre

Conformément à l'article 15, les mesures dérogatoires prises par l'État pour faire face à des circonstances exceptionnelles doivent être limitées dans le temps. Leur objectif est en effet **le retour à une situation de fonctionnement normal de la démocratie**. Ainsi, logiquement le rétablissement de celle-ci devrait-il mettre fin aux dérogations apportées à l'exercice des droits et libertés.

À rappeler aussi que l'article 15 interdit toute dérogation aux droits et libertés intangibles, expressément et limitativement énumérés. Il pose en outre l'exigence de **non-contradiction avec d'autres obligations découlant du droit international**. Cela permet plus particulièrement à la Cour de contrôler le respect des pactes des Nations Unies, dont la liste des droits intangibles est plus large que celle de la Convention elle-même.

L'article 15 consacre enfin à la charge de l'État **une obligation d'information** du Conseil de l'Europe via son secrétaire général. Cette obligation relève du contrôle politique exercé par l'organisation elle-même. L'information porte sur les mesures prises, leur justification et la date à laquelle il est prévu de revenir à l'application normale de la Convention. En l'espèce, la Cour est chargée également de surveiller l'accomplissement de ses formalités. Les pouvoirs ainsi reconnus à la Cour, mais que cette dernière a longtemps hésité d'exercer, vont sans doute au-delà d'un simple rôle juridictionnel, mais lui permettent d'exercer également un certain rôle politique.

## B - La nécessité et la proportionnalité des mesures dérogatoires

Au-delà de l'objet des mesures dérogatoires et du respect des modalités de leur introduction par l'État concerné, l'examen de la Cour porte donc sur les conditions de nécessité et de proportionnalité. Le recours à l'art. 15 ne peut notamment avoir lieu que dans la stricte mesure où la situation l'exige.

S'agissant du **critère de nécessité**, la restriction des droits ne saurait être conforme à la Convention que dans la mesure où à défaut, la menace pourrait se concrétiser. Quant à **la proportionnalité**, l'atteinte aux droits reconnus ne sera considérée comme justifiée, lorsque le danger public existant peut être conjuré par d'autres moyens, moins rigoureux. C'est ce que confirme la Cour déjà dans l'affaire Lawless précitée, en estimant que les mesures d'internement administratif prises par l'Irlande étaient nécessaires, malgré l'atteinte portée aux droits garantis par l'article 5 et qu'aucune autre mesure n'était possible.

De même, dans toute une série d'affaires la Cour reconnaît **le caractère justifié des mesures dérogatoires à l'exercice des droits et libertés prises par la Turquie en raison des activités terroristes du PKK**. Cependant, dans l'arrêt Sakik contre la Turquie du 26 novembre 1997, la Cour juge que les restrictions justifiées par la situation sur une partie du territoire seulement, faisant l'objet de notification de l'état d'urgence décrété dans le sud-est du pays, ne peuvent être étendues sur l'ensemble du territoire.

À noter enfin la tendance nouvelle dans la jurisprudence de la Cour, visant à **examiner les mesures dérogatoires également sous l'angle de l'article 18**, lui permettant de sanctionner un détournement de pouvoir. Un tel élargissement permet effectivement à la Cour à la fois de vérifier l'existence matérielle du danger prétendu et d'en contrôler la qualification, faite au titre de la marge nationale d'appréciation.

# II - LES RESTRICTIONS DES DROITS ET LIBERTÉS EN TEMPS NORMAL, JUSTIFIÉES PAR L'INTÉRÊT GÉNÉRAL D'UNE SOCIÉTÉ DÉMOCRATIQUE

Parmi **les droits et libertés concernés** peuvent être cités la liberté de réunion et d'association ou encore la liberté d'expression. Contrairement à ces derniers le droit à un procès équitable, le droit à un recours effectif, le droit à des élections libres et périodiques et le droit à l'instruction ne sont susceptibles que de dérogations en cas de circonstances exceptionnelles. Une série de droits et libertés enfin partagent leurs effets, certains susceptibles de dérogations uniquement, d'autres à la fois de restrictions et de dérogations. Ainsi, la liberté de conscience et de religion ne supporte que des dérogations, alors que le droit de manifester sa religion et ou ses convictions qui en fait partie peut également faire l'objet de restrictions.

**L'ingérence étatique dans l'exercice des droits et libertés concernés** doit respecter une série de conditions posées par la Convention et précisées par la Cour. Dans l'ensemble, leur définition se fait en rapport avec la marge nationale d'appréciation et les restrictions imposées par l'État le sont à l'égard du seul exercice de ces droits et libertés, sans porter atteinte à leur substance. En outre, la Cour affirme le principe de l'interprétation stricte des limitations des droits.

Les restrictions apportées à l'exercice des droits et libertés doivent être, aux termes de la Convention elle-même, légales et avoir un but légitime (A). La Cour ajoutera qu'elles doivent en outre être nécessaires dans une société démocratique (B).

## A - La légalité et le but légitime des restrictions

C'est la Convention elle-même qui énonce que l'ingérence étatique d'une part doit être prévue par la loi (1.). D'autre part, elle consacre, limitativement pour l'essentiel, les buts légitimes qu'elle peut poursuivre (2.)

### 1. L'ingérence prévue par la loi

Cette exigence est la même que celle posée par le principe de légalité des délits et des peines, consacré à l'article 7 de la Convention. Elle se justifie par **la nécessité de permettre aux individus d'agir en toute connaissance de cause**, quant à l'étendue exacte de leurs droits et libertés.

**La notion de loi** est bien sûr interprétée par la Cour au sens large du terme, comprenant non seulement la loi *stricto sensu*, mais aussi les actes de l'administration à portée générale, voire ceux d'un organisme investi de prérogatives de puissance publique. La

Cour va également assimiler à la loi les décisions de justice, en adoptant une conception matérielle de la loi, comprenant toute règle écrite, interprétée par les juridictions compétentes et qui a des effets juridiques à l'égard des sujets du droit (Kruslin c/France, 24 avril 1990).

Outre la légalité de la restriction, la Cour va exiger également **une certaine qualité de la loi** (Sunday Times c/Royaume Uni, 26 avril 1979). Celle-ci doit être suffisamment accessible et précise pour mettre le citoyen, entouré de conseils éclairés, à même de prévoir à un degré raisonnable dans les circonstances de la cause, les conséquences de ses actes. La prévisibilité de la loi dans ses conséquences permet au citoyen de régler sa conduite et bénéficier d'une protection adéquate contre l'arbitraire, en application du principe de la sécurité juridique.

**La précision de la loi reste une notion relative** et dépend de la matière concernée, ainsi que de la place de la norme mise en cause dans la hiérarchie du droit interne. La Cour va ainsi admettre que la précision des dispositions constitutionnelles peut être, en raison de leur nature générale, inférieure à celle exigée d'une autre disposition légale (Rekveny c/Hongrie, 20 mai 1999).

## 2. L'ingérence poursuivant un but légitime

Cette deuxième condition s'entend globalement de l'intérêt général de la société démocratique. **Les dispositions qui consacrent cet intérêt général**, en dehors des variations possibles, justifiées moins par les susceptibilités étatiques que par la spécificité du domaine concerné, restent similaires. Ainsi l'article 8 de la Convention consacre-t-il la possibilité d'ingérence étatique dans l'exercice du droit au respect de la vie privée et familiale, du domicile et de la correspondance, pour des raisons de sécurité nationale, de sûreté publique, du bien-être économique du pays, de la défense de l'ordre, de la prévention des infractions pénales, de la protection de la santé et de la morale, enfin de la protection des droits et libertés d'autrui. L'article 10 relatif à la liberté d'expression ajoute à cette liste la nécessité d'empêcher la divulgation d'informations confidentielles et de garantir l'autorité et l'impartialité du pouvoir judiciaire. L'énumération ainsi faite reste limitative.

Certains articles toutefois contiennent des **formules plus générales**, nécessairement favorables à une marge d'appréciation nationale plus large. Ainsi de l'article 12, relatif à la liberté de mariage, stipulant que cette liberté s'exerce conformément aux lois nationales.

Pour sa part, **le droit au respect des biens**, consacré à l'article 1er du Premier protocole additionnel, établit d'une part que la privation de la propriété ne peut intervenir que pour cause d'utilité publique dans les conditions prévues par la loi et les principes généraux du droit international. L'État reste d'autre part pleinement compétent pour réglementer l'usage des biens conformément à l'intérêt général pour assurer le paiement des impôts ou d'autres contributions ou des amendes.

En revanche, l'article 5 relatif au **droit à la liberté et à la sûreté** établit une énumération limitative et précise des motifs légitimes de privation de liberté en cas de détention ou arrestation régulières. Il consacre en outre, certaines garanties procédurales particulières dont bénéficiera la personne arrêté ou détenue.

**Garantie complémentaire en rapport avec la poursuite d'un but légitime**, l'article 18 de la Convention interdit à l'État partie d'ingérer dans l'exercice des droits et libertés, dans un but autre que celui pour lequel les restrictions étaient prévues. Ce dispositif, longtemps écarté par la Cour, lui permet désormais de sanctionner le détournement du pouvoir (Gusinskiy c/Russie, 19 mai 2004).

## B - Ingérence nécessaire dans une société démocratique

Pour se prononcer au regard de ce dernier critère sur la compatibilité des restrictions étatiques avec la Convention, la Cour va dans un premier temps s'employer à préciser les exigences posées par le concept même de société démocratique. Ce dernier lui permettra d'agir dans un double sens, à la fois pour valider l'ingérence étatique afin de protéger les valeurs fondamentales d'une société démocratique (1.) et pour la limiter là où apparaît le danger d'une atteinte à ces mêmes valeurs fondamentales (2.) La Cour tente ainsi de réaliser un juste équilibre entre l'intérêt général, exprimé au regard des objectifs légitimes consacrés par la Convention et l'intérêt particulier.

### 1. Des mesures nécessaires

À cet égard, la Cour va développer le concept d'**une démocratie capable de se défendre**. Un État peut en effet prendre des mesures concrètes pour sauvegarder la démocratie, en tant que seul modèle envisagé par la Convention et compatible avec elle. La capacité de se défendre va jouer tout particulièrement dans les États devant consolider la démocratie à la sortie d'un régime totalitaire (Zdanoka c/Lettonie, 17 juin 2004) ou encore face à la menace d'une société théocratique, prônant l'instauration de la Charia, incompatible avec la société démocratique (Refah Partisi et autres c/Turquie, 31 juillet 2001). La sauvegarde même du principe de laïcité sera jugé fondamentale pour la préservation d'une société démocratique (Leyla Sahin c/Turquie, 29 juin 2004).

Toujours sous ce même angle, l'arrêt Vogt contre l'Allemagne du 26 septembre 1995 reconnaît **l'obligation de loyauté des fonc-**

**tionnaires envers la Constitution**, validée par la Cour. Celle-ci appliquera le même raisonnement aussi en ce qui concerne l'interdiction faite aux militaires, aux forces de police et de sécurité de se livrer à des activités politiques.

## 2. Des mesures limitées à ce qui strictement nécessaire

La Cour définit **la nécessité comme étant plus qu'une simple admissibilité, raisonnabilité et opportunité, elle s'apprécie au regard de l'existence d'un besoin social impérieux** (Handyside c/Royaume Uni, 7 déc. 1976). Les restrictions prises par un État ne peuvent ainsi être imposées que pour des raisons convaincantes et impératives.

Parmi les valeurs fondamentales de la société démocratique, qui limitent l'ingérence étatique, la Cour va notamment consacrer celles **du pluralisme, de la tolérance et de l'esprit d'ouverture**. Elle affirme aussi que la démocratie ne se résume pas à la suprématie constante de l'opinion de la majorité, mais commande un équilibre, assurant aux minorités un juste traitement et évitant tout abus de position dominante. La société démocratique doit aussi accepter l'expression des critiques, notamment à l'encontre des hommes politiques, ainsi que des opinions minoritaires et des idées, aussi impopulaires qu'elles soient, dans la mesure où ils ne s'accompagnent pas d'incitation à la violence ou de rejet des principes démocratiques (OMO Ilinden c/Bulgarie, 2 oct. 2001, 20 oct. 2005, 19 janv. 2006).

Dans une affaire sur les écoutes téléphoniques, portant atteinte à la vie privée, **la Cour va jusqu'à opposer l'État démocratique à l'État policier**, le premier ne pouvant admettre une telle ingérence dans la vie privée des personnes que dans la mesures strictement nécessaire à la sauvegarde des institutions démocratiques (Klass et autre c/Allemagne, 6 sept. 1978).

# Fiche 43 Le droit à un procès équitable

Parmi les dispositions substantielles de la Conventions EDH, certaines consacrent non pas des droits et libertés matériels, mais **une série de garanties procédurales**. Ces dernières sont destinées à permettre aux individus de mieux faire valoir les droits et libertés garantis par ailleurs. La notion de garanties procédurales est transversale. En effet, elles apparaissent à la fois parmi les droits et libertés intangibles et les droits conditionnels.

Au sein de ces garanties procédurales, le droit à un procès équitable, consacré à l'article 6 de la Convention en tant que droit insusceptible de dérogations en temps normal, sauf pour l'exigence relative à la publicité des débats, occupe une place prééminente. Il s'agit du droit qui fait l'objet du nombre le plus important d'affaires devant la Cour EDH. C'est sans doute aussi le droit ayant connu l'un des élargissements les plus importants parmi tous des droits et libertés garantis. Cet élargissement concerne à la fois le domaine du droit au procès équitable (I) et son contenu (II).

## I - LE DOMAINE DU PROCÈS ÉQUITABLE

Conformément à l'arrêt Golder contre le Royaume Uni du 21 février 1979, le droit au procès équitable **met en œuvre le principe de prééminence du droit et apporte une série de garanties de bonne organisation et de fonctionnement de la justice**. Il apparaît comme un élément clé de l'ordre public européen, que la Cour va même exporter au-delà des États parties. En effet, elle interdit désormais d'accorder l'exequatur à des jugements émanant d'États tiers qui méconnaissent les garanties du droit au procès équitable (Pelligrini c/ Italie, 20 juillet 2001).

L'article 6 de la Convention distingue deux domaines du droit au procès équitable, d'une part les contestations sur les droits et obligations de caractère civil (A) et d'autre part le bien-fondé de toute accusation en matière pénale (B). La Cour va d'abord affirmer l'autonomie de chacun de ces deux volets du droit au procès équitable, interprétés au regard de la seule application efficace de l'article 6. Plus récemment la Cour estimera superflu de trancher le point de savoir si le recours relève de la matière pénale ou civile, lorsque la violation alléguée de l'article 6 § 1 vaut pour les deux volets du droit au procès équitable.

## A - Les contestations sur les droits et obligations de caractère civil

Après avoir précisé la qualification de droits et obligations de caractère civil (1.), la Cour va l'élargir à de nombreux contentieux de droit public interne, lesquels *apriori* ne semblaient pas relever du volet civil du droit au procès équitable (2.)

### 1. La qualification de droits et obligations de caractère civil

D'abord et avant tout il faut être **en présence d'un droit**, dont on peut prétendre – au moins d'une manière défendable sinon certaine – la reconnaissance en droit interne. La contestation pour sa part, dont ce droit fait l'objet, doit être réelle et sérieuse. Elle peut en revanche concerner l'existence même du droit, son étendue et les modalités de son exercice. L'issue du procès équitable doit être déterminée par rapport à ces différents éléments.

**La contestation à caractère civil** surgit traditionnellement au niveau des relations entre particuliers et au niveau des relations entre particuliers et État partie, lorsque ce dernier agit comme une personne privée et reste dès lors soumis au droit privé. Toutefois, la Cour affirmera progressivement que si elle oppose un particulier à une autorité publique, il n'est pas toujours décisif que celle-ci ait agi comme personne privée ou en tant que détenteur de la puissance publique.

Finalement, en retenant **une conception matérielle des droits et obligations de caractère civil**, la Cour peut ne pas tenir compte du fait que selon le droit interne de l'État mis en cause, le contentieux relève du droit public. Elle peut ainsi qualifier de contestation à caractère civil toute celle faisant l'objet d'une procédure susceptible d'être déterminante ou même d'avoir d'une manière plus générale des simples répercussions sur l'activité économique de l'intéressé.

### 2. L'élargissement à des contentieux du droit public interne

Désormais le concept de contestation à caractère civil comprend, au sens de la Convention, des **contentieux administratif, social, disciplinaire ou encore de la fonction publique, voire certains contentieux qui relèvent du droit fiscal**. Plus concrètement, l'article 6 a été ainsi reconnu applicable dans son volet civil :

– en matière des **sanctions disciplinaires** prononcées par les juridictions ordinales, dans la mesure où ces dernières donnent lieu à l'interdiction d'accès, à la suspension et à la radiation de l'exercice d'une profession ;

- à des **décisions administratives** de refus ou de retrait d'une autorisation d'exercer une activité professionnelle, mais aussi du droit de propriété, fixant ou refusant, par exemple, d'autoriser des quotas laitiers en application des règlements communautaires ;
- aux actions en responsabilité civile dirigées contre l'État devant les juridictions administratives.

Mais aussi, la Cour étend le concept à des **situations qui ne connaissent en fait qu'une certaine prédominance des aspects de droit privé sur les aspects de droit public**. De telles situations peuvent surgir, a titre d'exemple, dans le cadre du contentieux de la sécurité sociale, du point de vue aussi bien des prestations que des cotisations ; à l'occasion des litiges concernant les agents publics, suivant le critère d'absence de participation à l'exercice de la puissance publique ; lors de la gestion des collectivités territoriales ; enfin en rapport avec la procédure de jugement des comptes des comptables publics.

Seules **quelques matières résistent encore à cette contamination** par le concept de droits et obligations de caractère civil. C'est le cas de la fiscalité, envisagée comme le droit des États de percevoir des impôts ou encore du contentieux électoral et de l'expulsion des étrangers.

## B - Le bien fondé des accusations en matière pénale

De nouveau, la Cour adopte une qualification large des accusations en matière pénale (1.), permettant l'ouverture de l'article 6 dans son volet pénal (2.).

### 1. La qualification d'accusations en matière pénale

Pour retenir cette qualification, la Cour doit être d'abord et avant tout en présence d'**une accusation**. Celle-ci est constituée, aux termes de la jurisprudence, d'une notification officielle, émanant de l'autorité compétente et du reproche d'avoir accompli une infraction pénale (Deweer c/Belgique, 27 févr. 1980). L'accusation doit de manière générale être susceptible d'avoir des répercussions importantes sur la situation de l'intéressé.

Pour définir ensuite ce qui est **une matière pénale**, la Cour a recours à trois critères. Elle les utilise cependant de manière alternative, selon l'espèce qu'elle est appelée à trancher. Le premier et sans doute le plus important constitue **la qualification juridique donnée à l'infraction commise par le système juridique de**

**l'État mis en cause**. En effet, la Cour peut y appliquer pleinement et sans ambiguïté les garanties de l'article 6, lorsque le droit interne lui-même retient la qualification pénale.

À défaut d'une telle qualification nationale, la Cour pourra recourir à deux autres critères, s'agissant d'une part de **la nature de l'infraction commise** et d'autre part de la nature et de **la sévérité de la sanction**. En l'absence d'une qualification pénale au niveau national, ces deux autres critères permettent donc de placer néanmoins la question dans la sphère pénale.

### 2. L'ouverture de l'article 6 dans son volet pénal

La qualification d'accusations en matière pénale devait donc pouvoir bénéficier également à des **matières qui ne relèvent pas du droit pénal** selon le droit interne des États parties. Les différents dispositifs répressifs ou de sanctions disciplinaires ou administratives constituent de telles matières, désormais pénalisées au sens de la Convention.

Ainsi, l'article 6 a-t-il été ouvert plus généralement aux **sanctions disciplinaires** encourues par les militaires et les prisonniers ; aux **dispositifs répressifs** du droit douanier et du droit de la concurrence ; aux **différentes majorations d'impôt**, prévues par le droit fiscal, enfin aux **sanctions prévues dans le cadre du code de la route**. De même, ont été qualifiées de pénales certaines sanctions plus spécifiques, telles infligées par un Parlement à un journaliste ayant mis en cause les privilèges parlementaires.

# II - LE CONTENU DU PROCÈS ÉQUITABLE

Les garanties procédurales consacrées par le droit au procès équitable, sont à la fois générales, applicables à tout type de contentieux entrant dans le domaine de l'article 6 de la Convention (A) et spéciales, destinés à garantir les droits de l'accusé en matière pénale (B).

## A - Les garanties générales

Énoncées à l'article 6 § 1, les garanties générales couvrent la totalité de la procédure judiciaire, à commencer par le droit d'accès au juge et le droit à un tribunal indépendant et impartial (1.) et à terminer par le caractère exécutoire des décisions de justice (3.), en passant par les garanties qui se rattachent au déroulement du procès, tels que le principe d'égalité des armes, la publicité et le déroulement du procès dans un délai raisonnable (2.).

## 1. Le droit d'accès au juge et le droit à un tribunal indépendant et impartial

Précisé par la Cour EDH, **le droit d'accès au juge doit être à la fois effectif et concret**. Pour satisfaire cette condition, la Cour va rapidement consacrer une obligation positive à la charge de l'État, comprenant un aspect matériel et un aspect procédural. Si en principe le droit d'accès au juge s'adresse en tout premier lieu aux juridictions de première instance, rapidement la Cour va élargir certains de ses effets également aux juridictions d'appel et de cassation, existant au niveau national.

**L'aspect matériel couvre l'assistance judiciaire** accordée à des requérants ne disposant pas de ressources nécessaires à cet effet (Airey c/Royaume Uni, 9 oct. 1979).. Un droit à l'assistance judiciaire est également reconnu au condamné qui souhaite se pourvoir en cassation, mais seulement lorsque la loi lui fait obligation de se faire représenter par un avocat. Pour sa part, le retrait du rôle des pourvois de requérants trop démunis pour exécuter préalablement les décisions des juges de fond, sera considéré comme une violation du droit d'accès au juge.

**Sur le plan procédural**, le droit d'accès au juge exige à ce que les justiciables soient informés d'une manière claire et concrète des moyens de contester la violation de leurs droits (Geouffre de la Pradelle c/France, 16 déc. 1992). Le droit au juge ne garantit toutefois pas nécessairement un droit d'appel et ne permet pas non plus de contester les immunités de juridiction existantes.

**L'exigence d'un tribunal, institué sur une base légale et indépendant**, s'apprécie au regard de ses rapports avec le pouvoir exécutif. La dépendance peut alors provenir par exemple du mode de désignation et de la durée du mandat des membres du tribunal ou encore de l'absence d'une protection contre les pressions extérieures. L'indépendance doit non-seulement être effective, mais aussi apparente.

Pour sa part, **l'exigence d'impartialité** s'apprécie au niveau à la fois des jurés et des magistrats, professionnels ou non. Elle est d'abord subjective, aucun des membres du tribunal ne devant manifester de partie prise ou de préjugé personnel. Mais l'impartialité est également objective, devant ainsi offrir de garanties suffisantes pour exclure tout doute légitime, conformément à la théorie des apparences. C'est sur ce dernier plan plus particulièrement que la Cour avait condamné la France en raison de la participation du Commissaire du gouvernement dans le délibéré lors d'un procès administratif, alors même que cette participation n'incluait pas un droit de vote (Kress c/France, 7 juin 2001 et Martinet c/France, 12 avril 2006). Ce dernier arrêt, après avoir suscité une large polémique en France, avait conduit cette dernière à exclure désormais le Commissaire du gouvernement du délibéré.

**Le tribunal doit être enfin en mesure de trancher**, sur la base de normes de droit et à l'issue d'une procédure contradictoire, toute question relevant de sa compétence. En conséquence, les décisions prises par les autorités administratives ne remplissent pas en elles-mêmes ces exigences et doivent dès lors être soumises à un contrôle ultérieur, exercé par un organe judiciaire de pleine juridiction.

## 2. Les garanties qui se rattachent au déroulement du procès

**Le principe d'égalité des armes** commande un équilibre entre les parties et le respect du principe du contradictoire. La Cour reconnaît ainsi la possibilité raisonnable de présenter sa cause au tribunal dans des conditions qui ne créent pas de situation de net désavantage par rapport à la partie adverse. Sur cette base, elle sanctionne plus particulièrement les procédures mettant en position privilégiée le ministère public. Aussi, affirmera-t-elle le droit pour toute partie de prendre connaissance des observations et des pièces produites par l'autre partie, ainsi que de les contester.

**La publicité du procès** protège pour sa part les justiciables contre une justice secrète, échappant au contrôle du public. Plus globalement, elle contribue à préserver la confiance dans les cours et les tribunaux et apporte la transparence à l'administration de la justice. Des circonstances exceptionnelles permettent à l'État de déroger à cette exigence. L'article 6 prévoit en outre des buts légitimes permettant d'écarter la publicité des débats dans l'intérêt général d'une société démocratique. Le requérant lui-même peut également y renoncer de son plein gré. Posée de manière impérative en première instance, la publicité peut être cependant écartée en raison des circonstances propres à la procédure litigieuse, en deuxième ou troisième instance.

**Le respect du délai raisonnable** est requis, pour sa part, afin d'éviter que la justice ne soit rendue avec des retards propres à en compromettre l'efficacité et la crédibilité. Il soulève toutefois deux difficultés, celle de la détermination de la période à considérer et celle de l'appréciation du caractère raisonnable de la durée de la procédure.

Quant à **la période à considérer**, une jurisprudence constante l'étend également à la procédure éventuellement suivie devant la Cour de cassation, même dans l'hypothèse où le pourvoi aurait été déclaré irrecevable. La détermination du point de départ reste plus difficile. En matière civile il ce situe généralement à la date de saisine de la juridiction compétente. En cas de conflit au sujet de la répartition des compétences entre juridictions administratives et judiciaires, la période à prendre en considération débute à la date de la saisine initiale d'une autorité ou juridiction incompétentes. En matière pénale, le délai ne commence à courir qu'à partir du moment où le requérant se trouve en situation d'accusé à la suite d'une arrestation, ouverture d'une enquête préliminaire, inculpation ou mise en examen.

Pour ce qui est de **l'appréciation du caractère raisonnable de la durée de la procédure**, elle se fait au cas par cas, eu égard à l'ensemble des circonstances de l'espèce et aux critères consacrés par la jurisprudence. Il s'agit plus particulièrement de la complexité de l'affaire, du comportement des requérants et de l'autorité compétente, ou encore, pour les affaires les plus graves, de l'enjeu du litige pour l'intéressé.

Les questions de délai raisonnable sont en grande partie responsables de **l'encombrement de la Cour EDH**. Parmi les solutions envisagées, celle de l'arrêt pilote permet le traitement des groupes d'affaires identiques tirant leur origine d'un même problème sous-jacent.

### 3. Le caractère exécutoire des décisions de justice

**Ce droit sera étendu par la Cour au-delà de la seule phase d'exécution des décisions définies en tant que définitives et obligatoires**. En effet, c'est aussi la phase de l'instance devant le tribunal et celle de l'expertise qui sont désormais couvertes par la même exigence. L'exécution elle-même doit intervenir dans un délai raisonnable.

## B - Les garanties spécifiques, reconnues à l'accusé en matière pénale

Ces garanties instituées par l'article 6 paragraphes 2 et 3 couvrent donc des aspects particuliers du droit à un procès équitable, applicables en matière pénale. Elles comprennent, d'une part, la présomption d'innocence (1.) et, d'autre part, plusieurs droits de la défense (2.). D'ailleurs au-delà de l'article 6, il est possible d'y rattacher également le principe de la légalité des délites et des peines et certains droits reconnus à la personne déjà jugée (3.).

### 1. La présomption d'innocence

**Le concept a été sensiblement élargi par la Cour** au-delà de la condamnation elle-même, pour comprendre aussi la clôture des poursuites pour prescription ou en cas d'acquittement de l'intéressé, voire même la procédure devant les juridictions n'ayant pas été amenées à statuer sur la culpabilité. Une atteinte à la présomption d'innocence peut émaner de l'autorité judiciaire, mais aussi d'autres autorités publiques, tel le ministre de l'Intérieur.

D'une manière générale, la présomption d'innocence implique que **la charge de preuve pèse sur l'accusation**. Cette dernière doit fournir des preuves suffisantes pour fonder une déclaration de culpabilité. La présomption d'innocence emporte aussi le droit de se taire et de ne pas contribuer à sa propre incrimination. Ce dernier droit ne peut cependant pas faire obstacle à une condamnation pour refus de prêter serment.

## 2. Les droits de la défense

**Leur énumération est donnée par l'article 6 lui-même paragraphe 3**. Il s'agit des droits de l'intéressé d'être informé de la nature et de la cause de l'accusation ; de disposer du temps et des facilités nécessaires pour préparer sa défense ; de se défendre lui-même ou de bénéficier de l'assistance d'un avocat de son choix, y compris gratuitement ; d'interroger ou de faire interroger les témoins ; de se faire enfin assister gratuitement par un interprète.

Examinés séparément ou encore en combinaison avec les autres garanties contenues à l'article 6, paragraphe 1, ces droits visent de nouveau à rendre **les droits et libertés garanties concrets et effectifs et non pas théoriques et illusoires**.

## 3. Le principe de légalité des délits et des peines et les droits reconnus aux personnes déjà jugées

**Consacré à l'article 7 de la Convention**, ce principe emporte également la non-rétroactivité de la loi pénale. Pour leur part, les droits reconnus aux personnes déjà jugées comprennent, aux termes du protocole additionnel 7, le droit de faire appel, le droit de se faire indemniser en cas d'annulation de la condamnation, de grâce ou d'erreur judiciaire, ainsi que la règle *non bis in idem*.

# Fiche 44 Le principe de non-discrimination

Aux termes de l'article 1er de la Déclaration universelle des droits de l'homme **tous les êtres humains naissent libres et égaux en dignité et en droits**. Le principe d'égalité ainsi posé, en parallèle à celui de liberté, sera transcrit dans l'ensemble de traités de protection des droits de l'homme. Cette transcription se fait le plus souvent sous une forme négative, en termes d'interdiction de toute discrimination, comme le démontre aussi l'exemple de la Convention EDH.

Le principe de non-discrimination sera donc consacré à l'article 14 de cette dernière. Principe général de la Convention, il reste pourtant d'application non-autonome (I). Sans remettre en cause formellement ce dernier postulat au regard de l'article 14, l'évolution récente revient globalement sur la place et le rôle de la non-discrimination dans l'économie de la Convention (II).

## I - UN PRINCIPE GÉNÉRAL DE LA CONVENTION D'APPLICATION NON-AUTONOME

Sans aller jusqu'à lui reconnaître, à l'instar de la Cour interaméricaine des droits de l'homme, la valeur de *jus cogens*, la Cour EDH érige la non-discrimination en principe fondamental de la Convention. Il renforce la garantie de l'ensemble des droits et libertés que cette dernière contient (A). Ce renforcement reste cependant lié à l'application non-autonome du principe (B).

### A - Un principe qui renforce la garantie des droits et libertés

Ce renforcement s'appuie sur l'interdiction générale de tout type de distinction dans l'exercice des droits et libertés reconnus par ailleurs (1.). La Cour l'étendra à l'ensemble des garanties établies (2.).

#### 1. L'interdiction générale de tout type de distinction...

Conformément à l'énoncé même de l'article 14, ce dernier interdit toute distinction fondée notamment sur le sexe, la race, la couleur, la langue, la religion, les opinions politiques ou toutes autres opinions, l'origine nationale ou sociale, l'appartenance à une minorité nationale, la fortune, la naissance ou toute autre situation, dans l'exercice des droits et libertés reconnus par la Convention.

La Cour aura l'occasion de constater d'abord que l'énumération de l'article 14 n'est pas limitative, et que d'autres motifs de discrimination peuvent également tomber sous le coup de l'interdiction de la discrimination. Elle affirme également que cette interdiction s'applique à **tout type de distinction non-justifiée objectivement et raisonnablement, qu'elle soit directe ou indirecte, individuelle ou collective, réelle et potentielle**.

### 2. ... étendue à l'ensemble des garanties établies

Pour la première fois, c'est dans l'affaire linguistique belge du 23 juillet 1968 que la Cour va affirmer que **le principe de non-discrimination permet de sanctionner une situation qui, en elle-même, n'emporte aucune violation des droits et libertés garantis par la Convention**. Le recours à l'article 14 donne à la Cour la possibilité d'élargir les garanties offertes par chacune des dispositions substantielles. Ainsi, peut-elle plus particulièrement sanctionner des violations non seulement des droits civils et politiques expressément et directement consacrés par ces dernières, mais aussi de leurs corolaires économiques et sociaux, voire culturels.

Le principe de non-discrimination s'applique non seulement en rapport avec les obligations négatives, mais aussi avec les obligations positives des États parties. De même, la Cour va rapidement étendre l'application de l'article 14 aux relations interpersonnelles.

Assez tôt, la Cour affirme que l'article 14 implique non-seulement une stricte égalité de tous devant la loi, mais aussi, sauf justification objective et raisonnable, **un traitement différent des situations différentes**. Cela, dans le but de rétablir une égalité rompue dans l'exercice des droits et libertés garantis.

## B - Un principe d'application non-autonome

Différents auteurs soulignent pourtant l'autonomie du rôle ou encore de la portée du principe de non-discrimination (1.). Il n'en reste pas moins qu'il continue à ne pouvoir s'appliquer qu'en commun avec d'autres droits et libertés garantis (2.).

### 1. L'autonomie du rôle ou encore de la portée de la non-discrimination selon la doctrine

C'est dans l'affaire linguistique belge précitée, que la Cour EDH elle-même qualifiera **le rôle joué par l'article 14 d'autonome**. Reprise par la doctrine, cette affirmation ne vise pas l'application elle-même du principe, mais bien le rôle qu'il joue dans l'économie de la Convention. Selon différents auteurs, cela signifie seulement qu'une situation, même si elle respecte tel ou autre droit ou liberté garantis, peut néanmoins être discriminatoire et de ce fait s'exposer à la sanction au titre de la violation, précisément, de l'article 14 combiné avec l'article au principal.

## 2. L'application exclusive du principe en commun avec d'autres droits et libertés garantis

Autrement dit, le principe de non-discrimination continue à ne pouvoir être invoqué qu'en commun avec un autre droit ou liberté au principal. À ce titre, **l'article 14 reste effectivement d'application non-autonome**, puisqu'il ne fait que compléter les autres clauses normatives de la Convention à l'occasion de tout litige soumis à la Cour. Dans l'arrêt Marckx contre Belgique du 17 juin 1979, la Cour affirme en outre que le principe de non-discrimination fait partie intégrante de chacune des dispositions garantissant des droits et libertés.

À ce titre, dans la pratique de la Cour, il acquiert une importance particulière combiné au droit au respect de la vie privée et familiale, du domicile et de la correspondance, consacré à **l'article 8** de la Convention. Il a ainsi permis de sanctionner l'inégalité commise au détriment d'une filiation naturelle (Mazurek c/Pologne, 1er févr. 2000) ou encore à l'occasion de l'attribution de la garde d'un enfant, inspirée par une discrimination religieuse (Hoffmann c/ Autriche, 23 juin 1993). Les exemples cités attestent bien de la pénétration du principe de non-discrimination au niveau des relations interpersonnelles.

Au-delà de l'article 8 de la Convention, le recours à l'article 14 est fréquent également en combinaison avec **l'article 1er du Premier protocole additionnel**, relatif au droit au respect des biens. Le recours au principe de non-discrimination a permis de reconnaître le droit d'un chômeur arrivé en fin de droits à l'allocation d'urgence (Gaygusuz c/Autriche, 16 sept. 1996).

Enfin, avec l'adhésion des pays de l'Europe de l'Est et de l'ex-URSS à la Convention, **le principe de non-discrimination sera très souvent invoqué dans les affaires portant sur la violation des droits intangibles**, d'une part le droit à la vie et d'autre part l'interdiction de la torture, des peines et des traitements inhumains et dégradants.

# II - UNE RÉVISION DE LA PLACE ET DU RÔLE DE LA NON-DISCRIMINATION DANS L'ÉCONOMIE DE LA CONVENTION

Cette révision va au-delà de l'extension matérielle du champ d'application du principe de non-discrimination, tel que consacré à l'article 14 de la Convention. Elle est, dans un premier temps, jurisprudentielle, inaugurée par la Cour EDH (A). Il est apparu cependant nécessaire, dans un deuxième temps, de compléter la révision jurisprudentielle par la consécration légale d'un nouveau principe de non-discrimination autonome (B).

## A - La révision jurisprudentielle de la place et du rôle de la non-discrimination

Elle provient, d'une part, du recours étendu, parfois prioritaire à l'article 14 de la Convention (1.) et d'autre part du renversement de la charge de la preuve en rapport avec la violation du principe de non-discrimination (2.).

### 1. Le recours étendu, voire prioritaire à l'article 14

**L'évolution jurisprudentielle** à cet égard correspond toujours au même souci de garantir une protection de plus en plus renforcée et efficace des droits et libertés consacrés par la Convention. Elle se manifeste par rapport à l'habitude qu'avait la Cour de ne pas se prononcer sur la violation de l'article 14 combiné avec l'article au principal, lorsqu'elle constatait au préalable la violation séparée de ce dernier.

Pour la première fois, c'est dans l'arrêt fondateur Dudgeon contre le Royaume Uni du 22 octobre 1981, que la Cour accepte d'examiner si une mesure étatique déjà déclarée contraire à une disposition donnée de la Convention, **viole également l'article 14 combiné à cette même disposition**. Cela, dans la mesure où l'inégalité manifeste de traitement dans la jouissance du droit en cause constitue elle-même un aspect fondamental du litige.

Mais ce n'est qu'à la suite de l'adhésion des pays de l'Europe de l'Est et de l'ex-URSS à la Convention, que **la Cour décide d'utiliser pleinement et d'amplifier la jurisprudence Dudgeon**. Ainsi, accepte-t-elle de se pencher de manière quasi systématique également sur la violation prétendue de l'article 14 cumulé avec d'autres droits ou libertés garantis, même après avoir établi au préalable la violation séparée de ces derniers. Surtout, au regard des circonstances de l'espèce, la Cour peut désormais aller jusqu'à examiner prioritairement la violation de l'article 14 combiné avec l'article au principal avant même de statuer sur la violation séparée de ce dernier. À ce dernier titre, l'examen de la violation de l'article 14 en rapport avec un autre droit garanti, peut même se substituer à l'examen de ce dernier droit pris séparément. C'est ainsi que dans un certain nombre d'arrêts (Pla et Pucernau c/Andorre, 13 juillet 2004 ; Dziautas c/Lituanie, 27 juillet 2004), la Cour se prononcera d'abord sur la violation de l'article 14 en rapport avec l'article 8 de la Convention, et, l'ayant constatée, jugera inutile de se prononcer séparément sur le grief tiré de la violation du droit principal.

### 2. Un renversement de la charge de la preuve

Dans certaines affaires portant sur la violation des droits intangibles, commise en rapport avec une discrimination, la Cour va jusqu'à considérer cette dernière comme **une circonstance aggravante**. Cela justifie, selon la Cour, le renversement de la charge de la preuve sur le défendeur. Autrement dit, dans de telles situations, il appartient désormais non plus au requérant, mais à l'État, soupçonné de discrimination, de prouver que ce grief n'est pas fondé.

Pour compléter, la Cour retient comme **circonstance aggravante des motifs racistes à l'origine de la violation des droits intangibles**, souvent commise à l'égard des personnes appartenant à des minorités nationales et avant tout à la minorité Rom. Elle demande alors une vigilance particulière de la part de l'État mis en cause, afin de prévenir et sanctionner de tels comportements.

## B - La consécration conventionnelle d'un principe autonome de non-discrimination

Indépendamment des évolutions jurisprudentielles, l'article 14, considérée comme insuffisant pour lutter efficacement contre les discriminations, continuait à faire l'objet de nombreuses critiques (1.). L'adoption du protocole 12 à la Convention était appelée à remédier à cette insuffisance (2.)

### 1. L'insuffisance de l'article 14 de la Convention pour lutter efficacement contre les discriminations

La doctrine avait souvent évalué les différentes évolutions jurisprudentielles du principe de non-discrimination en termes d'**acquisition d'une relative autonomie**. Selon certains auteurs, la Cour avait même anticipé la consécration conventionnelle d'un principe autonome de non-discrimination, par exemple dans l'arrêt Frette contre France du 26 février 2002. En l'espèce, même si la Cour n'accepte pas de sanctionner sur le fondement de l'article 8 le refus d'agrément à l'adoption, opposé à un homosexuel, elle juge en même temps que le grief de discrimination tombe bien sous l'empire de l'article 8, puisque relatif au droit d'accès à l'adoption déjà reconnu en droit interne.

Malgré ces évolutions, **la Cour ne peut pas franchir les limites posées par le texte de la Convention elle-même**. Ainsi, l'application de l'article 14 combiné avec d'autres articles de la Convention, toujours exigée par cette dernière, continue à être considérée comme une insuffisance.

## 2. L'interdiction de la discrimination aux termes du protocole 12

Le protocole est adopté le 4 novembre 2000 et entre en vigueur le 1er avril 2005. En juillet 2012, il est ratifié par 18 États parties et seulement signé par 19, dont la France ne fait pas pour l'heure partie.

Selon le rapport explicatif, **le protocole interdit de manière générale toute discrimination**. Dans son seul article de fond, il garantit ainsi la jouissance de tout droit prévu par la loi contre toute discrimination, quel qu'en soit le motif, de la part d'une autorité publique. Sans doute appartient-t-il à la Cour, ici encore et en s'inspirant de la jurisprudence développée en rapport avec l'article 14, d'élargir la portée de l'interdiction générale ainsi posée, de l'obligation négative à l'obligation positive et de l'application verticale à l'application horizontale de la non-discrimination.

Achevé d'imprimé par Dupli-Print - Dépôt légal : octobre 2012
8816332/01 - N° d'impression : 213238